KB028485

어근으로 배우는

100일 완성

마그마 러시아어 중고급 단어장

어근으로 배우는
100일 완성
마그마 러시아어
중고급 단어장

초판 3쇄 인쇄 2023년 1월 6일
초판 3쇄 발행 2023년 1월 17일

지은이 러포자 구제 연구소(이지은, 이고은),
미하일 보르듀고프스키(М. Ю. Бордюговский)
펴낸이 서덕일
펴낸곳 문예림

출판등록 1962년 7월 12일(제1962-1호)
주소 경기도 파주시 회동길 366 (10881)
전화 (02)499-1281~2 **팩스** (02)499-1283
전자우편 info@moonyelim.com
홈페이지 www.moonyelim.com

ISBN 978-89-7482-919-3(13790)
값 16,800원

어근으로 배우는 100일 완성 마그마 러시아어 중고급 단어장

토르플 2~3단계 취득 & 플렉스 고득점

러포자 구제 연구소 이지은, 이고은,
미하일 보르듀고프스키 지음

머리말

러시아어를 잘하고 싶고 빨리 초급 수준에서 벗어나고 싶은데 적합한 단어장이 없어 답답함을 토로하는 학습자들이 많습니다. 이 단어장은 이처럼 초급 또는 토르플 1단계 수준의 단어와 문법을 익힌 후 중고급 단계로 도약하고자 하는 학습자를 위해 만들어졌습니다.

약 2,000개의 중고급 필수어휘를 접두사 및 어근별로 분류하여 효율적으로 암기할 수 있도록 하였고, 쉽게 학습 플랜을 짤 수 있도록 100일 분량으로 나누어 구성하였습니다.

특히, 이 단어장에는 2,000개의 표제어뿐만 아니라 생생한 예문을 실어 유용한 회화 표현과 신문체 표현, 연어, 관용표현 등을 익힐 수 있도록 하였습니다. 또한, 파생어와 유의어, 반의어, 토르플 빈출 혼동어휘를 함께 정리하여 '단어 하나를 공부하더라도 완벽 마스터한다'라는 느낌으로 깊고 탄탄하게 실력을 쌓을 수 있도록 하였습니다.

이 단어장은 특히 다음과 같은 학습자들에게 유용합니다.

★ 토르플 2~3단계 취득 및 플렉스, 스널트 고득점을 원하는 분

★ 러시아어 문법은 배웠지만, 작문과 회화가 안 되는 분

★ 러시아어를 잘하고 싶지만, 실력 정체기를 겪는 분

★ 시사독해 또는 통번역대학원 입시의 기초를 다지고 싶은 분

그럼 모두 눈 딱 감고 100일만 러시아어에 빠져 지내는 것은 어떨까요? 표제어와 함께 수록된 파생어와 예문, 그리고 '실력up'에 실린 추가 단어와 표현까지 모두 익힌다면, 이 책을 200% 활용할 수 있습니다.

'100일 동안 중고급 단어 완성'이라는 목표를 향해 즐겁게 정진하며, 좋은 성과 거두길 기원합니다.

목차

접미사편

일러두기

| 품사

동 동사 명 명사 형 형용사 부 부사 전 전치사 술 술어 소 소사

| 동사

- 변화형이 어렵거나 불규칙한 변화를 하는 동사 아래에는 활용형을 제시하였습니다.
- 완료상 동사의 경우, 중고급 문법에서 학습자들이 어렵게 여기는 피동형동사의 단어미형을 제시하였습니다.
- 불완료상에 접두사가 붙어 완료상을 형성하는 동사가 표제어 이외의 위치에 나오는 경우, 다음과 같이 표시하였습니다.

(예) (на)**писать** ➡ 불완료상 **писать** / 완료상 **написать**임을 의미합니다.

НСВ ➡ 불완료상 **СВ** ➡ 완료상 **инф.** ➡ 동사원형

| 명사

- 명사의 불규칙 변화형을 표제어 아래에 실었습니다.
- 각 동사와 결합하는 전치사 또는 격을 뜻과 함께 표시하였습니다.

(男) 남성명사	(복) 복수명사	кто-что 주격	кого-что 대격
(女) 여성명사	(단생) 단수 생격	кого-чего 생격	кем-чем 조격
(中) 중성명사	(복생) 복수 생격	кому-чему 여격	(о) ком-чём 전치격

| 기타

접 접속사 수 수사 형단 형용사 단어미형 의문사 의문사

- 유의어는 아무 기호 없이 ( ) 안에, 반의어는 (↔)로 표시하였습니다.
- 예문에 등장하는 관용 표현 또는 어려운 표현 옆에 * 표시를 하고 뜻이나 설명을 예문 아래에 달았습니다.
- 표제어와 철자가 비슷하여 혼동될 수 있는 단어는 **주의** 라고 표시하였습니다.
- **실력 UP!** 에는 동일어근이 들어간 단어, 자주 사용하는 연어 및 관용표현 등 다양한 추가 단어와 표현을 실어 심화 학습을 할 수 있도록 하였습니다.

PART 1

접두사

1~8일차

1일차

анти- 대항, 반대

антите́ло

명 항체

Антитела́ игра́ют ва́жную роль в защи́те органи́зма от инфе́кций.

항체는 인체를 질병 감염으로부터 보호하는 데 중요한 역할을 한다.

실력 UP!

антибио́тик 항생제

Антаркти́да

명 남극(↔ Арктика 북극)

형 **антаркти́ческий** 남극의(↔ аркти́ческий 북극의)

Всле́дствие глоба́льного потепле́ния в **Антаркти́де** наблюда́ется проце́сс акти́вного та́яния льдов.

지구 온난화로 인해 남극의 빙하가 빠르게 녹고 있다.

антикри́зисный

형 위기 대응의

Антикри́зисные ме́ры, принима́емые прави́тельством, пока́ безрезульта́тны.

정부의 위기대응 대책은 아직까지 효과가 없다.

실력 UP!

антия́дерный 비핵의
~**ое движе́ние** 핵 반대 운동
антиинфляцио́нный 인플레이션 억제의
~**ые ме́ры** 인플레이션 억제정책
антитеррористи́ческий 반테러의, 테러 대응의
~**ая опера́ция** 반테러(테러 대응) 작전
антиправи́тельственный 반정부의
~**ая демонстра́ция** 반정부 시위
антиросси́йский 반러시아의
~**ие са́нкции** 대러 제재

без(с)- 부재, 제외

безгра́мотность

명 (女) 1. (특정 분야를) 잘 모름, 무지
2. 문맹(негра́мотность)

형 **безгра́мотный** 지식이 없는
негра́мотный 문맹의(↔ гра́мотный)

Не́которые ба́нки открове́нно нажива́ются на фина́нсовой **безгра́мотности** населе́ния.
일부 은행은 고객들의 금융에 대한 무지를 이용해 공공연히 이익을 취한다.

Высо́кий у́ровень **негра́мотности** отмеча́ется и в индустриа́льно ра́звитых стра́нах ми́ра.
문맹률은 선진국에서도 높게 나타난다.

компью́терная **безгра́мотность** 컴맹

безде́тный

형 자녀가 없는, 무자녀의(↔ многоде́тный 다자녀의)

Демо́графы с трево́гой отмеча́ют рост коли́чества **безде́тных** семе́й.
인구학자들은 무자녀 가정이 증가하고 있다며 우려를 표한다.

бескоры́стный

형 사욕이 없는, 대가를 바라지 않는(↔ коры́стный)
명 **бескоры́стие** 사욕이 없음, 청렴

Челове́к, гото́вый всегда́ оказа́ть **бескоры́стную** по́мощь - э́то свято́й и́ли сумасше́дший?
대가를 바라지 않고 언제든 남을 돕고자 하는 사람은 성인이거나 정신이 나간 사람 아닐까?

безотве́тственный

형 무책임한(↔ отве́тственный)

Закономе́рный прова́л пра́вящей па́ртии на вы́борах был вы́зван её **безотве́тственной** социа́льной поли́тикой.
여당의 선거 참패는 여당의 무책임한 사회정책이 가져온 당연한 결과이다.

B- 안으로

входи́ть НСВ
вхожу́, -хо́дишь, -хо́дят

войти́ СВ
войду́, войдёшь, войду́т
вошёл, -шла́, -шли́

동 во что 1. 들어가다 2. 포함되다 3. (~한 상태가) 되다
명 вход 입구

실력 UP!

войти́ + в ко́мнату 방 안으로 들어가다
в спи́сок 목록에 포함되다
в мо́ду 유행하다
в жизнь 삶에 침투하다, 일상적인 것이 되다

Га́джеты* про́чно **вошли́** в жи́знь миллио́нов россия́н.
스마트 기기는 이미 수백만 러시아인들의 필수품이 되어버렸다.

*смартфо́ны, планше́ты и т.д.

вводи́ть НСВ
ввожу́, -во́дишь, -во́дят

ввести́ СВ
введу́, -ведёшь, -веду́т
ввёл, -вела́, -вели́
введён, -а́, -ы́

동 1. что 도입하다
2. что + во что (~한 상태가) 되도록 하다
명 ввод 도입, 시작

Са́нкции, **введённые** За́падом, затро́нули основны́е о́трасли росси́йской эконо́мики.
서방의 제재는 러시아의 주요 산업 분야에 영향을 미쳤다.

실력 UP!

ввести́ *что* **+ в де́йствие** 시행하다
в эксплуата́цию 가동을 시작하다, 운영을 시작하다

АЭС(а́томная электроста́нция) была́ **введена́** в эксплуата́цию в про́шлом году́.
작년에 원자력 발전소가 가동을 시작했다.

вноси́ть НСВ
вношу́, -но́сишь, -но́сят

внести́ СВ
внесу́, -несёшь, -несу́т
внёс, внесла́, внесли́
внесён, -а́, -ы́

동 что + во что 1. 들여놓다 2. 초래하다

Мы **внесли́** ве́щи в дом.
우리는 집 안으로 물건을 가지고 들어왔다.

М.В. Ломоно́сов **внёс** выдаю́щийся вклад в росси́йскую нау́ку и культу́ру.
로마노소프는 러시아 학문과 문화 발전에 지대한 기여를 했다.

실력 UP!

внести́ + вклад *во что* 기여하다
изменéния *во что* 변경하다
изменéния в контрáкт 계약을 변경하다
поправки *во что* 개정하다
попрáвки в закóн 법을 개정하다
предложéние 제안하다

вмéшиваться НСВ
вмешáться СВ

동 во что 끼어들다, 개입하다
명 вмешáтельство 개입

Пожáлуйста, мáма, не **вмéшивайся** в мою ли́чную жизнь! Тебя́ э́то не касáется!
엄마, 내 사생활에 참견하지 말아요. 엄마랑 상관없는 일이잖아요.

внедря́ть НСВ
внедри́ть СВ
внедрён, -á, -ы́

동 что + во что 도입하다, 심어주다
명 внедрéние 도입

Необходи́мо как мóжно ши́ре **внедря́ть** совремéнные технолóгии в процéссы произвóдства. Тóлько э́то позвóлит ликвиди́ровать отставáние Росси́и от стран Зáпада.
현대적 기술을 최대한 광범위하게 생산 활동에 적용해야 한다. 이를 통해서만이 러시아와 서방 국가의 격차를 해소할 수 있다.

влюбля́ться НСВ
влюби́ться СВ
влюблю́сь, влю́бишься, -бятся

동 в кого 사랑에 빠지다, 반하다

Я считáю, настоя́щая любóвь - э́то когдá **влюбля́ешься** с пéрвого взгля́да. Тóлько э́то!
내가 생각하는 진정한 사랑은 첫눈에 반하는 거야. 이것만이 진정한 사랑이지.

вдýмываться НСВ
вдýматься СВ

동 во что 깊이 생각하다, 골똘히 생각하다

Вдýмайтесь, пожáлуйста, в словá клáссика! Какóй в них глубóкий и вáжный смысл!
고전에 등장하는 글귀에 대해 깊이 생각해보세요. 그 속에 얼마나 깊이 있고 중요한 의미가 담겨있는지 몰라요.

실력 UP!

в + -ся 자세히, 집중해서 하다
всмотрéться *во что* 자세히 보다, 응시하다
вчитáться *во что* 정독하다
вслýшаться *во что* 경청하다

взаимо- 상호(相互)의

взаимоотноше́ния 명 복 상호관계

Взаимоотноше́ния внутри́ компа́нии и́ли корпора́ции никогда́ не быва́ют просты́ми.
회사나 조직 내에서의 상호관계는 결코 쉽지 않다.

взаимоде́йствие 명 상호작용, 협력

Взаимоде́йствие спро́са и предложе́ния
수요와 공급의 상호작용

Укрепле́ние **взаимоде́йствия** в сфе́ре вне́шней поли́тики ме́жду Кита́ем и Росси́ей
중・러간 외교 협력 강화

실력 UP!

взаимовлия́ние 상호영향, 상호작용
взаимопонима́ние 상호이해
взаимодове́рие 상호신뢰
взаимосвя́зь 상호관계

взаимовы́годный 형 상호호혜적인, 윈윈(win-win)의

взаимовы́годное сотру́дничество
상호호혜적 협력

взаимозави́симый 형 상호의존의
명 女 взаимозави́симость 상호의존성

В проце́ссе глобализа́ции стра́ны ми́ра стано́вятся всё бо́лее взаимосвя́занными и **взаимозави́симыми.**
세계화로 세계 각국의 상호연계성과 상호의존성이 심화되고 있다.

2일차

воз(с)-, вз(с)- 위쪽으로

восходи́ть НСВ
восхожу́, -хо́дишь, -хо́дят

взойти́ СВ
взойду́, -йдёшь, -йду́т
взошёл, -шла́, -шли́

동 1.떠오르다, 상승하다
2. к чему 시작하다, 거슬러 올라가다
명 **восхо́д** 떠오름, 상승

Ны́нешняя короле́ва Великобрита́нии Елизаве́та Втора́я **взошла́** на престо́л в 1952 году́.
현 영국 왕실의 엘리자베스 2세 여왕은 1952년 왕좌에 올랐다.

Страна́ **восходя́щего** со́лнца 일본

восходя́щая звезда́ шо́у-би́знеса 연예계의 떠오르는 스타

возводи́ть НСВ
возвожу́, -во́дишь, -во́дят

возвести́ СВ
возведу́, -ведёшь, -веду́т
возвёл, -вела́, -вели́
возведён, -а́, -ы́

동 что (높이) 세우다, 건축하다

Знамени́тый па́мятник Петру́ Пе́рвому в Петербу́рге, Ме́дный вса́дник, **возведён** в 1782 году́ по прое́кту ску́льптора Э. Фальконе́.
페테르부르크에 있는 유명 기념상인 표트르 1세의 청동기마상은 1782년 팔코네의 설계에 따라 만들어졌다.

взима́ть НСВ

동 что 징수하다, 거두다

За обслу́живание креди́тной ка́рты банк ежеме́сячно **взима́ет** коми́ссию в разме́ре 100 рубле́й.
은행은 신용카드 서비스 제공료로 매달 100루블의 수수료를 받는다.

взлёт

명 1. 비상, 이륙 2. 발전(расцве́т 번영)
동 **взлета́ть/взлете́ть** 날아오르다

Самолёты в аэропорту́ “Инчхо́н” **взлета́ют** и приземля́ются ка́ждые 3-4 мину́ты.
인천공항에서는 매 3~4분마다 비행기가 이륙하고 착륙한다.

взлёт и паде́ние цивилиза́ции ацте́ков
아스테카 문명의 흥망성쇠

возника́ть НСВ
возни́кнуть СВ
возни́кну, -нешь, -нут
возни́к, -ла, -ли

동 생겨나다, 발생하다
명 **возникнове́ние** 발생

В нача́ле приёма да́нного лека́рства у пацие́нта мо́жет **возника́ть** лёгкое головокруже́ние. Это не представля́ет опа́сности для здоро́вья.
약을 복용하고 나서 초반에 환자가 가벼운 어지러움을 느낄 수 있습니다. 그러나 건강상 이상을 유발하는 것은 아닙니다.

восхища́ться НСВ
восхити́ться СВ
восхищу́сь, -хити́шься, -хитя́тся

동 **кем-чем** 감탄하다, 매혹되다

Все зри́тели бы́ли **восхищены́** тала́нтливой игро́й актёров.
모든 관객은 배우들의 뛰어난 연기에 감탄했다.

실력 UP!
любова́ться ***кем-чем*** 감상하다, 도취되다
наслажда́ться ***кем-чем*** 즐기다

все- 모든, 전면적인, 총(銃)

всеми́рный

형 전 세계의

Всеми́рная торго́вая организа́ция (ВТО)
세계무역기구(WTO)

всео́бщий

형 전체, 총

Ко **всео́бщей** ра́дости, на́ша фи́рма вы́играла те́ндер на строи́тельство но́вой шко́лы.
우리 회사가 학교 신축 입찰권을 따내어 모두가 크게 기뻐했다.

всео́бщие вы́боры 총선

всеме́рный

형 온갖 수단을 동원하는

всеме́рная по́мощь 물심양면 지원

실력 UP!
всесторо́нний 전면적인, 포괄적인
всемогу́щий 전능한
всеобъе́млющий 포괄적인

вы- 1. 밖으로 2. 행위의 종결, 일정 수준에 도달

выходи́ть НСВ
выхожу́, выхо́дишь, выхо́дят

вы́йти СВ
вы́йду, вы́йдешь, вы́йдут вы́шел, -шла, -шли

동 1. 나가다 2. (~한 상태, 결과가) 되다, 생기다
명 **вы́ход** 출구, 탈퇴, 해결책

Мы **вы́шли** на у́лицу покури́ть.
우리는 담배를 한 대 피우러 밖으로 나왔다.

Моя́ мла́дшая сестра́ **выхо́дит** за́муж за адвока́та.
내 여동생은 변호사와 결혼을 앞두고 있다.

Вы́шел в прока́т но́вый фи́льм у́жасов.
공포 영화 신작이 개봉했다.

Я не́сколько раз пыта́лась нача́ть но́вую жизнь, но из э́того ничего́ не **вы́шло**.
나는 새 삶을 시작하려고 수차례 노력했지만 아무 성과가 없었다.

Сего́дня росси́йско-кита́йские отноше́ния **вы́шли** на но́вый у́ровень.
현재 중·러 관계는 새로운 단계에 올라섰다.

вы́йти за́муж *за кого́* 시집가다, (여자가) 결혼하다
жени́ться *на ком* 장가가다, (남자가) 결혼하다

выводи́ть НСВ
вывожу́, выво́дишь, выво́дят

вы́вести СВ
вы́веду, -ведешь, -ведут
вы́вел, -ла, -ли
вы́веден, -а, -ы

동 1. что + из/с чего 꺼내다 2. (~한 상태로) 만들다

Пожа́рные смогли́ бы́стро **вы́вести** из горя́щего до́ма всех его́ жильцо́в.
소방관들은 주민들을 모두 화재가 난 건물 밖으로 빠르게 구조했다.

Кру́пные компа́нии по-пре́жнему **выво́дят** в офшо́ры колосса́льные су́ммы.
대기업들은 여전히 엄청난 액수의 자금을 역외로 반출하고 있다.

실력 UP!

вы́вести *что* + **на но́вый у́ровень** 새로운 단계로 격상하다
на высо́кий у́ровень 높은 수준으로 끌어올리다
на пре́жний у́ровень 이전 수준으로 끌어올리다

Подпи́санное соглаше́ние **выво́дит** отноше́ния ме́жду двумя́ стра́нами на но́вый у́ровень.
체결된 협정은 양국 관계를 새로운 단계로 격상시킨다.

вы́вод

명 결론

Сего́дня мно́гие экспе́рты прихо́дят к **вы́воду***, что роботиза́ция произво́дственных проце́ссов мо́жет в ско́ром вре́мени вы́звать ма́ссовый рост безрабо́тицы.

현재 많은 전문가는 생산 시설의 로봇 도입으로 조만간 대량 실업이 발생할 수 있다는 결론을 내놓았다.

*прийти́ к вы́воду, сде́лать вы́вод 결론을 내리다

вынима́ть НСВ

вы́нуть СВ

вы́ну, вы́нешь, вы́нут
вы́нут, -а, -ы

동 что + из чего ~에서 꺼내다, 빼내다

Она́ **вы́нула** из су́мочки па́чку сигаре́т, зажига́лку и краси́во закури́ла.

그 여자는 가방에서 담뱃갑과 라이터를 꺼낸 후 우아하게 담배를 피웠다.

выгоня́ть НСВ

вы́гнать СВ

вы́гоню, -гонишь, -гонят
вы́гнан, -а, -ы

동 кого-что 쫓아내다, 배격하다

Ме́сяц наза́д меня́ **вы́гнали** из университе́та за неуспева́емость.

성적이 나빠 한 달 전에 대학에서 제적당했어요.

3일차

до- 일정 지점까지, 일정 수준까지; 추가로

доходи́ть НСВ
дохожу́, -хо́дишь, -хо́дят

дойти́ СВ
дойду́, -дёшь, -ду́т
дошёл, -шла́, -шли́

동 до чего
1. (~한 지점까지) 가다 2. (~한 정도, 상태에) 도달하다 3. 전달되다, 전해져오다

Мы вы́шли из авто́буса, **дошли́** до метро́ и пое́хали в центр го́рода.
우리는 버스에서 내려서 지하철까지 걸어간 후 (지하철을 타고) 시내로 갔다.

Футболи́сты бы́ли по-настоя́щему сча́стливы, что **дошли́** до фина́ла.
결승전에 진출한 선수들은 진심으로 기뻐했다.

Общество в свое́й деграда́ции **дошло́** до тако́го состоя́ния, что корру́пция уже́ не счита́ется тя́жким преступле́нием.
부정부패가 이미 중범죄로 여겨지지 않을 정도로 사회가 타락했다.

доноси́ть НСВ
доношу́, -но́сишь, -но́сят

донести́ СВ
донесу́, -несёшь, -несу́т
донёс, -несла́, -несли́
донесён, -а́, -ы́

동 1. кому + о чём 보고하다
2. на кого 알리다, 신고하다
3. что + до кого 전달하다

명 доно́с 고발, 고자질

Молодо́й челове́к, помоги́те, пожа́луйста, су́мку до до́ма **донести́**, о́чень тяжёлая.
저기, 혹시 집까지 가방 좀 같이 들어주실 수 있나요? 너무 무거워서요.

Бы́вшая жена́ из чу́вства ме́сти **донесла́** на му́жа в нало́говую инспе́кцию о его́ незако́нных дохо́дах.
그의 전 부인은 복수심에 불타 남편의 불법 소득을 세무서에 신고했다.

Хоро́ший преподава́тель мо́жет в поня́тной фо́рме **донести́** до студе́нтов да́же са́мую сло́жную мысль и́ли тео́рию.
좋은 강사는 극도로 복잡한 사상 또는 이론일지라도 학생들이 잘 이해할 수 있도록 설명한다.

довод́ить НСВ
довожу́, -во́дишь, -во́дят

довест́и СВ
доведу́, -ведёшь, -веду́т
довёл, -ла́, -ли́
доведён, -а́, -ы́

동 **кого-что + до чего**
1. (어느 지점까지) 데려가다 2. (어떠한 상태에) 이르게 하다

Свои́м выступле́нием 19-ле́тний ю́ноша **довёл** до слёз жюри́ шо́у тала́нтов.
19살 소년의 공연은 오디션 프로그램의 판정단을 울렸다.

Я **довёл** до све́дения* руково́дства свою́ пози́цию относи́тельно фина́нсовой страте́гии компа́нии.
나는 임원들에게 회사의 재정 정책에 대한 자신의 견해를 밝혔다.

*довести́ *что* до све́дения *кого* ~에게 -에 관해 알리다

достига́ть НСВ

дости́чь(**дости́гнуть**) СВ
дости́гну, -нешь, -нут
дости́г, дости́гла,
дости́гли,
дости́гнут, -а, -ы

동 **чего** (~한 수준, 결과에) 달하다, 이르다, 달성하다
명 **достиже́ние** 달성, 성과

Стра́ны-чле́ны ОПЕК **дости́гли** договорённости о сниже́нии добы́чи не́фти.
OPEC 회원국은 석유 감산에 합의했다.

В про́шлом кварта́ле прода́жи смартфо́нов **дости́гли** реко́рдной отме́тки.
지난 분기 휴대폰 판매량이 기록적인 수치를 달성했다.

Моё люби́мое ме́сто в Москве́ - ВДНХ (Вы́ставка **достиже́ний** наро́дного хозя́йства).
내가 모스크바에서 좋아하는 곳은 베데엔하(경제성과박람회장)야.

добива́ться НСВ

доби́ться СВ
добью́сь, -бьёшься,
-бью́тся
добе́йся(-бе́йтесь)

동 **чего** 얻다, 달성하다

Я уве́рена: в сле́дующий раз мы **добьёмся** бо́льшего!
다음번에는 더 큰 성과를 거두리라 확신해.

Он привы́к всегда́ **добива́ться** своего́, тако́й у него́ хара́ктер.
그 사람은 항상 자신이 원하는 것을 얻는 데 익숙해. 그것도 성격이지.

실력 UP!

доби́ться + це́ли 목적을 달성하다
успе́ха 성공하다
незави́симости 독립하다
хоро́ших результа́тов 좋은 결과를 얻다

добавля́ть НСВ

доба́вить СВ
доба́влю, доба́вишь, доба́вят
доба́влен, -а, -ы

동 что(+к чему) 추가하다, 첨언하다
명 добавле́ние 추가
명 доба́вка 첨가물

Я посла́л запро́с изве́стному арти́сту, и он **доба́вил** меня́ к себе́ в друзья́. Кака́я ра́дость!

유명 연예인한테 친구 신청을 했더니 친구 추가를 해줬더라고. 얼마나 기쁜지 몰라!

еже- 매, ~마다(каждый)

ежего́дно

부 매년 형 ежего́дный 매년의, 연례의

Ежего́дно моско́вское метро́ перево́зит бо́лее двух с полови́ной миллиа́рдов пассажи́ров.

모스크바 지하철의 연간 여객수송량은 25억 명을 넘는다.

Что́бы вы́платить ипоте́ку, мне ну́жно **ежеме́сячно** вноси́ть в банк о́коло 500 до́лларов. И так в тече́ние 10-ти́ лет.

부동산 담보대출금을 갚으려면 은행에 매달 500달러가량을 넣어야 해. 이런 식으로 10년 동안 말이야.

실력 UP!

ежеме́сячно 매달
еженеде́льно 매주
ежедне́вно 매일

за- 1. 뒤, 멀리, 깊숙이 2. 시작 3. 과도하게

заходи́ть НСВ
захожу́, -хо́дишь, -хо́дят

зайти́ СВ
зайду́, -дёшь, -ду́т
зашёл, -шла́, -шло́

형 1. 들르다, 방문하다 2. 뒤로 가다 3. 멀리 가다, 도를 넘다

По доро́ге с рабо́ты я **зашёл** в кни́жный магази́н.

난 직장에서 돌아오는 길에 서점에 들렀다.

Я ка́ждые по́лчаса́ **захожу́** на свою́ страни́чку в "Фейсбу́ке" и на страни́чки друзе́й.

나는 30분 마다 내 페이스북과 친구들의 페이스북 페이지를 방문한다.

Твоё стремле́ние к самостоя́тельности **зашло́** сли́шком далеко́*!

너는 너무 지나치게 자유(독립)를 요구하고 있어!

*зайти́ сли́шком далеко́ (정도가) 심하다, 지나치다

за́мужем

부 за кем 결혼한, 기혼 여성의

Мари́на **за́мужем** за Евге́нием уже́ три го́да.
마리나는 예브게니랑 결혼한 지 벌써 3년이나 됐어.

У неё нет семьи́, она́ **за́мужем** за свое́й рабо́той.
그 사람은 아직 미혼이야. 일이랑 결혼했어.

> **실력 UP!**
> **жена́т** 결혼한, 기혼 남성의

запива́ть НСВ
запи́ть СВ
запью́, -пьёшь, -пью́т
запи́л, запила́, запи́ли
запе́й(те)

동 что + чем (먹은 다음에 즉시) 마시다, 함께 마시다

Эти табле́тки лу́чше **запива́ть** тёплой водо́й.
이 약은 따듯한 물이랑 먹는 게 좋아.

> **실력 UP!**
> **засади́ть** *что* + *чем* 심다
> **~ сад ро́зами** 정원에 장미를 심다
> **заста́вить** *что* + *чем* 공간을 채우다
> **~ ко́мнату ме́белью** 방에 가구를 들여놓다
> **засели́ть** *что* + *чем* 거주시키다
> **~ все гости́ницы бе́женцами**
> 모든 호텔을 난민들이 차지하고 있다.

зачи́тываться НСВ
зачита́ться СВ

동 чем 독서에 빠지다, 독서에 열중하다

Кни́га была́ така́я интере́сная, что я **зачита́лась** и прое́хала свою́ ста́нцию метро́.
책이 얼마나 재밌던지 읽는데 정신이 팔려서 지하철역을 지나쳐 버렸어.

> **실력 UP!**
> **за + -ся ~에 열중하다**
> **заговори́ться** 대화에 열중하다
> **засиде́ться** 죽치고 앉아있다
> **засмотре́ться** *на что* 넋을 놓고 보다
> **зарабо́таться** 일에 열중하다, 과로하다

задéйствовать СВ
задéйствую, -уешь, -уют

동 1. (행동, 작동) 시작하다 2. что 이용하다, 활용하다

Рáди побéды на вы́борах кандидáты от прáвящей пáртии в пóлной мéре **задéйствовали** администрати́вный ресýрс.

여당 후보의 선거 승리를 위해 행정력이 총동원되었다.

заготáвливать НСВ

заготóвить СВ
заготóвлю, -готóвишь, -готóвят
заготóвлен, -а, -ы

동 что 미리 준비하다, 저장하다

Корéйцы обы́чно **заготáвливают** кимчи́ срáзу на всю зи́му.

한국에서는 보통 겨우내 먹을 김치를 한꺼번에 담근다(김장을 한다).

4일차

из(с)- ~로부터 밖으로, 제거

исходи́ть НСВ
исхожу́, -хо́дишь, -хо́дят

동 **из чего** 비롯되다, 기인하다, 근거하다

Увы́, но иногда́ на́ши чино́вники де́йствуют **исходя́** из свои́х ли́чных интере́сов, а не интере́сов гра́ждан.
안타깝지만 때때로 우리나라 공무원들은 국민이 아니라 자신의 이익에 따라 행동한다.

실력 UP!
• 유사표현
опира́ться *на что*(320p 참고)
осно́вываться *на чём*(311p 참고)
брать *что* за осно́ву

избавля́ться НСВ
изба́виться СВ
изба́влюсь, -вишься, -вятся

동 **от чего** 벗어나다, 피하다

Для меня́ лу́чший спо́соб **изба́виться** от депре́ссии - э́то обще́ние с друзья́ми.
내 경우에 우울증을 피하는 가장 좋은 방법은 친구들과 어울리는 거야.

실력 UP!
• 유사표현
избега́ть/избежа́ть *кого-чего*(61p 참고)

излуче́ние

명 방사, 방출, 복사

со́лнечное **излуче́ние** 태양복사
радиоакти́вное **излуче́ние** 방사선

изыма́ть НСВ
изъя́ть СВ
изыму́, изы́мешь, изы́мут изъя́т, -а, -ы

동 **из чего** 제외하다, 제거하다, 중단하다, 압수하다
명 **изъя́тие** 제외, 제거, 사용중지

По реше́нию суда́ вся контрафа́ктная проду́кция бу́дет **изъя́та** из прода́жи и уничто́жена.
법원의 결정에 따라 모든 위조품은 판매가 중단되고 폐기 처리될 것이다.

мульти- 많은, 다수

мультикульту́рный 형 다문화의
명 **мультикультурали́зм** 다문화주의

По мне́нию ря́да полито́логов, все попы́тки созда́ния в Евро́пе **мультикульту́рного** о́бщества оберну́лись прова́лом(кра́хом).
일부 정치학자들에 따르면 유럽에 다문화 사회를 구축하고자 하는 모든 노력은 실패했다.

мультиме́диа 명 멀티미디어
형 **мультимеди́йный** 멀티미디어의

Совреме́нный вуз немы́слим без испо́льзования **мультимеди́йных** средств (средств мультиме́диа) в учёбном проце́ссе.
요즘 수업에 멀티미디어를 활용하지 않는 대학은 상상할 수 없다.

мультфи́льм 명 만화영화, 애니메이션 (мультипликацио́нный фильм, му́льтик)

Росси́йский **мультфи́льм** "Ма́ша и Медве́дь" уве́ренно набира́ет популя́рность во мно́гих стра́нах ми́ра.
여러 나라에서 러시아 애니메이션 '마샤와 곰'이 큰 인기를 얻고 있다.

на- 1. 일정 방향으로, 위에서 아래로 2. 많이, 충분히

наноси́ть НСВ
наношу́, -но́сишь, -но́сят
нанести́ СВ
нанесу́, -несёшь, -несу́т
нанёс, -несла́, -несли́
нанесён, -а́, -ы́

동 что 가져오다, (손실, 해 등) 입히다

Ежего́дно ки́берпресту́пники **нано́сят** уще́рб эконо́мике страны́, исчисля́емый миллиа́рдами до́лларов.
사이버범죄는 매년 국내 경제에 수십억 불에 이르는 손실을 입힌다.

На про́шлой неде́ле президе́нт страны́ **нанёс** официа́льные визи́ты* в Япо́нию, Кита́й и Монго́лию.
지난주 우리나라 대통령은 일본과 중국, 몽골을 공식 방문했다.

*нанести́ визи́т 방문하다

실력 UP!

нанести́ *чему* + **уще́рб** 손실
вред 해, 피해
ра́ну 상처
уда́р 타격
уро́н 손해
пораже́ние 패배

нажима́ть НСВ

нажа́ть СВ
нажму́, -жмёшь, -жму́т
нажа́т, -а, -ы

동 (на) что 누르다

Для соедине́ния со слу́жбой техни́ческой подде́ржки **нажми́те** кла́вишу "1", с отде́лом рекла́мы - кла́вишу "2".

고객지원 센터로 연결하시려면 1번을, 홍보팀으로 연결하시려면 2번을 눌러주세요.

насто́льный

형 테이블의, 탁상의

Дени́с - ма́стер спо́рта по **насто́льному** те́ннису.

데니스는 전문 탁구 선수(Master of Sports)야.

насто́льная игра́ 보드게임

напива́ться НСВ

напи́ться СВ
напью́сь, -пьёшься, -пью́тся
напи́лся, -ла́сь, -лись
напе́йся(-пе́йтесь)

동 1. чего 충분히 마시다, 많이 마시다 2. 취하다

Мы **напи́лись** ча́ю, поговори́ли о том о сём* и легли́ спать.

우리는 차를 마시며 이런저런 얘기를 나누다 잠이 들었다.

*на ра́зные незначи́тельные те́мы; о ра́зных пустяка́х 이것저것

У Семёна о́чень сло́жная, не́рвная рабо́та, поэ́тому ка́ждую суббо́ту он **напива́ется** как сапо́жник*.
В о́бщем, челове́к ги́бнет.

세묜은 하는 업무가 엄청나게 복잡하고 신경 쓸 게 많대. 그래서 그런지 매주 토요일만 되면 술을 그렇게 마셔대. 이러다 사람 하나 죽겠어.

*о́чень си́льно напива́ется 술을 많이 마시다

실력 UP!

на + -ся 많이, 실컷 ~하다
нае́сться 배불리 먹다, 실컷 먹다(174p 참고)
насмотре́ться 실컷 보다
наговори́ться 마음껏 말하다
начита́ться 많이 읽다

ОТ- 1. 멀어짐, 분리, 이탈 2. 대응, 반응

отходи́ть НСВ
отхожу́, -хо́дишь, -хо́дят

отойти́ СВ
отойду́, -дёшь, -ду́т
отошёл, -шла́, -шли́

동 от кого-чего 1. 물러서다, 떨어지다 2. 벗어나다

Андре́й **отошёл** в сто́рону*, что́бы позвони́ть.

안드레이는 전화를 하느라 잠시 자리를 떴다.

*отошёл от на́шей гру́ппы, от на́шей компа́нии.

Мы до сих пор не мо́жем **отойти́** от вчера́шнего корпорати́ва.*

어제 회식을 하고 난 후유증이 아직 가시질 않았다.

*до сих пор не мо́жем нача́ть норма́льно себя́ чу́вствовать, так как сли́шком мно́го вы́пили.

относи́ть НСВ
отношу́, -но́сишь, -но́сят
отнести́ СВ
отнесу́, -несёшь, -несу́т
отнёс, отнесла́, отнесли́
отнесён, -а́, -ы́

동 1. что + куда 가져가다
2. что + к чему 포함시키다
3. -ся к кому-чему 대하다, 속하다, 해당되다

Эти кни́ги ну́жно **отнести́** и сдать в библиоте́ку.

이 책들을 도서관에 가져가 반납해야 해.

Я счита́ю, ны́нешняя молодёжь недоста́точно уважи́тельно **отно́сится** к пожилы́м лю́дям.

요즘 젊은이들은 노인을 충분히 공경하지 않는 것 같아.

Мно́гие ду́мают, что дельфи́ны - э́то ры́бы. Но на са́мом де́ле они́ **отно́сятся** к млекопита́ющим.

많은 사람이 돌고래를 어류라고 생각하지만 사실은 포유류이다.

отноше́ние

명 1. к кому-чему 태도, 입장 2. 복 с кем-чем 관계

Если не мо́жешь измени́ть ситуа́цию, тогда́ измени́ своё **отноше́ние** к ней.

상황을 변화시킬 수 없다면, 상황에 대한 관점을 변화시켜라.

Сего́дняшние **отноше́ния** ме́жду Росси́ей и Южной Коре́ей - нагля́дный приме́р успе́шного экономи́ческого сотру́дничества.

오늘날의 한 · 러관계는 성공적인 경제협력의 대표적인 사례이다.

отводи́ть НСВ
отвожу́, -во́дишь, -во́дят
отвести́ СВ
отведу́, -ведёшь, -веду́т
отвёл, отвела́, отвели́
отведён, -а́, -ы́

동 кого-что
1. 데리고 가다 2. 회피하다, 거절하다 3. (시간, 장소 등) 할당하다, 배정하다

Я ка́ждый день у́тром **отвожу́** до́чку в де́тский са́дик.

난 매일 아침 딸아이를 유치원에 데려다줘.

Я будди́ст, поэ́тому стара́юсь **отводи́ть** хотя́ бы 10-15 мину́т в день на медита́цию.

나는 불교 신자야. 그래서 매일 10~15분 정도라도 시간을 내서 명상을 하려고 노력해.

отвыка́ть **НСВ**

отвы́кнуть **СВ**
отвы́кну, -нешь, -нут
отвы́к, отвы́кла, отвы́кли

동 **от чего/инф.** (습관, 버릇 등) 없어지다

В Росси́и я **отвы́кла** пить зелёный чай, пью то́лько чёрный.

러시아에 간 이후에 녹차를 안 마시고 홍차만 마시게 되었다.

отклика́ться **НСВ**

откли́кнуться **СВ**

동 **на что** 응하다, 답하다

Благодари́м Вас за то, что Вы **откли́кнулись** на на́ше приглаше́ние.

저희 측 초청에 응해 주셔서 감사합니다.

5일차

о/об- 1. 주변, 우회 2. 전면적으로, 상세히 3. 추월

обходи́ть НСВ
обхожу́, -хо́дишь, -хо́дят
обойти́ СВ
обойду́, -дёшь, -ду́т
обошёл, -шла́, -шли́

동 1. вокруг чего 둘레를 돌다
2. что 둘러보다
3. кого-что 피해가다
4. кого-что 앞서다
명 обхо́д 우회

Я не́сколько раз **обошёл** вокру́г па́мятника Пу́шкину, но Мари́ны нигде́ не́ было.
나는 푸시킨 동상 주변을 몇 번이나 둘러봤는데도 마리나는 그 어디에도 없었다.

Я вчера́ **обошла́** все магази́ны в це́нтре, но нигде́ так и не смогла́ купи́ть хоро́шее вече́рнее пла́тье.
어제 시내에 있는 가게를 다 돌아다녔는데도 어디서도 괜찮은 이브닝드레스를 못 샀어.

Нет, наве́рное, ни одно́й семьи́ в Росси́и, кото́рую бы война́ **обошла́** стороно́й*.
아마도 러시아에서 전쟁을 비껴간 가정은 하나도 없을 거야(전쟁을 겪지 않은 가정은 없을 거야).

*обойти́ стороно́й *кого-что* ~을 피하다, 영향을 미치지 않다, 상관없다

Нере́дко ра́ди извлече́ния максима́льной при́были работода́тели иду́т в **обхо́д*** зако́на.
이익을 극대화하기 위해 법망을 피해 가는 고용주들이 적지 않다.

*в обхо́д *чего* ~을 피해서

По объёму э́кспорта сельхо́зпроду́кции Росси́я уже́ **обошла́** Кита́й!
러시아의 농산물 수출량이 중국을 앞질렀다.

обходи́ться НСВ
обхожу́сь, -хо́дишься, -хо́дятся
обойти́сь СВ
обойду́сь, -дёшься, -ду́тся
обошёлся, -шла́сь, -шли́сь

동 1. без кого-чего ~없이 해내다, ~없이 지내다
2. 비용이 들다
3. с кем-чем 대하다

Если молода́я ма́ма жела́ет совмести́ть семью́ и рабо́ту, то без по́мощи ба́бушек и́ли ня́ни ей не **обойти́сь**.
어린 자녀를 둔 여성이 일과 육아를 병행하려면 할머니나 베이비시터의 도움이 꼭 필요하다.

Но́мер на двои́х **обхо́дится** приме́рно в 3000 рубле́й в су́тки.

2인실 비용은 하루에 약 3000루블이다.

Мора́льный зако́н тре́бует, что́бы мы одина́ково справедли́во **обходи́лись** со все́ми людьми́.

도덕법칙에 따르면 우리는 모든 사람을 똑같이 공평하게 대해야 한다.

обгоня́ть НСВ

обогна́ть СВ

обгоню́, -го́нишь, -го́нят

동 кого-что 추월하다, 능가하다

По объёму промы́шленного произво́дства Кита́й уже́ **обогна́л** США и сего́дня явля́ется крупне́йшей эконо́микой ми́ра.

중국은 산업 생산량이 이미 미국을 넘어섰고, 오늘날 세계 최대의 경제 대국이 되었다.

опережа́ть НСВ

опереди́ть СВ

опережу́, -ди́шь, -дя́т

동 кого-что 추월하다, 능가하다

По ра́звитости инфраструкту́ры и у́ровню безопа́сности Сеу́л уже́ **опережа́ет** То́кио.

서울의 인프라와 치안 수준은 도쿄를 넘어섰다.

объеда́ться НСВ

объе́сться СВ

объе́мся, -е́шься, -едя́тся

объе́лся, -лась, -лись

동 чем/чего 과식하다

Пиро́г, коне́чно, вку́сный, но смотри́ не **объе́шься**.

물론 파이가 맛있긴 하지만, 과식하지 않도록 조심해.

оши́бка

명 실수

동 ошиба́ться/ошиби́ться 실수하다

На экза́мене я не допусти́л ни одно́й **оши́бки*** и, есте́ственно, получи́л "Отли́чно".

나는 시험에서 실수를 하나도 하지 않았기 때문에 당연히 A를 받았다.

*допусти́ть(сде́лать, соверши́ть) оши́бку 실수를 하다

실력 UP!

о + -ся 실수로 ~하다

описа́ться 잘못 쓰다

оговори́ться 말실수를 하다

ослы́шаться 잘못 듣다

обозна́ться 잘못 알다, 착각하다

пере- 1. 건너는 행위, 이동, 전환 2. 다시 3. 지나치게 4. 서로

переходи́ть НСВ
перехожу́, -хо́дишь, -хо́дят

перейти́ СВ
перейду́, -дёшь, -ду́т
перешёл, -шла́, -шли́
перейдён, -а́, -ы

동 1. что 건너다
2. к чему/на что 전환하다, 옮겨가다, 넘어가다

명 перехо́д 이동, 전환

Мы **перешли́** у́лицу в неполо́женном ме́сте, и полице́йский оштрафова́л нас.
무단횡단을 하다 걸려서 경찰이 벌금을 부과했다.

Неда́вно Гали́на **перешла́** на рабо́ту в другу́ю компа́нию.
갈리나는 얼마 전에 이직했다.

А сейча́с **перейдём** к те́ме инвести́ций в наш но́вый прое́кт.
이제 신규 프로젝트 투자에 관한 주제로 넘어갑시다.

переводи́ть НСВ
перевожу́, -во́дишь, -во́дят

перевести́ СВ
переведу́, -ведёшь, -веду́т перевёл, -вела́, -вели́ переведён, -а́, -ы

동 что 1. 옮기다, 전환하다 2. 번역, 통역하다 3. 송금하다

명 перево́д 번역, 이동

명 перево́дчик 통번역사

Лари́са одина́ково бы́стро и легко́ **перево́дит** с ру́сского языка́ на коре́йский и наоборо́т.
라리사는 빠르고 쉽게 러시아어와 한국어를 양방향으로 번역한다.

Наш банк помо́жет вам **перевести́** сре́дства в любу́ю страну́ ми́ра!
우리 은행을 통해 전 세계 어디로든 송금을 할 수 있습니다!

Докуме́нты о моём **перево́де** на но́вую до́лжность уже́ гото́вы?
제 보직 이동 서류는 준비된 건가요?

переноси́ть НСВ
переношу́, -но́сишь, -но́сят

перенести́ СВ
перенесу́, -несёшь, -несу́т перенёс, -несла́, -несли́ перенесён, -а́, -ы

동 что (시간, 장소 등) 옮기다, 연기하다

명 перено́с 연기, 이전, 변경

Продю́серы “Игры́ престо́лов” **перенесли́** на не́сколько ме́сяцев вы́ход в свет очередно́го сезо́на.
'왕좌의 게임' 프로듀서들은 다음 시즌 방영을 몇 개월 뒤로 연기했다.

Совеща́ние у дире́ктора **перенесли́** со вто́рника на четве́рг.
국장 주재 회의는 화요일에서 목요일로 변경되었습니다.

перево́зка

명 운송, 수송(транспортиро́вка 운송, 수송)
동 **перевози́ть/перевезти́** *что* (차로) 수송하다, 옮기다
명 **перево́зчик** 운송자, 운송업체

При **перево́зке** дома́шних живо́тных необходи́мо соблюда́ть определённые пра́вила.

가축 운송 시 정해진 규정을 준수해야 한다.

Росси́йские желе́зные доро́ги ежего́дно **перево́зят** свы́ше одного́ миллиа́рда пассажи́ров.

러시아 철도를 통해 매년 10억 명이 넘는 규모의 여객 운송이 이루어진다.

переска́зывать нсв

пересказа́ть св

переска́жу́, -ска́жешь, -ска́жут

переска́зан, -а, -ы

동 **что** (본문, 읽은 것 등을) 다시 서술하다, 자기 말로 이야기하다

Люби́мое зада́ние на́шего учи́теля: **пересказа́ть** текст свои́ми слова́ми.

우리 선생님이 즐겨 내는 과제는 텍스트를 자신의 말로 다시 표현해보는 거예요.

실력 UP!

переписа́ть 다시 쓰다
перечита́ть 다시 읽다
переде́лать 다시 만들다, 다시 ~하다

перепу́тывать нсв

перепу́тать св

перепу́тан, -а, -ы

동 **что** 뒤섞어 놓다, 혼동하다, 헷갈리다

Извини́те за опозда́ние. Я **перепу́тала** вре́мя: я реши́ла, что совеща́ние бу́дет в 2 часа́. Ещё раз извини́те.

늦어서 죄송합니다. 제가 시간을 착각했습니다. 회의를 2시라고 생각하고 있었어요. 거듭 사과드립니다.

6일차

под- 1. 아래 2. 접근, 적합 3. 부수적인 4. 몰래

подходи́ть НСВ
подхожу́, -хо́дишь, -хо́дят

подойти́ СВ
подойду́, -дёшь, -ду́т
подошёл, -шла́, -шли́

동 1. к чему 가까이 다가가다
2. чему 어울리다, 적합하다
3. к чему 접근하다, 관점을 갖다

명 подхо́д 접근법, 해결 방법

Я нали́л себе́ ко́фе и **подошёл** к окну́.
나는 커피를 따른 후 창가로 갔다.

Вы нам **подхо́дите**. Мы принима́ем вас на рабо́ту.
우리 회사에 적합한 인재군요. 채용하도록 하겠습니다.

Япо́нский премье́р счита́ет необходи́мым осторо́жно **подходи́ть** к вопро́су о возмо́жном отрече́нии импера́тора.
일본 총리는 일왕의 퇴위 가능성에 대해 신중하게 접근해야 한다고 생각한다.

подводи́ть НСВ
подвожу́, -во́дишь, -во́дят

подвести́ СВ
подведу́, -ведёшь, -веду́т
подвёл, -вела́, -вели́
подведён, -а́, -ы́

동 1. к чему 가까이 데리고 가다, 야기하다
2. кого 실망하게 하다, 곤란하게 하다

Умная жена́ всегда́ смо́жет незаме́тно **подвести́** му́жа к ну́жному ей реше́нию.
영리한 아내는 항상 티 나지 않게 자신이 원하는 방향으로 남편의 결정을 유도할 수 있다.

Моя́ же́нская интуи́ция меня́ никогда́ не **подво́дит**.
내 여성적 직감은 빗나가는(실망시키는) 법이 없다.

В МГУ **подведены́** ито́ги* ко́нкурса поэти́ческого перево́да среди́ студе́нтов и аспира́нтов.
모스크바국립대학교에서는 대학생과 대학원생을 대상으로 한 시 번역 대회의 결과를 확정했다.

*подвести́ ито́ги 결산하다

подска́зывать НСВ

подсказа́ть СВ
подскажу́, -ска́жешь, -ска́жут
подска́зан, -а, -ы

동 что 귀띔해주다; 알려주다

В шко́ле я был отли́чником и на уро́ках всегда́ **подска́зывал** пра́вильные отве́ты дво́ечникам и тро́ечникам.
난 학창시절 최우등생이었어. 그래서 매번 수업 시간마다 공부 못하는 친구들에게 정답을 몰래 알려줬었어.

Прости́те, где здесь метро́, не **подска́жете**?
실례합니다. 혹시 여기 근처에 지하철역이 어디 있는지 말씀해주실 수 있나요?

подслу́шивать НСВ
подслу́шать СВ

동 что 엿듣다, 우연히 듣다

Нача́льник случа́йно **подслу́шал** разгово́р подчинённых и, наконе́ц, узна́л всё, что сотру́дники о нём ду́мают.
부장은 부하직원들의 대화를 우연히 엿듣고 나서 직원들이 자신에 대해 어떻게 생각하는지 알게 되었다.

подчёркивать НСВ
подчеркну́ть СВ
подчеркну́, -нёшь, -ну́т
подчёркнут, -а, -ы

동 что 1. 밑줄을 긋다 2. 강조하다
명 подчёркивание 밑줄 긋기, 강조

В своём интервью президе́нт **подчеркну́л** ва́жность укрепле́ния сотру́дничества ме́жду двумя́ стра́нами.
대통령은 인터뷰를 통해 양국 협력 증진의 중요성을 강조했다.

подборо́док

 턱

Как убра́ть второ́й **подборо́док**?
어떻게 하면 이중 턱을 없앨 수 있을까요?

пол- 반(半)

по́лдень

명 男 정오(↔ по́лночь 자정)

Жа́ркий ию́льский **по́лдень**. Как прия́тно сиде́ть на берегу́ реки́ в густо́й тени́ дере́вьев!
무더운 7월의 정오. 강변의 무성한 나무 그늘에 앉아 있으니 어찌나 상쾌한지!

по́лве́ка

명 반세기, 50년

За **по́лве́ка** Ю́жная Коре́я смогла́ пройти́ путь от бедне́йшей страны́ до одно́й из са́мых мо́щных эконо́мик ми́ра.
반세기 만에 한국은 최빈국에서 세계 경제 대국으로 성장했다.

полтора́

수 1.5의

полтора́ часа́ 한 시간 반

полуо́стров

명 반도

Пло́щадь Коре́йского **полуо́строва** - о́коло 220-ти́ ты́сяч квадра́тных киломе́тров.
한반도의 면적은 약 22만km²이다.

실력 UP!

полупроводни́к 반도체
полузащи́тник 미드필더
полуфабрика́т 반제품

пред- 앞서, 이전에, 미리

пре́док
단생 пре́дка

명 선조, 조상(↔ пото́мок 후대, 후손)

За грехи́ и оши́бки **пре́дков** распла́чиваются пото́мки.
선조들의 죄와 실수에 대한 대가를 후손들이 치르게 된다.

предше́ственник
女 предше́ственница

명 전임자, 선구자, 전신(↔ прее́мник 후계자, 계승자, 후신)

Предше́ственницей ООН была́ со́зданная по́сле Пе́рвой мирово́й войны́ Ли́га На́ций.
UN의 전신은 제1차 세계대전 이후 설립된 국제연맹이다.

Президе́нт до сих пор так и не назва́л, кого́ бы он хоте́л ви́деть свои́м **прее́мником**.
대통령은 아직 자신의 원하는 후임자를 밝히지 않았다.

предвзя́тость

명 女 선입견, 편견

Высокоме́рие и **предвзя́тость** препя́тствуют установле́нию норма́льных межгосуда́рственных отноше́ний.
오만과 편견은 정상적인 국가 간 관계 수립을 가로막는다.

실력 UP!

предубежде́ние 선입견, 편견
предрассу́док 선입견, 편견
стереоти́п 고정관념

предчу́вствовать НСВ
предчу́вствую, -вуешь, -вует

동 что 미리 느끼다, 예감이 들다

Мно́гие живо́тные - соба́ки, мы́ши, ку́ры - спосо́бны **предчу́вствовать** приро́дные катастро́фы за не́сколько дней до их наступле́ния.

개, 쥐, 닭 등 많은 동물이 자연재해가 발생하기 며칠 전에 이러한 사실을 미리 감지한다.

предупрежда́ть НСВ
предупреди́ть СВ
предупрежу́, -преди́шь, -предя́т
предупреждён, -á, -ы́

동 1. кого + о чём 미리 알려주다, 경고하다 2. что 예방하다
명 предупрежде́ние 통지, 경고, 예방

Спецслу́жбы США **предупрежда́ют** о возмо́жности но́вых террористи́ческих а́ктов в Евро́пе.

미국의 정보기관은 유럽에서 또 다른 테러가 발생할 위험이 있다고 경고했다.

предпринима́ть НСВ
предприня́ть СВ
предприму́, -при́мешь, -при́мут,
предпри́нял, -ла́, -ли
предпри́нят, -á, -ы

동 что 시행하다, 착수하다

Прави́тельство **предпринима́ет** все необходи́мые ме́ры для ликвида́ции после́дствий катастро́фы.

정부는 재해 복구를 위해 필요한 모든 조치를 취하고 있다.

실력 UP!

предприи́мчивый 진취적인
предпринима́тель 기업가, 사업가
предпринима́тельство 기업활동, 사업, 기업가 정신
предприя́тие 기업

предвари́тельный

형 사전의, 미리, 예비의

Верхо́вный комисса́р Евросою́за по иностра́нным дела́м назва́л **предвари́тельные** усло́вия для сня́тия экономи́ческих са́нкций с Росси́и.

유럽연합 외교 고위대표는 러시아 경제제재 해제를 위한 선결조건을 제시했다.

предпосы́лка

명 전제 조건

Мне не совсе́м я́сно, исходя́ из каки́х **предпосы́лок** вы пришли́ к тако́му вы́воду?

어떤 전제조건에서 그런 결론을 도출하신 것인지 확실히 이해되지는 않는데요.

предотвраще́ние

명 예방
동 предотвраща́ть/предотврати́ть *что* 예방하다, 미리 막다

Гла́вная зада́ча инжене́ра по те́хнике безопа́сности - **предотвраще́ние** несча́стных слу́чаев на произво́дстве.

시설안전 담당자의 주요 임무는 공장의 사고를 예방하는 것이다.

7일차

при- 1. 도착, 도달 2.부착, 부가

приходи́ть НСВ
прихожу́, -хо́дишь, -хо́дят

прийти́ СВ
приду́, придёшь, приду́т
пришёл, -шла́, -шли́

동 1. 도착하다, 오다 2. к чему (~한 상태에) 이르다

Спаси́бо всем, кто **пришёл** сего́дня, что́бы раздели́ть с на́ми на́шу ра́дость.

오늘 저희와 기쁨을 나누기 위해 와주신 모든 분께 감사드립니다.

Я до сих пор не могу́ **прийти́** в себя́ по́сле сканда́ла со свекро́вью.

시어머니와 한바탕하고 나서 아직도 진정을 할 수가 없어.

실력 UP!

прийти́ + к консе́нсусу/к согла́сию 합의하다
к вы́воду 결론을 내리다
к мы́сли ~한 생각이 들다
в себя́ 정신을 차리다, 진정하다

приходи́ться НСВ

прийти́сь СВ

동 1. кому-чему + инф. (원하지 않아도) ~해야 한다
2. на что 속하다, 비중이 ~이다

На доро́гу до рабо́ты я тра́чу почти́ два часа́, поэ́тому у́тром **прихо́дится** встава́ть о́чень ра́но.

직장까지 거의 두 시간이 걸리기 때문에 아침 일찍 일어나야만 해요.

На до́лю Росси́и **прихо́дится** бо́лее 12-ти́ проце́нтов мирово́й добы́чи не́фти и о́коло 20-ти́ - га́за.

러시아는 전 세계 석유 생산량의 12%, 가스 생산량의 20%를 차지한다.

приводи́ть НСВ
привожу́, -во́дишь, -во́дят

привести́ СВ
приведу́, -ведёшь, -веду́т
привёл, -вела́, -вели́,
приведён, -а́, -ы́

동 1. кого-что 가져오다, 데려오다, 인용하다
2. к чему (어떠한 상태에) 이르게 하다, 초래하다

В заключе́ние молодо́й учёный **привёл** статисти́ческие да́нные, подтвержда́ющие основно́й те́зис его́ докла́да.

마지막으로 젊은 학자는 강연의 주제를 뒷받침하는 통계자료를 인용하였다.

Отка́з от алкого́ля и сигаре́т **приведёт** то́лько к улучше́нию ва́шего здоро́вья - вот уви́дите!
술·담배를 끊으면 건강이 증진되는 효과를 보게 될 것입니다.

Пе́ред о́тпуском мне ещё ну́жно **привести́** в поря́док* все дела́.
휴가 전 모든 업무를 정리해야 해.

*привести́ *что* в поря́док 정리하다

실력 UP!

привести́ + цита́ту 인용하다
приме́р 예를 들다
да́нные 자료/데이터를 인용하다

приноси́ть НСВ
приношу́, -но́сишь, -но́сят

принести́ СВ
принесу́, -несёшь, -несу́т
принёс, -несла́, -несли́
принесён, -а́, -ы́

동 что 1. 가져오다 2. 초래하다

Вот, я **принёс** из апте́ки всё, что вы проси́ли.
부탁하신 것들 약국에서 다 사 왔습니다.

Мы **прино́сим** свои́ извине́ния за доста́вленные неудо́бства.
불편을 드려 죄송합니다.

В после́днее вре́мя выступле́ния на́шей кома́нды **прино́сят** боле́льщикам одни́ огорче́ния.
최근 우리 팀의 경기는 팬들에게 실망감만 안겨주고 있다.

실력 UP!

принести́ + по́льзу 이득을 가져오다
плоды́ 결실을 가져오다
результа́ты 결과, 성과를 가져오다
извине́ния 사과하다

прибавля́ть НСВ

приба́вить СВ
приба́влю, -ба́вишь -ба́вят
приба́влен, -а, -ы

동 1. что/чего 증가하다, 늘다
2. что + к чему 더하다, 추가하다

Ужас: ско́ро ле́то, а я **приба́вила** в ве́се три килогра́мма!
곧 여름인데 3킬로나 찌다니. 끔찍해.

Бы́ло хо́лодно, и я **приба́вил** ша́гу, что́бы согре́ться.
추운 날씨에 나는 몸을 따듯하게 하기 위해 빠르게 걸었다.

присма́тривать НСВ

присмотре́ть СВ
присмотрю́, -смо́тришь
-смо́трят,
присмо́трен, -а, -ы

동 1. за кем-чем 주시하다, 돌보다
2. -ся к чему 자세히 보다, 검토하다
명 присмо́тр 돌봄, 보호

Роди́тели сейча́с в командиро́вке, и за ребёнком **присма́тривают** тётка с ба́бушкой.
아이의 부모님은 현재 출장 중이고, 이모와 할머니가 아이를 돌보고 있다.

Безусло́вно, Росси́и име́ет смысл **присмотре́ться** к зарубе́жному о́пыту построе́ния гражда́нского о́бщества.
다른 나라의 시민 사회 조성 경험을 면밀히 검토하는 것이 당연히 러시아에 의미가 있습니다.

прислу́шиваться НСВ

прислу́шаться СВ

동 к чему 귀담아듣다

В подростко́вом во́зрасте я не **прислу́шивалась** к сове́там роди́телей и до сих пор об э́том жале́ю.
난 청소년기에 부모님의 조언을 귀담아듣지 않은걸 아직도 후회하고 있어.

про- 1. 관통, 통과 2. 일정 시간, 일정 거리 3. 찬성, 지지 4. 앞, 위

проходи́ть НСВ
прохожу́, -хо́дишь,
-хо́дят

пройти́ СВ
пройду́, -дёшь, -ду́т
прошёл, -шла́, -шло́
про́йден, -а, -ы

동 1. что 지나다, 통과하다; (과정 등) 마치다
2. че́рез что 가로질러 가다, 통과해 가다
3. ми́мо чего (옆을) 지나쳐 가다
4. (일정 거리를) 가다
5. (시간, 사건, 일 등) 경과하다, 진행되다
6. 끝나다, 사라지다

Не сто́йте в дверя́х, **проходи́те** в ко́мнату.
문 앞에 서 있지 말고 방으로 들어가세요.

Вчера́ Па́вел **проходи́л** медици́нский осмо́тр, ходи́л в поликли́нике из кабине́та в кабине́т; ему́ прове́рили се́рдце, лёгкие, давле́ние, зре́ние, слух и изме́рили рост.
어제 파벨은 건강검진을 받았다. 병원에서 여러 검사실을 돌아다니며, 심장과 폐, 혈압, 시력, 청각 검사를 하고 신장을 측정했다.

Стра́нно: сего́дня Ве́ра **прошла́** ми́мо меня́ и не поздоро́валась.
이상하게 베라가 오늘 내 옆을 지나치면서 인사도 안 했어.

Проспе́кт Незави́симости **прохо́дит** че́рез весь центр го́рода.
독립로는 도심을 가로지르고 있다.

Прошло́ уже́ 3 го́да, как на́ши де́ти уе́хали жить в Аме́рику.

자녀들이 미국으로 떠난 지 벌써 3년이 지났다.

Я вы́пил табле́тку анальги́на, и боль **прошла́**.

약(아날긴)을 먹고 통증이 사라졌다.

Второ́й ра́унд перегово́ров по заключе́нию соглаше́ния о зо́не свобо́дной торго́вли **прошёл** успе́шно.

2차 FTA 체결 협상이 성공적으로 진행되었다.

проводи́ть НСВ
провожу́, -во́дишь, -во́дят

провести́ СВ
проведу́, -ведёшь, -веду́т
провёл, -вела́, -вели́,
проведён, -а́, -ы

동 что 1. (시간을) 보내다
2. 진행하다, 실행하다, 실현하다
3. 안내하다, 이끌다; 부설하다

명 проведе́ние (시간을) 보냄, 실행, 실시

Как вы **провели́** кани́кулы?

너희 방학 어떻게 보냈어?

В на́шем го́роде уже́ бо́лее десяти́ лет **прово́дится** ежего́дный кинофестива́ль.

우리 도시에서는 벌써 십여 년간 매년 영화제가 열리고 있다.

проница́тельный

형 명민한, 날카로운, 통찰력 있는

Он **проница́тельный** челове́к, ви́дит люде́й наскво́зь.

그는 통찰력 있는 사람으로 사람을 꿰뚫어 본다.

против- 반대, 대항

проти́вник

명 반대자(↔ сторо́нник 옹호자, 찬성자)

Я остаю́сь убеждённым **проти́вником** гражда́нских бра́ков.

나는 동거는 절대 반대야.

противоре́чить НСВ

동 чему 부합하지 않다, 모순되다
(↔ соотве́тствовать *чему* 부합하다, 일치하다)
명 противоре́чие 모순
형 противоречи́вый 모순적인

Сде́лка, кото́рую вы мне предлага́ете, **противоре́чит** всем мои́м убежде́ниям и при́нципам.
제안하신 거래는 저의 신념과 원칙에 위배됩니다.

Ситуа́ция кра́йне **противоречи́вая**.
상황이 매우 모순적이다.

противоде́йствие

명 чему 반대, 반작용, 방해
동 противоде́йствовать *чему* 반대하다, 반작용하다, 방해하다

Противоде́йствие корру́пции явля́ется одно́й из приорите́тных зада́ч госуда́рственной поли́тики.
부정부패 척결은 국가의 우선 과제 중 하나이다.

противостоя́ть НСВ
противостою́, -стои́шь, -стоя́т

동 чему 대립하다, 대항하다
명 противостоя́ние 대립, 대항

Мно́гим из нас кра́йне сло́жно **противостоя́ть** агресси́вной пропага́нде гедони́зма и консьюмери́зма.
많은 사람이 향락과 소비주의를 조장하는 공격적인 광고의 유혹에 저항하는 데 어려움을 느낀다.

противополо́жный

형 чему 반대의

У меня́ по да́нному вопро́су **противополо́жное** мне́ние.
저는 그 문제에 대해 상반되는 의견을 가지고 있습니다.

실력 UP!

противопоказа́ние 부작용
противопожа́рный 소방의

8일차

раз(с)- 1. 여러 방향, 여러 개 2. 결과의 무효

расходи́ться НСВ
расхожу́сь, -хо́дишься, -хо́дятся

разойти́сь СВ
разойду́сь, -дёшься, -ду́тся
разошёлся, -шла́сь, -шли́сь

동 1. 흩어지다, 퍼지다, 늘어나다
2. 헤어지다
3. 분리되다, 다르다(↔ сходи́ться/сойти́сь 모이다, 일치하다)

명 расхожде́ние 차이, 불일치

Го́сти **разошли́сь** по дома́м то́лько под у́тро.
손님들은 날이 밝아서야 각자 집으로 돌아갔다.

Руба́шка по́сле сти́рки **разошла́сь** по шву.
빨래를 한 후 셔츠의 솔기가 타졌다.

В конце́ концо́в мы с жено́й **разошли́сь**, но смогли́ сохрани́ть норма́льные отноше́ния.
우리 부부는 결국 헤어졌지만, 그래도 좋은 관계를 유지할 수 있었습니다.

К сожале́нию, пози́ции Росси́и и За́пада по всем вопро́сам междунаро́дной поли́тики сего́дня кардина́льно **расхо́дятся**.
안타깝게도 현재 러시아와 서방은 모든 국제정치 문제에 대해 근본적으로 다른 입장을 견지한다.

разводи́ть НСВ
развожу́, -во́дишь, -во́дят

развести́ СВ
разведу́, -ведёшь, -веду́т,
развёл, -вела́, -вели́
разведён, -а́, -ы́

동 кого-что
1. 갈라놓다, 흩어지게 놓다, 배치하다
2. 이혼시키다
3. 양식하다, 번식시키다, 재배하다

명 разво́д 분리, 이혼
명 разведе́ние 양식, 번식, 재배

В Петербу́рге мно́гие мосты́ че́рез Неву́ **разво́дятся** на́ ночь для прохо́да судо́в.
페테르부르크 네바강에 있는 도개교는 선박 운항을 위해 새벽에 열린다.

На э́той фе́рме **разво́дят** песцо́в и соболе́й.
현재 농가에서는 북극여우와 흑담비를 사육하고 있다.

По́сле моего́ **разво́да** с жено́й прошло́ полтора́ го́да.
아내와 이혼한 지 1년 반이 지났다.

разлу́ка

명 이별
동 разлуча́ть/разлучи́ть *кого + с кем-чем* ~와 -를 떼어놓다

Была́ без ра́достей любо́вь, **разлу́ка** бу́дет без печа́ли.(«Договор», М. Ю. Лермонтов)
사랑하는 동안 기쁨이 없었으니 이별도 슬프지 않으리.

Как тяжело́ жить в **разлу́ке** с родны́ми и бли́зкими!
가족, 친척, 그리고 가까운 이들과 떨어져 사는 것이 얼마나 고달픈지.

с- 1. 아래로 2. 제거 3. 한 곳으로 모임 4. 함께

сходи́ть НСВ
схожу́, -хо́дишь, -хо́дят

сойти́ СВ
сойду́, -дёшь, -ду́т
сошёл, -шла́, -шли́

동 с кого-чего
1. 내려오다 2. 떠나다, 벗어나다 3. -ся 모이다, 일치하다

Вчера́ недалеко́ от на́шего го́рода **сошёл** с ре́льсов това́рный по́езд. К сча́стью, жертв и пострада́вших нет.
어제 우리 시에서 멀지 않은 철로에서 탈선 사고가 일어났는데, 다행히도 사상자는 없었대.

У меня́ тако́е чу́вство, что муж **сошёл** с ума́* со свои́ми компью́терными и́грами.
남편이 컴퓨터 게임에 미친 것 같다는 생각이 들어.

*сойти́ с ума́ 미치다

> **실력 UP!**
> **сходи́ть СВ** 다녀오다
> Та́ня, **сходи́** в магази́н, купи́ чего́-нибудь к у́жину.
> 타냐, 가게에 가서 저녁 거리 좀 사와.

своди́ть НСВ
свожу́, -во́дишь, -во́дят

свести́ СВ
сведу́, -ведёшь, -веду́т,
свёл, -вела́, -вели́
сведён, -а́, -ы́

동 кого-что 1. 데리고 떠나다 2. (어떤 상태로) 이끌다, 귀착시키다 3. 쥐가 나다, 경련이 나다

Си́льная за́суха **свела́** на нет все труды́ фе́рмеров.
극심한 가뭄으로 농민들의 노고가 모두 수포가 되었다.

Мно́гие пенсионе́ры едва́ **сво́дят** концы́ с конца́ми, баланси́руют на гра́ни* нищеты́.
많은 노인(연금 수령자)이 근근이 살아가며 빈곤의 벼랑에 내몰리고 있다.

*баланси́ровать на гра́ни *чего* 벼랑 끝에 서 있다, ~의 위험에 내몰렸다

Вдруг у меня́ **свело́** но́гу, и я засты́ла на ме́сте.
갑자기 다리에서 쥐가 나서 그 자리에서 움직일 수가 없었어.

실력 UP!

свести́ *что* **+ на нет** 없애다, 사라지게 하다
к ми́нимуму 최소화하다
свести́ концы́ с конца́ми 근근이 살다

сбавля́ть НСВ
сба́вить СВ
сба́влю, сба́вишь, сба́вят
сба́влен, -а, -ы

동 что 떼어내다, 줄이다

Води́тели обя́заны **сбавля́ть** ско́рость пе́ред пешехо́дным перехо́дом.
운전자들은 횡단보도 앞에서 속도를 줄여야 한다.

За после́дние по́лго́да эконо́мика страны́ **сба́вила** те́мпы ро́ста.
지난 반년간 우리나라의 경제성장률이 감소했다.

сосе́д
(복) сосе́ди
(복생) сосе́дей

명 이웃
형 **сосе́дний** 이웃한
형 **сосе́дский** 이웃 사람의

Сосе́ди почти́ ка́ждый день устра́ивают шу́мные вечери́нки, э́то како́й-то кошма́р.
이웃에서 거의 매일 시끄러운 모임을 벌이는데, 정말 끔찍해요.

сосе́д по ко́мнате 룸메이트

сочу́вствовать НСВ
сочу́вствую, -вуешь, -вуют

동 **кому-чему** 공감하다
명 **сочу́вствие** (сострада́ние) *к кому-чему* 공감

Я и́скренне **сочу́вствую** ва́шему го́рю.
여러분이 겪으신 슬픔을 진심으로 이해합니다.

Неуже́ли никто́ из уча́стников э́той исто́рии не вызыва́ет у вас **сочу́вствия**?
당신은 정말 이 이야기의 주인공 중 어느 누구에게도 공감을 못 하시나요?

соо́бщество

명 공동체
부 **сообща́** 함께, 공동으로

Террори́зм - э́то угро́за всему́ мирово́му **соо́бществу**, а не каки́м-то отде́льным стра́нам.
테러는 개별 국가가 아닌 국제사회 전체를 위협한다.

сопоставля́ть НСВ
сопоста́вить СВ
сопоста́влю, -вишь, -вят
сопоста́влен, -а, -ы

동 что + с чем 대조하다, 비교하다
형 сопостави́мый 견줄 만한, 필적할 만한
명 сопоставле́ние 대조, 비교

Сотру́дники поли́ции **сопоста́вили** все фа́кты, ули́ки и им, наконе́ц, ста́ло я́сно, кто же соверши́л преступле́ние.
경찰은 모든 사실과 증거품을 대조한 결과 마침내 누가 범죄를 저질렀는지 밝혀냈다.

Сего́дня росси́йская вое́нная те́хника по свои́м пара́метрам вполне́ **сопостави́ма** с лу́чшими зарубе́жными образца́ми.
러시아 군사 장비의 성능은 최상급 외국 장비들에 필적할 만하다.

сопровожда́ть НСВ
сопроводи́ть СВ
сопровожу́, -ди́шь, -дя́т
сопровождён, -а́, -ы́

동 кого-что + кем-чем 동반하다, 동시에 일어나다

Телохрани́тели **сопровожда́ют** президе́нта корпора́ции все 24 часа́ в су́тки.
경호원들은 24시간 내내 회장 곁을 지킨다.

Ре́зкое повыше́ние артериа́льного давле́ния нере́дко **сопровожда́ется** си́льной головно́й бо́лью, головокруже́нием, тошното́й и рво́той.
급격한 혈압 상승은 종종 극심한 두통과 어지럼증, 메스꺼움, 구토를 동반한다.

сверх- 초(超), 일정한 범위를 넘어서는

сверхдержа́ва

명 초강대국

Сверхдержа́ва - э́то о́чень мо́щное госуда́рство с огро́мным экономи́ческим, полити́ческим, вое́нным и культу́рным потенциа́лами.
초강대국이란 높은 경제적, 정치적, 군사적, 문화적 역량을 지닌 강력한 국가이다.

실력 UP!

сверхпри́быль 초과이윤
сверхчелове́к 초인
сверхуро́чный 초과 근무의
~ая рабо́та 야근, 초과 근무
сверхзвуково́й 초음속의, 초음파의
~ самолёт 초음속 항공기
сверхъесте́ственный 초자연적인
~ые спосо́бности 초능력

у- 1. 멀어짐, 제거 2. 상태의 변화

уходи́ть НСВ
ухожу́, -хо́дишь, -хо́дят

уйти́ СВ
уйду́, -дёшь, -ду́т
ушёл, -шла́, -шли́

동 1.떠나다 2. (특정 상태에서) 벗어나다 3. (시간, 비용) 소요되다
명 **ухо́д** 출발, 떠남, 탈피

Наш нача́льник всегда́ **ухо́дит** с рабо́ты са́мым после́дним.
우리 부장은 항상 제일 늦게 퇴근한다.

Бы́вший президе́нт страны́ **ушёл** из жи́зни в во́зрасте 90 лет.
우리나라 전임 대통령 중 한 명이 90세를 일기로 세상을 떠났다.

На по́иски но́вых партнёров и поставщико́в у нас **ушло́** бо́лее полуго́да.
새로운 제휴사와 공급처를 찾는 데 반년 이상이 소요됐다.

실력 UP!

уйти́ + из жи́зни 세상을 떠나다
в о́тпуск 휴가를 떠나다
в отста́вку 사퇴하다

убега́ть НСВ

убежа́ть СВ
убегу́, убежи́шь убегу́т

동 달아나다, 도망치다
명 **убе́жище** 피난처, 망명처

Вме́сто того́ что́бы защити́ть меня́ от пья́ных хулига́нов, мой па́рень испуга́лся и **убежа́л**.
남자친구는 술 취한 치한들로부터 나를 보호해주긴커녕 겁에 질려 줄행랑을 쳤다.

через(с)/чрез- 도를 넘는, 지나친

чрезме́рный

형 과도한

Ва́ше **чрезме́рное** стара́ние то́лько вреди́т о́бщему де́лу.
당신의 과도한 열의는 우리의 일을 오히려 망칠 뿐이에요.

чересчу́р

형 너무, 지나치게(сли́шком, чрезме́рно)

100 ты́сяч рубле́й за таку́ю рабо́ту - нет, э́то **чересчу́р**!
이런 일에 대한 보수가 10만 루블이라니요. 아니, 너무하네요.

чрезвыча́йный ❶형 긴급한, 비상의(↔ обы́чный, обыкнове́нный 보통, 일반적인)

чрезвыча́йные ситуа́ции(ЧС) 재난 상황, 긴급상황

Сотру́дниками МЧС (Министе́рства по **чрезвыча́йным** ситуа́циям) эвакуи́ровано из зо́ны затопле́ния свы́ше 10-ти́ ты́сяч челове́к.

비상사태부 직원들은 만 명 이상의 주민들을 수해 지역에서 대피시켰다.

PART2

어근

9~99일차

9일차

авто- 스스로, 자신(auto)

автобиогра́фия 명 자서전, 자기소개서

К докуме́нтам об образова́нии ещё необходи́мо приложи́ть **автобиогра́фию** объёмом в одну́ страни́цу.
학력증명서와 함께 한 장 분량의 자기소개서도 첨부하셔야 합니다.

Как вы ду́маете, мо́жно ли ве́рить тому́, что изве́стные лю́ди пи́шут о себе́ в свои́х **автобиогра́фиях**?
유명인이 자서전에 쓴 내용이 믿을만하다고 생각하시나요?

автомати́ческий 형 1. 자동적인 2. 기계적인, 무의식적인

Я предпочита́ю маши́ны с **автомати́ческой** коро́бкой переда́ч.
저는 오토(자동변속)가 더 좋아요.

Систе́ма «Умный дом» **автомати́чески** выключа́ет свет, когда́ жильцы́ покида́ют дом.
스마트홈은 사람들이 집을 비우면 자동으로 불을 끈다.

автоматиза́ция 명 자동화
동 автоматизи́ровать *что* 자동화하다

Автоматиза́ция произво́дства мо́жет повле́чь за собо́й рост безрабо́тицы.
생산 자동화로 인해 실업률이 증가할 수 있다.

автомобилестрое́ние 명 자동차 산업, 자동차 제조

Автомобилестрое́ние - одна́ из веду́щих отрасле́й коре́йской эконо́мики.
자동차 산업은 한국의 주요 산업분야이다.

автоно́мный 형 자치의, 자율의
명 автоно́мия 자율, 자치(самоуправле́ние)

Коре́йские университе́ты тре́буют от госуда́рства бо́льшей незави́симости и **автоно́мии**.
한국 대학들은 정부에 더 많은 독립성과 자율성을 요구한다.

Евре́йская **автоно́мная** о́бласть 유대인 자치주

акт-/акц- 행위, 행동

а́кция

명 1. 활동, 행위 2. 주식
명 акционе́р 주주
형 акционе́рный 주식의

В суббо́ту по всей стране́ под ло́зунгами борьбы́ с корру́пцией прошли́ ма́ссовые **а́кции** проте́ста.
토요일 전국에서 반부패를 구호로 내건 대규모 시위가 발생했다.

Как вы счита́ете, сейча́с лу́чше покупа́ть и́ли продава́ть **а́кции** нефтяны́х компа́ний?
지금 석유회사 주식을 사야할까요, 팔아야할까요?

акционе́рное о́бщество 주식회사

акти́вный

형 활발한, 적극적인, 활성의
동 активизи́ровать *что* 활성화하다
명 активиза́ция 활성화

Сейча́с на рабо́ту беру́т то́лько молоды́х, энерги́чных, **акти́вных**. А что де́лать челове́ку за 40?
요즘은 회사에서 젊고 활달하고 적극적인 사람만 뽑아요. 마흔 남짓한 사람은 어떻게 해야 하죠?

акт

명 1. 행위 2. 법령, 명령, 결의

Сотру́дникам ФСБ* удало́сь предотврати́ть кру́пный тер**а́кт****, гото́вившийся сторо́нниками ИГИЛ в Татарста́не.
연방안보국은 타타르스탄에서 IS 대원들이 모의한 테러를 막았다.

*Федера́льной слу́жбы безопа́сности 연방안보국
**террористи́ческий акт 테러행위

Акт о безоговоро́чной капитуля́ции наци́стской Герма́нии был подпи́сан в ночь с 8-го на 9-е ма́я 1945-го го́да.
나치 독일은 1945년 5월 8일에서 9일로 넘어가는 밤, 무조건적인 항복 문서에 서명했다.

баланс- 균형, 밸런스

бала́нс

명 1. 균형(равнове́сие) 2. 수지, 잔액

Социа́льно отве́тственный челове́к уме́ло подде́рживает **бала́нс** ме́жду обще́ственными и ли́чными интере́сами.

사회 생활에서 책임감 있는 사람은 공공의 이익과 개인의 이익 간 균형을 잘 유지한다.

торго́вый **бала́нс** 무역수지

сбаланси́рованный

형 균형 잡힌

동 (с)баланси́ровать 균형을 잡다

Я реши́ла перейти́ на **сбаланси́рованное** пита́ние, сократи́в потребле́ние жи́рного мя́са, сла́дкого и мучно́го.

나는 기름진 고기와 단 음식, 밀가루 음식을 줄이고 균형 잡힌 식단을 꾸리기로 결심했다.

банк- 은행, 금고

ба́нковский

형 은행의, 예금의

Как то́лько де́ньги посту́пят на наш **ба́нковский** счёт, вам бу́дет отпра́влена вся па́ртия това́ра.

계좌로 돈이 입금되는 대로 상품을 전량 발송하겠습니다.

банкома́т(ба́нковский автома́т) 현금인출기, ATM

банкро́тство

명 파산, 파탄, 몰락

동 (о)банкро́титься 파산하다

На́ша компа́ния - на гра́ни **банкро́тства**.

우리 회사는 도산위기에 처해있다.

банки́р

명 은행원

Оди́н мой знако́мый постоя́нно говори́т о том, что гла́вные враги́ челове́чества - э́то **банки́ры** с Уо́лл-стрит.

내 지인 중 하나는 인류의 주요한 적이 월스트리트 금융가의 은행원들이라고 늘상 얘기한다.

бд-/буд-/бод- 깨우다, 불러일으키다

буди́ть НСВ
разбуди́ть СВ
(раз)бужу́, бу́дишь, бу́дят, разбу́жен, -а, -ы

동 кого-что 깨우다, 불러일으키다

Разбуди́ меня́ часа́ че́рез два.
2시간 후에 깨워줘.

побужда́ть НСВ
побуди́ть СВ
побужу́, -бу́дишь, -бу́дят

동 кого + к чему/инф. 재촉하다, 자극하다, 야기하다

Гла́вная цель рекла́мы — **побуди́ть** потреби́теля купи́ть тот и́ли ино́й това́р.
광고의 주목적은 소비자들이 특정 상품을 사도록 자극하는 것이다.

возбужда́ть НСВ
возбуди́ть СВ
возбужу́, -бу́дишь, -бу́дят
возбу́жен, -а, -ы

동 что 1. 불러일으키다, 돋우다 2. 제기하다

Необыкнове́нные за́пахи гото́вящейся пи́щи **возбужда́ют** аппети́т.
음식을 요리하는 맛있는 냄새가 입맛을 돋운다.

возбуди́ть де́ло *про́тив кого* ~에게 소송을 제기하다

> **실력 UP!**
> **пробужда́ть/пробуди́ть** (감정, 본능 등) 깨어나게 하다
> На мой взгляд, мно́гие произведе́ния ма́ссовой культу́ры лишь **пробужда́ют** в челове́ке ни́зменные инсти́нкты.
> 내 생각에 대다수의 대중문화 작품들은 인간의 저열한 욕망을 자극하는 것 같아.

буди́льник

명 자명종, 알람시계

Поста́вь **буди́льник** на 8 утра́.
아침 8시로 알람 맞춰놔.

бди́тельный

형 경계하는, 경각심의(внима́тельный, осторо́жный)

Уважа́емые жильцы́, бу́дьте **бди́тельны**! В после́днее вре́мя участи́лись кварти́рные кра́жи!
주민 여러분, 최근 주택 절도 사건이 빈번해지고 있으니 주의하세요.

бóдрый

형 활기찬, 씩씩한(↔ вя́лый 시들시들한, 축 늘어진)

Чáшка кóфе “Нескафé” с утрá - и я **бодр** и энерги́чен до сáмого вéчера!

아침에 마시는 네스카페 한 잔이면 저녁까지 활기차고 에너지가 넘치죠.

бýдний

형 평일의, 주중의(↔ выходнóй 휴일의)

По **бýдним** дням магази́н рабóтает до 8-ми́ вéчера, по выходны́м - до 6-ти́.

상점은 평일 8시, 휴일 6시까지 영업합니다.

10일차

бег(ж)- 달리다

бег

명 달리기, 질주, 주행
부 бегóм 뛰어서
명 бегýн 달리기 주자

Усэ́йн Болт - восьмикрáтный олимпи́йский чемпиóн в **бéге** на 100 и 200 мéтров.
우사인 볼트는 100m, 200m 달리기 종목에서 올림픽 8연패를 달성한 선수이다.

Моя́ жизнь - э́то **бег** на мéсте: рабóта - дом - óтдых в Тýрции. И снóва рабóта - дом.
내 삶 마치 제자리 뛰기 같아. 직장, 집, 터키에서의 휴가, 그리고 다시 직장과 집을 왔다갔다 하는 삶의 반복이지.

бéгство

명 도망, 탈출, 줄행랑

Внезáпно в торгóвом цéнтре начался́ пожáр, и посети́тели бы́ли вы́нуждены спасáться **бéгством**.
갑자기 쇼핑센터에 화재가 발생하였고, 이에 방문객들은 대피해야만 했다.

избегáть НСВ
избежáть СВ
избегý, -бежи́шь, -бегýт

동 когo-чего ~을 피하다, 면하다

Как **избежáть** неблагоприя́тных послéдствий наýчно-техни́ческого прогрéсса?
과학기술발전의 부작용을 피하는 방법은 무엇인가?

> **실력 UP!**
> **во избежáние** *чего* ~을 피하기 위해서
> **неизбéжный** 불가피한
> **избáвиться** *от чего* 피하다(30p 참고)

бéженец

단생 бéженца

명 난민, 망명자

Ежегóдно в Зáпадную Еврóпу прибывáют сóтни ты́сяч **бéженцев** из Сéверной Африки и с Бли́жнего Востóка.
매년 북아프리카와 중동으로부터 수십만 명의 난민이 서유럽으로 유입된다.

сéверокорéйские **бéженцы** 탈북민

убе́жище

명 피난처, 은신처
동 **убега́ть/убежа́ть** 도망가다

Во вре́мя войны́ ста́нции моско́вского метро́ бы́ли превращены́ в бо́мбо**убе́жища**.
전시에 모스크바 지하철은 폭격 대비 대피소가 되었다.

실력 UP!
нало́говое убе́жище 조세피난처
полити́ческое убе́жище 정치적 망명
попроси́ть убе́жища 망명을 신청하다

бе́гло

부 대충, 빠르게, 거침없이

Профе́ссор **бе́гло** просмотре́л статью́, напи́санную аспира́нтом, и схо́ду сде́лал не́сколько замеча́ний.
교수는 대학원생이 쓴 논문을 대강 훑어보고는 그 자리에서 바로 몇 가지 사항을 지적했다.

пробе́г

명 주행, 레이스

В суббо́ту в Сеу́ле состои́тся вело**пробе́г**, посвящённый Дню го́рода.
서울에서 도시의 날을 맞아 자전거 레이스가 열린다.

Пробе́г у маши́ны небольшо́й, она́ почти́ но́вая.
이 자동차는 주행거리가 얼마 되지 않아 거의 새 차예요.

бед- 불행, 곤경, 궁핍

беда́
복 бе́ды

명 고난, 불행, 어려움

Настоя́щие друзья́ в **беде́** не броса́ют.
진정한 친구는 어려울 때 외면하지 않는다.

В Росси́и две **беды́** - дураки́ и доро́ги.
러시아의 두 가지 불행은 바로 멍청이들이 많고 도로가 열악한 것이다.

бéдность — 명 (女) 가난, 빈곤(нищетá)
형 **бéдный** 가난한, 부족한(ни́щий)

Борьбá с **бéдностью** по-прéжнему остаётся однóй из важнéйших задáч, стоя́щих пéред прави́тельством.
빈곤 근절은 여전히 정부의 주요 과제이다.

искоренéние **бéдности** 빈곤 근절

бéдствие — 명 재해, 재난, 비극

стихи́йные **бéдствия** 자연재해(прирóдный катакли́зм)

실력 UP!

собы́тие 일, 사건
истори́ческое ~ 역사적 사건

происшéствие 사건, 사고
дорóжно-трáнспортное ~ (ДТП) 교통사고

авáрия 사고, 추돌, 추락, 난파
~ на АЭС 원전사고

инцидéнт 말썽, 사고
дипломати́ческий ~ 외교 마찰

катастрóфа 참사, 재난 파국
техногéнная ~ 인재(人災)

несчáстный слу́чай 사고
~ на произвóдстве 산업재해

беднéть НСВ
обеднéть СВ
(о)беднéю, -нéешь, -нéют

동 가난해지다, 없어지다(↔ богатéть/разбогатéть 부유해지다)

Жестóкие закóны капитали́зма: одни́ богатéют, а други́е **беднéют**.
빈익빈 부익부는 가혹한 자본주의 법칙이다.

убежда́ть нсв

убеди́ть св

убеди́шь, убедя́т

убеждён, -а́, -ы́

동 кого + в чём/инф. 설득하다

형 убеждённый 확신하는

형 убеди́тельный 설득력 있는

Мне удало́сь **убеди́ть** нача́льника в том, что мой прое́кт кра́йне вы́годен для компа́нии.

나는 이 프로젝트가 회사에 큰 이익이 된다는 사실을 상사에게 납득시켰다.

Я **убеждён** в том, что хоро́ших люде́й на све́те бо́льше, чем плохи́х.

나는 세상에 악한 사람보다 선한 사람이 많다고 확신해.

побежда́ть нсв

победи́ть св

победи́шь, -бедя́т

побеждён, -а́, -ы́

동 кого-что 이기다, 승리하다, 얻다

명 побе́да 승리

명 (男) победи́тель 승자

В фина́ле на́ша кома́нда не смогла́ **победи́ть** сопе́рников и дово́льствовалась "серебро́м".

결승전에서 우리 팀은 상대 팀을 꺾지 못했고, 은메달을 따는 데 만족해야만 했다.

실력 UP!

оде́рживать/одержа́ть побе́ду(вверх) ***над кем-чем***

승리하다

берег(ж)- 보호

бере́чь нсв

берегу́, бережёшь, берегу́т

берёг, -гла́, -гли́

동 1.что 소중히 하다, 지키다 2. -ся 조심하다, 경계하다

형 бе́режный 소중하게, 조심스럽게

Мой муж не **бережёт** своё здоро́вье: ку́рит, выпива́ет, не занима́ется спортом.

제 남편은 건강을 소중히 여기지 않아요. 담배 피우고 과음하고 운동도 안 해요.

Береги́тесь!

몸조심해요!

сбереже́ние

명 1. 보존, 보호 2. (복) 저축

Банк, в кото́ром я храни́ла свои́ **сбереже́ния**, обанкро́тился, все мои́ де́ньги пропа́ли.

내가 예금을 맡긴 은행이 파산해서 돈을 다 잃었다.

пренебрега́ть НСВ
пренебре́чь СВ
пренебрегу́, -бережёшь, -брегу́т
пренебрёг, -ла́, -ли́

동 **кем-чем** 무시하다, 얕보다, 경멸하다
형 **пренебрежи́тельный** 무시하는, 얕보는, 냉담한

Не **пренебрега́йте** сове́тами свои́х роди́телей! Они́ жела́ют то́лько добра́ свои́м де́тям.
부모님의 조언을 무시하지 마세요. 부모는 다 자식이 잘되길 바라니까요.

небре́жный

형 소홀한, 태만한, 무사안일의
(невнима́тельный, беспе́чный, хала́тный)
명 (女) **небре́жность** 태평, 무사안일

На э́том предприя́тии дово́льно **небре́жно** отно́сятся к обеспе́чению безопа́сности.
이 회사는 안전불감증이 꽤 심각한 편이다.

бесед- 대화

бесе́да

명 대화, 면담, 간담, 강연
동 **бесе́довать** *с кем* ~와 이야기하다, 대화하다
명 **собесе́дник** 대화 상대, 말 상대

Бесе́да ли́деров двух стран продолжа́лась бо́лее двух часо́в.
양국 정상 간 대화는 2시간 넘게 이어졌다.

собесе́дование

명 면접

Да́же одна́-еди́нственная оши́бка во вре́мя **собесе́дования** мо́жет привести́ к отка́зу в приёме на рабо́ту.
면접에서는 단 하나의 실수조차 당락을 좌우할 수도 있다.

11일차

би-/бо-/-б- 싸움, 치다

боевóй

형 전투의, 싸움의
명 бой 전투, 싸움
명 боевúк 전투원

Боевы́е дéйствия наконéц-то прекращены́. Стóроны конфлúкта приступúли к мúрным переговóрам.

전투가 마침내 중단되었고, 분쟁 당사자들은 평화협상을 개시했다.

бить НСВ
бью́, бьёшь, бью́т
бéй(те)

동 кого-что
1. 치다, 두드리다 2. 때리다, 싸우다 3. (종, 시계 등)치다, 쳐서 알리다

Часы́ **бьют** пóлночь.

시계가 자정을 알렸다.

В шкóле меня́ чáсто обижáли и дáже **бúли**. И тогдá я решúл стать боксёром.

학창시절에 아이들이 나를 놀리고 심지어 때리기까지 했어요. 그래서 복싱 선수가 되기로 마음먹었죠.

실력 UP!

бить + в кóлокол 종을 치다
в барабáн 북을 치다
тревóгу 우려하다, 경종을 울리다
бьётся + сéрдце 심장이 뛰다
пульс 맥박이 뛰다

бúтва

명 전투, 격투

Мы проигрáли **бúтву**, но в итóге вы́играли войнý.

우린 전투에서는 졌지만, 결과적으로 전쟁에서는 승리했다.

В парлáменте идёт обсуждéние гóсбюджéта на бýдущий год. Фактúчески э́то **бúтва** мéжду различными грýппами лоббúстов.

의회에서 내년 예산안이 논의되고 있습니다. 사실상 다양한 로비집단 간의 격전이 벌어지고 있는 것이죠.

убива́ть НСВ

уби́ть СВ
убью́, -бьёшь, -бью́т
уби́т, -а, -ы
убе́й(те)

동 죽이다, 파괴하다
명 **уби́йство** 살인
명 **уби́йца** 살인자

Мы зна́ем, что э́то вы **уби́ли** дире́ктора, вы!! Признава́йтесь!
당신이 사장을 죽였다는 것을 알고 있어요. 당장 자수하세요!

Сери́йный **уби́йца** 연쇄살인범

разбива́ть НСВ

разби́ть СВ
разобью́, -бьёшь, -бью́т
разби́т, -а, -ы
разбе́й(те)

동 **кого-что**
1. 깨다, 부수다, 추락시키다 2. 설치하다, 펼쳐놓다 3. 나누다, 분할하다

Неда́вно мой брат **разби́л** свою́ но́венькую "Ки́а", да и сам пострада́л: перело́м двух рёбер.
얼마 전 형이 새로 산 기아차가 사고가 나 부서지고 형도 다쳤어. 갈비뼈 두 개가 부러졌대.

Ты цини́чный и жесто́кий эгои́ст! Ты **разби́л** мне се́рдце!
넌 이기주의자에 뻔뻔하고 잔인해. 너 때문에 가슴이 찢어질 것 같아.

실력 UP!

разби́ть
1. 깨다
~ **наде́жду/мечту́**(**растопта́ть наде́жду/мечту́**) 희망/꿈을 짓밟다
~ **се́рдце** 가슴 아프게 하다, 좌절시키다
2. 설치하다
~ **парк** 공원을 설치하다
~ **пала́тку** 텐트를 치다
~ **ла́герь** 캠프를 설치하다

избива́ть НСВ

изби́ть СВ
изобью́, -бьёшь, -бью́т
изби́т, -а, -ы
избе́й(те)

동 **кого-что** 구타하다, 패다

- Го́споди, что у тебя́ с лицо́м?!
- Хулига́ны напа́ли, **изби́ли**, смартфо́н и де́ньги отобра́ли.
- 어머나, 너 얼굴이 이게 뭐니?
- 불량배들한테 걸렸어. 날 두들겨 패더니 스마트폰이랑 돈까지 다 털어가 버렸어.

забива́ть НСВ

заби́ть СВ
забью́, -бьёшь, -бью́т
заби́т, -а, -ы
забе́й(те)

동 **кого-что** 1. 집어넣다, 박아넣다 2. 죽이다 3. **-ся** 막히다

Во второ́м та́йме на́ша кома́нда суме́ла переломи́ть игру́, **заби́ла** два го́ла и заслу́женно победи́ла.
우리 팀은 후반전에 전세를 역전시키는 데 성공했고, 두 골을 넣어 경기에서 이겼다.

실력 UP!

заби́ть + гол/мяч 골을 넣다
гвоздь 못을 박다

благ- 선(善)

бла́го

명 선, 이익

Нау́чно-техни́ческий прогре́сс - э́то **бла́го** и́ли зло?

과학기술의 진보, 선인가 악인가?

Ка́ждый граждани́н страны́ до́лжен труди́ться на **бла́го*** о́бщества.

모든 국민을 사회를 위해 일해야 한다.

*на бла́го *чего* ~을 위해

실력 UP!

благоустро́йство 미화
~ у́лиц и па́рков го́рода 도시 내 거리 및 공원 정비

благополу́чие 안녕, 행복, 유복함
семе́йное ~ 가정의 행복

благосостоя́ние 안녕, 복지, 행복
~ наро́да 국민의 복지

благоро́дный 고귀한, 점잖은, 선한
~ посту́пок 고결한 행위

благоприя́тный 유리한
~ые усло́вия для веде́ния би́знеса 기업활동에 좋은 여건

благодари́ть НСВ
поблагодари́ть СВ

동 кого + за что 감사하다
명 女 благода́рность 감사 인사, 사의
형단 благода́рен(-рна, -рны) *кому* 감사하다

Позво́льте ещё раз **поблагодари́ть** вас за по́мощь и подде́ржку.

저희를 지원하고 도와주신 점 다시금 감사 말씀드립니다.

благотвори́тельный

형 자선의, 선행의
명 女 благотвори́тельность 자선, 선행, 기부

За свою́ **благотвори́тельную** де́ятельность Мать Тере́за была́ удосто́ена Но́белевской пре́мии ми́ра.

테레사 수녀는 선행과 봉사로 노벨평화상을 받았다.

близ(ж)- 가까운

близне́ц

(단생) близнеца́
(복) близнецы́

(명) 쌍둥이

У меня́ есть брат-**близне́ц**, но мы с ним уже́ мно́го лет не обща́емся. Так получи́лось.

나는 쌍둥이 남자 형제가 하나 있는데, 어쩌다 보니 벌써 수년째 서로 왕래하지 않게 되었다.

бли́жний

(형) 가까운, 근접한(↔ **да́льний** 먼)

Вот уже́ мно́го лет **Бли́жний** Восто́к остаётся одни́м из взрывоопа́сных регио́нов плане́ты.

벌써 수년째 중동은 일촉즉발 세계의 화약고로 남아있다.

실력 UP!

бли́зкий (*к чему*) 가까운
~ие друзья́ 친한 친구
ближа́йший 가장 가까운(최상급)
в ~ее вре́мя 조만간

близору́кость

(명) (女) 근시(↔ **дальнозо́ркость** 원시)

У меня́ си́льная **близору́кость**, без очко́в я как без рук.

나는 근시가 심해서, 안경이 없으면 아무것도 못 해.

приблизи́тельно

(부) 대략, 거의
(동) **приближа́ть/прибли́зить** *что*
(거리, 시기 등) 가깝게 하다, 앞당기다

- Я бы хоте́ла уточни́ть, когда́ бу́дут гото́вы мои́ докуме́нты.
- **Приблизи́тельно** че́рез две неде́ли.

- 언제쯤 제 서류가 준비되는지 확인하고 싶습니다.
- 대략 2주 후예요.

실력 UP!

о́коло *чего*, **поря́дка** *чего*, **приме́рно** 약, 대략

-блюсти 지키다, 살피다

соблюда́ть НСВ
соблюсти́ СВ
соблюду́, -дёшь, -ду́т
соблю́л, -ла́, -ли́
соблюдён, -а́, -ы́

동 что (규칙, 법) 준수하다, 지키다
명 соблюде́ние 준수

Гра́ждане страны́ обя́заны стро́го **соблюда́ть** все зако́ны.
국민들은 모든 법을 엄격히 준수해야 한다.

Больно́му необходи́мо **соблюда́ть** посте́льный режи́м ещё, как ми́нимум, неде́лю.
환자는 최소 일주일은 침상 생활을 해야 한다.

наблюда́ть НСВ
пронаблюда́ть СВ

동 1. кого-что 지켜보다, 관찰하다
2. за кем-чем 감독하다, 감시하다
명 наблюде́ние 관찰, 감독
명 男 наблюда́тель 관찰자, 옵서버
형 наблюда́тельный 관찰력이 있는, 주의력 있는

Мировы́е СМИ продолжа́ют **при́стально** наблюда́ть за разви́тием ситуа́ции на Коре́йском полуо́строве.
전 세계 언론이 한반도 상황을 예의주시하고 있다.

Я давно́ **наблюда́ю** за ва́ми. Почему́ вы всегда́ така́я гру́стная?
당신을 오래전부터 지켜보고 있었어요. 그런데 왜 당신은 항상 이렇게 슬픈 표정이죠?

бог(ж)- 신(神)

Бог
복생 бого́в

명 신(神) (божество́ 신, 숭배의 대상)
형 бо́жий 신의

Я роди́лся в атеисти́ческой семье́, я не ве́рю в **Бо́га**.
저희 집은 무교에요. 저도 신을 안 믿어요.

> **Сла́ва бо́гу** 다행스럽게도
> **Бо́же мой** 이럴수가

обожа́ть НСВ

동 кого-что 사랑하다, (사족을 못 쓸 정도로) 좋아하다

Я **обожа́ю** голливу́дские коме́дии!
나는 할리우드 코미디가 너무 좋아!

12일차

богат(ч)- 풍요, 부(副)

бога́тый

형 1. 부유한, 돈이 많은
2. кем-чем 풍족한(оби́льный)
명 бога́тство 부, 풍족함
명 бога́ч 부자, 부호(миллионе́р 백만장자)

Бога́тые и бе́дные так отлича́ются друг от дру́га, как бу́дто они́ обита́тели ра́зных плане́т.
부자와 빈자는 마치 다른 별에 사는 사람처럼 다르다.

실력 UP!

де́нежный 돈의, 화폐의
фина́нсовый 재정의, 금융의
роско́шный 호화로운, 사치스러운, 푸짐한
состоя́тельный 부유한, 재력 있는
ще́дрый 인심이 후한, 너그러운, 베푸는

богате́ть НСВ
разбогате́ть СВ
(раз)богате́ю, -те́ешь, -те́ют

동 부자가 되다, 부유해지다

Пять лет наза́д он уе́хал в Аме́рику и бы́стро **разбогате́л** там на опера́циях с недви́жимостью.
5년 전 미국으로 건너간 그는 그곳에서 부동산 거래로 빠르게 부를 축적했다.

обогаща́ть НСВ
обогати́ть СВ
обогащу́, -ти́шь, -тя́т
обогащён, -а́, -ы́

동 кого-что + кем-чем ~을 ~로 풍부하게 하다
명 обогаще́ние 부유, 농축, 축적

Этот писа́тель **обогати́л** на́шу литерату́ру но́выми те́мами, сюже́тами, вырази́тельными сре́дствами.
이 작가는 새로운 주제와 플롯, 표현 기법으로 우리 문학을 더욱 풍요롭게 만들었다.

обогащённый ура́н 농축우라늄

боль- 병(病)

боль

명 ㊛ 아픔, 고통

- Врач: Как у вас с се́рдцем? Быва́ют ли **бо́ли**?
- Пацие́нт: Быва́ют, но не так ча́сто.

- 의사: 요새 심장은 좀 어때요? 통증이 있나요?
- 환자: (통증이) 있긴 한데, 자주 있지는 않아요.

실력 UP!

больни́ца 병원(병상이 있는 병원)
поликли́ника 외래병원
го́спиталь 군용병원
обезбо́ливание 진통, 마취제
больни́чный 병가

больно́й

1. 형 아픈 2. 명 환자(пацие́нт)

Больно́й идёт на попра́вку.
환자가 점점 회복되고 있다.

боле́знь

명 ㊛ 병, 질환

Президе́нт компа́нии сконча́лся по́сле тяжёлой и продолжи́тельной **боле́зни**.
회사 사장은 중병으로 오랜 투병 끝에 사망했다.

заболева́ние

명 질병
명 ㊛ заболева́емость 발병률

Заболева́ния, свя́занные с гипертони́ей, ча́ще всего́ пресле́дуют люде́й с избы́точным ве́сом.
비만인 사람들에게는 고혈압과 관련된 질병이 꼭 따라다닌다.

серде́чно-сосу́дистые заболева́ния(ССЗ) 심혈관질환
инфекцио́нное заболева́ние 전염병(эпиде́мия)

болéть НСВ[1]
заболéть СВ
(за)болéю, -лéешь, -лéют

동 1. кто + кем-чем (병을) 앓다
2. за кого-что НСВ 응원하다
명 **болéльщик** 팬, 애호가, 응원하는 사람

Шкóльники мáссово **болéют** грúппом, занятия в шкóлах отменены́.
학생들이 집단으로 독감에 걸리는 바람에 휴교 조치가 내려졌다.

Муж **болéет** за “Спартáк”, а женá - за “Зенúт”. Отсю́да в семьé постоя́нные конфлúкты.
남편은 ‘스파르타크’ 팬이고, 아내는 ‘제니트’ 팬이다. 이것이 부부 간에 계속 다툼이 일어나는 이유이다.

болéть НСВ[2]
заболéть СВ
(за)болúт, -ля́т

동 у кого + что 아프다

У меня́ пóсле заня́тий в фúтнес-зáле ужáсно **боля́т** все мы́шцы.
헬스장에서 운동하고 난 뒤에 온 근육이 엄청 아파요.

болéльщик

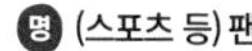
명 (스포츠 등) 팬

Наконéц-то **болéльщики** дождалúсь откры́тия нóвого футбóльного сезóна!
마침내 축구 팬들이 기다리고 기다리던 새 시즌이 시작되었다.

соболéзнование

명 애도, 조의

Примúте, пожáлуйста, мои́ úскренние **соболéзнования**.
진심으로 애도를 표합니다.

больш- 큰, 많은

большóй
비 бóльше

형 큰, 많은(небольшóй 크지 않은, 적은)

большóй вы́бор 다양한 선택
Дéвушка двадцатú с **небольшúм** лет 20대 초반의 여성

실력 UP!

вели́кий 위대한, 대(大), 광대한
писа́тель 대문호/ поэ́т 위대한 시인/ компози́тор 위대한 작곡가/ учёный 위대한 학자/ рома́н 위대한 소설/ произведе́ние 대작

кру́пный 큰, 대규모의
успе́х 대성공/ учёный 대학자/ специали́ст в о́бласти онколо́гии 종양학의 대가
би́знес 대기업/ заво́д 대형 공장
сде́лка 대규모 거래/ па́ртия това́ра 대규모 물량
ава́рия 대형사고/ происше́ствие 대형사고

огро́мный 거대한, 막대한, 많은
го́род 대도시/ дом 대형 건물/ кварти́ра 대형 평수 아파트
долг 거액의 채무/ вклад 지대한 기여/ успе́х 대성공/
потéря 대손실/ убы́тки 대손실

масшта́бный 대규모의
прое́кт 대규모 사업/ финанси́рование 대규모 재정 지원/ инвести́ции 대규모 투자

колосса́льный 대규모의, 굉장한
долг 거액의 채무/ успе́х 대성공/ прое́кт 대규모 사업/
потéри 대손실/ убы́тки 대손실

бо́льше

비 더 많은, 더 큰(большо́й, мно́го의 비교급)
부 더 이상

Ты мне отврати́телен! Я **бо́льше** не жела́ю тебя́ ви́деть!
이런 괘씸한 사람 같으니! 더 이상 꼴 보기도 싫어.

бо́льший

비 보다 많은, 더 큰, 대부분의(большо́й의 비교급)

Я не зна́ю **бо́льшего** сча́стья, чем рожде́ние ребёнка.
아이를 낳는 것보다 더 큰 행복은 없을 것이다.

большинство́

명 다수, 대부분, 과반수(↔ меньшинство́)

Большинство́ мои́х друзе́й ещё у́чится, но не́которые уже́ рабо́тают.
내 친구들 대부분은 아직 학생이고, 그중 일부는 이미 직장인이다.

бор- 싸움, 타격

боро́ться НСВ
боро́сь, бо́решься, бо́рются

동 1. 겨루다, 레슬링하다
2. с кем-чем/против кого-чего ~의 척결을 위해 노력하다
3. за кого-что ~을 얻기 위해 힘쓰다
명 борьба́ 경쟁, 투쟁; 노력; 레슬링

Кита́йские вла́сти продолжа́ют реши́тельно **боро́ться** с корру́пцией среди́ го́сслу́жащих и парти́йных функционе́ров.
중국 정부는 공무원과 당 간부의 부정부패 척결을 위한 노력을 이어가고 있다.

Ве́чная сла́ва геро́ям, **боро́вшимся** за свобо́ду и незави́симость на́шей ро́дины.
조국의 자유와 독립을 위해 싸운 영웅들에게 무한한 영광이 있길 바랍니다.

боре́ц
단생 борца́

명 за кого-что 투사, 전사, 선수

На после́дних Олимпи́йских и́грах росси́йские **борцы́** завоева́ли пять золоты́х меда́лей.
이번 올림픽에서 러시아 선수들은 금메달 5개를 땄다.

боре́ц за свобо́ду и незави́симость Коре́и
대한민국 독립운동가

оборо́на

명 방어
형 оборо́нный 방어의, 국방의

По расхо́дам на **оборо́ну** Росси́я нахо́дится на 3-ем ме́сте в ми́ре, но при э́том значи́тельно отстаёт от США и Кита́я.
러시아는 국방비 지출 분야에서 세계 3위지만, (1, 2위인) 미국과 중국에는 크게 뒤쳐진다.

брат- 형제

бра́тство

명 형제애
형 бра́тский 형제의, 친밀한

На́до призна́ть, что идеа́лы **бра́тства** и дру́жбы ме́жду наро́дами СССР так и не́ были реализо́ваны.
소련 내 민족 간의 형제애와 우애라는 이상은 실현되지 못했다는 사실을 인정할 필요가 있다.

го́род-побрати́м 명 자매도시

Инчхо́н и Владивосто́к - **города́-побрати́мы**.

인천과 블라디보스토크는 자매도시이다.

бра́тоубийственный 형 동족상잔의

Бра́тоуби́йственная Коре́йская война́ унесла́ жи́зни 4,5 миллио́нов челове́к.

6.25라는 동족상잔의 비극으로 450만 명이 목숨을 잃었다.

13일차

бр-/бор-/бир- 잡다

брать НСВ
беру́, берёшь, беру́т
брал, -ла́, -ли

взять СВ
возьму́, возьмёшь, возьму́т
взял, -ла́, -ли
взят, -а́, -ы

동 что 1. 잡다 2. (+с собо́й) 가지다, 휴대하다

Если я ста́ну чино́вником, то никогда́ не бу́ду **брать** взя́тки!
내가 공무원이 된다면, 절대 뇌물 같은 건 받지 않을 거야.

실력 UP!
взя́тка 뇌물
взя́точничество 뇌물수수
корру́пция 부정부패
по́дкуп 매수, 뇌물

бра́ться
беру́сь, берётся, беру́тся
брался, -ла́сь, -лись

взя́ться
возьму́сь, -мёшься, -му́тся
взя́лся, -ла́сь, -ли́сь

동 1. за кого-что 붙잡다; 착수하다 2. откуда ~에서 생겨나다

Я поня́тия не име́ю, отку́да **взяли́сь** э́ти слу́хи.
이 소문이 대체 어디서 생겨난 건지 진짜 모르겠어.

выбира́ть НСВ

вы́брать СВ
вы́беру, вы́берешь, вы́берут
вы́бран, -а, -ы

동 1. что 고르다, 뽑다, 선택하다 2. -ся 빠져나가다, 벗어나다
명 вы́бор 1. 선택, 선정 2. 복 선거

Вы́берите пра́вильный отве́т.
올바른 답을 고르세요.

Президе́нтские **вы́боры** в Росси́и прохо́дят раз в шесть лет.
러시아에서 대선은 6년마다 치러진다.

Я попа́ла в неприя́тную ситуа́цию и тепе́рь не зна́ю, как из неё **вы́браться**.
곤란한 상황에 처했는데 어떻게 빠져나가야 할지 모르겠어요.

실력 UP!

подбóр 다양한 것 중에서 어떠한 기준에 맞게 고르는 것

подбóр персонáла 인재 채용

На **подбóр** свáдебного плáтья Нáстя потрáтила цéлых два мéсяца.

나스타는 웨딩드레스를 고르는데 꼬박 두 달이 걸렸다.

отбóр 비슷한 것 중에서 최선을 고르는 것

отбóр кандидáтов в сбóрную комáнду страны́

국가대표 선발

Отбóр кáчественных и свéжих продýктов óчень вáжен для и́миджа ресторáна.

질 좋고 신선한 식자재 선별은 레스토랑 이미지에 매우 중요합니다.

избрáние (투표의 방식으로) 선출하는 것

избрáние депутáтов парлáмента 의회 의원 선출

подбирáть НСВ

подобрáть СВ

подберý, -берёшь, -берýт

подобрáл, -лá, -ли

подóбран, -а, -ы

동 что 1. (아래에서) 집어 올리다, 줍다 2. (적합한 것을) 선택하다

Обóи я ужé поклéила, тепéрь нýжно **подобрáть** мéбель под их цвет.

벽지는 이미 발랐고, 이제 벽지 색에 어울리는 가구를 골라야 해.

собирáть НСВ

собрáть СВ

соберý, -берёшь, -берýт

собрáл, -лá, -ли

сóбран, -а, -ы

동 1. что 모으다

2. -ся кудá/инф. 준비하다, ~하려고 계획하다

Я тóлько **собрáлся** порáньше уйти́ с рабóты, как меня́ вдруг вы́звал к себé начáльник.

평소보다 일찍 퇴근하려는데 갑자기 상사의 호출을 받았다.

실력 UP!

собрáние 모임, 회의; 수집, 컬렉션

сбóрка 조립

сбор 수집, 수확; 세금 징수(금)

разбирáть НСВ

разобрáть СВ

разберý, -берёшь, -берýт

разобрáл, -лá, -ли

разóбран, -а, -ы

동 1. что 분해하다

2. 이해하다, 알아듣다

3. -ся в ком-чём 파악하다, 알아보다

4. -ся с кем-чем 처리하다, 해결하다

Я самá **разобралá**, почи́стила и собралá стирáльную маши́ну.
나는 혼자서 세탁기를 분해해서 닦은 다음 다시 조립했어.

Связь былá плохáя, я с трудóм **разбирáла**, что мне говори́л отéц.
연결 상태가 좋지 않아서 아빠가 뭐라고 말씀하셨는지 알아듣기 힘들었어.

- Дорогóй, я в поли́ции, меня́ арестовáли! Вы́тащи меня́ отсю́да, умоля́ю!
- Дорогáя, спокóйно. Я сейчáс приéду и во всём **разберу́сь**.

- 나 지금 경찰서야. 체포됐어! 여기서 날 좀 꺼내줘. 진짜 부탁할게.
- 일단 진정해. 내가 가서 무슨 일인지 알아볼게.

добирáться НСВ

добрáться СВ

доберу́сь, -берёшься, -беру́тся

добрáлся, -лáсь, -ли́сь

동 до кого-чего 가다, 도착하다, 도달하다

До рабóты я **добирáюсь** два часá и, конéчно, ужáсно устаю́.
직장까지 가는 데 2시간이 걸리다 보니 굉장히 지칠 수밖에 없다.

избирáтель

명 男 유권자

동 избирáть/избрáть *кого-что + кем-чем*
투표를 통해 ~을 -로 선출하다

형 и́збранный 선출된, 뽑힌

Зáвтра **избирáтелям** предстои́т реши́ть, кто стáнет очередны́м президéнтом страны́.
내일 유권자들은 다음 대통령이 누가 될지를 결정해야 한다.

прибóр

명 도구, 기구, 설비

Дози́метр - э́то **прибóр** для измерéния у́ровня радиáции.
방사선 측정기는 방사선 수치를 측정하는 기구이다.

набира́ть НСВ
набра́ть СВ
наберу́, -берёшь, -беру́т
набра́л, -ла́, -ли
на́бран, -а, -ы

동 1. что 모으다, 얻다 2. что (다이얼, 키보드를) 누르다
3. -ся кого-чего 모으다, 익히다
명 набо́р 세트

Пока́ была́ на дие́те, сбро́сила 3 килогра́мма, а пото́м опя́ть **набрала́**.

다이어트할 때는 체중을 3kg까지 뺐는데, 그 뒤로 다시 쪄버렸어.

Йо́га **набира́ет** в ми́ре всё бо́льшую популя́рность.

전 세계적으로 요가 열풍이 거세지고 있다.

Я **набрала́** но́мер Андре́я, но он был вне зо́ны до́ступа.

안드레이한테 전화했었는데 전화가 안 터지는 지역에 있더라고.

Ольга **набира́ет** текст десятью́ па́льцами, не гля́дя на клавиату́ру - вы́сший класс!

올가는 열 손가락으로 타자를 치는데 심지어 키보드는 보지도 않아. 진짜 고수야.

실력 UP!

набра́ть + вес 체중을 늘리다
но́мер 전화하다
текст 타자치다
популя́рность 인기를 얻다
оборо́ты 속도를 내다, 활성화되다
ба́ллы 점수를 얻다

убо́рка
복생 **убо́рок**

명 1. 정리, 청소 2. 수확, 추수
동 **убира́ть/убра́ть** *что* 치우다, 정리하다

убо́рка урожа́я 추수

забира́ть НСВ
забра́ть СВ
заберу́, -берёшь, -беру́т
забра́л, -ла́, -ли
за́бран, -а, -ы

동 1. что 붙잡다, 빼앗다, 가져가다
2.-ся 기어 올라가다, ~에 들어가다

Пла́та за кварти́ру и услу́ги ЖКХ* **забира́ет** бо́льше полови́ны зарпла́ты.

주거비와 공과금으로 월급의 절반 이상이 빠져나간다.

*ЖКХ - жили́щно-коммуна́льное хозя́йство, то есть холо́дная и горя́чая вода́, свет, газ, вы́воз му́сора и т.д. 수도, 가스, 전기, 쓰레기 처리 등을 포함하는 주택 관리

Ко́шка **забрала́сь** на де́рево, не мо́жет слезть и орёт во всё го́рло.

나무에 올라간 고양이가 도로 내려가지 못 해 큰 소리로 울고 있다.

брос(ш)- 던지다

брос́ать НСВ

бро́сить СВ

бро́шу, бро́сишь, бро́сят
бро́шен, -а, -ы

동 1. кого-что 버리다
2. что/инф. 단념하다, 그만두다
3. -ся куда 달려가다, 빠르게 움직이다

От меня́ отверну́лись друзья́, **бро́сила** де́вушка, меня́ уво́лили с рабо́ты - я на гра́ни отча́яния!

친구들은 등을 돌리고, 애인은 날 버렸고, 회사는 날 해고했다. 난 절망의 끄트머리에 있다.

Это самоотве́рженный челове́к: одна́жды я ви́дела, как он **бро́сился** в ледяну́ю во́ду и спас то́нущего ма́льчика.

그 사람은 참 자기희생적인 사람이야. 한 번은 얼음물 속으로 뛰어들어 물에 빠진 소년을 구하는 걸 봤어.

выбра́сывать НСВ

вы́бросить СВ

вы́брошу, -бросишь, -бросят
вы́брошен, -а, -ы

동 кого-что 1. 던지다, 버리다 2. 배출하다

Любы́е батаре́йки и аккумуля́торы сле́дует **выбра́сывать** отде́льно от про́чих отхо́дов.

건전지와 배터리는 다른 쓰레기와 분리해서 버려야 한다.

실력 UP!

вы́брос (대기로) 배출
вы́бросы парнико́вых га́зов 온실가스 배출

сброс 투하, 방출
сброс ли́шнего ве́са(сниже́ние ве́са) 체중 감소
сброс отхо́дов произво́дства в водоёмы 산업폐기물 방류

отхо́д 폐기물
перерабо́тка **отхо́дов** 폐기물 재활용

забро́шенный

형 방치된, 버려진

забро́шенные дере́вни 폐촌(廢村)

вал- 회전, 더미

валя́ть НСВ

동 кого-что 굴리다

Хва́тит **валя́ть** дурака́*. Начина́йте рабо́ту!

그만 빈둥대고 이제 일 좀 해!

*безде́льничать; вести́ себя́ несерьёзно

прова́ливаться НСВ

провали́ться СВ

провалю́сь, -ва́лишься, -ва́лятся

동 1. 실패하다, 망하다 2. 사라지다, 자취를 감추다

Не стра́шно, е́сли вы **провали́лись** на како́м-то экза́мене в университе́те. Куда́ страшне́е оказа́ться дво́ечником, неуда́чником в жи́зни.

대학에서 시험을 망친 건 전혀 무서울 일이 아니다. 더 무서운 건 인생에서 낙오자가 되는 것이다.

обва́л

명 붕괴, 무너짐

обва́л в гора́х 산사태

обва́л цен на нефть 유가 붕괴(폭락)

подва́л

명 지하실

У нас в **подва́ле** появи́лись кры́сы. Ужас! Я их так бою́сь!

우리 집 지하실에서 쥐가 나왔어. 끔찍해. 난 정말 쥐가 무서워.

14일차

бы-/бв-/буд- 존재, 있다

незабыва́емый

형 잊지 못할

Три го́да наза́д нам довело́сь побыва́ть на ю́ге Фра́нции и в Ита́лии. Это была́ **незабыва́емая** пое́здка.

우리는 3년 전 프랑스 남부와 이탈리아를 다녀왔어. 정말 잊지 못할 여행이었지.

бытово́й

형 생활의, 일상의, 가정의

명 **быт** 생활양식, 풍습, 세태

Ме́лкие **бытовы́е** забо́ты отнима́ют так мно́го вре́мени и сил!

자잘한 집안일에 은근 시간과 노력이 많이 들어.

бытова́я те́хника 가전제품

самобы́тный

형 독창적인, 고유한(оригина́льный, своеобра́зный)

명 (女) **самобы́тность** 독창성, 고유성

Оригина́льная, своеобра́зная, **самобы́тная**, ни на что не похо́жая коре́йская культу́ра.

한국의 문화는 색다르고 고유하고 독창적이면서 어떤 다른 문화와도 유사하지 않다.

собы́тие

명 사건

За после́дний год в мое́й жи́зни произошло́ мно́го ва́жных и интере́сных **собы́тий**.

내 인생에서 최근 1년간 중요하고 재밌는 사건이 자주 일어났다.

быва́ть НСВ

동 1. (경우 등이) 흔히 있다, 종종 일어난다 2. 방문하다

Во́дка **быва́ет** двух ви́дов - “Хоро́шая” и “О́чень хоро́шая”.

보드카는 딱 두 종류이다. 좋은 보드카와 아주 좋은 보드카.

Вы когда́-нибудь **быва́ли** в Нью-Йо́рке?

뉴욕 가본 적 있어요?

прибыва́ть НСВ
прибы́ть СВ
прибу́ду, -бу́дешь, -бу́дут
при́был, -ла́, -ли

동 куда 도착하다

За́втра в Москву́ с официа́льным визи́том **прибыва́ет** делега́ция коре́йских парламента́риев.
내일 한국 국회의원 대표단이 모스크바를 공식 방문한다.

бы́вший

명 이전의, 전직의(ex-)

По́сле разво́да мой **бы́вший** муж покати́лся по накло́нной*: потеря́л рабо́ту, спи́лся, стал бомжо́м.
나랑 이혼한 뒤로 전 남편은 급격히 망가졌다. 직장도 잃고, 술에 절어살다 결국 노숙자가 되었다.

*кати́ться по накло́нной 급격히 타락하다

при́быль

명 女 이윤, 이득

По итóгам прóшлого гóда чи́стая **при́быль** компа́нии соста́вила де́сять миллио́нов до́лларов.
회사의 작년 순익은 천만 달러에 이른다.

чи́стая **при́быль** 순익

실력 UP!

дохо́д 소득(479p 참고)
ме́сячный ~ 월 소득
вы́ручка 매출, 수익
~ от прода́жи 매상, 매출
по́льза 효용, 쓸모, 이득(336p 참고)
~ и вред ко́фе 커피의 유익한 점과 해로운 점

убы́ток
단생 убы́тка

명 손해, 손실(поте́ря, уще́рб, уро́н)

За про́шлый год о́бщие **убы́тки** компа́нии соста́вили два миллио́на до́лларов.
작년 회사 손실액이 총 200만 달러에 달했다.

избы́точный

형 충분한, 여분의, 남아도는

челове́к с **избы́точной** ма́ссой те́ла 과체중인 사람

пребыва́ние

명 체류, 거주(прожива́ние 거주, 숙박)
동 **пребыва́ть/пребы́ть** (장소, 상태에) 머무르다

Жела́ю прия́тного **пребыва́ния** в Сеу́ле.
서울에서 즐거운 시간 보내시길 바랍니다.

Когда́ тебе́ изменя́ют, лу́чше **пребыва́ть** в неве́дении.
상대방이 바람을 피우는 경우 차라리 모르는 게 약이다.

добыва́ть НСВ
добы́ть СВ
добу́ду, -бу́дешь, -бу́дут
добы́л, -ла́, -ли
добы́т, -а, -ы

동 1. 손에 넣다 2. (자원 등을) 채굴하다, 캐다
명 **добы́ча** 획득, 채굴

Росси́я - втора́я страна́ в ми́ре по **добы́че** не́фти и приро́дного га́за.
러시아의 석유와 천연가스 생산량은 세계 2위이다.

실력 UP!

ресу́рсы 자원
нефть 석유
у́голь 석탄
приро́дный газ 천연가스

сбыва́ться НСВ
сбы́ться СВ
сбу́дется, сбу́дутся
сбы́лся, -ла́сь, -ли́сь

동 이루어지다, 실현되다

Пусть все мечты́ **сбыва́ются**!
꿈꾸는 것이 모두 이루어지기를!

сбыт

명 판매(реализа́ция)

Конкуре́нция на ры́нке высо́кая, поэ́тому у фи́рмы постоя́нно возника́ют пробле́мы со **сбы́том** проду́кции.
시장 경쟁이 치열한 탓에 회사는 항상 판매에 어려움을 겪는다.

век(ч)- 세기(столéтие), 아주 오랜 시간

век

(복) векá
(복생) векóв

(명) 세기, 시대, 일생, 영겁

На экзáмене по истóрии рýсской литератýры XIX-го **вéка** я получи́л “пятёрку”.

나는 19세기 러시아 문학사 시험에서 5점(최고점)을 받았다.

실력 UP!

средневекóвье 중세시대
навéк 영원히

вéчный

(형) 영원한, 영구, 종신, 끊임없는

Ничтó не вéчно под **Лунóй**.

달 아래(세상에) 영원한 것은 없다.

велик(ч)- 큰(大), 위대한

вели́кий

(형) 1. 위대한 2. (크기가) 큰

Эти тýфли мне слегкá велики́.

이 구두가 나한테 좀 커.

9-ое мáя - День Побéды совéтского нарóда в **Вели́кой** Отéчественной войнé.

5월 9일은 대조국 전쟁에서 소련이 승리한 승전기념일입니다.

실력 UP!

великолéпный 웅장한, 화려한, 훌륭한
Великобритáния 영국
вели́чество 폐하(호칭)

величинá

(명) 크기, 치수, 값

Величинá зарплáты зави́сит от квалификáции и рабóчего стáжа сотрýдника.

급여액은 사원의 숙련도와 경력기간에 따라 좌우됩니다.

увели́чивать НСВ

увели́чить СВ

увели́чу, -чишь, -чат

увели́чен, -а, -ы

동 что 크게 하다, 늘리다, 확대하다

명 увеличе́ние 확대, 증가

Предполага́ется, что че́рез 20 лет населе́ние Москвы́ **увели́чится**, как ми́нимум, на миллио́н челове́к.

20년 후 모스크바의 인구는 최소 백만 명가량 증가할 것으로 추정된다.

преувели́чивать НСВ

преувели́чить СВ

преувели́чен, -а, -ы

동 что 과장하다

Как обы́чно, журнали́сты **преувели́чивают** опа́сность глоба́льного потепле́ния для челове́чества.

기자들은 늘 그렇듯 지구온난화가 인류에게 미치는 위험성을 과장하고 있다.

15일차

вед(ж)-/вест(щ)- 알다

ве́жливость

명 女 공손함, 예의, 정중함
형 **ве́жливый** 예의 바른

То́чность - **ве́жливость** короле́й.*
시간 약속을 철저히 하는 것이 최고의 예의다.

*Челове́к, уважа́ющий себя́ и други́х, никогда́ не опа́здывает, осо́бенно на ва́жные, отве́тственные встре́чи.

неизве́стный

형 미지의, 낯선, 모르는

Мы оказа́лись в како́м-то непоня́тном, **неизве́стном** ме́сте.
우리는 왠지 모를 낯선 곳에 들어섰다.

по́весть
복생 повесте́й

명 女 이야기, (중편) 소설

Сейча́с э́тот изве́стный режиссёр снима́ет но́вый фильм по **по́вести** А.П. Че́хова "Дуэ́ль".
한 유명 감독이 현재 체호프의 소설 <결투>를 영화로 제작 중이다.

пове́стка дня
복생 пове́сток

명 안건(아젠다), 일정

Ну что ж, господа́, **пове́стка** дня исче́рпана, совеща́ние око́нчено.
자, 여러분. 오늘 안건을 모두 마무리했습니다. 회의를 마칩니다.

ве́домство

명 기관, 부서

соотве́тствующие ве́домства 유관기관, 관련부처

실력 UP!
организа́ция 기구
междунаро́дная ~ 국제기구

óрган 기관
  законодáтельный ~ 입법기관
агéнтство 에이전시, 대리점, ~청, ~사(社)
  информациóнное ~ (언론)통신사
министéрство ~부(ministry)
  ~ финáнсов 재무부
управлéние 국, 청
  метеорологи́ческое ~ 기상청
департáмент ~국(局)
  дирéктор департáмента 국장
слу́жба ~부, ~청(service)
  Налóговая ~ 국세청
администрáция 당국, 행정기관
  ~ Президéнта 대통령실
отдéл(отделéние) ~과(課)
  ~ кáдров 인사과
учреждéние 기관
  гос~ 국가기관
  медици́нское ~ 의료기관
бюрó ~소, ~국, 사무소
  спрáвочное ~ 안내소

рáдиовещáние

명 라디오방송

Центрáльное **рáдиовещáние** охвáтывает практи́чески всю территóрию огрóмной Росси́и.

중앙 라디오방송은 거의 러시아 전역에 전파를 송출한다.

телевещáние, телеви́дение TV 방송

завéдующий

명 **кем-чем (팀, 구역 등의) 장(長), 책임자, 관리인**

Профéссор Ивáнов ужé 25 лет явля́ется **завéдующим** кáфедрой* истóрии Росси́и.

이바노프 교수는 25년째 러시아사학과의 학과장이다.

*завéдующий кáфедрой 학과장

навеща́ть НСВ

навести́ть СВ

навещу́, -вести́т, -вестя́т

동 кого-что 방문하다, 찾아가다

Я раз в неде́лю **навеща́ю** ба́бушку-пенсионе́рку, приношу́ ей проду́кты и лека́рства.

나는 일주일에 한 번 할머니 댁에 찾아가, 식료품과 약을 가져다드려요.

весть

복생 весте́й

명 女 소식, 뉴스

пропа́вший бе́з вести 실종자

Ра́достная **весть** с Олимпиа́ды: росси́йские пловцы́ завоева́ли ещё одну́ золоту́ю меда́ль!

기분 좋은 올림픽 소식입니다. 러시아 국가대표 수영선수들이 금메달 하나를 추가로 따냈습니다.

неве́домо

부 난데없이, 모르다

Ему́ **неве́домо** чу́вство стра́ха.

그는 두려움을 모른다.

све́дение

명 정보, 자료, 통보, 보고

Довожу́ до Ва́шего **све́дения**, что ~

~임을 알려드립니다, 보고합니다(서류, 서신 등의 서문)

Интерпо́л располага́ет **све́дениями**, что предполага́емые организа́торы тера́ктов уже́ нахо́дятся в Евро́пе.

인터폴은 테러 용의자는 이미 유럽에 체류 중이라는 정보를 입수했다.

разве́дка

복생 разве́док

명 조사, 수색, 정찰

명 **разве́дчик** 정보요원, 스파이, 정찰기

В а́рмии я служи́л в полково́й **разве́дке**. Служи́ть бы́ло тру́дно, но необыча́йно интере́сно.

나는 수색연대에서 군 생활을 했어. 힘들었지만 색다르고 재미있었지.

регионове́дение

명 지역학

Регионове́дение изуча́ет приро́ду, хозя́йство и населе́ние разли́чных регио́нов страны́.

지역학은 다양한 지역의 자연, 경제, 인구에 대해 연구하는 학문이다.

осведомлённость

명 (女) 지식, 인식
형 осведомлённый 정통한, 아주 잘 아는

Его́ **осведомлённость** в вопро́сах иску́сства, литерату́ры, филосо́фии про́сто удиви́тельна.
예술, 문화, 철학을 망라하는 그의 지식은 정말 놀라운 수준이다.

уведомле́ние

명 통지서

В пя́тницу ве́чером мне по электро́нной по́чте пришло́ уведомле́ние об **увольне́нии**. Сказа́ть, что э́то был шок - ничего́ не сказа́ть.
금요일 저녁 메일로 해고 통지가 왔다. 너무 충격받아 말이 나오지 않았다.

вер- 믿음, 신뢰

ве́рный

형 1. 옳은 2. 충실한, 믿음직스러운

Соба́ка — **ве́рный** друг и пре́данный помо́щник челове́ка.
개는 인간의 믿음직스러운 친구이자 헌신적인 조력자이다.

ве́рить НСВ
пове́рить СВ

동 кому-чему/в кого-что 믿다
명 ве́ра 믿음
명 ве́рующий 신자

Че́стное сло́во, мне и́скренне жаль, что так получи́лось. **Пове́рьте**, я не хоте́л э́того.
정말, 일이 이렇게 돼서 진심으로 나도 안타까워. 믿어줘! 나도 이렇게 되길 원치 않았어.

В стране́ **ве́рующих** стано́вится всё ме́ньше, а люде́й, равноду́шных к рели́гии - всё бо́льше.
우리나라는 신자들은 줄어들고, 종교에 무관심한 사람은 늘어나는 추세이다.

уве́ренный

형 в ком-чём 자신 있는, 확신하는
명 (女) уве́ренность 확신, 믿음

Я **уве́рен** в побе́де на́шей сбо́рной.
난 우리 대표팀의 승리를 확신해.

실력 UP!

уве́ренный в себе́ 자신감 있는
с уве́ренностью(**уве́ренно**) 자신 있게

суеве́рие

명 미신

Во всём ми́ре существу́ет мно́жество **суеве́рий**, свя́занных с чи́слами.

전 세계적으로 숫자에 얽힌 미신은 참 많다.

прове́рка

명 확인, 체크

동 проверя́ть/прове́рить *кого-что* 확인하다

Докуме́нты на **прове́рку**!

신분증 검사하겠습니다!

дове́рие

명 к кому-чему ~에 대한 신뢰

동 доверя́ть/дове́рить

(1) кому-чему 신뢰하다 (2) кому + что 위임하다

Корру́пция подрыва́ет **дове́рие** наро́да к властя́м.

부정부패는 정권에 대한 국민의 신뢰를 갉아 먹는다.

невероя́тно

부 믿을 수 없게

명 (女) вероя́тность 가능성, 확률

Нам фантасти́чески, **невероя́тно** повезло́.

우리는 기상천외하고 믿을 수 없을 정도로 운이 좋았다.

실력 UP!

вероя́тный 가능성 있는, 있음 직한

маловероя́тный 가능성이 낮은

достове́рный

형 신빙성 있는, 신뢰성 있는

명 (女) достове́рность 신뢰성

По име́ющейся **достове́рной** информа́ции, в ближа́йшие дни сле́дует ожида́ть отста́вки сра́зу не́скольких ключевы́х мини́стров прави́тельства.

믿을만한 소식통에 의하면, 조만간 주요부처 장관급 인사 퇴진이 있을 것이라고 한다.

16일차

верг(ж)- 던지다, 내팽개치다

отверга́ть НСВ
отве́ргнуть СВ
отве́ргну, -нешь, -нут
отве́рг, -ла, -ли
отве́ргнут, -а, -ы

동 кого-что 거절하다, 거부하다

Ну почему́ меня́ всё вре́мя **отверга́ют** мужчи́ны, кото́рые мне симпати́чны? Что со мной не так??
왜 맨날 내가 호감을 느끼는 남자들은 날 싫다고 하지? 내가 무슨 문제가 있나?

실력 UP!
опроверга́ть/опрове́ргнуть *кого-что* 반박하다
опроверже́ние 반박, 이의제기

подверга́ться НСВ
подве́ргнуться СВ
подве́ргнусь, -нешься, -нутся,
подве́ргся, -лась, -лись

동 кому-чему ~을 겪다

Уже́ на ста́рте э́то шо́у **подве́рглось** суро́вой кри́тике в со́цсетя́х.
이번 쇼 프로는 처음 시작부터 SNS에서 극심한 비판에 시달렸다.

верт-/врат- 회전

возвраща́ть НСВ
верну́ть СВ
верну́, -нёшь, -ну́т

동 1. кого-что + кому-чему ~을 ~에게 돌려주다
2.-ся 돌아오다
명 возвраще́ние 돌아옴, 귀환
명 возвра́т 반환, 상환, 환불

Долг я **верну́** на сле́дующей неде́ле, в понеде́льник - обеща́ю!
빚진 돈은 다음 주 월요일에 꼭 갚을게요. 약속해요!

Муж **возвраща́ется** с рабо́ты всегда́ по́здно, часа́м к девяти́ ве́чера.
남편은 항상 퇴근이 늦어요. 저녁 9시쯤 되어야 해요.

верте́ть
верчу́, ве́ртишь, ве́ртят

동 кем-чем 돌리다, 회전시키다(крути́ть *кого-что*)

Не **верти́** голово́й! Сиди́ споко́йно!
고개 돌리지 말고, 얌전히 앉아 있어!

обращáть НСВ

обратúть СВ

обращý, -ратúшь, -ратя́т
обращён, -щенá, -ы́

동 1. что 돌리다, 향하게 하다
2. -ся к комý/кудá/с чем/за чем 방문하다, 문의하다, 말하다
3. -ся 순환, 유통하다
4. -ся с кем-чем 대하다, 취급하다

명 обращéние 호칭, 순환, 취급

Хотéл бы **обратúть** вáше внимáние на* ошúбки, котóрые чáсто допускáют инострáнцы, изучáющие рýсский язы́к.

러시아어를 배우는 외국인들이 자주 하는 실수에 주목해 주십시오.

*обратúть внимáние *на когó-что* ~에 관심을 기울이다

Наш начáльник ко всем сотрýдникам **обращáется** тóлько на "ты".

우리 상사는 모든 직원에게 'ты'라고 호칭한다.

Пóсле лéкции студéнты **обращáются** с вопрóсами к профéссору.

강의가 끝난 뒤 학생들이 교수에게 질문을 던진다.

В сéмьях алкогóликов и наркомáнов дéти чáсто станóвятся жéртвами жестóкого **обращéния** со стороны́ родúтелей.

알코올이나 마약 중독자 부모 밑에서 자라는 아이들은 부모에게 학대받는 경우가 많다.

실력 UP!

обращáться + вéжливо 예의 바르게 대하다
по-дрýжески 친절하게 대하다
лáсково 상냥하게 대하다
с улы́бкой 웃으면서 대하다
с вопрóсами 질문하다
с прóсьбой 부탁하다
за пóмощью 도움을 청하다

оборóт

명 1. 유통, 거래 2. 표현, 어구

За прóшлый год незакóнный **оборóт** наркóтиков в странé сократúлся на 7%.

작년 국내에 불법 마약 유통량이 7% 감소했다.

За прóшлый год товаро**оборóт** мéжду двумя́ стрáнами вы́рос на 12%.

작년 양국 교역량이 12% 증가했다.

наоборо́т

1. 부 반대로, 거꾸로 2. 삽 오히려, 반대로

Вам ча́сто быва́ет гру́стно и́ли, **наоборо́т**, беспричи́нно ве́село?

자주 우울함을 느끼시나요, 아니면 반대로 이유 없이 기분이 자주 들뜨나요?

обра́тно

부 반대로, 역행하여

Мне, пожа́луйста, два биле́та до Пуса́на туда́ и **обра́тно**.

부산행 왕복 티켓 2장 주세요.

Я е́ду в Пи́тер в суббо́ту, а **обра́тно** - во вто́рник.

난 토요일에 페테르부르크에 가서 화요일에 돌아올 거야.

повора́чивать НСВ

поверну́ть СВ

поверну́, -вернёшь, -верну́т

повёрнут, -а, -ы

동 방향을 바꾸다

Че́рез 500 ме́тров **поверни́те** нале́во.

500m 지나서 좌회전하세요.

превраща́ть НСВ

преврати́ть СВ

превращу́, -врати́шь, -вратя́т

превращён, -щена́, -ы́

명 1. кого-что + в кого-что ~을 ~로 변화시키다, 바꾸다
2. -ся в кого-что ~로 변하다

Сего́дня обы́чные де́вушки при по́мощи макия́жа и пласти́ческих опера́ций **превраща́ются** в ослепи́тельных краса́виц.

요즘은 화장과 성형으로 일반인도 눈부신 미인이 될 수 있다.

перевора́чивать НСВ

переверну́ть СВ

переверну́, -вернёшь, -верну́т

перевёрнут, -а, -ы

동 кого-что 뒤집다, 전환하다

При жа́рке не сле́дует **перевора́чивать** стейк сли́шком ча́сто.

스테이크는 너무 자주 뒤집으면 안 돼.

развора́чивать НСВ

разверну́ть СВ

разверну́, -вернёшь, -верну́т

развёрнут, -а, -ы

동 что 1. 펼치다 2. 전개하다 3. 배치하다

Аккура́тно **разверни́те** фольгу́.

조심해서 포일을 벗겨내세요.

Оппозицио́не́ры, тре́бующие отста́вки премье́р-мини́стра, **разверну́ли** пала́точный ла́герь пе́ред зда́нием прави́тельства.

야당이 정부 청사 앞에 진을 치고 총리 퇴진 운동을 벌이고 있다.

실력 UP!

сверну́ть 접다, 축소하다

~ все о́кна 모든 (윈도우) 창을 닫다

~ прое́кт 프로젝트를 중단하다

оберну́ть 감싸다, 포장하다

~ кни́гу в цветну́ю бума́гу 책을 색지로 싸다

оберну́ться ***чем*** ~로 변하다

Лягу́шка **оберну́лась** краса́вицей. 개구리가 미녀로 변신했다.

заверну́ть 말다, 돌려서 잠그다

~ мя́со в фольгу́ 고기를 포일에 싸다

~ кран 수도꼭지를 잠그다

отврати́тельный

형 너무 싫은, 혐오스러운

Пого́да сего́дня про́сто **отврати́тельная**.

오늘 날씨 정말 최악이야.

верх(ш)- 위(上)

ве́рхний

형 위쪽의, 상부의(↔ ни́жний 아래의, 하부의)

Врач: Дава́йте я у вас давле́ние изме́рю. Так, **ве́рхнее** 150, ни́жнее 95. Высоко́! Бу́дем вас лечи́ть.

의사: 혈압을 재볼게요. 최고혈압은 150, 최저혈압은 95네요. 혈압이 높으시네요. 치료를 받으셔야 해요.

실력 UP!

вверх, **наве́рх** 위로

Я со всей си́лы потяну́л шнур **вверх**.

나는 온 힘을 다해 줄을 위로 당겼다.

Поднима́ться **наве́рх** намно́го тяжеле́е.

위로 올라가는 건 훨씬 더 힘들어

вверху́ 위에

Скача́ть беспла́тную про́бную ве́рсию мо́жно по ссы́лке **вверху́**.

테스트 버전을 무료로 다운 받으시려면 위에 링크를 참조하세요.

сверх ~이상, ~위에

сверх но́рмы 규정된 양 이상

верхо́м 걸터앉아

езди́ть **верхо́м** на ло́шади 승마, 말을 타다

верхо́вный

형 최고의, 최상의

Верхо́вный суд - вы́сший суде́бный о́рган Росси́йской Федера́ции.

대법원은 러시아연방 최고 사법기관이다.

верши́на

명 정상, 꼭대기

Рома́н "Ма́стер и Маргари́та" стал **верши́ной** тво́рчества Михаи́ла Булга́кова.

'거장과 마르가리타'는 미하일 불가코프 예술의 정수로 꼽히는 작품이다.

заверше́ние

명 종료, 마무리

동 заверша́ть/заверши́ть *что* 마무리하다, 완성하다

Заверше́ние строи́тельства и ввод в эксплуа́тацию но́вого заво́да плани́руется к концу́ сле́дующего го́да.

새로운 공장 완공과 가동은 내년 말로 예정되어 있다.

пове́рхность

명 女 표면

Америка́нский астрона́вт Нейл Армстронг стал пе́рвым челове́ком, ступи́вшим на **пове́рхность** Луны́.

미국의 우주비행사 닐 암스트롱은 사상 최초로 달의 표면에 발을 디딘 사람이었다.

соверша́ть НСВ
соверши́ть СВ
соверш́у, -ши́шь, -ша́т
совершён, -а́, -ы́

동 что (행동을) 하다, 실시하다, (범죄, 실수를) 저지르다

명 соверше́ние 실행

Во вре́мя после́днего те́ста я, увы́, **соверши́ла** доса́дную оши́бку и не была́ принята́ на рабо́ту в компа́нию.

입사 최종 시험에서 난 어처구니없는 실수를 했고, 결국 불합격했다.

соверше́нно

부 완전히

Бо́же мой, у меня́ за́втра корпорати́в*, а мне **соверше́нно** не́чего наде́ть!

아, 내일 나 회식인데, 입을 게 하나도 없어!

*корпорати́вная вечери́нка 회식, 송년회 등 사내 기념행사

совершеннолéтие

명 성년 형 совершеннолéтний 성년의

На **совершеннолéтие** роди́тели подари́ли Вади́му большу́ю кварти́ру в це́нтре Москвы́.

바딤의 부모는 성년 선물로 아들에게 모스크바 중심부에 있는 집을 사주었다.

17일차

вес-/вис(ш)- (무게를) 달다, (벽 등에) 걸다

вес

(복) ве́са

명 1.무게 2. 영향력, 비중 **주의** весы́ 저울

Квалифици́рованные программи́сты и айти́шники* в на́шем го́роде - на **вес** зо́лота**.

우리 도시에는 실력 있는 프로그래머와 IT 전문가가 귀하다.

*(разг.) специали́ст в о́бласти IT-техноло́гий
**на вес зо́лота 귀하다

실력 UP!

ли́шний вес(избы́точный вес) 살, 과체중
набра́ть вес 체중이 늘다
потеря́ть/сба́вить вес 체중을 감량하다

весо́мый

형 무게가 있는, 중대한(ве́ский 유력한, 묵직한)

Ка́ждый из сотру́дников компа́нии внёс свой **весо́мый** вклад в наш о́бщий успе́х. Вам всем - моя́ и́скренняя благода́рность.

직원 모두가 우리 회사의 성공에 중대한 기여를 했습니다. 여러분 모두에게 진심으로 감사 말씀 전합니다.

вы́веска

(복생) вы́весок

명 간판
동 **выве́шивать/вы́весить** *что* 걸다, 게양하다, 게시하다

Наш го́род на ка́ждом шагу́ пестри́т **вы́весками**, кото́рые призыва́ют что́-то купи́ть, куда́-то пое́хать, зайти́ пое́сть и т.д.

우리 도시는 가는 곳마다 무엇을 사라고, 먹으라고, 어디를 가라고 광고하는 간판들로 가득하다.

ве́шать НСВ
пове́сить СВ
пове́шу, -ве́сишь, -ве́сят
пове́шен, -а, -ы

동 **кого-что** 1. 매달다, 걸다 2. 교수형에 처하다
명 **ве́шалка** 옷걸이

- Куда́ **пове́сить** карти́ну?
- Лу́чше сюда́, над крова́тью.

- 그림을 어디에 걸까요?
- 여기가 좋겠어요. 침대 위에 걸어요.

зави́сеть НСВ
зави́шу, -ви́сишь, -ви́сят

동 от кого-чего ~에 의해 좌우되다, ~에 달려있다
명 女 зави́симость *от чего* 의존성, 중독

Не **зави́сеть** от чужо́го мне́ния - пе́рвый шаг к вну́треннему поко́ю и свобо́де.
다른 사람의 의견에 좌우되지 않는 것이 내면의 평화와 자유를 얻는 첫걸음이다.

Уже́ в тече́ние мно́гих лет эконо́мике Росси́и так и не удаётся изба́виться от нефтяно́й **зави́симости**.
오랜 기간 러시아 경제는 석유 의존에서 벗어나지 못하고 있다.

незави́симый

형 от чего 독립의, 독자적인(↔ зави́симый 의존적인)
명 女 незави́симость 독립, 자립

Содру́жество **Незави́симых** Госуда́рств(СНГ)
독립국가연합(CIS)

실력 UP!

в зави́симости ***от кого-чего*** ~에 따라, ~에 좌우되어
незави́симо ***от кого-чего*** ~와 별개로, ~와 상관없이
вне зави́симости ***от кого-чего*** ~와 별개로

взве́шивать НСВ
взве́сить СВ
взве́шу, -ве́сишь, -ве́сят
взве́шен, -а, -ы

동 что 저울질하다, 고려하다, 따져보다

Мне предложи́ли рабо́ту в друго́й компа́нии. Ну́жно хорошо́ поду́мать, **взве́сить** все "за" и "про́тив".
저한테 이직 제안이 왔어요. 장단점을 잘 따져보고 고민해봐야겠어요.

за́навес

명 막, 장막

Подня́лся **за́навес**, актёры вы́шли на сце́ну, начался́ спекта́кль.
막이 오르고, 배우들이 무대에 나오면서 연극이 시작되었다.

Сове́тский Сою́з жил за "желе́зным **за́навесом**". Но сейча́с у россия́н есть возмо́жность е́здить по всему́ ми́ру.
소련은 과거 '철의 장막'에 가려져 있었다. 그러나 이제 러시아인들은 전 세계를 누빌 수 있다.

вещ- 사물, 물건

вещь

(복) вещéй

명 (女) 1. 물건 2. ~ 것, 사물, 사실 3. (복) 소지품, 여행 짐, 옷

Моя́ сестра́ - больша́я мо́дница и но́сит то́лько бре́ндовые **ве́щи**.

우리 누나(여동생)는 유행에 민감하고 브랜드 옷만 입는 사람이다.

Запо́мните одну́ **вещь**: вы никогда́ не смо́жете нра́виться всем.

한 가지만 기억하세요. 모든 사람에게 다 호감을 살 수는 없는 법입니다.

> **실력 UP!**
>
> **предме́т** 1. 사물, 물체 2. 과목

веществó

(복생) веще́ств

명 물질

Овощи и фру́кты соде́ржат разнообра́зные пита́тельные **вещества́** и витами́ны, поэ́тому они столь поле́зны для здоро́вья.

채소와 과일은 다양한 영양소와 비타민이 풍부하게 들어있어 건강에 매우 좋다.

вид- 보이다, 모습

вид

명 1. 모습, 모양, 경관 2. 종류

Я подари́ла своéй ру́сской подру́ге набо́р откры́ток с **ви́дами** Сеу́ла.

나는 러시아인 친구에게 서울의 경관이 담긴 엽서 세트를 선물했다.

Вы мо́жете пода́ть докумéнты как в пи́сьменном **ви́де**, так и в электро́нном.

서류를 서면 또는 온라인으로 제출하실 수 있습니다.

Каки́ми **ви́дами** спо́рта вы увлека́етесь?

어떤 운동을 즐겨 하나요?

Прости́те, я не совсе́м понима́ю, что вы име́ете в **виду́***.

죄송한데, 무슨 말씀이신지 전혀 이해를 못 하겠어요.

*имéть в виду́ *что* 고려하다, 염두에 두다

주의 **ввиду́** ***чего*** ~때문에

ви́дно

술 보이다
형 **ви́дный** 눈에 보이는, 이목을 끄는

Из-за пы́ли почти́ ничего́ не **ви́дно** и сло́жно дыша́ть.
먼지 때문에 아무것도 안 보이고 숨도 쉬기 어려워.

ви́димый

형 눈에 띄는, 명백한
명 (女) **ви́димость** 눈에 보이는 것, 시야
부 **ви́димо** 아마도, ~인 듯하다

На перегово́рах с на́шими делovы́ми партнёрами наконе́ц-то дости́гнут **ви́димый** прогре́сс.
사업 파트너와 협상에서 드디어 눈에 띄는 진전이 있었다.

ви́дение

명 시각, 비전
주의 виде́ние 환영, 유령

На пресс-конфере́нции экспе́рты предста́вили своё **ви́дение** ситуа́ции в стране́ накану́не президе́нтских вы́боров.
전문가들은 기자회견을 통해 대선을 앞둔 국내 상황에 대해 자신의 시각을 밝혔다.

ненави́деть НСВ
ненави́жу, -ви́дишь, -ви́дят

동 미워하다, 증오하다
명 (女) **не́нависть** 증오, 질색

Ненави́жу, когда́ ты свои́ носки́ разбра́сываешь по всей кварти́ре!
당신이 집안에서 아무 데나 양말 벗어 놓는 것 정말 질색이야!

зави́довать НСВ
позави́довать СВ
зави́дую, -дуешь, -дуют

동 кому-чему 부러워하다
명 (女) **за́висть** 부러움

Я **зави́дую** подру́ге, она́ у меня́ стро́йная, симпати́чная и у́мная.
날씬하고, 예쁘고, 똑똑한 친구가 너무 부러워요.

Уве́ренные в себе́, самодоста́точные, реализова́вшие себя́ лю́ди никогда́ и никому́ не **зави́дуют**.
자신감 있고 자존감이 높은 사람, 자아를 실현한 사람들은 남을 절대 부러워하지 않는다.

очеви́дный

형 명백한, 확실한(я́вный, я́сный, ви́димый)

Лю́ди по приро́де свое́й эгои́сты и индивидуали́сты. Это для меня́ **очеви́дный** факт.

사람들은 태생이 이기적이고 개인주의적이야. 나는 이게 명백한 사실이라고 봐.

свида́ние

명 만남, 데이트

Как сде́лать пе́рвое **свида́ние** с де́вушкой незабыва́емым?

어떻게 하면 여자친구와 잊지 못할 첫 데이트를 만들 수 있을까?

свиде́тельство

명 증거, 증언

동 свиде́тельствовать *о чём* 증명하다

명 (男) свиде́тель 증인

Подпи́санный догово́р - э́то ещё одно́ **свиде́тельство** того́, что отноше́ния ме́жду двумя́ стра́нами успе́шно развива́ются.

체결된 협정서는 양국 관계가 성공적으로 발전하고 있다는 것을 보여주는 또 하나의 증거이다.

предви́деть НСВ
предви́жу, -ви́дишь, -ви́дят

동 что 예견하다

Мы **предви́дели** тако́й вариа́нт разви́тия собы́тий и зара́нее при́няли все необходи́мые ме́ры.

저희는 다 일이 이렇게 될 것으로 예측하고, 필요한 조치를 미리 취해 놓았습니다.

18일차

вин- 잘못

ви́на́

명 잘못, 탓, 죄

Это моя́ **вина́**, э́то всё из-за меня́ случи́лось.
이건 내 잘못이야. 다 나 때문에 일어난 일이야.

실력 UP!

по вине́ ***кого-чего*** ~의 잘못으로
винова́тый ***в чём*** 잘못을 한, 죄를 지은
вино́вный 형 유죄의 명 죄인(**вино́вник**)
неви́нный 무고한, 죄 없는

извиня́ть НСВ
извини́ть СВ

동 1. кого + за что 용서하다 2. -ся перед кем ~에게 용서를 빌다
명 извине́ние 사과

Прошу́ **извини́ть** меня́ за опозда́ние.
늦어서 죄송합니다.

принести́ извине́ния 사과하다

обвиня́ть НСВ
обвини́ть СВ
обвинён, -а́, -ы́

동 кого + в чём 비난하다, 고소하다, 기소하다
명 обвине́ние 비난, 고소
명 обвиня́емый 피고인

Я не соверша́л преступле́ния, в кото́ром меня́ **обвиня́ют**! Это чудо́вищная оши́бка!
내가 저지르지도 않은 범죄로 기소되다니요! 이건 말도 안 되는 실수예요.

в(б)ласт-/в(б)лад- 소유, 지배, 권력

власть
복생 власте́й

명 女 1. 권력 2. 복 정부기관, 행정당국

К сожале́нию, не́которые чино́вники испо́льзуют свою́ **власть** то́лько с це́лью ли́чного обогаще́ния.
일부 공무원들은 자기 배를 불리는 데 권력을 이용하곤 한다.

владе́ть НСВ
владе́ю, -де́ешь, -де́ют

동 **кем-чем** (물질, 자산을) 소유하다, (능력을) 가지다, 잘 다루다
명 **владе́лец** 소유주, 주인

Он свобо́дно **владе́ет** ру́сским языко́м.
그는 러시아어를 자유자재로 구사한다.

실력 UP!

владе́ть + до́мом 집을 소유하다
автомоби́лем 자동차를 소유하다
на́выками 기술(skill), 경험이 있다
собо́й 자제하다

облада́ть НСВ

동 **чем** 가지다, 보유하다(име́ть *что*, располага́ть *чем*)

Росси́я **облада́ет** несме́тными приро́дными бога́тствами.
러시아는 무궁무진한 자원을 보유한 국가입니다.

실력 UP!

облада́ть + приро́дными ресу́рсами 자원
спосо́бностями 능력
зна́ниями 지식
о́пытом 경험

о́бласть
복생 областе́й

명 1.주(州) 2.분야, 영역

Профе́ссор Ким - при́знанный авторите́т в **о́бласти** микробиоло́гии и гене́тики.
김 교수는 미생물학과 유전학 분야에서 인정받는 권위자입니다.

실력 UP!

сфе́ра 범위, 분야
~ **де́ятельности** 활동 분야

се́ктор 부문(sector)
госуда́рственный ~ 공공 부문
ча́стный ~ 민간 부문

о́трасль (산업의) 분야
ле́соперерабáтывающая ~ 임산물 가공 산업

влек(ч)- 끌다, 당기다

увлека́ться НСВ
увле́чься СВ
увлеку́сь, -влечёшься, -влеку́тся

동 **чем** 열중하다, 몰두하다
명 **увлече́ние** 취미, 몰두
형 **увлека́тельный** 흥미로운

Мне ка́жется, ваш мла́дший брат изли́шне **увлека́ется** компью́терными и́грами.
내가 보기에 네 남동생은 컴퓨터 게임에 너무 정신이 팔려있어.

отвлека́ть НСВ
отвле́чь СВ
отвлеку́сь, -влечёшься, -влеку́тся, отвлечён, -а́, -ы́

동 **кого + от чего** 방해하다, (주의를) 돌리다

Алло́, Са́ша? Приве́т! Я тебя́ не **отвлека́ю**? Говори́ть мо́жешь?
여보세요? 사샤니? 안녕! 혹시 방해한 거 아니야? 지금 통화할 수 있어?

привлека́тельный

형 매력적인, 관심을 끄는
명 (女) **привлека́тельность** 매력

Эта весёлая, смешли́вая, **привлека́тельная** де́вушка - твоя́ сестра́? Познако́мь нас!
저렇게 밝고 잘 웃고 매력 넘치는 애가 네 여동생이라고? 우리한테 소개해줘!

развлека́ться НСВ
развле́чься СВ
развлеку́сь, -влечёшься, -влеку́тся

동 기분전환하다, 놀다, 즐기다
명 **развлече́ние** 기분전환
형 **развлека́тельный** 오락의

Увы́, но мно́гие из нас не спосо́бны **развлека́ться** и весели́ться без алкого́ля.
안타깝게도 우리들 대부분은 술 없이도 재밌게 노는 방법을 잘 모르는 것 같아.

влечь НСВ
повле́чь СВ
(по)влеку́, -влечёшь, -влеку́т,

동 **что**(+за собо́й) 끌다, 초래하다

Рост цен на бензи́н **влечёт** за собо́й подорожа́ние всего́ и вся: проду́ктов, това́ров, услу́г.
휘발유 가격이 오르면 각종 제품과 서비스 등 다른 것도 다 오른다.

извлека́ть НСВ
извле́чь СВ
извлеку́, -влечёшь, -влеку́т, извлечён, -а́, -ы́

동 **что + из чего** 뽑아내다, 끄집어내다

Всем нам необходи́мо **извле́чь** уро́к из пораже́ния.
우리는 모두 실패로부터 교훈을 얻을 필요가 있습니다.

вне-/вон- 밖

вне́шний

형 밖의, 외부의(↔ вну́тренний 내부의, 안의)
부 **вне́шне** 외적으로

При но́вом президе́нте **вне́шняя** поли́тика страны́ кардина́льно измени́лась.
신임 대통령이 부임하고 국가 대외 정책은 근본적으로 변화되었다.

вне́шний жёсткий диск объёмом в 1 тб 1테라 외장하드

вне́шность

명 女 외모, 겉모습, 외형

В после́днее вре́мя на́ши лю́ди ста́ли бо́льше следи́ть за свое́й **вне́шностью.**
우리나라 사람들은 최근 들어 전보다 외모에 더 많이 신경을 쓴다.

вне

전 кого-чего 밖에, 범위 외의

Сего́дня **вне** преде́лов Росси́и прожива́ет о́коло 30-ти́ миллио́нов сооте́чественников.
현재 러시아 국경 너머에는 3천만 명에 달하는 재외동포가 살고 있습니다.

실력 UP!

внедоро́жник 오프로드 차량
внешта́тный 비정규의, 객원의
извне́ 밖으로부터, 외부에서

вод- 물

во́дный

형 물의

Поми́мо всего́ про́чего, Росси́я облада́ет ещё и богате́йшими **во́дными** ресу́рсами.
러시아는 다른 자원도 자원이지만, 수자원이 최고로 풍부한 나라다.

наводне́ние

명 홍수

В результа́те **наводне́ния** в Кита́е пострада́ло свы́ше двухсо́т ты́сяч челове́к.
중국에서 발생한 홍수로 20만 명이 넘는 사람들이 큰 피해를 보았다.

во́доросль

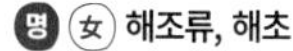 **해조류, 해초**

Морски́е **во́доросли** соде́ржат огро́мное коли́чество витами́нов, минера́лов и антиоксида́нтов.

해조류에는 비타민, 미네랄, 항산화 물질이 다량 함유되어 있다.

19일차

войн-/воен- 싸움, 전쟁

войнá
(복) вóйны

명 전쟁, 교전

Сáмый бы́стрый спóсоб окóнчить **войнý** - проигрáть её. (Джордж Оруэлл)

전쟁을 끝내는 가장 빠른 방법은 전쟁에서 지는 것이다. (조지 오웰)

воéнный

형 전쟁의, 군의
명 군인

Пóсле окончáния шкóлы Артём реши́л поступáть в **воéнное** учи́лище.

아르툠은 고등학교를 졸업한 후 사관학교에 입학하기로 결심했다.

실력 UP!

воéннослýжащий 군인
вóин 군인, 용사
пóслевоéнный 전후(戰後)의
солдáт 사병
офицéр 장교
генерáл 장군
адмирáл (해군)제독
воéнно-морски́е си́лы 해군
воéнно-воздýшные си́лы(ВВС) 공군

войскá
(복생) вóйск

명 (복) 군대, 부대

Благодаря́ успéшно проведённой воéнной рефóрме боеспосóбность **войск** значи́тельно повы́силась.

성공적인 군 개혁 덕분에 군의 전투력은 크게 향상되었다.

завоёвывать НСВ
завоевáть СВ
завою́ю, -вою́ешь, -вою́ют

동 что 정복하다, 쟁취하다, 얻다

К начáлу XIX вéка императóр Наполеóн **завоевáл** практи́чески всю Еврóпу.

19세기 초 나폴레옹은 사실상 유럽 전역을 정복했다.

вол- 생각, 의지, 마음

вóля

명 女 к чему 의지, 의욕, 의사, 자유

Мне прóсто не хватáет сúлы **вóли**, чтóбы регуля́рно занимáться спóртом.

난 의지력이 부족해서 규칙적으로 운동을 못 해.

доброво́льный

형 자발적인, 자유의지로

명 доброво́лец 자원자, 자원병

До сих пор остаётся загáдкой, почемý извéстный писáтель решúлся на **доброво́льный** ухóд из жúзни*.

유명 작가가 왜 스스로 목숨을 끊었는지 그 이유는 아직도 수수께끼로 남아 있다.

*покóнчить жизнь самоубúйством

невóльно

부 자기도 모르게, 무심결에

Сосéдская дéвушка пéла так красúво, что я **невóльно** заслýшался.

이웃집 아가씨가 너무 노래를 예쁘게 부르길래 나도 모르게 푹 빠져서 들었다.

довóльно

부 꽤, 충분히, 상당히

На машúне от Москвы́ до Пúтера мы доéхали **довóльно** бы́стро - за 10 часóв.

차로 모스크바에서 페테르부르크까지 우리는 10시간만에 꽤 빨리 도착했다.

недовóльство

명 чем 불만(неудовóльствие)

Почемý все моú предложéния вызывáют у тебя́ **недовóльство**? Ведь я хочý как лýчше.

당신은 왜 내가 하자는 것마다 족족 다 불만족스러워하는 거야? 난 다 잘 되고자 한 말들인데.

удовóльствие

명 만족감

В свобóдное врéмя я с **удовóльствием*** смотрю́ стáрые совéтские фúльмы.

난 시간이 날 때면 즐겁게 소련 시절 영화를 보곤 해.

*с удовóльствием 기꺼이

удовлетворя́ть НСВ
удовлетвори́ть СВ
удовлетворён, -á, -ы́

동 1. кого-что 만족시키다, 충족하다 2. чему 부합하다

Мы глубоко́ **удовлетворены́** результа́тами перегово́ров с на́шими росси́йскими партнёрами.
우리는 러시아 측 파트너와의 협상 결과에 매우 만족합니다.

실력 UP!

удовлетворе́ние 충족, 만족
удовлетворённость 女 만족감
удовлетвори́тельный 만족할 만한, 만족스러운
неудовлетвори́тельный 불충분한, 불만족스러운

позволя́ть НСВ
позво́лить СВ

동 кому + инф. 허락하다, 가능케 하다

Я не **позво́лю**, что́бы моя́ дочь вы́шла за́муж за како́го-то неуда́чника, нищебро́да!
난 내 딸이 실패한 비렁뱅이한테 시집가는 꼴은 용납할 수 없어.

увольня́ть НСВ
уво́лить СВ
уво́лен, -а, -ы

동 кого 해고하다
명 увольне́ние 해고

Слы́шали но́вость? Мари́ну **уво́лили**. Всего́ на пять мину́т опозда́ла...
소식 들었어요? 마리나 잘렸대요. 5분 지각했을 뿐인데…….

волн- 파동

волна́
복 во́лны

명 1. 파동 2. 파도

Я увлека́юсь сёрфингом; для сча́стья мне ну́жен то́лько ве́тер и больши́е **во́лны**!
제 취미는 서핑이에요. 참 좋은 게 바람과 큰 파도만 있으면 되거든요.

Взрыв негодова́ния, **волну́** наро́дного гне́ва вы́звало реше́ние прави́тельства о повыше́нии пенсио́нного во́зраста сра́зу на два го́да.
정부가 연금 수급 개시 연령을 2년 상향하겠다고 결정하자 국민들의 분노가 폭발하고 격분의 물결이 일어났다.

волновáться НСВ
взволновáться СВ
(вз)волнýюсь, -нýешься, -нýются
взволнóван, -а, -ы

동 о чём/за кого-что 걱정하다, 설레다, 긴장하다
명 волнéние 걱정, 긴장

У меня́ зáвтра “свидáние вслепýю” - пéрвый раз в жи́зни. Конéчно, я **волнýюсь.**
나 내일 태어나서 처음으로 소개팅(blind date)하는 날이야. 엄청 떨린다.

вред- 해(害)

вред
단생 вредá

명 해, 피해, 손해

На мой взгляд, чрезмéрная роди́тельская забóта и опéка прино́сят дéтям бóльше **вредá**, чем пóльзы.
부모의 지나친 관심과 보살핌은 아이에게 득보다 실이 될 수 있습니다.

실력 UP!
врéдный 해로운 (↔ **полéзный** 유익한)
вредонóсный 유해한, 위험한
~ **ви́рус** 악성코드

вреди́ть НСВ
повреди́ть СВ
(по)врежý, вреди́шь, вредя́т

동 кому-чему 해를 입히다
명 повреждéние 파손, 손상, 훼손

Неосмотри́тельные словá и постýпки **вредя́т** и́миджу и деловóй репутáции. Об э́том всегдá нáдо пóмнить.
경솔한 언행은 본인의 이미지와 평판을 망치는 길입니다. 늘 기억하세요.

врем- 시간

врéмя
단생 врéмени
복 временá
복생 времён

명 1. 시간, 때 2. 복 시대 주의 брéмя 부담

Врéмя покáжет, кто из нас прав.
시간이 지나면 우리 중 누가 옳은지 알게 되겠지.

실력 UP!
в то же врéмя 동시에
в то врéмя как 반면에
врéмя от врéмени 때때로, 가끔
всё врéмя 항상, 줄곧
вóвремя 정시에, 때맞춰, 제때
во врéмя + *чего* ~하는 시기에, ~하는 동안
со врéменем 시간이 지남에 따라

вре́менный

형 임시의, 일시적인(↔ постоя́нный)

주의 временно́й 시간의

Неда́вно в на́шем райо́не был откры́т **вре́менный** прию́т для бездо́мных живо́тных.

최근 우리 지역에 (유기)동물임시보호소가 문을 열었다.

실력 UP!

долговре́менный 장기간의
кратковре́менный 단기간의
преждевре́менный 너무 빠른, 시기상조의
своевре́менный 시의적절한, 적기에
заблаговре́менный 사전의, 미리

совреме́нный

형 동시대의, 현대의

명 совреме́нник 동시대인, 현대인

명 女 совреме́нность 현대(성)

Совреме́нные студе́нты ма́ло интересу́ются класси́ческим иску́сством и литерату́рой.

요즘 학생들은 고전 예술과 문학에 별로 관심을 두지 않는다.

одновре́менно

부 동시에

Же́нщины, как пра́вило, спосо́бны де́лать не́сколько дел **одновре́менно**: вари́ть обе́д, убира́ть кварти́ру, болта́ть по телефо́ну с подру́жкой.

여자들은 요리하면서 청소를 하고 친구와 전화로 수다를 떠는 등 동시에 여러 가지 일을 할 수 있다.

20일차

вс- 전부, 모두

весь

명 모든, 전부의

Хва́тит рабо́тать, пошли́ домо́й! **Всех** де́нег всё равно́ не зарабо́таешь!*

일 그만하고 집에 가자! 그런다고 세상 돈 다 벌 수 있는 것도 아니잖아.

*Невозмо́жно зарабо́тать все де́ньги, кото́рые есть на све́те.

실력 UP!

всё-таки́/всё же/всё равно́ 그렇지만, 어쨌든
пре́жде всего́ 우선, 맨 먼저
бо́льше всего́ 무엇보다도, 최고로(**лу́чше всего́**)
скоре́е всего́ 아마, 십중팔구
всего́ + *수사* 총, 겨우(**лишь**)

격변화		남성	중성	여성	복수
주격		весь	всё	вся	все
생격		всего́	всего́	всей	всех
여격		всему́	всему́	всей	всем
대격	생물	всего́	-	всю	всех
	사물	весь	всё	всю	все
조격		всем	всем	всей	все́ми
전치격		(обо) всём	(обо) всём	(обо) всей	(обо) всех

вся́кий

형 온갖, 각가지, 모든(ка́ждый)

Вме́сто того́ что́бы к экза́менам гото́виться, ты **вся́кими** глу́постями занима́ешься!

하라는 시험 준비는 안 하고 온갖 쓸데없는 짓만 하고 있구나!

на вся́кий слу́чай 혹시 모르니, 만에 하나

вся́ческий

형 온갖, 갖가지

Ва́ше поведе́ние перехо́дит все и **вся́ческие** грани́цы!*

당신의 행동은 도가 지나쳐요!

*Вы ведёте себя́ ужа́сно, вы наруша́ете все но́рмы и пра́вила "хоро́шего поведе́ния".

весьма́

부 매우(вполне́, о́чень)

Мы **весьма́** сожале́ем о произоше́дшем и прино́сим Вам свои́ глубо́кие извине́ния.

그러한 일이 발생한 것을 매우 애석하게 생각합니다. 깊은 사과 말씀드립니다.

совсе́м

부 1.아주, 완전 2.(부정문) 전혀

Извини́те, я **совсе́м** не хоте́л вас оби́деть.

죄송해요. 당신을 전혀 화나게 하고 싶지 않았는데..

실력 UP!

по́лностью 철저히, 완전히, 죄다

Се́верная Коре́я должна́ **по́лностью** соблюда́ть взя́тые на себя́ междунаро́дные обяза́тельства.

북한은 주어진 국제적 책무를 철저히 이행해야 한다.

целико́м 전적으로

Я **целико́м** и по́лностью с ва́ми согла́сен.

나는 당신의 의견에 전적으로 동의합니다.

соверше́нно 완전히

Соверше́нно ве́рно! 정말 맞습니다!

на сто проце́нтов 100%, 완전히

Я **на сто проце́нтов** уве́рен, что на́ша кома́нда вы́йдет в фина́л.

나는 우리 팀이 결승전에 진출할 것이라고 100% 확신해.

втор- 반복, 또 다른

повторя́ть НСВ
повтори́ть СВ
повторён, -а́, -ы́

동 что 반복하다

Прости́те, я не совсе́м вас по́нял. **Повтори́те** ещё раз, пожа́луйста.

죄송한데, 잘 이해가 안 되어서요. 다시 한번 말씀해 주실래요?

неповтори́мый

형 비교불가한, 특별한

Жени́ться ну́жно то́лько на люби́мой же́нщине, еди́нственной и **неповтори́мой**!

결혼은 정말 특별하고 세상에 둘도 없이 사랑하는 여자와 해야 한다.

втори́чный

형 중복, 재차, 2차의

Все фи́льмы э́того режиссёра ка́жутся мне бана́льными и **втори́чными**.

이 감독 영화는 너무 식상하고 삼류영화 같은 느낌이 들어.

вык(ч)-/бык(ч)- 반복을 통한 습득

привыка́ть НСВ
привы́кнуть СВ
привы́кну, -нешь, -нут
привы́к, -ла, -ли

동 к кому-чему/инф. 익숙해지다, 습관이 되다
형 привы́чный 익숙한(↔ непривы́чный)

Челове́к ко всему́ **привыка́ет**: жить мо́жно и в тюрьме́, и на необита́емом о́строве.

사람은 적응의 동물이다(모든 것에 다 적응한다). 감옥에서도 무인도에서도 살 수 있다.

отвыка́ть НСВ
отвы́кнуть СВ
отвы́кну, -нешь, -нут
отвы́к, -ла, -ли

동 от кого-чего/инф. (습관, 버릇이) 없어지다, (사이가) 멀어지다

В о́тпуске я **отвы́к** встава́ть ра́но, и тепе́рь э́то для меня́ муче́ние - встава́ть в шесть, что́бы успе́ть на рабо́ту к восьми́.

일찍 일어나던 습관이 휴가를 보내면서 금세 없어졌어. 이젠 8시 출근에 맞춰 6시에 일어나는 일이 아주 고역이야.

на́вык

명 숙련, 기술

Очень ва́жно, что́бы роди́тели с ра́ннего во́зраста привива́ли де́тям **на́выки** самостоя́тельной жи́зни.

부모는 자식에게 어린 나이부터 자립적인 삶을 영위할 수 있는 습관을 길러 주는 것이 중요하다.

обы́чай

명 관습, 풍습(тради́ция 전통)

Совреме́нная молодёжь уже́ поня́тия не име́ет о стари́нных **обы́чаях** и тради́циях.

요새 젊은 사람들은 옛 전통과 관습에 대해 벌써 잘 몰라요.

обыкнове́нный

형 평범한(обы́чный 평소와 다르지 않은, 보통의)

Маши́на у меня́ **обыкнове́нная**: "Пежо́" трёхле́тней да́вности.

제 차는 그냥 평범해요. 3년 된 푸조거든요.

실력 UP!

необы́чный 이상한, 평소 같지 않은

У него́ **необы́чное** хо́бби: он собира́ет про́бки от пивны́х буты́лок.

그 사람은 맥주병 뚜껑을 모으는 특이한 취미가 있어요.

необыкнове́нный 독특한, 남다른

Коне́ц октября́, а пого́да **необыкнове́нная**: со́лнечно, ти́хо, тепло́.

10월 말인데 날씨가 평소랑 다르게 맑고 고요하고 따듯해.

специа́льный 특별한

Специа́льное предложе́ние от фи́рмы: бо́нусная ка́рта со ски́дкой до 40%.

특별 혜택, 40%까지 할인되는 보너스 카드

осо́бый 독특한, 별다른

Господа́ студе́нты, обрати́те **осо́бое** внима́ние, что по́сле глаго́ла "хоте́ть" мо́жет стоя́ть то́лько сою́з "что́бы"!

학생 여러분, хотеть 동사 뒤에는 чтобы 라는 접속사만 올 수 있으니까 특히 신경 쓰도록 하세요.

осо́бенный 특별한, 유별난

Все выходны́е я провёл до́ма. Ничего́ **осо́бенного** не де́лал: спал, сиде́л в со́цсетя́х, телеви́зор.

난 휴일을 내내 집에서 보냈어. 딱히 특별한 일 안 하고. 잠도 자고 SNS하고 TV보고 그랬지 뭐.

выс(ш)- 높은

высо́кий

형 높은

Мой бу́дущий муж до́лжен быть **высо́ким**, краси́вым, облада́ть отли́чным чу́вством ю́мора.
내 남편감은 키도 크고 잘생기고 유머 감각도 있어야 해.

실력 UP!

высокоопла́чиваемый/высокодохо́дный 고소득의
высококвалифици́рованный 전문적인, 숙련된
высокоме́рный 거만한
высокока́чественный 고품질의
высококалори́йный 고열량의

вы́ше

1. 비 더 높은 2. 부 위쪽에

Уровень подгото́вки столи́чных абитурие́нтов заме́тно **вы́ше**, чем у иногоро́дних.
수도권 수험생들의 수준이 타 지역 학생들보다 월등히 높다.

повыша́ть НСВ
повы́сить СВ
повы́шу, -вы́сишь, -вы́сят
повы́шен, -а, -ы

동 что 높이다
명 повыше́ние 상승

Моя́ про́сьба **повы́сить** мне зарпла́ту про́сто вы́вела нача́льника из себя́.
급여를 올려달라는 내 부탁에 상사는 결국 성질을 냈다.

превыша́ть НСВ

превы́сить СВ
превы́шу, -вы́сишь, -вы́сят
превы́шен, -а, -ы

동 что 넘다, 웃돌다

Коли́чество са́хара в рацио́не россия́н ми́нимум в 1, 5 ра́за **превыша́ет** но́рму.
러시아인이 섭취하는 설탕량은 평균치보다 1.5배를 웃돈다.

실력 UP!

вы́сший (최상급) 수준이 가장 높은
вы́сшее учéбное заведéние(вуз) 고등교육기관(대학)

высоча́йший (최상급) 높이가 가장 높은
Высоча́йшая верши́на ми́ра - Эвере́ст.
세계에서 가장 높은 산은 에베레스트이다.

высота́ 높이
В Дуба́е построя́т ещё оди́н небоскрёб **высото́й** в 420 ме́тров.
두바이에 높이가 420m에 달하는 새로운 마천루를 하나 더 짓고 있다.

высо́тный 고층의, 고공의
В Москве́ мно́го **высо́тных** зда́ний, но, коне́чно, ме́ньше, чем в Сеу́ле.
모스크바에도 고층 건물이 많지만, 서울에 비할 바는 아니다.

вы́шеука́занный/вы́шеупомя́нутый 앞서 언급한, 상기의
Все **вы́шеука́занные** причи́ны явля́ются предположи́тельными.
앞서 언급한 것들이 원인으로 추정되고 있습니다.

свы́ше *чего* ~이상
лю́ди **свы́ше** 65 лет
나이가 65세 이상인 사람

завы́шенный 초과한, 실제보다 높은
Гла́вная причи́на всех разочаро́ваний - **завы́шенные** ожида́ния. От жи́зни, от любви́, от окружа́ющих.
인생도, 사랑도, 주변 사람에 대해서도, 모든 실망의 주요 원인은 기대가 컸던 탓이다.

гад- 짐작, 추측

зага́дочный

형 수수께끼 같은, 신비한
명 зага́дка 수수께끼
동 зага́дывать/загада́ть *что* 제시하다

Ты когда́ с сигаре́той и ча́шкой ко́фе сиди́шь, тако́й **зага́дочной** и непристу́пной де́вушкой ка́жешься!
담배를 피우면서 커피 한 잔 마시며 앉아 있는 너를 보면, 그렇게 신비스럽고 도도해 보일 수가 없어!

실력 UP!

загада́ть зага́дку 수수께끼를 내다
загада́ть жела́ние 소원을 빌다

уга́дывать НСВ
угада́ть СВ

동 кого-что 알아맞히다, 짐작하다

Пенсионе́р из Сара́това пра́вильно **угада́л** все 6 номеро́в лотере́и "Спо́ртлото́" и получи́л реко́рдный вы́игрыш в 5 миллио́нов рубле́й!

사라토프에 사는 한 노인은 '스포츠 로또'의 당첨번호 6개를 모두 맞춰서 역대 최대 상금인 5백만 루블을 받았다.

дога́дываться НСВ
догада́ться СВ

동 о чём 추측하다, 눈치를 채다, 알아차리다

Как ты **догада́лась**, что Андре́й и Мари́на встреча́ются?

안드레이랑 마리나가 사귀는지 어떻게 눈치챘어?

21일차

вяз(ж)- 묶다, 연결

связь

명 女 1. 통신 2. 관계

Ну ла́дно, всё. Дава́й, пока́! До **свя́зи**!

그래. 아무튼 알았어. 잘 있고, 또 연락할게!

Как и в чём проявля́ется **связь** и зави́симость поли́тики от большо́го би́знеса?

정경유착은 어디서 어떠한 형태로 드러납니까?

в связи́ *с кем-чем* ~와 관련하여

свя́зывать НСВ

связа́ть СВ

свяжу́, свя́жешь, свя́жут

свя́зан, -а, -ы

동 묶다, 연결하다(↔ развя́зывать/развяза́ть 풀다)

형 свя́занный *с кем-чем* ~와 관련된

Но́вый мост **свя́зывает** ле́вый бе́рег реки́ и крупне́йший райо́н го́рода.

새로 생긴 다리는 왼쪽 강변과 가장 큰 시내를 연결한다.

навя́зчивый

형 집요한, 강박적인

У него́ **навя́зчивая** иде́я: написа́ть вели́кий рома́н и стать вы́ше Толсто́го и То́маса Ма́нна.

그는 위대한 소설을 써서 톨스토이, 토마스 만을 뛰어넘어야겠다는 강박관념이 있어.

привя́зывать НСВ

привяза́ть СВ

привяжу́, -вя́жешь, -вя́жут привя́зан, -а, -ы

동 что + к чему 1. 묶다, 연동하다 2. 애착을 느끼게 하다

Мне нелегко́ бы́ло перее́хать в Москву́, потому́ что я была́ о́чень **привя́зана** к до́му и роди́телям.

난 집과 가족들에 애착이 컸던 탓에, 모스크바로 떠나오기가 힘들었어.

실력 UP!

привя́занность 애착

привя́занность к родно́му до́му, к семье́, к родны́м и бли́зким, к му́жу.

고향 집, 가족, 친지, 가까운 사람들, 남편에 대한 애착

привя́зка 연동

привя́зка пенсио́нных вы́плат к инфля́ции

연금과 물가상승률의 연동

свя́зка 인대

Я подверну́ла но́гу и растяну́ла **свя́зки**.

다리를 접질려서 인대가 늘어났다.

повя́зка 붕대

Я наложи́л на ра́ну стери́льную **повя́зку**.

나는 상처에 살균 붕대를 둘렀다.

гео- 지구, 토양(geo-)

геогра́фия

명 지리(학), 지형
명 гео́граф 지리학자
형 географи́ческий 지리의

- Како́е у вас образова́ние?
- Есте́ственное, у меня́ дипло́м **географи́ческого** факульте́та.

- 전공이 어떻게 되세요?
- 자연계 전공이에요. 지리학과 졸업했어요.

геологи́ческий

형 지질의
명 геоло́гия 지질학
명 гео́лог 지질학자

Сотру́дники институ́та ка́ждый год на всё ле́то уезжа́ют в **геологи́ческие** экспеди́ции в Сиби́рь ли́бо на Да́льний Восто́к.

연구원들은 매년 여름 시베리아나 극동으로 지질답사를 떠난다.

ге́ополити́ческий **형** 지정학적인 **명** **ге́ополи́тика** 지정학

Что тако́е **ге́ополи́тика**? Если про́сто, то э́то нау́ка о том, как вне́шняя поли́тика страны́ зави́сит от её географи́ческого положе́ния.

지정학이란 무엇인가? 간단히 설명하자면, 지정학은 한 국가의 대외정책과 지리적 위치 간의 상관관계를 연구하는 학문이다.

실력 UP!

ге́оэкономи́ческий 지경학적
~ие фа́кторы 지경학적 요인

ге́ометри́ческий 기하학적
~ узо́р 기하학적 문양
~ие фигу́ры 기하학적 도형

глав-/голов- 머리

голова́

(대) го́лову
(복) го́ловы
(복생) голо́в

명 머리, 두뇌 **형** **головно́й** 머리의, 지휘의

Как всегда́, у́тром с похме́лья жу́тко боле́ла **голова́**.

늘 그렇듯 아침에 숙취로 머리가 깨질 듯이 아팠다.

Так, ситуа́ция о́чень серьёзная. Включа́ем **го́лову**, и́щем вы́ход.

상황이 심각하군. 해결책을 찾도록 생각을 해보자고.

На́ша лаборато́рия вот уже́ полго́да лома́ет **го́лову** над* э́той пробле́мой.

우리 실험실은 반년째 이 문제 해결에 골머리를 썩이고 있다.

*лома́ть го́лову *над чем* 골머리를 썩이다, 곰곰이 생각하다

- Ты куда́ э́то сломя́ **го́лову***?
- На свида́ние, опа́здываю!

- 너 어디를 그렇게 서둘러 가는 거야?
- 데이트. 늦었어!

*сломя́ го́лову 빠르게

실력 UP!

головно́й
~а́я боль 두통
~ убо́р 모자, 머리 장식
~ о́фис 본부

глава́

복 гла́вы

명 1. 장(長), 우두머리 2. 장(chapter)

Ре́зкие социа́льные переме́ны разру́шили тради́цию, при кото́рой мужчи́на безогово́рочно явля́лся **главо́й** семьи́.

급격한 사회 변화로 남성이 무조건 가장이 되었던 전통은 무너졌다.

Я написа́л уже́ две **главы́** из трёх дипло́мной рабо́ты.

나는 이미 학위논문 3장 중 2개의 장을 썼다.

실력 UP!

руководи́тель 관리자, 장, 대표
~ нау́чно-иссле́довательского институ́та 연구소장

нача́льник 상관, 기관장
~ департа́мента марке́тинга 마케팅부장

дире́ктор 관리자, 국장, 교장
~ компа́нии (회사)이사, 사장
~ шко́лы 교장

председа́тель 의장, 위원장
~ парла́мента (의회)의장
~ коми́ссии 위원장

президе́нт 대통령, 회장, 사장
~ страны́ 대통령
~ компа́нии/корпора́ции (회사)회장

гла́вный

형 주요한, 주된

Мне ка́жется, **гла́вное** ка́чество руководи́теля - уме́ть разбира́ться в лю́дях.*

지도자가 갖춰야 할 중요한 덕목은 (적재적소에 활용할 수 있도록) 사람을 파악하는 능력이라고 생각해.

*Ви́деть и различа́ть ра́зные челове́ческие “ти́пы”, уме́ло испо́льзовать лу́чшие ка́чества люде́й в интере́сах о́бщего де́ла и т.д.

заголо́вок

단생 заголо́вка

명 (뉴스, 기사) 헤드라인, 제목, 표제

동 озагла́вливать/озагла́вить *что* 제목을 붙이다

Что́бы привле́чь внима́ние чита́телей, журнали́сты всегда́ стара́ются приду́мать како́й-нибудь оригина́льный, неожи́данный **заголо́вок**.

독자들의 흥미를 유발하기 위해 기자들은 기발하고 생각지도 못한 제목을 생각해내려 애쓴다.

возглавля́ть НСВ

возгла́вить СВ
возгла́влю, -вишь, -вят, возгла́влен, -а, -ы

동 что 이끌다, 선두에 서다

По́сле вчера́шних ма́тчей турни́рную табли́цу вновь **возгла́вил** моско́вский "Спарта́к".
어제 경기 결과 모스크바의 '스파르타크'가 리그 성적 선두를 달리게 되었다.

Коре́йскую делега́цию **возглавля́ет** замести́тель мини́стра плани́рования и фина́нсов.
한국 대표단의 단장은 기획재정부 차관이다.

실력 UP!

головокруже́ние 현기증, 어지럼증
оглавле́ние 목차, 차례
двугла́вый 쌍두의, 머리가 두 개인
поголо́вье (가축)두수

глуб- 깊은

глубо́кий
비 глу́бже

형 깊은, 심한
부 глубоко́ 깊이, 깊게
명 глубина́ 깊이

Если погрузи́ться **глубоко́** в во́ду, то глаза́м предста́нет удиви́тельный, фантасти́ческий подво́дный мир.
깊은 물 속으로 들어가면, 눈앞에 놀랍고도 환상적인 심해의 세계가 펼쳐진다.

Спекта́кль произвёл на всех зри́телей **глубо́кое** впечатле́ние.
이 공연은 모든 관객에게 깊은 인상을 남겼다.

углубля́ть НСВ

углуби́ть СВ
углублю́, -би́шь, -бя́т, углублён, -а́, -ы́

동 что 심화하다

Реце́ссия в росси́йской эконо́мике **углубля́ется**, ВВП сни́зился ещё на 3%.
러시아는 경기침체가 심화되고, GDP가 3% 하락했다.

шко́ла с **углублённым** изуче́нием иностра́нных языко́в 외국어고등학교

гляд-/гля- 시선

гляде́ть НСВ
гляжу́, гляди́шь, глядя́т

동 쳐다보다, 응시하다

Когда́ мне вновь отказа́ли в приёме на рабо́ту, я вы́шла из о́фиса, запла́кала и пошла́ куда́ глаза́ **глядя́т***.

취직 시험에 또다시 떨어진 나는 시험장을 나와 눈물을 쏟고는 눈길 가는 대로 걸었다.

*куда́ глаза́ глядя́т 눈길 가는 대로

С портре́тов в э́том за́ле музе́я на нас **глядя́т** выдаю́щиеся де́ятели росси́йской исто́рии.

이 전시실에 걸려있는 초상화 속에 그려진 역사 속 러시아 위인들의 시선이 우리를 향해있다.

взгля́д

명 1.시선 2.на что 관점, 견해

На мой **взгляд***, есть це́лые гру́ппы люде́й, ве́рить кото́рым нельзя́: поли́тики, исто́рики, журнали́сты, сино́птики и т.д.

내 생각에 절대 믿으면 안 되는 사람은 정치인, 역사학자, 기자, 기상예보관이야.

*на *чей* взгляд ~의 생각에는

Вы ве́рите в любо́вь с пе́рвого **взгля́да***?

첫사랑을 믿으세요?

*с пе́рвого взгля́да 첫눈에

на пе́рвый взгляд 일견, 언뜻 보기에
объекти́вный взгляд на мир 객관적 세계관

загля́дывать НСВ
загляну́ть СВ
загляну́, -гля́нешь, -нут

동 슬쩍 쳐다보다, 대강 훑어보다

Ненави́жу, когда́ кто́-то че́рез плечо́ **загля́дывает** в мой смартфо́н!

어깨너머로 내 스마트폰을 슬쩍 훔쳐보는 사람들이 있는데, 정말 질색이야!

нагля́дный

형 생생한, 명백한

Стаби́льный рост товарообо́рота ме́жду Южной Коре́ей и Росси́ей - **нагля́дный** приме́р успе́шного экономи́ческого сотру́дничества двух стран.

한러 간 안정적인 교역량 증가는 양국 간 경제협력이 성공적으로 이루어지고 있다는 사실을 명확히 보여주는 사례이다.

огля́дываться НСВ

огляну́ться СВ
огляну́сь, -гля́нешься, -нутся

동 주위를 둘러보다, 뒤돌아보다, 회고하다

Огля́дываясь наза́д в про́шлое, мы понима́ем, что оши́бки и неуда́чи необходи́мы и да́же поле́зны для ли́чностного ро́ста и разви́тия.

우리는 과거를 뒤돌아보며, 과거의 실수와 실패는 성장과 발전을 위한 밑거름이었음을 깨닫는다.

22일차

говор- 말, 이야기

разгова́ривать НСВ

동 с кем 대화하다, 이야기하다
명 разгово́р 대화

Мой муж замкну́лся, ушёл в себя́*, почти́ со мной не **разгова́ривает**. Что с ним? Кри́зис сре́днего во́зраста?

남편이 자신만의 동굴에 들어가 저랑 거의 한마디도 안 해요. 도대체 무슨 일일까요? 중년의 위기라도 겪고 있는 걸까요?

*уйти́ в себя́ 자기만의 생각에 잠기다, 자기 세계에 고립되다

догова́риваться НСВ
договори́ться СВ

동 о чём/инф. 약속하다, 합의하다
명 догово́р *о чём* 계약, 협정
명 (女) договорённость 합의(사항)

Мы с друзья́ми **договори́лись** встре́титься за́втра по́сле рабо́ты и попи́ть пи́ва.

나는 친구들과 내일 퇴근 후에 만나 맥주를 한잔하기로 약속했다.

Догово́р о нераспростране́нии я́дерного ору́жия (ДНЯО) 핵확산금지조약(NPT)

угова́ривать НСВ
уговори́ть СВ

동 кого + инф. ~하라고 설득하다

- Как начала́сь ва́ша карье́ра супермоде́ли?
- Вы зна́ете, одна́жды подру́га **уговори́ла** меня́ пойти́ за компа́нию вме́сте с ней на ка́стинг.

- 어떻게 슈퍼모델 일을 시작하게 되셨나요?
- 어느 날 제 친구가 오디션 자리에 같이 가보자고 하길래 같이 갔었죠.

отгова́ривать НСВ
отговори́ть СВ

동 кого + от чего/инф. ~을 못 하게 설득하다

Ско́лько я ни **отгова́ривала** му́жа, он меня́ не послу́шался и все свои́ де́ньги положи́л в банк “МММ”. А че́рез ме́сяц тот ло́пнул.

수차례나 하지 말라고 남편을 설득했는데도 남편은 내 말을 전혀 듣지 않고 전 재산을 MMM 은행에 맡겨버렸어요. 그런데 한 달 후에 그 은행이 망해버렸지 뭐예요.

переговóры

명 복 회의, 회담, 협상

Всю э́ту недéлю я стрáшно зáнят. Готóвлюсь к **переговóрам** с корéйскими партнёрами.

한 주 내내 너무 바빠요. 한국 업체와 협상이 있어 준비 중이거든요.

приговóр

명 판결, 선고

동 приговáривать/приговори́ть *кого + к чему*
~에 -라는 판결을 내리다

Незави́симо от тогó, как слóжится ситуáция на судé и каки́м бýдет **приговóр**, мы бýдем подавáть апелля́цию.

재판 상황과 판결이 어떻게 되든 우리는 항소할 것입니다.

год- 1. 해(年), 시간 2. 날씨 3. 적합한, 충분한

год

복생 годóв, лет

1. 년, 해 2. 복 시절

형 годовóй 1년의

Вчерá был рóвно **год**, как мы с мýжем пожени́лись.

어제가 저희 결혼한 지 딱 1주년이었어요.

Моемý брáту 21 **год**, а сестрé - 26 **лет**.

오빠(형, 남동생)는 21살이고, 언니(누나, 여동생)는 26살이에요.

Обожáю голливýдские фи́льмы 40-ы́х и 50-ых **годóв**!

난 40~50년대 할리우드 영화라면 사족을 못 써!

실력 UP!

годáми 몇 해 동안
из гóда в год/кáждый год/ежегóдно 매년
полугóдие 반년
пéрвое ~ 상반기
вторóе ~ 하반기
среднегодовóй 연평균의
~áя температýра вóздуха 연평균 기온
новогóдний 새해, 신년의
~яя ёлка 새해 트리
~ие prázдники 새해 연휴

годовщи́на

명 기념일

На очередну́ю **годовщи́ну** сва́дьбы Илья́ подари́л жене́ кольцо́ с бриллиа́нтом.

이번 결혼기념일에 일리야는 아내에게 다이아 반지를 선물했다.

пого́да

명 날씨
형 **пого́дный** 날씨의

На выходны́е сино́птики прогнози́руют тёплую **пого́ду**: плюс 22-24 гра́дуса.

이번 주말은 영상 22~24도로 따뜻한 날씨가 예상됩니다.

Вре́мя от вре́мени в Москве́ наблюда́ются таки́е анома́льные **пого́дные** явле́ния, как ура́ганы, си́льные ли́вни и да́же сме́рчи.

모스크바에서는 가끔 폭풍, 호우, 심지어 회오리바람과 같은 이상 기상 현상이 관측된다.

실력 UP!

непого́да 악천후
пого́жий 청명한

уго́дно

술 1. кому 원하다, 필요하다 2. ~든지

- Я бы хоте́ла перейти́ в друго́й но́мер.
- Как вам бу́дет **уго́дно**. В како́й и́менно?

- 객실을 좀 바꾸고 싶은데요.
- 원하시는 대로요. 어떤 객실을 원하세요?

Кри́зис, и мно́гие лю́ди гото́вы рабо́тать где **уго́дно** и за каку́ю **уго́дно** пла́ту.

경제 상황이 좋지 않아 많은 사람이 어떤 자리든, 월급이 어떻든 가리지 않고 일자리를 찾고 있다.

실력 UP!

что уго́дно 무엇이든지
когда́ уго́дно 언제든지
ско́лько уго́дно 얼마든지
как уго́дно 마음대로, 내키는 대로

годи́ться НСВ
гожу́сь, годи́шься, -дя́тся

동 кому/для чего/куда 쓸모 있다
형 го́дный, приго́дный 쓸모 있는
명 (女) го́дность 적합

Нет, ваш отчёт никуда́ не **годи́тся**! Ну́жно всё переде́лать! Срок - два дня!
아니, 보고서가 엉망이잖아요(아무짝에도 쓸모없다). 다시 작성하세요. 기한은 이틀이에요!

У колбасы́ срок **го́дности** уже́ истёк.
소시지 유통기한이 벌써 다 됐네.

실력 UP!

пригожда́ться/пригоди́ться 쓸모 있게 되다, 유용하다

- Ну́жно вы́бросить все ста́рые, нену́жные ве́щи.
- Ни в ко́ем слу́чае! Вдруг они́ ещё **пригодя́тся**?
- 필요 없는 오래된 물건들은 버려야 해.
- 절대 그러지 마! 혹시 나중에 전부 필요할 수도 있잖아.

вы́годный

형 유리한, 이익이 되는
명 вы́года 이익

Усло́вия кра́йне **вы́годные**, ну́жно как мо́жно скоре́е заключа́ть контра́кт, пока́ партнёры не переду́мали!
조건이 매우 유리해요. 상대측이 마음을 바꾸기 전에 가능한 한 빨리 계약을 체결해야 합니다!

негодя́й

명 건달, 아무짝에도 쓸모없는 사람

Я не ду́мала, что ты тако́й подле́ц и **негодя́й**!
난 네가 이렇게 악질에다 무뢰한인지 몰랐어.

голос-/глас- 목소리

го́лос
(복) голоса́

명 1.목소리, 음성 2.의견, 발언 3.투표

На мой взгляд, у мно́гих популя́рных эстра́дных певцо́в нет ни **го́лоса**, ни слу́ха, они́ вообще́ не уме́ют петь.
내 생각에는 인기 가수들 대다수가 가창력도 음감도 없는 것 같아. 노래를 부를 줄 몰라.

На вы́борах большинство́ избира́телей гото́во отда́ть свой **голоса́** за* де́йствующего президе́нта.
유권자 대다수가 대선에서 현(現) 대통령에게 다시 표를 던지고자 한다.

*отда́ть го́лос *за кого-что/про́тив кого-чего* 찬성표를 던지다/반대표를 던지다

гла́сный

명 모음(↔ согла́сный 자음)

В ру́сском алфави́те 10 **гла́сных** букв и 21 согла́сная бу́ква.
러시아어에는 10개의 모음과 21개의 자음이 있다.

приглаша́ть НСВ
пригласи́ть СВ
приглашу́, -гласи́шь, -глася́т
приглашён, -а́, -ы́

동 кого + куда 초대하다
명 приглаше́ние 초대, 초청

Хоте́ла бы **пригласи́ть** одного́ па́рня в кино́, но о́чень бою́сь, что он отка́жется.
같이 영화 보러 가자고 하고 싶은 남자가 있는데, 괜히 보자고 했다가 거절당할까 봐 무서워요.

соглаша́ться НСВ
согласи́ться СВ
соглашу́сь, -си́шься, -ся́тся

동 1. с кем-чем 동의하다 2. на кого-что 동의하다, 승낙하다
형단 согла́сен(согла́сна, -о, -ы) *с кем-чем* 동의하다

Мне тру́дно **согласи́ться** с ва́ми, но э́то ва́ше мне́ние, я отношу́сь к нему́ с уваже́нием.
당신의 말에 동의하기는 어렵지만, 당신의 의견인 만큼 존중은 하겠습니다.

По́сле того́ как ана́лиз кро́ви вы́явил у неё ра́нние при́знаки разви́тия ра́ка, актри́са неме́дленно **согласи́лась** на опера́цию.
여배우는 혈액검사 결과 초기 암 증상을 발견하고 수술에 응했다

실력 UP!

согла́сие 동의, 승낙; 화합
с **согла́сия** *кого-чего* ~의 동의를 얻어

соглаше́ние 협정
~ о свобо́дной торго́вле 자유무역협정

согласова́ние 통일, 일치; 합의, 조율
~ пози́ций всéх заинтересо́ванных сторо́н
모든 당사자 간 입장 합의

голосова́ние

명 투표, 선거(вы́боры)
동 (про)голосова́ть *за кого-что* ~에 투표하다

Согла́сно Конститу́ции РФ, гра́ждане Росси́и уча́ствуют в вы́борах на осно́ве всео́бщего ра́вного прямо́го избира́тельного пра́ва при та́йном **голосова́нии**.
러시아 국민은 자국 헌법에 따라 보통, 평등, 직접, 비밀의 원칙에 입각해 선거에 참여한다.

На вы́борах большинство́ избира́телей **проголосова́ло** за кандида́та от оппози́ции.
선거에서 대다수의 유권자가 야당 후보에게 투표했다.

разногла́сие

명 의견차이, 이견(↔ единогла́сие 만장일치)

Из-за **разногла́сий** в пози́циях Росси́и и США резолю́ция Сове́та Безопа́сности ООН так и не была́ принята́.
러시아와 미국의 입장차로 유엔안보리 결의안 채택이 무산되었다.

провозглаша́ть НСВ
провозгласи́ть СВ
провозглашу́, -си́шь, -ся́т
провозглашён, -а́, -ы́

동 что 포고하다, 선언하다, 공표하다
명 провозглаше́ние 포고, 선언, 공표

Как изве́стно, незави́симость США от Великобрита́нии была́ **провозглашена́** 4-го ию́ля 1776 г.
잘 알려져 있다시피, 미국은 1776년 7월 4일 영국으로부터의 독립을 선언하였다.

согла́сно

전 кому-чему ~에 따라

Согла́сно прика́зу ре́ктора, куре́ние во всех помеще́ниях университе́та стро́го запрещено́.
총장의 지시에 따라 대학 건물 내 모든 장소에서의 흡연이 엄격히 금지되었다.

Согла́сно стати́стике, сре́дняя продолжи́тельность жи́зни в Росси́и составля́ет о́коло 71-го́ го́да.
통계에 따르면 러시아의 평균 수명은 71세이다.

23일차

голод-/глад- 굶주림

го́лод — 명 배고픔, 허기, 기근 형 **голо́дный** 배고픈, 굶주린

Почему́, когда́ сиди́шь на дие́те, испы́тываешь постоя́нное чу́вство **го́лода**?!

다이어트를 할 때면 왜 계속 허기지지?

실력 UP!

голода́ние 굶주림, 단식 **голодо́вка** 단식투쟁

проголода́ться СВ — 동 배고프다, 허기지다

Одна́ко я **проголода́лся**. Не пора́ ли подкрепи́ться?

그런데 나 배고파. 뭐 좀 먹고 힘을 차려야 할 거 같은데?

гор-/ гар- 열을 가하다

горе́ть НСВ
сгоре́ть СВ
(с)горю́, гори́шь, горя́т

동 (등, 불 등) 켜져 있다, 빛나다, 불에 타다 주의 **сгора́ть/сгоре́ть** 다 타다

Бо́же мой, пожа́р! Сосе́дский дом **гори́т**!

어머, 불이야! 옆집이 타고 있어!

Ярко све́тят, **горя́т** далёкие звёзды, навева́ют несбы́точные мечты́ и фанта́зии.

저 멀리 별들은 밝게 빛나고 있고, 이루지 못한 꿈과 환상이 마음속에 떠오른다.

실력 UP!

горя́чий 뜨거운

~ чай 뜨거운 차

горячо́ 뜨겁게, 열렬하게

Слу́шатели **горячо́** приве́тствовали выступле́ние симфони́ческого орке́стра.

청중들이 교향악단을 열렬히 환영했다.

горю́чий 가연성의; 연료

~ие материа́лы 가연성 물질

горя́щий 불이 붙은, 빛나는

~ фа́кел 불타는 횃불

~ в окне́ свет 창으로 비치는 불빛

загора́ть НСВ

загоре́ть СВ

загорю́, -гори́шь, -горя́т

동 햇볕을 쬐다, 태닝하다

형 **загоре́лый** 태닝한, 피부가 탄

Скоре́е бы в о́тпуск! Бу́ду валя́ться на пля́же, **загора́ть**, купа́ться!

빨리 휴가가 왔으면 좋겠다. 해변에 드러누워 선탠도 하고, 물놀이도 할 거야!

нагрева́ть НСВ

нагре́ть СВ

нагре́ю, -гре́ешь, -гре́ют

нагре́т, -а, -ы

동 **что** 따뜻하게 하다, 가열하다

Опя́ть воды́ горя́чей нет. А посу́да немы́тая. На́до воды́ **нагре́ть**.

또 뜨거운 물이 안 나오네. 설거지도 안 되어 있고. 물을 좀 데워야겠어.

실력 UP!

① **разогре́ть**

1. (적당한 온도로 음식을) 데우다
2. 분위기를 무르익게 하다, 준비가 되도록 하다.

Гри́ша, у́жин **разогрева́ть**?

그리샤, 저녁 반찬 좀 데워줄래?

Разогрева́ть пу́блику пе́ред выступле́нием знамени́тых "Ро́ллингов" бу́дет росси́йская гру́ппа "Ага́та Кри́сти".

유명 그룹인 '롤링스톤스' 공연 전 러시아 그룹 '아가사 크리스티'가 관중들의 분위기를 띄울 것이다.

② **подогре́ть** (식은 것을) 데우다, 살짝 데우다

Ма́ша, **подогре́й** борщ, како́й-то он холо́дный.

마샤, 보르시 좀 다시 데워. 좀 식었는데.

③ **обогре́ть** 따뜻하게 하다, 난방하다

Ондо́ль - гениа́льное изобрете́ние: **обогрева́ть** жили́ще за счёт тёплого по́ла!

온돌은 바닥을 가열하는 방식으로 집안을 난방하는 기발한 발명품이다.

горд- 자랑

го́рдый

горд, -а́, -ы́

형 자신만만한, 콧대 높은, 거만한

Мы сча́стливы и **горды́** обслу́живать столь замеча́тельных клие́нтов!

이처럼 훌륭한 고객님들에게 서비스를 제공할 수 있어 기쁘고 자랑스럽습니다. (광고)

горди́ться НСВ
горжу́сь, -ди́шься, -дя́тся

동 кем-чем ~을 자랑스러워하다
명 (女) го́рдость 자부심, 자랑

В сове́тские времена́ мой дед рабо́тал в Сиби́ри, перекрыва́л там ре́ки, стро́ил на них электроста́нции и до сих пор о́чень э́тим **горди́тся**.
소련 시절 우리 할아버지는 시베리아에서 강을 메우고 그 위에 발전소를 건립하는 일을 하셨는데, 아직도 그것을 무척 자랑스럽게 여기고 계셔.

город-/град- 도시

городско́й

형 도시의(↔ дереве́нский, се́льский 시골의, 농촌의)

Я счита́ю, что систе́ма **городско́го** тра́нспорта в столи́це нужда́ется в серьёзном реформи́ровании.
나는 우리나라 도시 교통체계를 개혁해야 한다고 생각해.

실력 UP!

го́род ((복) города́) 도시
горожа́нин ((女) горожа́нка (복) горожа́не) 시민
за́ город 교외로(куда, 방향을 나타내는 동사, 이동동사와 함께)
за́ городом 교외에서(где)

при́город

명 근교, 시외

Мы живём в ти́хом, споко́йном **при́городе**, на рабо́ту е́здим ка́ждый на своём маши́не.
우리는 조용하고 한적한 교외에 살고 있어요. 출근은 각자 차로 하고 있고요.

огоро́д

명 텃밭

Пе́нсия у меня́ ма́ленькая, одно́ спасе́ние - **огоро́д**.
연금은 쥐꼬리만 해요. 텃밭 덕에 연명하고 있어요.

огражда́ть НСВ
огради́ть СВ
огражу́, огради́шь, оградя́т
ограждён, -а́, -ы́

동 кого-что + от кого-чего (울타리를) 두르다, 에워싸다, 보호하다
명 огра́да 울타리, 담

Правозащи́тные организа́ции тре́буют **огради́ть** изве́стного журнали́ста от незако́нных пресле́дований со стороны́ суда́ и прокурату́ры.
인권단체들은 법원과 검찰의 불법수사로부터 유명 언론인을 보호할 것을 촉구했다.

гражда́нский

형 시민의, 민간의

За́втра вы́боры президе́нта. Я обяза́тельно пойду́ на избира́тельный уча́сток и испо́лню свой **гражда́нский** долг.

대통령 선거가 내일로 다가왔어. 난 꼭 투표소에 가서 시민의 의무를 다할 거야.

실력 UP!

гражда́нский
~**ое о́бщество** 시민사회, 시민단체
~ **брак** 동거
~**ая война́** 내전
гражда́нство 국적, 시민권
граждани́н (女 **гражда́нка** 복 **гра́ждане**) 국민

гос- 지배, 주인

госуда́рство

명 국가, 나라, 정부
형 **госуда́рственный** 국립의(↔ **ча́стный** 개인의, 사립의)

- "**Госуда́рство** - э́то я!" Не по́мнишь, кто э́то сказа́л?
- Ка́жется, Людо́вик XIV-ый.

- "짐이 곧 국가다"라는 말을 누가 했는지 혹시 기억나?
- 루이 14세일걸.

Мне ка́жется, роль **госуда́рства** во мно́гих сфе́рах росси́йской жи́зни неопра́вданно велика́.

러시아는 많은 부문에서 국가의 역할이 과도하게 큰 것 같아.

실력 UP!

го́сслу́жащий 공무원
го́сорганиза́ция/го́сучрежде́ние 공공기관
го́саппара́т 국가기관
го́сбюдже́т 국가 예산
го́ссекрета́рь(США) 국무장관(미국)

господи́н

女 госпожа́
복 господа́
복생 госпо́д

명 1.~씨(Mr.) 2.신사 3.각하

Уважа́емые да́мы и **господа́**! Мы безме́рно ра́ды приве́тствовать вас на презента́ции но́вого прое́кта на́шей компа́нии.

존경하는 신사 숙녀 여러분! 우리 회사의 새 프로젝트를 발표하는 자리에 오신 여러분들을 아낌없이 환영합니다.

госпо́дство

명 주권, 제패, 지배
동 **госпо́дствовать** 우세하다

Сего́дня Росси́я и Кита́й реши́тельно противостоя́т стремле́нию США сохрани́ть и укрепи́ть своё мирово́е **госпо́дство**.
현재 러시아와 중국은 세계 주도권을 유지, 강화하고자 하는 미국과 대립각을 세우고 있다.

гость- 손님

гость
복생 госте́й

명 男 손님

Го́сти разошли́сь по дома́м то́лько к утру́.
손님들은 아침이 되어서야 각자 집으로 돌아갔다.

실력 UP!

гости́ная 거실
В **гости́ной** стои́т дива́н. 거실에 소파가 있다.

гостево́й 손님의
~а́я кни́га 방명록

гости́ница 호텔, 숙소
заброни́ровать но́мер в **гости́нице** 호텔 객실을 예약하다.

гости́ть *у кого* 손님으로 머무르다
гости́ть у ба́бушки в дере́вне 시골에 계시는 할머니 댁에 머무르다.

угоща́ть НСВ
угости́ть СВ
угощу́, угости́шь, угостя́т
угощён, -а́, -ы́

동 1. кого+чем ~에게 -을 대접하다
2. -ся 마음껏 먹다(help oneself)

Когда́ я прихожу́ к ба́бушке, то она́ всегда́ **угоща́ет** меня́ пирога́ми с мали́ной.
할머니 댁에 놀러 가면 할머니는 항상 나에게 산딸기 파이를 만들어 주신다.

Дороги́е го́сти, прошу́ к столу́! **Угоща́йтесь**, ку́шайте, бу́дьте как до́ма!
손님 여러분, 식탁으로 오세요! 편안하게 마음껏 드세요!

гостеприи́мство

명 환대, 융숭한 대접
형 **гостеприи́мный** 손님을 환대하는, 반기는

Жи́тели э́того кра́я сла́вятся свои́м раду́шием и **гостеприи́мством**.
이 지역 사람들은 친절하고 정이 많은 것으로 유명하다.

24일차

готов- 준비

гото́в
гото́ва, -о, -ы

형단 к чему/инф. 준비되다, ~할 의향이 있다

Мы всегда́ **гото́вы** помо́чь вам, обраща́йтесь.
우리는 언제든 여러분을 돕고자 합니다. 언제든 말만 하십시오.

гото́вить НСВ
гото́влю, гото́вишь, гото́вят

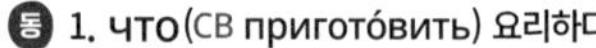

동 1. что(СВ пригото́вить) 요리하다
2. что(СВ подгото́вить) 준비하다
3. кого(СВ подгото́вить) 양성하다
4. -ся к чему ~을 대비하다

Моя́ жена́ соверше́нно не уме́ет **гото́вить**, да́же яи́чницу и́ли овощно́й суп. Но я всё равно́ о́чень её люблю́!
아내는 요리를 전혀 할 줄 몰라. 계란후라이나 야채스프도 못하거든. 그래도 난 여전히 우리 아내가 참 좋아.

- Что на у́жин **пригото́вить**?
- Да, наве́рное, как обы́чно - ры́бу с карто́шкой.

- 저녁으로 뭘 요리하면 좋을까?
- 음, 아마 평소처럼 생선과 감자?

Учи́тель прекра́сно **подгото́вил** всех свои́х ученико́в к сда́че ЕГЭ.
선생님은 제자들이 통합국가시험(우리나라의 수능과 유사한 대입시험)을 성공적으로 치르도록 준비시켰다.

гото́вность

명 女 준비, 각오, 태세

Ввиду́ обостре́ния ситуа́ции на Коре́йском полуо́строве а́рмия Ю́жной Коре́и приведена́ в состоя́ние по́лной боево́й **гото́вности**.
한반도 상황이 긴박하게 돌아가면서, 한국군은 전시태세에 돌입했다.

изготовле́ние

명 제조, 제작
동 изготовля́ть/изгото́вить *что* 만들다, 제작하다

На́ша фи́рма занима́ется **изготовле́нием** на зака́з металли́ческих двере́й и пла́стиковых о́кон.
우리 회사는 철제문과 플라스틱 유리창을 주문 제작하는 업체입니다.

гран- 경계

грань

명 女 경계, 끄트머리

Больно́й два дня был на **гра́ни** ме́жду жи́знью и сме́ртью, но зате́м угро́за его́ жи́зни минова́ла.

환자는 이틀간 생사의 경계를 넘나들었으나 다행히 이후에 위험한 고비는 넘기게 됐다.

грани́ца

명 국경, 경계선
형 пограни́чный 국경의, 경계의

За **грани́цей*** я был оди́н-еди́нственный раз: 10 лет наза́д в Ту́рции.

나는 10년 전 터키로 딱 한 번 외국에 나가봤다.

*за грани́цей 외국에(где) /за грани́цу 외국으로(куда)

Пограни́чные войска́ надёжно охраня́ют госуда́рственную грани́цу Росси́и.

국경경비대가 러시아의 국경을 안전하게 수호한다.

실력 UP!

руб́еж 경계
- за **рубежо́м** 외국에(где)
- за **рубе́ж** 외국으로(куда)
- на **рубеже́** 19-го и 20-го веко́в 19세기 말 20세기 초

кра́й 1.모서리, 가장자리 2.지역, 주
- на **краю́** ги́бели 생사의 기로에서
- Примо́рский **край** 연해주

грани́чить НСВ

동 с чем ~와 국경선을 맞대다

В како́м-то смы́сле Се́верная Коре́я и Финля́ндия - почти́ сосе́ди: о́бе страны́ **грани́чат** с Росси́ей.

어떤 의미에서 보면 북한과 핀란드는 이웃이나 다름없다. 두 국가 모두 러시아와 국경을 맞대고 있기 때문이다.

ограни́чивать НСВ
ограни́чить СВ
ограни́чен, -а, -ы

동 кого-что 제한하다
명 ограниче́ние 제한

Не́которые росси́йские же́нщины **ограни́чивают** свою́ жизнь лишь забо́тами о де́тях и му́же, веде́нием дома́шнего хозя́йства.

일부 러시아 여성은 아이들과 남편 뒤치다꺼리, 집안 살림에 자기 삶을 한정 짓곤 한다.

гроз- 위협

грози́ть НСВ
грожу́, грози́шь, грозя́т

동 **кому-чему + чем** ~를 -로 협박하다

Жена́ постоя́нно **грози́т** мне разво́дом и алиме́нтами. Я уже́ привы́к и не обраща́ю внима́ния.

아내는 항상 이혼과 양육비로 날 협박하는데, 이미 익숙해 져서 난 더 이상 신경 쓰지 않아.

угрожа́ть НСВ

동 **кому-чему/чем** 위협을 가하다
명 **угро́за** 위협

В бу́дущем стране́ мо́жет **угрожа́ть** демографи́ческая катастро́фа.

향후 우리나라는 인구위기로 어려움을 겪을 수 있다.

- Отка́з от на́шего предложе́ния мо́жет име́ть для вас печа́льные после́дствия.
- Вы мне **угрожа́ете**?

- 우리 제안을 거절하면 당신에게 애석한 결과가 있을 겁니다.
- 지금 저를 협박하는 겁니까?

груз- 짐

груз

명 짐, 화물; 부담
형 **грузово́й** 화물의(↔ пассажи́рский 여객의)

- **Груз** уже́ отпра́влен на ваш а́дрес.
- Отли́чная но́вость, спаси́бо!

- 화물이 이미 귀하의 주소로 발송되었습니다.
- 잘 됐네요. 감사합니다.

실력 UP!

грузооборо́т/грузопото́к 화물수송량, 물동량
грузоперево́зки 화물 운송
грузови́к 화물차

загружа́ть НСВ

загрузи́ть СВ

загружу́, -гру́зишь, -гру́зят, загру́жен, -а, -ы

동 что 1. 싣다, 채우다 2. 다운로드하다, 부팅하다, 로딩하다

Загрузи́ть това́р в маши́ну

상품을 차에 싣다

Не понима́ю, отчего́, но програ́мма не **загружа́ется**.

왜 프로그램 실행이 안 되는지 이해가 안 돼.

실력 UP!

загру́зка 선적; 로딩(loading)
отгру́зка 출하(shipment)
разгру́зка 하적(unloading)

нагру́зка

복생 нагру́зок

명 하중, 부담

Уме́ренные и регуля́рные физи́ческие **нагру́зки** весьма́ спосо́бствуют сохране́нию и укрепле́нию здоро́вья.

적당하고 규칙적인 운동은 건강을 유지하고 강화하는 데 도움이 된다.

даль- 먼

далеко́

비 да́льше

부 от чего 멀리
형 далёкий 먼

30-40 лет наза́д мно́гие сове́тские лю́ди ду́мали, что заграни́ца - э́то рай на земле́. Сего́дня они́ понима́ют, что э́то **далеко́** не* так.

30~40년 전만 해도 소련 사람들은 '외국은 지상낙원'이라고 생각했으나, 오늘날의 사람들은 현실이 전혀 그렇지 않음을 알고 있다.

*далеко́ не 결코 ~가 아니다(совсе́м не так)

да́льний

형 먼

Каки́е-то мои́ **да́льние** ро́дственники живу́т в Аме́рике, но я, е́сли че́стно, никогда́ э́тим не интересова́лся.

나의 먼 친척이 미국에 산다고 하는데, 솔직히 말하면 그 친척이 누군지, 어디 사는지 한 번도 관심을 가져 본 적이 없다.

Да́льний Восто́к 극동

дальне́йший

형 향후, 앞으로의

- Каковы́ ва́ши **дальне́йшие** тво́рческие пла́ны?
- Мечта́ю сыгра́ть роль Га́млета.

- 향후 작품 계획이 어떻게 되나요?
- 햄릿 역할을 하고 싶습니다.

в дальне́йшем 앞으로

да́лее

부 게다가, 나중에

и так да́лее(и т.д.) 기타 등등

실력 UP!

да́льше 1.더 먼 2. 그다음(**зате́м**)
Чита́йте **да́льше**! 계속 읽으세요.

отдалённый

형 외진, 멀리 떨어진

Чуко́тка, Колыма́, Камча́тка - наибо́лее **отдалённые** от це́нтра росси́йские регио́ны.
추코트카, 콜리마, 캄차카주는 수도와 가장 멀리 떨어진 지역들이다.

вдали́

부 멀찍이, 저 멀리

И вот **вдали́**, наконе́ц, показа́лись верши́ны гор.
저 멀리 드디어 산의 정상이 보인다.

удаля́ть НСВ
удали́ть СВ
удалён, -а́, -ы́

동 что 1. 멀리 떨어뜨리다 2. 없애다, 삭제하다

Я случа́йно **удали́ла** не́сколько ва́жных фа́йлов.
나는 어쩌다 실수로 중요한 파일 몇 개를 지워버렸다.

25일차

дар- 주다, 선물, 재능

дари́ть НСВ

подари́ть СВ

подарю́, -да́ришь, -да́рят

пода́рен, -а, -ы

동 кому + что 선물하다

명 пода́рок 선물

명 даре́ние 기증, 증정

Дарёному коню́ в зу́бы не смо́трят.

받은 선물에 대해 왈가왈부하지 않는다(선물 받은 말의 이빨을 들여다보지 않는다).

В день сва́дьбы роди́тели **подари́ли** молодожёнам кварти́ру в це́нтре го́рода и маши́ну вприда́чу.

결혼식 날 부모님은 신혼부부에게 도심에 있는 아파트 한 채에다가 자동차까지 통 크게 선물했다.

да́ром

부 1. 공짜로, 거저 2. 헛되게(↔ неда́ром)

- Слу́шай, Пе́тя, а что тако́е халя́ва? Это сленг?
- Да. Это то, что челове́к получа́ет беспла́тно, **да́ром**.

- 근데, 페타, '할랴바'라는 단어가 무슨 뜻이야? 슬랭인가?
- 응. 뭔가 공짜로 거저 얻었을 때 쓰는 말이야.

одарённый

형 천부적으로 재능 있는, 타고난 끼가 있는 (тала́нтливый, дарови́тый ↔ безда́рный)

Мой дя́дя - **одарённый** челове́к, изве́стный на всю страну́ поэ́т, музыка́нт, компози́тор.

우리 삼촌은 전국적으로 유명한 시인이자, 음악가 겸 작곡가인데, 아주 재능을 타고났지.

да- 주다

дава́ть НСВ

даю, даёшь, даю́т

дава́й(те)

дать СВ

дам, дашь, даст, дади́м

дади́те, даду́т

дал, дала́, да́ли

дан, -а́, -ы́

동 что + кому 주다

Слу́шай, Ва́ся, не **дашь** ты́сяч пять до зарпла́ты?

저기, 바샤. 월급 때까지 5,000루블 정도만 빌려줄래?

удава́ться НСВ

удаётся
удава́лось

уда́ться СВ

уда́стся
удало́сь

동 кому + инф. 성공하다, 해내다
명 уда́ча 운, 성공(↔ неуда́ча 실패)
형 уда́чный 성공적인, 잘된

Каки́м-то чу́дом нам **удало́сь** заключи́ть контра́кт на са́мых вы́годных усло́виях. Вот повезло́!

우리는 무슨 기적인지 우리한테 가장 유리한 조건으로 계약을 하게 됐어. 운이 정말 좋았지!

Мы должны́ сде́лать пра́вильные вы́воды из на́шей **неуда́чи** и впредь не допуска́ть подо́бных оши́бок.

우리는 실수를 통해 옳은 결론을 내리고 앞으로 같은 실수를 반복해서는 안 된다.

передава́ть НСВ

переда́ть СВ

*дава́ть, дать 변화형 참고
переда́л(пе́редал), -ла́, -ли
пе́редан, -а, -ы

동 кому + что 1. 건네주다, 전달하다 2. 방송하다
명 переда́ча 전달, 양도; 방송 프로그램

- Переда́йте, пожа́луйста, всем нача́льникам отде́лов, что я жду их у себя́ в кабине́те в два часа́.
- Обяза́тельно **переда́м**.

- 제 방에서 2시에 기다리고 있을 테니 전부 오시라고 과장님들에게 전달해 주세요.
- 네, 전달할게요.

задава́ть НСВ

зада́ть СВ

*дава́ть, дать 변화형 참고
зада́л(за́дал), -ла́, -ли
за́дан, -а(а́), -ы

동 кому + что (과제를) 맡기다, 시키다

Этот преподава́тель всегда́ **задаёт** о́чень больши́е зада́ния на́ дом.

이 강사는 항상 과제를 너무 많이 내줘.

зада́ть вопро́с 질문을 던지다

실력 UP!

зада́ча (목표로서의) 과제
госуда́рственная **зада́ча** 국정과제
поста́вить **зада́чу** 과제를 설정하다
реши́ть **зада́чу** 과제를 해결하다

зада́ние (다른 사람에 의해 부여된) 과제, 과업
дома́шнее **зада́ние** 숙제
вы́полнить **зада́ние** 과제를 해결하다

да́нный

1. 형 해당되는, 이(э́тот) 2. 명 복 자료, 데이터

По **да́нным** сино́птиков, за́втра в Москве́ ожида́ется со́лнечная и тёплая пого́да.

일기예보에 따르면 모스크바의 내일 날씨는 화창하고 따듯할 것으로 예상된다.

отдава́ть НСВ

отда́ть СВ

*дава́ть, дать 변화형 참고
отда́л(о́тдал), -ла́, -ли
о́тдан, -а(а́), -ы

동 кому + что 1. 주다, 돌려주다 2. 바치다

Эгои́ст - э́то челове́к, кото́рый привы́к то́лько брать, но не **отдава́ть**.

이기주의자는 주는 것보다 받는 것에만 익숙한 사람을 말한다.

изда́ние

명 출판(물)

Изда́ние книг в электро́нном ви́де приобрета́ет сего́дня всё бо́льшую популя́рность.

전자책 출판이 요새 점점 더 인기를 얻고 있다.

실력 UP!

изда́тельство 출판사
изда́тель 출판자, 출판사
изда́тельский 출판의

сдава́ть НСВ

сдать СВ

*дава́ть, дать 변화형 참고
сда́л, -ла́, -ли
сдан, а́, -ы́

동 кому + что
1.(과업을) 넘기다, 제출하다 2.(집을) 빌려주다 3.반납하다
4. НСВ 시험을 치르다, СВ 시험에 합격하다 5. -ся 항복하다, 양보하다

На́шу моско́вскую кварти́ру мы с жено́й **сдаём** прия́тной молодо́й па́ре из Новосиби́рска.

나와 아내는 모스크바에 있는 우리 집을 노보시비르스크에서 온 젊고 서글서글한 부부에게 세주었다.

- Приве́т! Ну что, **сдала́** экза́мен?
- Нет, как говори́тся, **сдава́ла**, но не **сдала́**.

- 안녕! 어떻게, 시험은 잘 봤어?
- 아니. (흔히들 말하듯,) 보긴 봤는데 잘 보진 않았어.

сда́ча

명 거스름돈

А у вас ме́лочи не бу́дет? У меня́ **сда́чи** нет.

혹시 잔돈으로 주실 수 있어요? 거스름돈이 없어서요.

раздава́ть НСВ

разда́ть СВ

*дава́ть, дать 변화형 참고
разда́л, -ла́, -ли
ро́здан, -а, -ы

동 1. что 나눠주다, 배포하다 2.-ся (소리) 울려 퍼지다
명 разда́ча 분배, 배포

Кульмина́ция новогоднего пра́здника: Дед Моро́з **раздаёт** де́тям пода́рки.

신년 행사의 최고 하이라이트는 산타클로스가 아이들에게 선물을 나눠주는 것이다.

подава́ть НСВ
пода́ть СВ
*дава́ть, дать 변화형 참고
по́дал(пода́л), -á, -и
по́дан, -а(á), -ы

동 кому + что 1.내놓다, 서빙하다 2. 제출하다

Мясны́е блю́да жела́тельно **подава́ть** вме́сте со све́жими овоща́ми и́ли сала́тами.
고기 요리는 신선한 채소나 샐러드와 함께 내놓는 것이 좋습니다.

На про́шлой неде́ле губерна́тор о́бласти **по́дал** в отста́вку со своего́ поста́.
주지사는 지난주에 사직서를 제출했다.

предава́ть НСВ
преда́ть СВ
*дава́ть, дать 변화형 참고
пре́дал, -á, -и
пре́дан, -а, -ы

동 кого-что 배신하다, 변절하다
명 преда́тельство 배신, 변절

Я наде́ялась, что мы всегда́ бу́дем вме́сте, а ты меня́ **пре́дал**!
난 우리가 평생 함께할 거라고 믿었는데, 날 배신하다니!

продава́ть НСВ
прода́ть СВ
*дава́ть, дать 변화형 참고
про́дал(прода́л), -á, -и
про́дан, -а(á), -ы

동 кого-что 팔다
명 прода́жа 판매
명 продаве́ц 점원, 판매원

Начина́ли мы наш би́знес с того́, что **продава́ли** на ры́нке цветы́ и о́вощи. А тепе́рь у нас це́лый агрохо́лдинг!
처음 우리는 시장에 꽃과 채소를 내다 파는 것으로 사업을 시작했는데, 지금은 완연한 농기업이 됐지.

распрода́жа

명 판매, 세일, 창고정리

Моя́ жена́ - шопого́лик: не пропуска́ет ни одно́й **распрода́жи**.
우리 아내는 쇼핑중독이야. 세일이라면 하나도 놓치지 않거든.

выдава́ть НСВ
вы́дать СВ
*дава́ть, дать 변화형 참고
вы́дан, -а, -ы

동 что 발급하다
명 вы́дача 발급

Я потеря́л па́спорт, в поли́ции мне **вы́дали** об э́том спра́вку.
여권을 분실했는데 경찰서에서 그에 대한 확인서를 발급해 줬다.

выдаю́щийся

형 탁월한, 뛰어난

Д.И. Менделе́ев - **выдаю́щийся** ру́сский учёный, созда́тель Периоди́ческой систе́мы хими́ческих элеме́нтов.
멘델레예프는 원소 주기율표를 만든 러시아의 뛰어난 과학자이다.

26일차

дв- 둘, 2개의

двойно́й

형 이중의

У меня́ **двойно́е** гражда́нство: росси́йское и изра́ильское.
저는 러시아, 이스라엘 이중 국적자입니다.

Мне, пожа́луйста, **двойно́й** ви́ски со льдом.
더블 위스키 얼음 넣어서 한 잔 주세요.

дво́е

(집합수사) 2
***집합수사는 복수생격과 결합합니다.**

По́езд от Москвы́ до Му́рманска идёт почти́ **дво́е** су́ток.
모스크바에서 무르만스크까지 가려면 꼬박 이틀간 기차를 타야 한다.

실력 UP!

вдвоём 둘이서
пойти́ **вдвоём** 둘이 함께 가다
встре́титься **вдвоём** 둘이서 만나다

вдво́е 2배로
увели́читься **вдво́е** 두 배 증가하다
уме́ньшиться **вдво́е** 두 배 감소하다

на двои́х 2인분, 2인용
но́мер на **двои́х** 2인실
сто́лик на **двои́х** 2인석

два́жды 2번, 2회, 2배
два́жды в неде́лю 주 2회
два́жды два четы́ре 2 곱하기 2는 4

дво́йка 숫자 2, 2점
дво́йка по матема́тике 수학 2점(낙제)
тролле́йбус "**Дво́йка**" 2번 트롤리버스

двухле́тний

형 2년의, 두 해째

За моше́нничество он получи́л **двухле́тний** тюре́мный срок.

그는 사기죄로 징역 2년을 받았다.

실력 UP!

двухко́мнатный 투룸의
~ая кварти́ра 투룸 아파트

двули́кий 위선적인
~ челове́к 위선적인 사람

двуязы́чный 2개 국어의
~ контра́кт 2개 국어로 작성된 계약서
~ое изда́ние 2개 국어로 출판된 서적

двухэта́жный 이 층의
~ дом 2층 건물

двусторо́нний 양자의, 양측의
~ие отноше́ния 양자 관계
~ее соглаше́ние 양자협약

двиг(ж)- 움직임

дви́гаться НСВ
дви́жусь, -жешься, -жутся
(дви́гаюсь, -гаешься, -гаются)

дви́нуться СВ
дви́нусь, -нешься, -нутся

동 움직이다, 이동하다
명 **движе́ние** 움직임, 교통
명 (男) **дви́гатель** 엔진

Несмотря́ на все на́ши уси́лия, де́ло с ме́ста не **дви́гается**.

우리의 갖은 노력에도 일은 좀처럼 진척되지 않았다.

недви́жимость

명 (女) 부동산

Он состоя́тельный челове́к, у него́ больша́я **недви́жимость** и в Москве́, и в Петербу́рге.

그 남자는 굉장한 자산가야. 모스크바와 페테르부르크에 부동산을 많이 갖고 있어.

продвигáть НСВ
продви́нуть СВ

동 что 추진하다, 진행하다, 밀고 나가다
명 продвижéние 추진, 프로모션

Сегóдня реклáмные агéнтства и мнóгие СМИ акти́вно **продвигáют** в молодёжной средé культ наслаждéний и потреби́тельское отношéние к жи́зни.

요즘 광고회사와 대부분의 언론사는 맘껏 즐기고 소비하는 문화를 젊은층 사이에 조장하고 있다.

пóдвиг

명 업적, 공, 헌신

Коронави́рус, пандеми́я. Врачи́ и медсёстры ежеднéвно совершáют **пóдвиг**, спасáя жи́зни пациéнтов.

코로나 팬데믹 상황에서 의사와 간호사들은 매일 환자들의 생명을 구하며 헌신하고 있습니다.

실력 UP!

сдвигáть/сдви́нуть 옮기다
Срок исполнéния проéкта **сдви́нули** на конéц гóда.
프로젝트 실행 기한을 연말로 미뤘습니다.

выдвигáть/вы́двинуть (후보 등) 내세우다, 제시하다
~ кандидатýру 후보를 내세우다
~ предложéние 제안하다
~ инициати́ву 제안하다, 주도하다

передвигáть/передви́нуть 옮기다, 이동하다, 이전하다
Ты зачéм **передви́нула** мéбель?
대체 왜 가구 위치를 옮긴 거야?

двор- 마당, 영토, 왕실

двор
단생 дворá
복 дворы́

명 1. 마당, 뜰 2. 왕실

Интри́ги при цáрском **дворé** - такóе же обы́чное явлéние, как дождь и снег за окнóм.

황실 안에서 권모술수란 창밖에서 눈비가 내리듯 아주 일상적으로 일어나는 일이다.

실력 UP!

двóрник 청소부
дворяни́н (복 дворя́не) 귀족, 양반

дворéц

(단생) дворцá
(복) дворцы́

(명) 궁궐

Что такóе Венéция? Если кóротко, то э́то канáлы, **дворцы́** и мосты́.

베네치아는 어떤 도시죠? 간단히 말하면, 운하, 궁전, 다리의 도시가 아닐까요.

де-/деж- 놓다, 입다

надевáть НСВ

надéть СВ
надéну, -нешь, -нут
надéт, -а, -ы

(동) что 입다

У меня́ зáвтра корпорати́в. Что бы такóе мне **надéть**? Это крáсное плáтье я ужé **надевáла** в прóшлый раз. **Надéну** тепéрь вот э́то, голубóе.

내일 나 회식(사내 행사) 있는 날이야. 근데 뭐 입고 가지? 이 빨간색 원피스는 지난번에 이미 입었는데. 이번에는 그럼 하늘색 입고 가야겠다!

실력 UP!

одевáть/одéть *кого* 옷을 입히다
~ ребёнка 아이에게 옷을 입히다
одевáться/одéться *как* 옷을 입다
~ со вку́сом 세련되게 입다
носи́ть *что* 옷을 입다
~ мóдную одéжду 유행하는 옷을 입다
ходи́ть *в чём* ~을 입고 다니다
~ в кроссóвках 운동화를 신고 다니다
наряжáться/наряди́ться *во что* 빼입다, 한껏 꾸미다
~ в плáтье 원피스를 차려입다

раздевáться НСВ

раздéться СВ
раздéнусь, -нешься, -нутся

(동) 옷을 벗다
(명) раздевáлка 탈의실

Я вчерá так устáл, что не бы́ло дáже сил **раздéться**. Так и усну́л на дивáне одéтый.

어제 얼마나 피곤했던지 옷 벗을 힘도 없더라고. 옷 입은 채로 소파에서 잠들었지 뭐야.

переодевáться НСВ

переодéться СВ
переодéнусь, -нешься, -нутся

(동) во что 갈아입다

Ты почему́ в джи́нсах и кроссóвках?! Мы же в теáтр идём! Немéдленно **переодéнься**!

왜 청바지에 운동화 차림이야? 우리 지금 극장 가잖아! 당장 갈아입어!

дей-/дея- 일

де́йствовать нсв
поде́йствовать св
(по)де́йствую, -вуешь, -вуют

동 1. 행동하다 2. на кого-что 작용하다, 효력이 있다

Ну́жно **де́йствовать** максима́льно бы́стро и реши́тельно! Вре́мя не ждёт!

최대한 신속하고 과감하게 행동할 필요가 있어. 시간은 기다려 주지 않거든.

Са́ша, замолчи́, пожа́луйста, ты **де́йствуешь** мне на не́рвы!*

사샤, 제발 그만 얘기해. 너 때문에 짜증 나니까!

*де́йствовать на не́рвы 짜증나게 하다, 신경을 건드리다

Принима́йте э́то лека́рство по одно́й табле́тке три ра́за в день. Если не **поде́йствует**, увели́чьте до́зу до пяти́.

이 약을 한 알씩 하루에 세 번 복용하세요. 효과가 없으면 다섯 알로 복용량을 늘리세요.

실력 UP!

де́йствующий 현행, 유효한, 활동하는
~ зако́н 현행법

де́йственный 효과적인, 활동적인
~ая ме́ра 실효성 있는 대책

действи́тельный 현실적인, 실제의, 실질적인
~ спрос 실수요

де́йствие

명 1. 행위, 행동 2. 작용, 효과, 영향 3. (연극) 막

Под давле́нием США Евросою́з при́нял реше́ние продли́ть **де́йствие** са́нкций в отноше́нии Росси́и.

미국의 압박으로 유럽연합 측은 대러 제재를 연장하기로 결정했다.

По обою́дному согла́сию партнёров срок **де́йствия** контра́кта продлён ещё на два го́да.

양측의 합의로 계약 기간을 2년 연장했다.

실력 UP!

взаимоде́йствие ***с кем-чем*** 협력
соде́йствие ***кому-чему*** 조력, 지원
противоде́йствие ***кому-чему*** 반대 운동
возде́йствие ***на что*** 영향, 작용

действи́тельно

부 실제로, 정말로

명 女 действи́тельность 현실, 사실

Вы **действи́тельно** счита́ете, что бога́тый челове́к и моше́нник - э́то одно́ и то́ же?

정말 부자나 사기꾼이나 똑같다고 생각하세요?

Совреме́нная росси́йская **действи́тельность** мо́жет дать по́вод* как для са́мых мра́чных прогно́зов, так и для ра́дужных наде́жд.

지금 러시아의 현실은 음울한 전망뿐 아니라 무지갯빛 희망도 불러일으킨다.

*дать по́вод *для чего* ~을 야기하다, ~의 구실이 되다

де́ятельность

명 女 일, 활동, 사업

명 男 де́ятель 활동가

Де́ятельность ино́странных НКО* на террито́рии Росси́и регули́руется де́йствующим росси́йским законода́тельством.

러시아 영토 내 외국 비영리기관의 활동은 현행 러시아 법의 규제를 받습니다.

*НКО = некомме́рческая организа́ция 비영리단체

дел-1 일

де́ло

복 дела́

명 일, 사업, (재판의) 사건

형 делово́й 비즈니스의, 업무상의, 사업상의

Искренне жела́ю вам успе́хов и уда́чи во всех **дела́х**!

성공하시고 만사에 행운이 깃들길 진심으로 기원합니다.

Игорь, у меня́ к тебе́ **делово́е** предложе́ние. Не хо́чешь ко мне в фи́рму главбу́хом*?

이고리, 업무 관련 제안이 있어. 경리부장으로 우리 회사에 오지 않을래?

*гла́вный бухга́лтер 경리부장

실력 UP!

делово́й 사업의, 비즈니스의

~а́я встре́ча 사업상 미팅

~а́я оде́жда 비즈니스룩, 비즈니스 정장

~а́я же́нщина 커리어우먼, 여성 사업가

де́лать НСВ
сде́лать СВ

동 1. что 하다(do), 만들다(make)
2. что + чем ~한 상태로 만들다

Ты мне совсе́м не помога́ешь! Я одна́ **де́лаю** всю рабо́ту по до́му!

당신은 왜 나를 하나도 안 도와주는 거야! 나 혼자 집안일 다 하잖아!

실력 UP!

недоде́лать 다 못 끝내다
доде́лать 마저 끝내다, 완성하다
переде́лать 고치다, 변경하다
наде́лать 1.많이 만들다 2.일을 저지르다
Что ты **наде́лал**! 무슨 일을 저지른 거야!

сде́лка
복생 сде́лок

명 거래

Сде́лка не состоя́лась: партнёры вы́двинули кра́йне невы́годные усло́вия.

결국 계약이 성사되지 못했어. 상대측에서 아주 불리한 조건을 제시했거든.

изде́лие

명 제품

Изде́лия из зо́лота, укра́шенные драгоце́нными камня́ми, всегда́ в цене́*.

보석으로 장식한 금제품은 언제나 값어치가 있다.

*всегда́ привлека́ют покупа́телей

конди́терские **изде́лия**(сла́дости) 과자, 제과 제품
тексти́льные **изде́лия** 직물, 섬유제품(옷 등)

подде́льный

형 가짜의, 위조의(фальши́вый)
명 **подде́лка** 모조품, 가짜(контрафа́кт)

Че́рез Интерне́т моше́нники предлага́ют **подде́льные** докуме́нты на любо́й вкус: паспорта́, дипло́мы о вы́сшем образова́нии, води́тельские права́ и т.д.

사기꾼들은 인터넷상으로 여권, 대학 졸업증명서, 운전면허증 등 각종 문서 위조를 제안한다.

27일차

дел-2 나누다

дели́ться НСВ
подели́ться СВ
(по)делю́сь, де́лишься, де́лятся

동 1. 나뉘다, 분리되다 2. чем + с кем 공유하다, 알리다

На пре́сс-конфере́нции изве́стная голливу́дская актри́са **подели́лась** свои́ми впечатле́ниями от пое́здки в Росси́ю.

기자회견에서 유명 할리우드 배우는 러시아 방문에서 받은 인상을 이야기하였다.

разделя́ть НСВ
раздели́ть СВ
разделю́, -де́лишь, -де́лят
разделён, -а́, -ы́

동 1. что + на что ~로 나누다 2. что 공유하다

38-а́я паралле́ль **разделя́ет** Коре́йский полуо́стров на два вражде́бных друг дру́гу госуда́рства.

38선으로 한반도는 적대적인 두 국가로 분단되어 있다.

Реда́кция мо́жет не **разделя́ть** мне́ние а́второв стате́й.

저자의 의견은 편집부의 의견과 다를 수 있습니다.

отде́льно

부 각각, 따로, 별도로
형 **отде́льный** 별도의, 개별의

Мой при́нцип: рабо́та - **отде́льно**, ли́чная жизнь - **отде́льно**. Поэ́тому на рабо́те никаки́х служе́бных рома́нов!

나는 공과 사는 구분한다는 원칙을 갖고 있다. 그래서 사내 연애는 절대 하지 않는다.

до́ля
복생 доле́й

명 부분, 조각, 몫

На **до́лю** не́фти и га́за прихо́дится о́коло 40% росси́йского э́кспорта.

러시아의 수출 중 석유와 가스의 비중은 대략 40%에 해당한다.

отде́л

명 1. 과, 부서(отделе́ние 과, 부서, 지점) 2. 매장, 상점 코너

Свои́м серьёзным, отве́тственным отноше́нием к де́лу Макси́м подаёт приме́р всем сотру́дникам на́шего **отде́ла**.

막심은 업무에 대한 진지하고 책임감 있는 태도로 모든 부서 직원에게 귀감이 된다.

отде́л ка́дров 인사과

уделя́ть **НСВ**

удели́ть **СВ**
уделю́, -ли́шь, -ля́т
уделён, -а́, -ы́

동 что + чему 할애하다, 할당하다

Извини́те, вы не могли́ бы **удели́ть** мне не́сколько мину́т?

죄송한데, 몇 분만 저한테 시간 내주실 수 있어요?

실력 UP!

удели́ть + вре́мя 시간을 할애하다
+ внима́ние 관심을 가지다

выделя́ть **НСВ**

вы́делить **СВ**
вы́делю, -делишь, -делят
вы́делен, -а, -ы

동 кого-что 1. 구별하다 2. 할당하다

В э́том году́ мэ́рией го́рода **вы́делено** бо́лее 100 миллио́нов рубле́й на ремо́нт и разви́тие коммуна́льной сфе́ры.

시청은 올해 1억 루블 이상의 예산을 공공분야 시설 보수 및 개발에 할당했다.

держ- 붙잡다

держа́ть **НСВ**
держу́, де́ржишь, де́ржат

동 кого-что 1.붙잡다 2.유지하다, 지키다

У па́мятника Пу́шкину стои́т молодо́й челове́к и **де́ржит** в рука́х буке́т цвето́в. Интере́сно, придёт ли его́ де́вушка на свида́ние? Опозда́ет? Совсе́м не придёт?

푸시킨 동상 근처에 젊은 남자가 꽃다발을 들고 서 있어. 여자친구가 올지 안 올지 궁금하네. 늦는 걸까, 아니면 아예 바람을 맞은 걸까?

Прекрати́те исте́рику! **Держи́те** себя́ в рука́х*!

신경질 좀 그만 내! 진정하라고!

*держа́ть себя́ в рука́х 진정하다, 침착하다

Я сло́во своё **держу́***: е́сли обеща́л помо́чь, то помогу́ непреме́нно!

난 내가 말한 건 꼭 지켜. 돕겠다고 약속했으면, 그건 반드시 돕겠다는 뜻이야.

*держа́ть сло́во 약속을 지키다

держи́сь(держи́тесь) 1.기다려! 2.힘내, 참고 견뎌내!

поддéрживать НСВ

поддержáть СВ

поддержу́, -дéржишь, -дéржат

поддéржан, -а, -ы

동 кого-что 1. 유지하다 2. 지지하다, 지원하다

명 поддержáние 유지

명 поддéржка 지지, 지원

С э́той семьёй из Фрáнции мы **поддéрживаем** дру́жеские отношéния ужé мнóго лет.

프랑스에서 온 이 가족과 우리는 오랜 기간 친밀한 관계를 유지해오고 있다.

Все совремéнные смартфóны, как ми́нимум, **поддéрживают** технолóгии 4G.

요즘 스마트폰은 4G 이상을 지원한다.

Мы готóвы оказáть вам вся́ческую пóмощь и **поддéржку**.

우리는 여러분에게 모든 지원을 아끼지 않을 것입니다.

держáва

명 강대국, 힘

Всегó за нéсколько десятилéтий Южная Корéя преврати́лась в высокорáзвитую экономи́ческую **держáву**, азиáтского "экономи́ческого ти́гра".

불과 몇십 년 만에 한국은 경제 강국으로 급성장하며 아시아의 맹주로 부상했다.

задéрживать НСВ

задержáть СВ

задержу́, -дéржишь, -дéржат

задéржан, -а, -ы

동 кого-что 붙들어 놓다, 지체하게 하다, 막다

명 задéржка 지연, 지체

Злоумы́шленник пытáлся вы́ехать из страны́ по поддéльному загрáнпáспорту, однáко был **задéржан** в аэропорту́ сотру́дниками поли́ции.

범죄자는 위조 여권으로 출국하려 했지만, 공항에서 경찰에 체포되었다.

- Дорогóй, ну почему́ ты так пóздно? Ужин совсéм osты́л.
- Извини́, **задержáли** на рабóте.

- 여보, 왜 이리 늦었어? 저녁이 다 식어버렸잖아.
- 미안해, 일이 늦게 끝나는 바람에.

содержáть НСВ

содержу́, -дéржишь, -дéржат

동 что 포함하다, 함유하다

명 содержáние 내용, 포함, 부양, 유지

Ядра орéхов богáты микроэлемéнтами, в них **содéржатся** белки́, жиры́ и углевóды.

호두알에는 미량원소가 풍부하며, 탄수화물과 단백질, 지방이 함유되어있다.

Пожáлуйста, не пересказывайте **содержáние** произведéния. Дáйте егó анáлиз.

작품 내용을 이야기하지 말고 분석을 내놓으세요.

одéрживать НСВ

одержáть СВ
одержý, -дéржишь, -дéржат
одéржан, -а, -ы

동 что 얻다; победу *над кем* ~를 이기다

В домáшнем мáтче "Зени́т" **одержáл** крýпную побéду над "Спартакóм" со счётом 3:0.
'제니트'는 홈경기에서 '스파르타크'를 3:0으로 크게 꺾었다.

придéрживаться НСВ

동 чего 의거하다, 따르다

Я **придéрживаюсь** тогó мнéния, что глáвное в жи́зни - э́то любóвь и дрýжба. Но тóлько не дéньги!
삶의 중요한 부분은 역시 사랑과 우정이라는 의견을 지지해. 돈이 다가 아니야.

실력 UP!

придéрживаться 따르다
- ~ при́нципов 원칙을 따르다
- ~ прáвил 규칙을 따르다
- ~ мнéния 의견을 갖다
- ~ пози́ции 입장을 고수하다

сдержáть 지키다; 참다
- ~ своё слóво(обещáние) 약속을 지키다
- ~ слёзы 눈물을 참다
- ~ смех 웃음을 참다

удержáть 참다; 유지하다
- ~ вес 체중을 유지하다
- ~ равновéсие 균형을 잡다

дешев- 값싼

дешёвый
비 дешéвле

형 값싼, 저렴한
명 дешеви́зна 싼값

Дáже сáмые **дешёвые** кварти́ры в э́том прести́жном райóне стóят бóлее 100 ты́сяч дóлларов.
이 부촌에서는 가장 저렴한 아파트도 10만 달러 이상이다.

실력 UP!

по достýпной(умéренной) **ценé** 적당한 가격으로

дешевéть НСВ
подешевéть СВ
(по)дешевéю, -вéешь, -вéют

명 값이 내리다, 저렴해지다(↔ дорожáть/подорожáть)

В Росси́и рéзко **подешевéли** смартфóны Samsung Galaxy S8, поскóльку пóсле вы́хода нóвого Galaxy Note 8 они́ перестáли быть флáгманскими.
삼성 갤럭시 S8은 노트8 출시 후 러시아 시장에서 주력의 자리를 뺏기며 가격이 급락했다.

удешевлéние

명 가격 하락(↔ подорожáние)
동 удешевля́ть/удешеви́ть *что* ~의 값을 내리다

Роботизáция произвóдства ведёт к **удешевлéнию** выпускáемой продýкции, но, с другóй стороны́, и к рóсту безрабóтицы.
생산 공정에 로봇이 도입되면서 제품값은 하락하는 반면 실업률이 증가하고 있다.

диплом- 증서

диплома́тический

형 외교의
명 дипломáт 외교관
명 диплома́тия 외교

Диплома́тические отношéния мéжду Росси́ей и Респýбликой Корéя бы́ли установлены в 1990 годý.
한·러 수교는 1990년에 이루어졌다.

실력 UP!

диплома́тичный 약삭빠른, 외교적 수완이 있는
~ человéк 수완이 좋은 사람
диплóмный 학위의
~ая рабóта 학위논문

диплóм

명 1. 졸업장 2. 졸업논문 3. 상

Я окóнчил вуз с крáсным **диплóмом***.
나는 우등생으로 졸업했다.

*러시아의 일반 졸업장은 청색, 우등은 빨간색이다.

Я защити́л **диплóм** на “Отли́чно”.
내 논문은 우수한 성적으로 통과되었다.

Диплóм бакалáвра 학사학위(증)

28일차

дл-/дол- 긴

длинá
(복) дли́ны

(명) 길이

Анакóнда - гигáнтская змея́, обитáющая в Южной Амéрике. Её **длинá** мóжет достигáть 8-ми́ мéтров.
아나콘다는 남미에 서식하는 거대한 뱀으로, 길이가 무려 8m에 달한다고 한다.

실력 UP!

дли́нный (길이, 시간) 긴
На корпорати́в* я надéла **дли́нное** чёрное плáтье со стрáзами.
난 회식 때 큐빅이 달린 검은 원피스를 입고 갔다.

*корпорати́вная вечери́нка 회식, 사내 행사

дли́тельный 장기의, 오랫동안 이어지는
Итóгом **дли́тельной** депрéссии мóжет стать суици́д.
오랜 우울증은 자살로 이어질 수 있다.

продолжáть НСВ
продóлжить СВ

(동) что/инф. 계속 ~하다
(명) продолжéние 연속, 계속, 연장
(명) (女) продолжи́тельность 지속기간

Дáже когдá любóвь ушлá, супрýги чáсто **продолжáют** жить друг с дрýгом по привы́чке и́ли из стрáха перемéн.
부부들은 사랑이 식더라도 습관이나 변화에 대한 두려움 때문에 계속 같이 사는 경우가 많다.

удлини́тель

(명) (男) 멀티탭

удлини́тель на три розéтки 3구 멀티탭

дли́ться НСВ
продли́ться СВ

(동) 진행되다, 지속되다
(명) продлéние 연장, 연기

Вы́ставка произведéний рýсских худóжников **продли́тся** до 31 октября́.
러시아회화전은 10월 31일까지 열릴 예정이다.

доли́на

명 계곡

Пять лет наза́д Андре́й уе́хал в Аме́рику, в Калифо́рнию, и сейча́с рабо́тает программи́стом в Силико́новой **доли́не**.

안드레이는 5년 전 미국 캘리포니아로 떠났고, 현재 실리콘 밸리에서 프로그래머로 일하고 있다.

вдоль

전 чего ~을 따라

Тепе́рь в Росси́и да́же в прови́нции везде́ **вдоль** доро́ги - запра́вки, кафе́, гости́ницы, магази́нчики.

요새 러시아는 지방에서도 길가에 주유소, 카페, 호텔, 상점이 죽 늘어선 모습을 어디에서나 볼 수 있다.

вдоль реки́ 강을 따라/**вдоль** у́лицы 거리를 따라

доб- 시간, 시기, 적절한

удо́бный

형 편리한

명 удо́бство 편리, 편의(↔ неудо́бство)

Я давно́ мечта́л о рабо́чем кабине́те, просто́рном и **удо́бном**.

나는 오래전부터 넓고 편안한 개인 사무실을 갖길 꿈꿔왔어.

подо́бный

형 чему 유사한, 닮은

전 подо́бно *чему* ~와 유사하게

명 подо́бие 닮음, 유사

전 наподо́бие *чего* ~와 유사한

Актёр насто́лько глубоко́ погрузи́лся в свою́ роль, что и вне сце́ны вёл себя́ **подо́бно** его́ персона́жу.

배우는 자기 배역에 너무 몰입한 나머지 무대 밖에서도 극중 배역과 비슷하게 행동했다.

добр- 선(善)

до́брый

형 친절한, 좋은, 착한
명 доброта́ 선량한 마음, 착함
명 добро́ 친절, 선(↔ зло)

Я неисправи́мый идеали́ст и свя́то ве́рю, что в жи́зни, как и в ска́зках, **добро́** всегда́ побежда́ет зло.

난 어쩔 수 없는 이상주의자라 그런지 동화에서처럼 실제 삶에서도 선이 항상 악을 이길 거라고 믿어.

Добро́ пожа́ловать! 환영합니다!

실력 UP!

доброво́льный 자발적인, 자원하는
доброжела́тельный 호의적인
добрососе́дский 선린의
~ие отноше́ния 선린관계
добросо́вестный 양심적인, 성실한
~ рабо́тник 성실한 직원
доброка́чественный 양질의
~ая о́пухоль 양성 종양

одобря́ть НСВ
одо́брить СВ
одо́брен, -а, -ы

동 что 승인하다, 찬성하다, 동조하다
명 одобре́ние 승인, 동조

Ко́нгресс США оконча́тельно **одо́брил** законопрое́кт о продле́нии са́нкций в отноше́нии Росси́и.

미 의회는 대러 제재 연장 법안을 최종적으로 승인했다.

По да́нным опро́сов, ны́нешнюю поли́тику президе́нта **одобря́ет** о́коло полови́ны жи́телей страны́.

여론 조사에 따르면 국민의 절반가량이 대통령의 현 정책을 지지한다.

удобре́ние

명 비료, 거름

Без минера́льных **удобре́ний** невозмо́жно стаби́льно получа́ть высо́кие урожа́и сельхо́зкульту́р.

광물 비료가 없으면 꾸준히 많은 양의 농작물을 수확하는 것이 불가능하다.

долг(ж)- 빚

долг

(복) долги́

명 1. 채무, 빚(女 задо́лженность) 2. 의무

Когда́ ты вернёшь мне **долг**? Уже́ 3 ме́сяца прошло́, а говори́л, берёшь де́ньги то́лько на неде́лю!

돈 언제 갚을 거야? 벌써 석 달이 지났는데, 너 한주만 쓰고 갚는다고 했잖아.

Уваже́ние к па́мяти пре́дков - **долг** вся́кого культу́рного челове́ка.

선조들에 대한 기억을 간직하며 존중하는 것은 모든 교양인의 의무이다.

взять де́ньги в долг 돈을 빌리다
дать де́ньги в долг 돈을 빌려주다

до́лжен

должна́, -о́, -ы́

형단 1. инф. ~해야 한다 2. ~임이 틀림없다

При тако́м ро́сте твой вес **до́лжен** быть не бо́лее 70-ти килогра́ммов, а он у тебя́ на 10 килогра́ммов бо́льше. Де́лай вы́воды.

네 키에는 몸무게가 70kg을 넘으면 안 돼. 근데 너는 그것보다 10kg이나 더 나가잖아. 살 좀 빼.

должно́ быть 아마도, ~임이 틀림없다

실력 UP!

кто + обя́зан(-а, -ы) **+ инф.** ~해야 한다, ~할 의무가 있다

Ка́ждый рабо́тающий граждани́н страны́ **обя́зан** плати́ть нало́ги.

모든 근로자는 세금을 납부해야 한다.

кому + необходи́мо + инф. ~해야 한다, ~할 필요가 있다

Отчёт о проде́ланной рабо́те **необходи́мо** предста́вить в тече́ние трёх дней.

지금까지 한 업무에 관한 보고서는 3일 이내로 제출해야 합니다.

до́лжность

명 女 직위, 직책, 직무

- Мы предлага́ем вам **до́лжность** фина́нсового анали́тика в на́шей компа́нии.
- Благодарю́ вас, я поду́маю.

- 우리 회사의 재무분석사 직책을 맡아주셨으면 합니다.
- 감사합니다. 생각해 보겠습니다.

ода́лживать НСВ

одолжи́ть СВ
одолжу́, одолжи́шь, одолжа́т
одо́лжен, -а́, -ы́

동 **кому + что** 빌려주다(дать в долг)

Слу́шай, Ва́ся, у меня́ к тебе́ серьёзное де́ло. Не **одолжи́шь** немно́го де́нег?
있잖아, 바샤, 진지하게 얘기할 게 있는데…… 혹시 돈 좀 빌려줄 수 있니?

дорог(ж)-/драг- 귀한

дорого́й
비 доро́же

형 1. 값비싼 2. 소중한
부 **до́рого** 비싸게
명 **дороговизна** 비싼 가격

Дорога́я Све́та! Поздравля́ю тебя́ с днём рожде́ния! Сча́стья тебе́, здоро́вья, успе́хов и уда́чи во всех дела́х!
스베타에게(편지 서두, '친애하는'의 의미), 생일 축하해. 행복하고 건강해야 해. 그리고 모든 일에 행운이 따르고 성공하길 바랄게.

Скупо́й пла́тит два́жды*, поэ́тому я покупа́ю себе́ то́лько **дороги́е**, бре́ндовые ве́щи.
싼 게 비지떡이라고, 나는 항상 비싸고 브랜드 있는 제품만 사.

*Скупо́й челове́к покупа́ет себе́ дешёвую вещь, она́ бы́стро изна́шивается, тогда́ ну́жно опя́ть что́-то покупа́ть, плати́ть за э́то де́ньги.

дорожа́ть НСВ

подорожа́ть СВ

동 비싸지다, 값이 오르다(↔ дешеве́ть/подешеве́ть)
명 **подорожа́ние** 값이 오름

Жизнь с ка́ждым днём **дорожа́ет**, а зарпла́та, увы́, остаётся пре́жней.
생활비는 하루하루 오르는데 월급은 안타깝게도 제자리걸음이야.

дорожи́ть НСВ
дорожу́, -жи́шь, -жа́т

동 **кем-чем** 소중히 여기다(ценить *что* 높이 평가하다, 소중히 여기다)

Я сли́шком **дорожу́** свое́й репута́цией и и́миджем, что́бы* соглаша́ться на таки́е риско́ванные предложе́ния.
나는 평판과 이미지를 너무도 중시해서 그런 위험성이 큰 제안에는 응할 수 없어.

*сли́шком..., что́бы ~하기에는 너무 ...하다, 너무 ...해서 ~할 수 없다

драгоце́нность 명 (女) 보석, 귀금속
형 **драгоце́нный** 비싼, 귀중한

Во́ры вы́несли из кварти́ры всё: де́ньги, карти́ны, **драгоце́нности**.
도둑들은 집에서 돈, 그림, 귀금속 할 것 없이 온갖 물건을 다 훔쳐 갔다.

драгоце́нный ка́мень 보석

дорог(ж)- 길

доро́га 명 1. 길, 도로 2. 여정

По **доро́ге*** домо́й мне ещё ну́жно зайти́ в апте́ку, купи́ть лека́рства.
집에 가는 길에 약국에 들러서 약을 사야해.

*по доро́ге *куда* ~가는 길에

Доро́га от до́ма до рабо́ты занима́ет у меня́ о́коло ча́са.
집에서 회사까지 출퇴근길이 거의 한 시간 정도 걸린다.

실력 UP!

у́лица 길, 거리(street)
тропа́(**тропи́нка**) 오솔길(trail)
путь (男) 길, 여정; 방법(way)(353p 참고)
проспе́кт 대로
шоссе́ 고속도로
тротуа́р 인도
перепу́тье(**разви́лка**) 갈림길, 기로
переу́лок 골목
у́гол 모퉁이, 코너, 구석
тупи́к 막다른 길
перекрёсток 교차로, 사거리(228p 참고)

железнодоро́жный 형 철도의(ж/д)
명 **желе́зная доро́га** 철도

На до́лю **железнодоро́жного** тра́нспорта прихо́дится о́коло 60% всех грузовы́х перево́зок в Росси́и.
러시아 전체 화물 수송량에서 철도 운송이 차지하는 비중은 60%에 달한다.

29일차

доста- 충분

доста́точно

1. 부 충분히, 꽤 2. 술 충분하다
형 доста́точный 충분한

Сла́ва бо́гу, я получа́ю **доста́точно** де́нег, что́бы чу́вствовать себя́ свобо́дно и незави́симо.
다행히 난 내가 자유롭고 독립적인 사람이라고 느낄 만큼 충분한 돈을 벌어.

Повседне́вная пи́ща должна́ содержа́ть в **доста́точном** коли́честве все необходи́мые органи́зму вещества́.
일상 식단에는 인체에 필요한 모든 영양소가 충분히 들어 있어야 한다.

недоста́ток
단생 недоста́тка

명 부족함, 단점, 결함
형 недоста́точный 불충분한, 부족한

Как сде́лать макия́ж, незаме́тно подчеркну́в все досто́инства лица́ и скры́в **недоста́тки**?
어떻게 화장해야 얼굴의 장점은 은근히 부각시키고 단점은 가릴 수 있죠?

достава́ть нсв
достаю́, -стаёшь, -стаю́т
доста́ть св
доста́ну, -нешь, -нут

동 что/чего 1. 꺼내다 2. 얻다, 구하다 3. жарг. 짜증나게 하다

Он **доста́л** из карма́на смартфо́н и стал кому́-то звони́ть.
그는 주머니에서 스마트폰을 꺼내 누군가에게 전화를 걸기 시작했다.

Еди́нственный конце́рт Бейо́нсе в Москве́. Ажиота́ж, но мне всё же удало́сь **доста́ть** два биле́та.
모스크바에서 딱 한 번 비욘세의 콘서트가 열렸고, 나는 북새통에도 표 2장을 손에 넣는 데 성공했다.

У сосе́дей ка́ждый день вечери́нки: пою́т, крича́т, танцу́ют. **Доста́ли** уже́!
우리 옆집은 하루가 멀다 하고 집에서 파티를 해. 노래 부르고, 소리 지르고 춤추고, 아주 짜증나 죽겠어!

достоин- 가치 있는

досто́йный

형 가치 있는, 자격 있는, 훌륭한

Для прито́ка квалифици́рованных специали́стов ну́жно обеспе́чить им **досто́йные** усло́вия рабо́ты и прожива́ния.

고숙련 전문인력을 유치하기 위해서는 그에 상응하는 근무여건과 거주여건을 보장해야 한다.

досто́инство

명 1. 장점, 우수함(↔ недоста́ток) 2. 존엄, 가치

- Как вы са́ми счита́ете, каковы́ ва́ши гла́вные **досто́инства** и недоста́тки*?

본인의 장단점이 무엇이라고 생각합니까?

*досто́инства и недоста́тки 장단점

Сове́т по права́м челове́ка ООН стреми́тся отста́ивать челове́ческое **досто́инство** во всём ми́ре.

UN인권이사회는 전 세계 인간의 존엄성을 지키기 위해 힘쓰고 있다.

удоста́ивать НСВ

удосто́ить СВ

удосто́ен, -а, -ы

동 кого + чего ~에게 -를 수여하다

Моего́ люби́мого актёра **удосто́или** при́за за лу́чшую мужску́ю роль. Я так за него́ ра́да!

내가 제일 좋아하는 배우가 최고의 남자배우상을 받았어. 너무 기쁘다 정말!

друг(ж)- 친구

друг

복 друзья́

복생 друзе́й

명 친구

Друг познаётся в беде́.

어려울 때 친구가 진짜 친구다.

В “Фейсбу́ке” у меня́ со́тни **друзе́й**, но я чу́вствую себя́ таки́м одино́ким!

페이스북 친구가 수백 명인데, 난 왜 이리 외롭지.

실력 UP!

друг дру́га 서로서로

*첫 번째 друг은 격변화를 하지 않고, 두 번째 друг만 격변화를 함.

Мы хорошо́ понима́ем **друг дру́га**.

우리는 서로를 잘 이해한다.

Мужчи́ны при встре́че жмут **друг дру́гу** ру́ки.
남성들은 만났을 때 서로 악수를 한다.

Мы с жено́й поссо́рились и уже́ три дня **друг с дру́гом** не разгова́риваем.
나는 아내와 다투고나서 사흘째 말도 안하고 있다.

дру́жный

형 친한, 사이좋은
명 дру́жба 우정

У нас **дру́жная** и сплочённая кома́нда.
우린 사이도 좋고 팀워크도 좋은 팀이야.

실력 UP!

дру́жеский 친한, 사이좋은, 친구의
- ~ая бесе́да 다정한 대화, 친구 간의 대화
- ~ая встре́ча 우호적인 만남, 친구 간의 만남
- ~ое обще́ние 사이 좋은 관계, 친구 간의 교류

Ме́жду ли́дерами двух стран состоя́лась тёплая, **дру́жеская** бесе́да.
양국 정상간 호의적인 대담이 오갔다.

дру́жественный 친선, 친밀한, 우호적인
- ~ое госуда́рство 친선 국가

Белору́ссия - безусло́вно **дру́жественное** к Росси́и госуда́рство.
벨라루스는 러시아에 우호적인 국가이다.

дружелю́бный 상냥한, 친절한
- ~ человек 상냥한 사람

Мой дя́дя - ми́лый, прия́тный, **дружелю́бный** челове́к.
우리 삼촌은 귀엽고 유쾌하고 상냥한 사람이다.

дружи́ть НСВ

подружи́ть СВ

(по)дружу́, дру́жишь, дру́жат

동 с кем 친해지다, 친하게 지내다

Мы зна́ем друг дру́га бо́льше сорока́ лет, **дру́жим** ещё с де́тского са́да.

우린 40년 넘게 알고 지낸 사이야. 유치원 다닐 때부터 친구였지.

실력 UP!

동사	명사	뜻
познако́миться *с кем-чем*	знако́мство	처음 만나다, 안면을 트다
встре́титься *с кем-чем*	встре́ча	만나다(meet)
обща́ться *с кем-чем*	обще́ние	어울리다, 소통하다

содру́жество

명 친목, 우의, 연합

Содру́жество Незави́симых Госуда́рств - э́то междунаро́дная организа́ция, в соста́в кото́рой вхо́дят сего́дня 11 госуда́рств - бы́вших сове́тских респу́блик.

독립국가연합(CIS)은 구소련 11개국이 속해있는 국가간 연합체이다.

дум- 생각

ду́мать НСВ

поду́мать СВ

동 о чём 생각하다

- Све́та, выходи́ за меня́ за́муж!
- Хорошо́, я **поду́маю**.

- 스베타, 나한테 시집와라!
- 좋아, 생각해볼게!

실력 UP!

• 자신의 생각, 의견을 나타낼 때 사용하는 표현들

я ду́маю, что ~	на мой взгляд
я счита́ю, что ~	с мое́й то́чки зре́ния
по-мо́ему	по моему́ мне́нию
мне ка́жется	

Ду́ма

명 의회, 두마(하원)

Госуда́рственная **Ду́ма** избира́ется гра́жданами Росси́йской Федера́ции сро́ком на пять лет.

국가 두마(하원)는 국민 투표를 통해 5년 임기로 선출된다.

приду́мывать НСВ
приду́мать СВ
приду́ман, -а, -ы

동 что 생각해 내다, 고안하다

Я до́лго, о́чень до́лго ду́мал, как реши́ть э́ту пробле́му, но так ничего́ и не **приду́мал**.

난 어떻게 이 문제를 해결하면 좋을지 오래도록 고민했지만, 아무것도 생각해내지 못했다.

обду́мывать НСВ
обду́мать СВ
обду́ман, -а, -ы

동 что 곰곰이 생각하다, 숙고하다
주의 оду́маться 정신차리다

Обду́мывать всё на́до тща́тельно, а де́йствовать реши́тельно!

모든 것을 신중하게 생각하되 행동은 결단력 있어야 한다.

задýмываться НСВ
задýматься СВ

동 о чём/над чем 고민하다, 고심하다

Большинствó рýсских живёт тóлько одни́м днём и о бýдущем не **задýмывается** - э́то бессмы́сленно.

러시아인 대다수는 하루 먹고 살기도 바쁜 사람들이야. 미래에 대한 고민은 의미 없는 거지.

실력 UP!

задýмать 계획하다

Что ты **задýмал**?! Это же самоуби́йство!*

너 뭘 생각한 거야?! 이건 자살행위나 다름없다고!

*Ты придýмал чтó-то "óчень плохóе и опáсное"

продýмать 검토하다, 심사숙고하다

Нýжно тщáтельно **продýмать** все вариáнты и приня́ть еди́нственно прáвильное решéние.

모든 방안을 철저히 검토해서 단 한가지 옳은 결정을 내려야 해.

передýмать 마음을 바꾸다

Знáешь, мáма, я **передýмала** выходи́ть зáмуж за Андрéя. Мне Дени́с бóльше нрáвится.

엄마, 있잖아. 나 마음이 바뀌었어. 안드레이한테 시집 안 갈래. 데니스가 더 마음에 들어.

раздýмать 생각을 바꾸다, 망설이다

Сначáла я хотéла, как всегдá, поéхать в ночнóй клуб, но потóм **раздýмала** и реши́ла остáться дóма, кни́жку почитáть.

늘 그렇듯 처음엔 나이트클럽에 가고 싶었는데, 그냥 안 가고 집에서 책을 읽기로 마음을 바꿨어.

вы́думать (허구로) 만들어내다, 꾸며내다

- Знáешь, мáма, я учи́ться не хочý, я зáмуж хочý!
- Не **выдýмывай**!*

- 엄마, 있잖아. 나 공부하기 싫어. 그냥 시집이나 갈래!
- 꿈도 꾸지마!

*У тебя́ глýпые и стрáнные плáны на жизнь.

дух(ш)- 마음, 영혼

душа́
(복) ду́ши

(명) 1. 마음, 혼 2. 한 사람

Вам ча́сто быва́ет гру́стно, тяжело́ на **душе́**?
자주 울적하고, 가슴이 답답한가요?

ВВП на **ду́шу** населе́ния* 1인당 GDP

*на ду́шу населе́ния 국민 1인당

실력 UP!

от всей души́ 진심으로
~ поздра́вить 진심으로 축하하다
по душа́м 터놓고
поговори́ть ~ 터놓고 얘기하다
душа́ в ду́шу 사이좋게
жить ~ 화목하게 살다
по душе́(по вку́су) 마음에 들다
Мне э́то не **по душе́**.
내 맘엔 안 들어.
равноду́шный 무관심한
великоду́шный 마음이 넓은
малоду́шный 소심한

душе́вный

(형) 마음의, 정신적인; 진실한, 다정한

Твои́ слова́ причиня́ют мне **душе́вную** боль.
네가 한 말이 내게 마음의 상처를 줬어.

Како́й ми́лый, прия́тный, **душе́вный** челове́к!
어찌나 귀엽고, 유쾌하고 다정한 사람인지!

실력 UP!

ду́шный 무더운, 숨막히는
~ая атмосфе́ра 숨 막히는 분위기
духо́вный 정신적인, 영적인
~ая жизнь 영적인 삶
души́стый 향기로운
~ое мы́ло 향기나는 비누

дух

명 정신, 영혼, 기(spirit)

Си́ла во́ли и **ду́ха** э́того челове́ка про́сто удиви́тельны.
이 사람의 의지력과 정신력은 정말이지 놀라워.

па́дать ду́хом 실망하다

실력 UP!

душ 샤워
душа́ 마음
духи́ 향수

возду́шный

형 공기의, 공중의
명 **во́здух** 공기

А вы когда́-нибудь лета́ли на **возду́шном** ша́ре? Если нет, то хоте́ли бы?
혹시 기구 타보신 적 있어요? 안 타보셨으면, 한 번 타보실래요?

30일차

ед-/е-/ес-/я-/яд- 먹다

есть НСВ

съесть СВ

(съ)ем, ешь, ест, еди́м, еди́те, едя́т
(съ)ел, е́ла, е́ли
(съ)е́шь(те)

동 что 먹다(ку́шать/поку́шать)

Челове́к **ест**, чтóбы жить, а не живёт, чтóбы **есть**.

사람은 살기 위해 먹는 것이지, 먹기 위해 사는 것이 아니다.

еда́

명 먹는 것, 음식(food, meal)

Это лека́рство ну́жно принима́ть три ра́за в день пóсле **еды́**.

이 약은 하루 3번 식후에 복용하셔야 해요.

실력 UP!

пи́ща 음식, 식품
принима́ть лёгкую **пи́щу** 가볍게 먹다

блю́до 요리, 조리된 것; 접시(dish)
óстрое **блю́до** 매운 요리

дие́та 식이요법; 다이어트
сиде́ть на **дие́те** 다이어트 하다

пита́ние 영양, 식사(327p 참고)
здорóвое **пита́ние** 건강식

пóрция 1인분, 한 그릇, 1회 제공량(portion)
пóрция на двои́х 2인분

ку́хня 특정 나라의 요리(cuisine); 부엌
корéйская **ку́хня** 한식

рацио́н (어떤 기간 동안 섭취해야 할) 정량
сбаланси́рованный **рацио́н** 균형 잡힌 식단

съедóбный

형 식용의, 먹을 수 있는

- Ну как, **съедóбно**?
- Да, вполнé, да́же вку́сно.

- 어때? 먹을 만해?
- 응. 충분히 먹을 만 해. 심지어 맛있는데.

наеда́ться НСВ
нае́сться СВ
*есть 변화형 참고

동 포식하다, 실컷, 배불리 먹다

- Хоти́те доба́вки?
- Нет, спаси́бо, я уже́ **нае́лась.**

- 더 드릴까요?
- 아뇨. 감사하지만, 배가 너무 불러서요.

надоеда́ть НСВ
надое́сть СВ
*есть 변화형 참고

동 кому + что/инф. 질리다, 지겹다

Бо́же, как мне всё **надое́ло** - о́фис, рабо́та, колле́ги, нача́льник!

아, 사무실이며, 업무, 동료들, 직장 상사 다 전부 지긋지긋해.

един- 하나

еди́ный

형 하나의, 일치하는, 결합된
명 еди́нство 단일, 일치함

В конце́ концо́в нам удало́сь прийти́ к **еди́ному** мне́нию по всем спо́рным вопро́сам.

마침내 우리는 모든 쟁점에서 의견 일치를 이뤄냈다.

실력 UP!

единомы́слие 같은 생각, 의견 일치
единогла́сно 만장일치로

еди́нственный

형 유일한

Еди́нственное блю́до, кото́рое я могу́ “пригото́вить”, э́то бутербро́д: ма́жу хлеб ма́слом, пото́м кладу́ сыр и́ли колбасу́.

내가 할 줄 아는 유일한 요리는 샌드위치야. 빵에 버터를 바르고 치즈나 햄만 얹으면 되거든.

объединя́ть НСВ
объедини́ть СВ
объединён, -á, -ы́

동 1. что 결합하다, 통합하다 2. -ся 결합되다, 통일되다
명 объедине́ние 통일, 통합; 단체

Росси́я постоя́нно призыва́ет мирово́е соо́бщество **объедини́ть** уси́лия в борьбе́ про́тив междунаро́дного террори́зма.

러시아는 테러와의 전쟁을 위해 국제사회가 힘을 합칠 것을 상시 촉구한다.

соединя́ть НСВ
соедини́ть СВ
соединён, -а́, -ы́

동 что + с чем 잇다, 연결하다
명 соедине́ние 연결

В 2012 году́ огро́мный автомоби́льный мост **соедини́л** Владивосто́к с о́стровом Ру́сский.

2012년 건설된 교량으로 블라디보스토크 시내와 루스키섬이 연결되었다.

присоединя́ться НСВ
присоедини́ться СВ

동 к кому-чему 합치다, 결합하다, 가입하다
명 присоедине́ние 결합, 연결, 가입

Мы в э́ти выходны́е е́дем на экску́рсию по Подмоско́вью. **Присоединя́йтесь**!

저희는 이번 주말에 모스크바 근교로 나들이 갈 건데, 같이 가시죠!

наедине́

부 단 둘이서

И вот мы, наконе́ц, с ним **наедине́**! Как же до́лго я об э́том мечта́ла!

드디어 그 사람과 단둘이 있게 되었어. 얼마나 이 순간을 기다렸는지 몰라.

жал- 아픔, 슬픔

жаль

술 кому + чего/инф. 안타깝다, 아쉽다, 불쌍하다
명 女 жа́лость 동정, 측은함

Я приме́рила 5 и́ли 6 пар кроссо́вок, но ни одни́ не подошли́. **Жаль**, о́чень **жаль.**

운동화를 대 여섯 켤레나 신어봤는데 맞는 게 하나도 없네. 아쉽다, 아쉬워.

Лю́ди ча́сто те́рпят друг дру́га из **жа́лости** и́ли по привы́чке.

사람들은 종종 연민에서, 또는 습관적으로 다른 사람을 받아들이고 참는다.

жа́лко

술 кому + чего/инф. 1. 안타깝다, 가엾다 2. 아깝다

Жа́лко, что ле́то так бы́стро прошло́, пролете́ло.

여름이 너무 빨리 지나간 것 같아서 아쉬워.

жале́ть НСВ
пожале́ть СВ
(по)жале́ю, жале́ешь, жале́ют

동 1. о чём 후회하다 2.кого-что 불쌍히 여기다 3. что 아까워하다

Вы ча́сто **жале́ете** об упу́щенных возмо́жностях?
기회를 놓쳐서 아쉬워 한 적이 많은가요?

сожале́ние

명 유감, 미련
동 сожале́ть + о чём 유감스럽게 여기다

К **сожале́нию***, в це́лостном ви́де произведе́ние не сохрани́лось.
안타깝게도 작품은 전체가 보존되어 있지 않다.

*к сожале́нию 유감스럽지만

пожа́луй

부 아마도(вероя́тно)

Здоро́вье - э́то, **пожа́луй**, еди́нственное, что нельзя́ купи́ть за де́ньги.
건강은 아마도 돈으로 살 수 없는 유일한 것이 아닐까.

жа́ловаться НСВ
пожа́ловаться СВ
(по)жа́луюсь, -луешься, -луются

동 на кого-что 불평하다
명 жа́лоба 불평, 불만

Вчера́ Мари́на весь ве́чер **жа́ловалась** мне на му́жа и на то, как всё пло́хо у неё сейча́с на рабо́те.
어제 마리나는 저녁 내내 남편은 어떻고, 자기의 직장 생활은 어떤지 나에게 갖은 불평을 쏟아냈다.

- На что **жа́луетесь**, больно́й?
- Вы зна́ете, вот здесь вот, в о́бласти се́рдца, постоя́нно боли́т.

- 환자분, 어디가 불편하세요?
- 여기에요, 여기. 심장 쪽이 계속 아파요.

31일차

ест- (естеств-) 존재, 본질(자연)

есть

동 있다, ~이다

Де́ти **есть** де́ти.*
애들이 다 그렇지.

*Де́ти всегда́ веду́т себя́ как де́ти; глу́по тре́бовать от них поведе́ния взро́слых люде́й.

то есть(т.е.) 즉, 다시말해

есте́ственно

부 당연히, 자연스럽게
형 есте́ственный 자연스러운; 자연의

- Идёшь с на́ми за́втра в ночно́й клуб?
- **Есте́ственно**!

- 내일 우리랑 클럽 갈 거지?
- 당연하지!

-ект 던지다(-ject)

объе́кт

명 1. 대상, 사물 2. 시설
형 объекти́вный 객관적인

Недви́жимость - лу́чший **объе́кт** для вложе́ния ли́чного капита́ла в Росси́и.
러시아에서 부동산은 개인 자산을 투자할 최적의 투자처입니다.

субъе́кт

명 주체
형 субъекти́вный 주관적인

Госуда́рственные предприя́тия по-пре́жнему остаю́тся крупне́йшими субъе́ктами экономи́ческой де́ятельности в Росси́и.
국영기업은 여전히 러시아 최대의 경제활동 주체이다.

прое́кт

명 계획(안), 프로젝트, 설계

На заседа́нии парла́мента идёт оживлённая диску́ссия по **прое́кту** госуда́рственного бюдже́та на бу́дущий год.

의회에서는 내년도 예산안에 대한 열띤 토론이 열리고 있다.

Нача́льник заинтересова́лся мои́м **прое́ктом** и обеща́л вы́делить сре́дства на его́ осуществле́ние.

상사는 내 프로젝트에 관심을 보이면서, 시행 예산을 할당해 주겠노라고 약속했다.

жар- 열기

жара́

명 더위, 열기

형 жа́ркий 무더운

Уже́ тре́тью неде́лю стои́т анома́льная **жара́**.

벌써 3주째 이상 고온이 지속되고 있어요.

жа́рить НСВ

동 что (불에) 익히다, 굽다, 볶다, 튀기다

형 жа́реный 볶은, 구운, 튀긴

Пе́ред тем как **жа́рить** грибы́, не забу́дьте их посоли́ть.

버섯을 볶기 전에 소금간 하는 것을 잊지 마세요.

실력 UP!

пожа́рить(**поджа́рить**) 굽다

Пожа́рить на у́жин ры́бки и́ли лу́чше пельме́ней свари́ть?

저녁으로 생선 구울까? 아니면 펠메니(고기만두) 삶을까?

обжа́рить(**с двух сторо́н**) 앞뒤로 익히다

Ло́мтики мя́са ну́жно **обжа́рить** с двух сторо́н и зате́м на 20 мину́т помести́ть в духо́вку.

고기 조각을 앞뒤로 익힌 뒤 20분간 오븐에 넣어둡니다.

зажа́рить(**пре́жде всего́ в духо́вке**) 오븐에 굽다

На у́жин я **зажа́рила** це́лого гу́ся в духо́вке.

저녁으로 거위 한 마리를 통째로 오븐에 구웠다.

пережа́рить(**жа́рить до́льше, чем ну́жно**) 바싹 굽다, 태우다

Я заболта́лась с подру́жкой по телефо́ну и **пережа́рила** мя́со. Муж руга́лся.

친구랑 전화로 수다를 떨다가 고기를 다 태워버렸어. 남편한테 한소리 들었지 뭐야.

пожáр

명 불, 화재
형 пожáрный 화재의; 소방관

Пожáрные машúны вы́ехали из депó, включúли сирéны и понеслúсь к мéсту **пожáра**.
소방차가 차고에서 나와 사이렌을 켜고 화재 현장으로 달려갔다.

жд-/жид- 기다림

ждать НСВ
подождáть СВ
(подо)жду́, ждёшь, жду́т

동 кого-что 기다리다

- Нам необходúмо врéмя, чтóбы обду́мать вáше предложéние.
- Разумéется. Мы **ждём** ваш отвéт в течéние недéли.

- 제안하신 내용을 고민해 보려면 시간이 좀 필요합니다.
- 당연하죠. 한 주간 답변 기다리겠습니다.

ожидáть НСВ

동 что/чего 기다리다, 기대되다, 예상되다
명 ожидáние 대기, 기대, 예상
형 неожúданный 예기치 못한

В нóвом году́ меня́ **ожидáет** нéсколько вáжных собы́тий: диплóм, начáло рабóты и, кто знáет, нóвая любóвь?
난 새해에 몇 가지 중요한 일을 앞두고 있어. 바로 졸업과 취직이야. 그리고 누가 알아, 새로운 사랑이 올지?

дожидáться НСВ
дождáться СВ
дожду́сь, -ждёшься, -жду́тся

동 кого-чего (기다리는 결과가 나타날 때까지) 끝까지 기다리다

Галúна не **дождалáсь** своегó пáрня из áрмии и мéсяц назáд вы́шла зáмуж за однокýрсника.
갈리나는 군대 간 남자친구를 끝까지 기다리지 못 하고, 한 달 전 대학 동기에게 시집을 갔다.

жен- 여성

же́нский

형 여성의

Смо́гут ли мужчи́ны когда́-нибудь поня́ть **же́нскую** ло́гику?

남자들이 여자의 사고 회로를 이해하는 날이 올까요?

> **실력 UP!**
> **же́нщина** (일반적) 여성, 성인여자
> **же́нственный** 여성스러운

жени́ться СВ
женю́сь, же́нишься, же́нятся

동 на ком (남자가) 결혼하다

- Почему́ ты не хо́чешь идти́ в загс? Ты же обеща́л на мне **жени́ться**!
- Обеща́л - ещё не **жени́лся**!

- 자기는 왜 혼인 신고하러 가기 싫어해? 나랑 결혼한다며!
- 결혼한다고 말했지. 벌써 결혼한 건 아니잖아!

> **실력 UP!**
> **жена́** 아내
> **жени́х** 예비 신랑
> **жена́т** (남자가) 기혼이다
> **жени́тьба** 결혼, 장가

молодожёны

 신혼부부

Свой медо́вый ме́сяц **молодожёны** провели́ в Евро́пе.

신혼부부는 유럽으로 신혼여행을 갔다.

жертв- 희생

же́ртвовать НСВ
поже́ртвовать СВ
(по)же́ртвую, -уешь, -уют
поже́ртвован, -а, -ы

동 1. что 기부하다 2. чем 희생하다

Мне бесконе́чно жа́ль, что ра́ди карье́ры пришло́сь **поже́ртвовать** любо́вью и дру́жбой!

난 일 때문에 사랑과 우정을 희생해야만 했던 것이 한없이 아쉬워.

же́ртва

명 희생, 피해자

Же́ртвами землетрясе́ния ста́ли бо́лее 300 челове́к.

지진 피해자가 300명을 넘어섰다.

поже́ртвование

명 기부

За 3 ме́сяца **поже́ртвования** в Фонд по́мощи де́тям, больны́м ра́ком, соста́вили бо́лее 100 миллио́нов рубле́й.

3개월간 아동암환자지원재단에 모인 후원금은 1억 루블을 넘어섰다.

жестк- 딱딱한, 거친

жёсткий

형 1. 딱딱한(hard) 2. 심한, 가혹한(tough) 3. 엄격한

주의 жесто́кий 가혹한, 무자비한

По хара́ктеру мой ста́рший брат - волево́й, реши́тельный, когда́ необходи́мо, **жёсткий** челове́к. Настоя́щий мужчи́на и ли́дер!

우리 형은 의지가 강하고 결단력 있는 성격으로, 필요할 때면 아주 엄격한 면모를 드러내는 진정한 남자이자 리더이다.

실력 UP!

жёсткий 딱딱한; 치열한
- ~ое мя́со 질긴 고기
- ~ диск 하드디스크
- ~ая кри́тика 혹평
- ~ая конкуре́нция 치열한 경쟁
- ~ гра́фик 빡빡한 일정
- ~ челове́к 엄격하고 융통성없는 사람

жесто́кий 잔인한
- ~ пригово́р 가혹한 판결
- ~ая реа́льность 가혹한 현실
- ~ое обраще́ние 학대
- ~ челове́к 무자비한 사람

ужесточáть НСВ

ужесточи́ть СВ

ужесточён, -á, -ы́

동 что 강화하다, 엄격하게 만들다

명 ужесточéние 강화

Гóсду́ма намéрена **ужесточи́ть** наказáния за нарушéние прáвил дорóжного движéния.

하원은 교통법규 위반 행위에 대해 처벌을 강화할 방침이다.

실력 UP!

ожесточáться/ожесточи́ться 격렬해지다, 치열해지다

В услóвиях экономи́ческого спáда борьбá за ры́нки сырья́ и сбы́та всё бóлее **ожесточáется**.

경기 침체 상황에서 원자재 및 판매 시장 확보를 위한 경쟁은 더욱 치열해지고 있다.

32일차

жел- 희망, 바람

желáть НСВ
пожелáть СВ

동 кому + чего 바라다, 희망하다
명 желáние 소원, 바람
명 пожелáние 덕담, 바람; 제안, 요구
명 желáющий 희망자, ~하고 싶은 사람

Желáю, чтóбы в нóвом годý сбылúсь все вáши мечты́!
새해에는 원하는 일이 모두 이루어지길 바랍니다.

желáтельно

술 ~하는 게 좋겠다, ~한 편이 낫다
형 желáтельный 바람직한

Желáтельно, чтóбы об э́том нáшем разговóре никтó не узнáл.
우리 대화에 대해 아무도 몰랐으면 좋겠는데.

Если хотúте у нас рабóтать, то знáние немéцкого языкá не обязáтельно, но крáйне **желáтельно**.
우리 회사에서 일하고 싶다면, 독일어가 필수는 아니지만 있으면 아주 좋죠.

жеч-/жг-/жж- 불, 점화

жечь НСВ
сжечь СВ
(со)жгу, жжёшь, жгут
(с)жёг, (со)жглá, (со)жглú

동 что 불을 피우다, 때다, 태우다

Мы всю ночь **жгли** костёр на леснóй поля́не, читáли стихú, пéли под гитáру. Это бы́ло так романтúчно!
우리는 밤새 숲속에서 장작을 태우며 시를 읽고, 기타에 맞춰 노래를 불렀어. 정말 낭만적이었어!

ожóг

명 화상

У меня́ на рукé **ожóг** от горя́чего мáсла, ужé трéтью недéлю не заживáет.
뜨거운 기름 때문에 팔에 화상을 입었는데, 벌써 3주째 상처가 낫질 않아.

получúть **ожóг** 화상을 입다

зажига́ть НСВ

заже́чь СВ

(за)жгу, жжёшь, жгут

(за)жёг, жгла́, жгли́

동 что 불을 붙이다, 켜다

명 зажига́лка 라이터

Не на́до **зажига́ть** свет, комары́ налетя́т.

불 켜지마. 모기 들어와.

жи- 삶

жить НСВ

живу, живёшь, живу́т

жи́л, жила́, жи́ли

동 살다

명 男 жи́тель 주민

Мно́гие иностра́нцы, **живу́щие** в Росси́и, жа́луются, что им тру́дно привы́кнуть к пого́де и к ру́сской ку́хне.

러시아에 사는 외국인 대다수가 러시아의 날씨와 음식에 적응하기 힘들다고 불평한다.

Жи́ли-бы́ли стари́к со стару́хой. Жи́ли ла́дно, дру́жно.

옛날옛적에 할머니 할아버지가 살았습니다. 함께 사이좋게 살고 있었죠.

Ежедне́вно сре́дний **жи́тель** мегапо́лиса прово́дит пе́ред компью́тером о́коло 4-х часо́в.

대도시에 사는 사람들은 평균적으로 매일 약 4시간을 컴퓨터 앞에서 보낸다.

жизнь

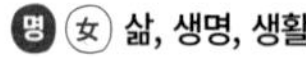

명 女 삶, 생명, 생활

В СССР мно́гие ве́щи, необходи́мые для **жи́зни**, приходи́лось не покупа́ть, а достава́ть. Тепе́рь купи́ть мо́жно абсолю́тно всё, но где доста́ть сто́лько де́нег?

소련 시절에는 대다수의 생필품을 산다기보다 구해 왔어야 했지. 근데 이제는 모든 것을 살 수 있는 시대가 됐어. 대신 그 돈을 어디서 구하는지가 문제야.

Неда́вний тера́кт в моско́вском метро́ унёс **жи́зни*** семи́ пассажи́ров.

얼마 전 모스크바 지하철에서 발생한 테러로 7명의 승객이 목숨을 잃었다.

*унести́ жизнь 목숨을 앗아가다

Моя́ мать всю **жизнь** прорабо́тала в центра́льной городско́й библиоте́ке; после́дние 5 лет е́ю заве́довала.

우리 어머니는 평생을 시립중앙도서관에서 일하셨고, 마지막 5년간은 도서관장을 맡으셨어.

о́браз жи́зни 생활양식

продолжи́тельность жи́зни 수명

실력 UP!

жи́зненный 생활의, 삶의
~ о́пыт 삶의 경험
живо́й 1. 살아있는(↔ мёртвый) 2. 활기를 띤
~о́е существо́ 생물
жизнера́достный 낙천적인
жизнеобеспе́чение 생명보장, 안전
жизнеспосо́бный 생존력이 강한
жизнелюби́вый 일상이 즐거운, 활력있는
жизнеде́ятельность 생명활동

прожива́ть НСВ
прожи́ть СВ
прожи́ву́, -живёшь,-живу́т
прожи́л, -жила́, -жи́ли
прожи́т, -а́, -ы

동 거주하다, (일정 기간) 살다

Моя́ ба́бушка всю жизнь **прожила́** в дере́вне, да́же в райце́нтре никогда́ не была́.
우리 할머니는 평생을 시골에서만 사셨어. 소도시에조차 살아보신 적이 없어.

прожи́точный

형 생계의

По да́нным Ро́сста́та, дохо́ды ни́же **прожи́точного ми́нимума*** име́ют сего́дня бо́лее 20-ти́ миллио́нов россия́н.
러시아통계청 자료에 의하면, 2천만 명에 달하는 러시아인들이 최저생계비에도 못 미치는 돈을 번다고 한다.

*прожи́точный ми́нимум 최저생계비

жильё

명 거주지, 주택(жили́ще)
형 жило́й 주거의(жили́щный)

В Москве́ я уже́ пять лет. Своего́ **жилья́**, нет, кварти́ру снима́ю.
모스크바에서 지낸 지 벌써 5년이 됐네. 아직 내 집은 없는 상태야. 세 들어 살고 있지 뭐.

실력 UP!

жило́й
~ дом 주택
~о́е помеще́ние 주거공간
жили́щный
~ые усло́вия 주거 여건
~ фонд 주택 총량

переживáть НСВ

пережи́ть СВ

пережву́, -живёшь, -живу́т

пережи́л, -жилá, -жи́ли

пережи́т(пéрежит), -а, -ы

동 1. что 겪다, 견디다 2. НСВ за кого-что 걱정하다

Олéг сейчáс слу́жит в áрмии, и роди́тели за негó óчень волну́ются, **переживáют**.

그는 지금 군 복무 중이야. 그래서 부모님이 걱정 많이 하시지.

долгожи́тель

명 男 (90세 이상) 고령자, 장수하는 사람

Наибóльшее коли́чество **долгожи́телей** проживáет сегóдня в Япóнии - óколо 60-ти ты́сяч человéк.

일본은 90세 이상의 고령자만 6만 명으로 세계에서 장수하는 인구가 가장 많은 곳으로 꼽힌다.

пожилóй

형 연로한

По возмóжности старáйтесь огради́ть **пожилы́х** роди́телей от изли́шних стрéссов и негати́вных эмóций.

가능한 한 연로한 부모님이 과도한 스트레스와 부정적 감정에 시달리지 않도록 해주세요.

выживáть НСВ

вы́жить СВ

вы́живу, -живешь, -живут

вы́жил, -ла, -ли

동 살아남다, 생존하다

명 выживáние 생존

Мне надоéла э́та нищетá и постоя́нная эконóмия! Мне надоéло **выживáть**! Я хочу́ жить нормáльно, а не **выживáть**, ты слы́шишь меня́?!

이놈의 가난과 궁상 지긋지긋해! 아등바등 사는 것도 지겨워. 나도 사람답게 살고 싶다고! 내말 듣고 있어?!

실력 UP!

зажи́ть 상처가 아물다

Рáна **зажилá**. 상처가 아물었다.

ожи́ть 재생시키다, 되살리다(revive)

Веснá, прирóда **оживáет**. 봄에는 만물이 소생한다.

нажи́ть 1. (돈을) 벌다, 축적하다 2. (불쾌한 일을) 야기하다

~ неприя́тности 불쾌한 일을 겪다

~ богáтство 축재하다

оживлённый 활기 찬, 생기 넘치는

~ая диску́ссия 열띤 토론

забот- 걱정, 관심

забóтиться НСВ
позабóтиться СВ
(по)забóчусь, забóтишься, забóтятся

동 о ком-чём 돌보다, 염려하다
명 забóта 배려, 보살핌

Зáвтра к нам приезжáют партнёры из Фрáнции. Пожáлуйста, **позабóтьтесь** о том, чтóбы всё бы́ло в лу́чшем ви́де.

내일 프랑스에서 협력사가 올 예정입니다. 최상의 상태로 맞을 수 있도록 신경써 주시기 바랍니다.

Завести́ собáку - непростóе дéло. О ней нýжно **забóтиться**, корми́ть её и пои́ть, два рáза в день с нéю гуля́ть и т.д.

강아지를 입양하는 건 쉬운 일이 아니야. 보살펴주고, 밥이랑 물도 주고, 하루에 두 번씩 산책도 시켜야 하는 등 일이 많아.

озабóченный

형 кем-чем 우려하는, 걱정하는
명 (女) озабóченность 근심, 걱정, 불안

Гóсдýма и прави́тельство всерьёз **озабóчены** рóстом в Росси́и числá бéдных и малоимýщих семéй.

러시아 하원과 정부는 저소득·빈곤 가구 증가에 대해 크게 우려하고 있다.

закон- 법

закóн

명 о чём 법
명 законопроéкт 법안
동 узакóнивать/узакóнить *что* 법제화 하다

Закóн дóлжен быть еди́н для всех - и для ни́щего, и для богачá!

법은 가난한 사람과 부유한 사람 모두에게 동일한 것이 되어야 한다.

실력 UP!

конститýция 헌법
постановлéние 결정문, 명령
  постановлéние прави́тельства 정부령
укáз 명령
  укáз президéнта 대통령령
кóдекс 법전
  граждáнский **кóдекс** 민법
  уголóвный **кóдекс** 형법

зако́нный

형 법적인, 합법의(↔ незако́нный)

Я зако́нопослу́шный граждани́н: у меня́ лега́льный, **зако́нный** би́знес, я регуля́рно плачу́ нало́ги.

난 법을 준수하는 시민이야. 합법적인 사업을 하고 있고 세금도 꼬박꼬박 납부하고 있지.

실력 UP!

лега́льный 적법한, 사법상의(↔ **нелега́льный**)
- **лега́льный** би́знес 합법적인 사업
- **нелега́льный** мигра́нт(нелега́л) 불법체류자

юриди́ческий 법률의
- ~ факульте́т 법대
- ~ие услу́ги 법률 서비스

правово́й 법적인
- ~а́я ба́за 법적 기반
- ~а́я защи́та 법적 보호

закономе́рный

형 (자연의) 법칙을 따르는, 당연한

명 女 **закономе́рность 법칙**

На́ша побе́да в те́ндере - **закономе́рный** ито́г сла́женной и эффекти́вной рабо́ты всех сотру́дников компа́нии.

우리 업체가 입찰에서 낙찰자로 선정된 것은 모든 직원들이 체계적이고 효율적으로 업무를 진행하여 이룬 합당한 결과입니다.

законода́тельный

형 입법의

명 男 **законода́тель 입법자, (의회)의원**

명 **законода́тельство 법, 법률**

Федера́льное Собра́ние - э́то вы́сший о́рган **законода́тельной** вла́сти Росси́йской Федера́ции, а прави́тельство - исполни́тельной.

연방의회는 러시아 연방의 최고 입법기관이고, 정부는 최고 행정기관이다.

33일차

зов-/зыв-/зв- 부르다

называ́ть НСВ
назва́ть СВ
назову́, -зовёшь, -зову́т
на́зван, -а, -ы

동 1. кого-что + кем-чем/как -을 ~로 부르다, 이름 짓다
2. -ся кем-чем/как ~로 불리다
명 **назва́ние** 이름, 명칭, 제목

Иглы у е́лей и со́сен остаю́тся зелёными и ле́том, и зимо́й. Таки́е дере́вья **называ́ют** ве́чнозелёными.
가문비나무랑 소나무는 여름과 겨울에 모두 잎이 푸르잖아. 이런 나무를 상록수라고 불러.

Если роди́тся ма́льчик, то дава́й **назовём** его́ Бори́сом. А е́сли де́вочка - Светла́ной.
아들이 태어나면 이름을 보리스로 짓자. 딸이면 스베틀라나가 좋겠어.

так называ́емый 소위, 이른바

вызыва́ть НСВ
вы́звать СВ
вы́зову, -зовешь, -зовут
вы́зван, -а, -ы

동 1. кого-что ~을 부르다 2. что ~을 야기하다

Стресс мо́жет **вы́звать** си́льную головну́ю боль.
스트레스는 심한 두통을 유발할 수 있다.

Ле́ночка, **вы́зовите**, пожа́луйста, ко мне Ильина́, он мне сро́чно ну́жен.
레노치카, 일린 좀 불러줘. 일린이 급하게 와줘야겠어.

вы́зов

명 1. 불러냄, 호출 2. 도전

Перехо́д на другу́ю рабо́ту - э́то всегда́ **вы́зов**, э́то но́вый о́пыт и серьёзное испыта́ние.
이직은 늘 도전이자 새로운 경험이고, 고된 시험의 과정이기도 해.

о́тзыв

명 평가, 반응, 의견, 후기
주의 отзы́в 소환, 회수, 리콜

Пе́ред како́й-нибудь кру́пной поку́пкой хорошо́ бы посмотре́ть на фо́румах **о́тзывы** други́х покупа́телей.
뭔가 크게 구매를 하기 전에는 다른 사람의 후기를 읽어보는 게 좋다.

про́звище

명 별명

В де́тстве у меня́ бы́ло **про́звище** То́лстый - потому́ что я был о́чень худы́м.

난 어린시절 너무 마른 탓에 오히려 '뚱뚱이'라는 별명이 있었다.

призыва́ть НСВ
призва́ть СВ
призову́, -зовёшь, -зову́т
призва́л, -ла́, -ли
при́зван, -а, -ы

동 1. кого + к чему/инф. 요구, 호소, 촉구하다
2. кого-что 소집하다

- С како́го во́зраста молоды́х люде́й в Росси́и **призыва́ют** в а́рмию?
- С 18-ти лет.

- 러시아는 몇 살부터 징집영장이 나옵니까?
- 18세부터입니다.

созы́в

명 (의회 등) 소집

В связи́ с обостре́нием ситуа́ции в зо́не конфли́кта Росси́я наста́ивает на э́кстренном **созы́ве** Сове́та Безопа́сности ООН.

러시아는 분쟁 지역 정세가 악화됨에 따라 유엔 안보리 긴급회의 소집을 강력 촉구했다.

зва́ние

명 칭호, 타이틀

Победи́тель ма́тча за **зва́ние** чемпио́на ми́ра по ша́хматам определи́лся лишь в после́дней па́ртии.

세계 체스 챔피언이라는 타이틀을 걸고 벌어진 경기의 승자는 마지막 시합에서 결정되었다.

звон-/звук(ч)- 소리

звене́ть НСВ
прозвене́ть СВ
(про)звеню́, -ни́шь, -ня́т

동 (소리가) 울리다, 귀에 쟁쟁하다
명 звон (종, 동전 등) 울리는 소리
형 зво́нкий 쟁쟁거리는, 울리는

Прозвене́л тре́тий звоно́к, и зри́тели из буфе́та поспеши́ли в зал.

세 번째 종이 울리자 매점에 있던 관객들이 황급히 공연장으로 향했다.

Са́мый ужа́сный звук на све́те - э́то **звон** буди́льника ра́но у́тром.

세상에서 가장 끔찍한 소리는 이른 아침에 울리는 알람 소리야.

звони́ть НСВ
позвони́ть СВ

동 1.кому 전화하다 2. (벨, 종, 전화가) 울리다
명 звоно́к 벨, 전화, 초인종 소리

Бди́тельная пенсионе́рка бы́стро поняла́, что моше́нники её обма́нывают, и **позвони́ла** в поли́цию.
경계심 많은 할머니는 사기꾼이 속이려 하자 바로 눈치를 채고 경찰에 신고했다.

실력 UP!

перезвони́ть 다시 전화하다
Извини́, мне сейча́с неудо́бно разгова́ривать, я тебе́ **перезвоню́**.
미안, 지금 통화하기 좀 그래. 좀 이따 다시 전화할게.

дозвони́ться *до кого* 통화에 성공하다
Ника́к не могу́ **дозвони́ться** в тураге́нтство: у них всё вре́мя "за́нято".
여행사에 전화 연결이 안 돼. 계속 통화중이야.

созвони́ться *с кем* 함께 통화하다
Дава́йте **созвони́мся** на сле́дующей неде́ле.
다음 주에 다시 연락합시다.

звуча́ть НСВ
прозвуча́ть СВ
звучи́т, -ча́т

동 소리가 나다, 들리다
명 звук 소리, 음향

Это моё люби́мое кафе́: приве́тливый персона́л, мя́гкие ую́тные кре́сла, **звучи́т** ти́хая прия́тная му́зыка.
여긴 내가 제일 좋아하는 카페야. 직원도 친절하고, 소파도 푹신하고 아늑한 데다, 잔잔하고 기분 좋은 노래가 나오는 곳이지.

здр- 건강

здоро́вье

명 건강

- Спаси́бо, всё бы́ло о́чень вку́сно!
- На **здоро́вье***!

- 고마워. 다 정말 맛있었어!
- 맛있게 잘 먹었다니 다행이다!

*Я о́чень рад(ра́да), что вам понра́вилось то, что я для вас пригото́вил(-ла); я наде́юсь, что по́сле мои́х блюд ва́ше здо́ровье ста́нет лу́чше.

실력 UP!

здоро́вый 건강한, 건전한
~ о́браз жи́зни(ЗОЖ) 건강한 생활습관

здра́вый 건전한, 이성적인
~ смысл 상식

здо́рово 훌륭하게, 대단해!
- А меня́ на рабо́ту в "Самсу́нг" при́няли!
- **Здо́рово**!
- 나 삼성에 취직됐어!
- 와, 대단해!

поздравля́ть НСВ
поздра́вить СВ
поздра́влю, -вишь, -вят

동 кого + с чем 축하하다
명 поздравле́ние 축하

Поздравля́ю с днём рожде́ния и жела́ю сча́стья, здоро́вья, благополу́чия!
생일을 축하합니다! 행복하고 건강하세요, 늘 평안하시고요.

выздора́вливать НСВ
вы́здороветь СВ
вы́здоровею, -веешь, -веют

동 건강을 회복하다, 쾌차하다

Выздора́вливайте поскоре́е!
빠른 쾌유를 빕니다.

- Как идёт лече́ние? Как ваш муж?
- Сла́ва бо́гу, лу́чше, **выздора́вливает**.
- 치료는 어떻게 돼가요? 남편분 상태는요?
- 다행히 잘 되고 있습니다. 건강도 회복해 가고요.

здравоохране́ние

명 보건

Росси́йскую систе́му **здравоохране́ния** постоя́нно подверга́ют жёсткой и во мно́гом справедли́вой кри́тике.
러시아 보건 시스템은 늘 심한 비판에 시달리며, 이러한 비판의 상당 부분은 정당하다.

здоро́ваться НСВ
поздоро́ваться СВ
(по)здоро́ваюсь, -ваешься, -ваются

동 с кем 인사하다

Андре́й с Ви́ктором поссо́рились и тепе́рь да́же не **здоро́ваются** друг с дру́гом.
안드레이와 빅토르는 말싸움을 했고 지금은 서로 인사조차 하지 않는다.

зр-/зер-/зор- 시각

зре́ние

명 시각

Зре́ние у меня́ испо́ртилось ещё в пя́том кла́ссе шко́лы, с тех пор я ношу́ очки́.

나는 5학년 때 시력이 나빠졌어. 그 이후로 계속 안경을 끼고 다녀.

Ка́ждый из уча́стников диску́ссии вы́сказал свою́ то́чку **зре́ния*** на происходя́щее в стране́.

토론 참석자들은 각자 국내 상황에 대한 본인의 입장을 밝혔다.

*то́чка зре́ния 관점 / с то́чки зре́ния *кого-чего* ~의 관점에서

실력 UP!

зо́ркий 눈이 밝은

зо́ркий как орёл 시력이 무척 좋은

зре́лище 구경거리, 광경, 볼거리

мировоззре́ние 세계관

зри́тель

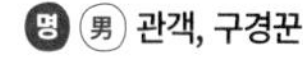

명 男 관객, 구경꾼

Зри́тели ова́цией отблагодари́ли арти́стов за их мастерство́ и профессионали́зм.

관객들은 배우들의 연기와 전문성에 박수로 사의를 표했다.

зре́лище

명 광경, 구경거리, 공연

Кто хотя́ бы одна́жды наблюда́л, как в Петербу́рге разво́дят мосты́, тот никогда́ не забу́дет э́то необыкнове́нное **зре́лище**.

한 번이라도 페테르부르크의 다리가 열리는 광경을 본 사람이라면 그 진풍경을 절대 잊지 못할 것이다.

прозра́чный

형 투명한

В гора́х така́я красота́, тако́й чи́стый и **прозра́чный** во́здух, что душа́ про́сто поёт от сча́стья!

산은 정말 아름답고, 공기도 맑고 깨끗해. 너무 행복해서 마음이 정화되는 기분이야!

обзóр

명 둘러봄, 개괄, 전망, 논평

В статье́ соде́ржится **обзóр** основны́х собы́тий литерату́рной жи́зни уходя́щего гóда.

기사에서는 작년 한 해 문학계의 주요 행사를 개괄하고 있다.

실력 UP!

обозрева́тель 평론가, 비평가
в обозри́мом бу́дущем 가까운 시일에
обзóрная площа́дка 전망대

подозрева́ть НСВ

동 кого + в чём 의심하다
명 подозре́ние 의심

В уби́йстве тóп-моде́ли поли́ция **подозрева́ет** её му́жа-бизнесме́на.

경찰은 톱모델 살인 사건의 용의자로 사업가인 남편을 의심하고 있다.

실력 UP!

позóр 창피, 모욕, 수치스러움
Когда́ зарпла́та врача́ и́ли преподава́теля ву́за 500 дóлларов - э́то **позóр**!
의사나 대학 강사 월급이 500달러라니. 이건 수치야!

надзóр 감독, 단속, 감찰
Рóсприрóд**надзóр** 연방환경감독청

кругозóр 식견, 시야
челове́к с ширóким **кругозóром** 식견이 넓은 사람

34일차

зем- 땅

землЯ́

대 зéмлю
복 зéмли
복생 земéль

명 1.땅, 대지 2.지구

На мой взгляд, Петербýрг отличáется от Москвы́, как нéбо от **земли́***.

난 페테르부르크와 모스크바는 하늘과 땅만큼 차이가 있다고 생각해.

*отличáться как нéбо от земли́ 하늘과 땅 차이

За послéдние 30 лет кли́мат на **Землé**, безуслóвно, измени́лся.

지난 30년간 전 세계적으로 기후가 변화하였다.

실력 UP!

земледелие 농사, 경작
землевладéлец 땅 주인, 지주
землетрясéние 지진

земнóй

형 지구의, 지상의

И сегóдня, как и мнóго лет назáд, на **земнóм** шáре* от туберкулёза страдáют миллиóны людéй.

오늘날에도 예전과 마찬가지로 수백만 명의 사람이 결핵으로 고통받고 있다.

*земнóй шар 지구

Для меня́ рай **земнóй** - э́то Гавáйские островá!

나에게 지상낙원은 바로 하와이야.

실력 UP!

земéльный 토지의
~ учáсток 토지
землянóй 흙으로 만든
~ вал 흙벽
подзéмный 지하의
~ перехóд 지하도
назéмный 지상의
~ое метрó 지상철

зна- 알다

знако́мый

1. 명 지인 2. 형 **с кем-чем** 익숙한, ~와 알고 지내는
동 (по)**знако́мить** *кого + с кем-чем* ~에게 -를 소개하다
동 (по)**знако́миться** *с кем-чем* (처음) 알게 되다, 통성명하다

С Макси́мом мы **знако́мы** уже́ три го́да, мы в одно́ вре́мя начина́ли с ним рабо́тать в "Сберба́нке".
벌써 막심과 알고 지낸 지 3년이 됐어. 우리는 스베르방크에서 같이 일을 시작했었거든.

знак

명 표시, 기호, 징표

По **зна́ку** Зо́диака мой брат Близне́ц - эмоциона́льный, импульси́вный, энерги́чный челове́к.
내 남동생은 쌍둥이자리답게 감정적, 충동적이고 활동적이다.

значо́к
단생 значка́
복 значки́

명 마크, 배지, 휘장
주의 **знато́к** 달인, 전문가

Я фана́т "Спартака́" и всегда́ ношу́ **значо́к** свое́й люби́мой кома́нды.
난 맨날 '스파르타크' 배지를 달고 다닐 정도로 스파르타크의 광팬이야.

зна́чить НСВ

동 의미하다
명 **значе́ние** 의미

На ко́нкурсе студе́нческих нау́чных рабо́т я за́нял второ́е ме́сто. А э́то **зна́чит**, что я могу́ получи́ть грант и пое́хать на учёбу в Оксфорд!
나 연구논문 발표대회에서 2등 했어. 그 말인즉슨, 나는 장학금을 받고 옥스퍼드로 유학을 갈 수 있게 되었다는 뜻이지.

При приёме на рабо́ту в росси́йскую компа́нию ва́ши оце́нки в ву́зе не име́ют никако́го **значе́ния**. Гла́вное - э́то делові́е ка́чества и о́пыт рабо́ты.
러시아 회사에 취직할 때 대학 성적은 아무 의미가 없다. 중요한 것은 업무 능력과 경력이다.

зна́чит 즉, 그러니까

зна́чимый

형 중요한, 의미 있는
명 女 **зна́чимость** 중요성

Это весьма́ **зна́чимый** для на́шей фи́рмы прое́кт. От его́ успе́ха зави́сит о́чень мно́гое.
이건 우리 회사에 아주 중요한 사업입니다. 이 사업의 성패가 많은 것을 좌우하죠.

означа́ть НСВ

동 **что** 의미하다

- Что **означа́ет** аббревиату́ра НИИ?
- Нау́чно-иссле́довательский институ́т.

- НИИ는 뭐의 약자야?
- 연구소(학술연구기관)라는 뜻이야.

значи́тельный

형 1. 현저한, 막대한
2. 중요한, 의미 있는(↔ **незначи́тельный** 사소한, 미미한)
부 **значи́тельно** 현저히

Поку́пка пе́рвого автомоби́ля в жи́зни - **значи́тельное** собы́тие в жи́зни ка́ждого челове́ка.
첫 차 구입은 누구에게나 삶에서 매우 중요한 사건이다.

Число́ же́нщин на вы́сших госуда́рственных поста́х в стране́ остаётся всё ещё **незначи́тельным**.
국가 고위직 여성의 수는 아직 미미한 수준에 불과하다.

узнава́ть НСВ
узнаю́, узнаёшь, узнаю́т
узна́ть СВ
узна́ю, узна́ешь, узна́ют

동 **кого-что** 1. 알아보다 2. 알게 되다, 알아내다

Ой, вас по́сле о́тпуска не **узна́ть**: постройне́ли, загоре́ли, похороше́ли!
어머나, 휴가 다녀오신 뒤로 전혀 못 알아보겠어요! 더 날씬해지고 까무잡잡해졌어요. 얼굴도 좋아졌고요.

- Когда́ мо́жно бу́дет **узна́ть** результа́ты интервью́?
- Звони́те, **узнава́йте**. Лу́чше с понеде́льника.

- 언제쯤 면접 결과를 알 수 있을까요?
- 월요일 이후에 전화해서 문의하세요.

실력 UP!

неузнава́емый 몰라보게 달라진
узнава́емость 女 인지도

зна́ние

명 지식

Выпускники́ на́шего университе́та облада́ют доста́точными **зна́ниями** и компете́нциями в о́бласти эконо́мики и пра́ва.

우리 대학교 졸업생들은 경제와 법에 대한 충분한 지식과 역량을 갖췄습니다.

ознакомля́ть НСВ

ознако́мить СВ

ознако́млю, -мишь, -мят

ознако́млен, -а, -ы

동 кого + с чем ~에게 ~을 알리다, 소개하다

형 ознакоми́тельный 시찰하는

Уважа́емые господа́ стажёры! Сего́дня я **ознако́млю** вас со структу́рой на́шей компа́нии и основны́ми направле́ниями её де́ятельности.

인턴 여러분, 오늘 저는 여러분에게 기업 조직도와 주요 활동 분야에 관해 알려드리겠습니다.

Свою́ де́ятельность но́вый губерна́тор о́бласти на́чал с **ознакоми́тельной** пое́здки по её основны́м города́м и се́льским райо́нам.

새 주지사는 (취임 후) 첫 일정으로 주요 도시와 농촌 지역 시찰에 나섰다.

обознача́ть НСВ

обозна́чить СВ

обозна́чен, -а, -ы

동 что (기호, 부호 등으로) 표시하다, 제시하다, 일컫다

В своём выступле́нии мини́стр фина́нсов **обозна́чил** основны́е пара́метры госуда́рственного бюдже́та на бу́дущий год.

재무부 장관은 연설에서 내년 국가 예산의 주요 지표에 관해 설명했다.

осозна́ние

명 인식, 자각

동 осознава́ть/осозна́ть *что* 인식하다

То́лько сейча́с ко мне́ пришло́ **осозна́ние** того́, что всё, университе́т око́нчен; начина́ется но́вая, взро́слая жизнь.

난 대학을 완전히 졸업했고, 이제 진짜 어른으로서 새 삶이 시작됐다는 사실이 방금 문뜩 실감 났다.

созна́тельный

형 의식적인, 자각이 있는

Неда́вно мой сосе́д нашёл у себя́ на да́че клад и переда́л его́ госуда́рству, поступи́л как **созна́тельный** граждани́н.

얼마 전 우리 이웃 사람은 자기 별장에서 유물을 발견했고, 이를 국가에 인계하면서 의식이 깨어있는 시민의 모습을 보여줬다.

признава́ть НСВ
признаю́, -знаёшь, -знаю́т

призна́ть СВ
призна́ю, -зна́ешь, -зна́ют
при́знан, -а, -ы

동 1. что(+ чем) (~라고) 인정하다 2. -ся в чём 털어놓다, 고백하다
명 призна́ние 인정

Подсуди́мый так и не призна́л свою́ **вину́**.
피고인은 자신의 잘못을 인정하지 않았다.

По ито́гам пе́рвого полуго́дия лу́чшим в компа́нии был **при́знан** отде́л марке́тинга.
상반기에 회사에서 성과가 가장 좋은 부서는 마케팅부였다.

призна́тельность

명 (女) 감사
형단 призна́телен(-тельна, -тельны) *кому* ~에게 감사하다

Выража́ю и́скреннюю **призна́тельность** своему́ предше́ственнику на посту́ президе́нта компа́нии.
회사의 전임 사장님께 진심으로 사의를 표합니다.

при́знак

명 조짐, 낌새, 징조

Если ваш сын с утра́ до но́чи игра́ет в компью́терные и́гры - э́то я́вный **при́знак** психологи́ческого неблагополу́чия.
당신의 아들이 아침부터 밤까지 컴퓨터 게임만 한다면, 정신적으로 불안정하다는 징조일 수 있습니다.

распознава́ть НСВ
распознаю́, -знаёшь, -знаю́т

распозна́ть СВ
распозна́ю, -зна́ешь, -зна́ют
распо́знан, -а, -ы

동 что 판단하다, 인식하다

Но́вая систе́ма безопа́сности, устано́вленная в метро́, спосо́бна **распознава́ть** ли́ца и даже эмоциона́льное состоя́ние пассажи́ров.
지하철에 새로 설치된 안전시스템은 승객의 얼굴 인식은 물론 감정까지 인식할 수 있다.

назнача́ть НСВ

назна́чить СВ
назна́чу, -зна́чишь, -зна́чат
назна́чен, -а, -ы

동 1. 지정하다, 결정하다 2. кого + на что 임명하다
명 назначе́ние 지정; 임명; 용도

Интере́сно, кого́ **назна́чат** на до́лжность руководи́теля фина́нсового отде́ла?
재무팀의 부서장으로 누가 임명될까?

Общее собра́ние акционе́ров компа́нии **назна́чено** на 18 ма́я.
회사의 주주총회는 5월 18일로 정했다.

предназначе́ние 명 1. 숙명, 천명 2. 용도

Служи́ть о́бществу и родно́й стране́, нести́ лю́дям добро́ - вот вы́сшее **предназначе́ние** челове́ка.

국가와 사회에 대한 헌신, 타인을 위한 선행이야말로 인간이 가진 최고의 사명이다.

35일차

зрел- 익다, 성숙

зре́лый

동 익은, 성숙한(↔ незре́лый)
명 女 **зре́лость** 성숙, 완성

В непросто́й ситуа́ции нам удало́сь приня́ть **зре́лое**, взве́шенное реше́ние и минимизи́ровать на́ши фина́нсовые потёри.

우리는 어려운 상황 속에서도 성숙하고 신중한 결정을 내렸고, 회사의 재정적 손실을 최소화할 수 있었다.

Сок **незре́лого** виногра́да содержи́т мно́го поле́зных кисло́т.

덜 익은 포도는 몸에 좋은 산(acid)을 많이 함유하고 있다.

실력 UP!

созрева́ть/созре́ть 여물다, 성숙하다, 준비되다

В поля́х **созре́ла** рожь и пшени́ца; фе́рмеры собира́ют урожа́й.

들판에 호밀과 밀이 잘 영글었고, 농부들이 추수를 하고 있다.

Извини́, Ле́на, я ещё не **созре́л** для бра́ка. Я не гото́в на тебе́ жени́ться.

미안해, 레나. 난 아직 결혼할 만큼 성숙하지 못해. 난 아직 너와 결혼할 준비가 되지 않았어.

назрева́ть/назре́ть (시기가) 무르익다, (어떤 일이) 일어나려 하다

В стране́ иду́т опа́сные проце́ссы, **назрева́ет** социа́льный взрыв.

나라 안에서는 곧 사회적 격변이 일어날 것만 같은 위험한 변화가 감지되고 있다.

игр- 놀이

игра́ть НСВ
сыгра́ть СВ
сы́гран, -а, -ы

동 1.놀다 2. во что (운동, 게임을) 하다
3. на чём (악기) 연주하다 4. 연기하다
명 **игро́к** 선수, 연주자, 노름꾼
명 **игра́** 놀이, 게임, 연주, 연기

Во вчера́шнем ма́тче в Москве́ “Спарта́к” и “Зени́т” **сыгра́ли** вничью́ 2:2.

어제 모스크바에서 스파르타크와 제니트는 2:2 동점으로 경기를 마쳤다.

В но́вой экраниза́ции рома́на Толсто́го "Анна Каре́нина" э́та изве́стная актри́са **игра́ет** гла́вную роль*.
새롭게 영화화된 톨스토이의 '안나 카레니나'에서 이 유명 여배우가 주연을 맡았다.

*игра́ть (*каку́ю*) роль (*в чём*) ~에서 -한 역할을 하다

Два часа́ но́чи. Вся семья́ спит, и лишь мой мла́дший брат вовсю́ **игра́ет** в свой идио́тские компью́терные и́гры.
새벽 2시에 온 가족은 다 자고 있는데, 내 남동생만 바보 같은 컴퓨터 게임에 한창 빠져있다.

прои́грывать НСВ
проигра́ть СВ
прои́гран, -а, -ы

동 кому-чему ~에게 지다
명 про́игрыш 잃음, 손실

У себя́ до́ма на́ша кома́нда **прои́грывает** кра́йне ре́дко.
우리는 홈그라운드 경기에서는 지는 일이 거의 없다.

выи́грывать НСВ
вы́играть СВ
вы́игран, -а, -ы

동 что(+ у кого) 이기다, (돈, 점수 등) 벌다
명 вы́игрыш 승리, 당첨; 상금, 수익금

Вчера́ на́ша кома́нда кру́пно **вы́играла**, заби́в три безотве́тных мяча́ в воро́та сопе́рников.
어제 우리 팀은 상대 팀이 손 쓸 새 없이 세 골을 넣었고, 결국 대승을 거두었다.

ро́зыгрыш

명 1. 추첨 2. 경기 3. 장난

Пе́рвое апре́ля - неофициа́льный День сме́ха, день весёлых шу́ток и **ро́зыгрышей**.
4월 1일은 만우절로, 재밌는 농담이나 장난을 주고 받는 날이다.

ино- 다른

ина́че

부 그렇지 않으면(а то), 달리

В понеде́льник мне обяза́тельно ну́жно верну́ть э́ти кни́ги в библиоте́ку, **ина́че** штраф.
월요일에는 도서관에 책을 반납해야 해. 안 그러면 연체료 내야 하거든.

ина́че говоря́ 다르게 말하면
так и́ли ина́че 어쨌든, 여러 방식으로

инóй

형 다른

Рáньше, в совéтские временá, герóями бы́ли космонáвты и учёные. Но сейчáс **ины́е** временá и **ины́е** герóи.

예전에 소련 시절에는 우주비행사와 학자가 선망의 대상(영웅)이었어. 그렇지만 이제는 시대도, 선망의 대상도 달라졌어.

Тем и́ли **ины́м*** спóсобом, но мы кáк-то должны́ реши́ть э́ту проблéму.

어떻게 해서든 우리는 이 문제를 해결해야만 한다.

*тот и́ли инóй 이런저런, 다양한

실력 UP!

инопланетя́нин 외계인
иномáрка 외제차

инострáнный

형 외국의
명 инострáнец(инострáнка) 외국인

На э́том ры́нке мéстные торгóвцы частéнько обмáнывают **инострáнных** тури́стов.

이 시장 상인들은 외국인 관광객들에게 자주 바가지를 씌운다.

Однá из слóжных вещéй для **инострáнца** в Корée - э́то привы́кнуть к еде́.

외국인들이 한국에서 제일 어려워하는 점 중 하나는 음식에 적응하는 일이다.

иск- 찾다

искáть НСВ
ищу́, и́щешь, и́щут

найти СВ
найду́, найдёшь, найду́т
нашёл, -шлá, -шли́
нáйден, -а, -ы

동 찾다

У меня́ кварти́ра далекó от метрó: **найти́** квартирáнтов довóльно слóжно.

우리 아파트는 지하철에서 멀어. 그래서 세입자를 찾기가 좀 힘들어.

по́иск

명 검색, 탐색

На **по́иски** но́вой рабо́ты у меня́ ушло́ по́лго́да. Всё э́то вре́мя меня́ подде́рживали роди́тели.

새 직장을 찾는 데 반년이나 걸렸어. 그동안 부모님이 계속 지원해 주셨지.

> **실력 UP!**
>
> **поискови́к** 검색엔진
> **ро́зыск** 수배, 수사
> **о́быск** (소지품, 가택 등) 수색

иск

명 소송

명 **исте́ц** 원고

Изве́стный поли́тик по́дал в суд **иск*** о защи́те че́сти и досто́инства на журнали́стов оппозицио́нной газе́ты.

한 유명 정치인이 명예 훼손으로 반정부 언론사의 기자들을 고소했다.

*пода́ть в суд иск 소송을 걸다

интерес- 관심, 이익

интере́с

명 1. 흥미 2. (복) 이익, 이해관계

형 **интере́сный** 흥미로운

Еди́нственное тре́бование Росси́и к стра́нам За́пада: уважа́ть её национа́льные **интере́сы** и не вме́шиваться в её вну́тренние дела́

러시아가 서방에 유일하게 요구하는 것은 국익 존중과 내정 불간섭이다.

интересова́ть НСВ

заинтересова́ть СВ

(за)интересу́ю, -су́ешь, -су́ют

заинтересо́ван, -а, -ы

동 1. кого-что 흥미를 끌다 2. -ся кем-чем ~에 관심이 있다

Лишь ма́лая часть совреме́нных молоды́х люде́й **интересу́ется** исто́рией.

젊은 사람 중 역사에 관심이 있는 이는 아주 일부에 불과하다.

заинтересо́ванный

형 1. в ком-чём ~에 관심 있는 2. 이해당사자의, 관계가 있는

На́ша компа́ния кра́йне **заинтересо́вана** в реализа́ции э́того прое́кта совме́стно с Ва́шим хо́лдингом.

우리 회사는 귀사와 협력해 진행하는 이번 프로젝트에 관심이 매우 많습니다.

искус- 기술

иску́сство

명 예술, 기술

Рели́гия, филосо́фия, класси́ческое **иску́сство** - всё э́то вы́ше моего́ понима́ния.

종교, 철학, 고전 예술은 내 이해력을 뛰어넘는 것들이야.

иску́сственный

형 인공의, 인위적인

Чем я́вится **иску́сственный** интелле́кт для челове́чества - бла́гом и́ли злом?

인공지능은 인류에게 축복일까 재앙일까?

иску́сный

형 교묘한, 능숙한

Оди́н мой дя́дя - **иску́сный** ювели́р, друго́й - не ме́нее **иску́сный** портно́й. В о́бщем, одни́ тала́нты.

우리 삼촌 중 한 명은 유능한 세공사이고, 또 한 명은 그에 못지않게 유능한 재단사예요. 둘 다 재주가 뛰어난 사람들이죠.

итог- 합

ито́г

명 1.합계, 총액 2.결론
형 **ито́говый** 최종적인; 총액의
부 **итого́** 합산하여(in total)

По **ито́гам** проше́дшего го́да чи́стая при́быль компа́нии соста́вила бо́лее 10-ти́ миллио́нов до́лларов.

작년 결산에 따르면 회사의 순익이 1천만 달러를 돌파한 것으로 드러났다.

실력 UP!

в ито́ге 마침내, 결과적으로
подводи́ть/подвести́ ито́ги 결산하다, 결론을 내다
подыто́живать/подыто́жить *что* 결산하다

36일차

каз(ж)- 보이다

пока́зывать НСВ

показа́ть СВ
покажу́, пока́жешь,
пока́жут
пока́зан, -а, ы

동 кому + что 보여주다

За гру́бую игру́ судья́ **показа́л** футболи́сту кра́сную ка́рточку и удали́л его́ с по́ля.
심판은 거친 플레이를 한 선수에게 레드카드를 보이며 퇴장을 선고했다.

показа́тель

명 男 지표, 지수

Сего́дня мно́гие убеждены́, что высо́кая зарпла́та, дорога́я маши́на, о́тдых за грани́цей - э́то еди́нственные **показа́тели** жи́зненного успе́ха.
요즘에는 고연봉, 비싼 차, 해외여행만이 성공의 척도라고 인식하는 사람이 많다.

зака́з

명 주문
동 зака́зывать/заказа́ть *что* 주문하다
명 зака́зчик 주문자

Мы шьём на **зака́з** любу́ю оде́жду и о́бувь! Приходи́те и убеди́тесь в э́том са́ми!
저희는 어떤 옷과 신발이든 주문 제작합니다. 오셔서 직접 두 눈으로 확인해 보세요!

каза́ться НСВ

показа́ться СВ
покажу́сь, -ка́жешься,
-ка́жутся

동 1. кем-чем ~로 여겨지다, ~처럼 보이다
2. кому (무인칭) 생각하다, ~인 듯하다

Ра́ньше мне **каза́лось***, что я дово́льно мно́го зна́ю о жи́зни и тво́рчестве Толсто́го, но Серге́й порази́л меня́ свое́й эруди́цией.
예전에는 나도 톨스토이의 삶과 작품에 대해 그래도 꽤 많이 안다고 생각했거든.
그런데 세르게이를 보면 놀라울 정도로 많이 알더라고.

*мне ка́жется 내 생각에는

нака́зывать НСВ
наказа́ть СВ
накажу́, -ка́жешь, -ка́жут
нака́зан, -а, -ы

동 кого + за что 벌하다
명 наказа́ние 벌

В де́тстве роди́тели **нака́зывали** меня́ за плохи́е оце́нки в шко́ле и ещё когда́ я лгала́ им.

부모님은 어린 시절 내가 나쁜 성적을 받아올 때나 부모님에게 거짓말을 했을 때 벌을 주시곤 했다.

казнь

명 女 (сме́ртная ~) 사형, 사형집행
동 казни́ть *кого* 사형하다, 처형하다

В 1997 году́ сме́ртная **казнь** в Росси́и как ме́ра наказа́ния была́ отменена́.

러시아는 1997년에 사형제를 폐지했다.

ока́зывать НСВ
оказа́ть СВ
окажу́, -ка́жешь, -ка́жут
ока́зан, -а, -ы

동 (영향 등) 주다, 끼치다, 나타내다

В любо́й моме́нт бу́ду рад **оказа́ть** вам по́мощь и подде́ржку*.

언제든 기쁜 마음으로 당신을 돕겠습니다.

실력 UP!

оказа́ть + по́мощь *кому + в чём* 도움을 주다
подде́ржку *кому + в чём* 지원하다, 지지하다
влия́ние *на что* 영향을 미치다
соде́йствие *кому + в чём* 협조하다, 공조하다
давле́ние *на что* 압박하다

ока́зываться НСВ
оказа́ться СВ

동 1. чем ~으로 밝혀지다(turn out)
2. где (어떤 상태에) 처하다
3. где (어떤 장소에) 있다

Сообще́ние об ава́рии на эле́ктроста́нции **оказа́лось** ло́жным.

발전소 사고 관련 뉴스는 오보로 밝혀졌다.

Мы **оказа́лись** в безнадёжной ситуа́ции.

우리는 절망적인 상황에 처했다.

Вчера́ мы **оказа́лись** с не́ю в одно́м ли́фте.
Я воспо́льзовался слу́чаем и пригласи́л её на свида́ние.

어제 난 그녀와 엘리베이터를 같이 타게 됐고, 그 기회를 틈타 그녀에게 데이트 신청했다.

отка́зывать НСВ

отказа́ть СВ

откажу́, -ка́жешь, -ка́жут
отка́зан, -а, -ы

동 1. кому(+ в чём) 거절하다, 거부하다
2. -ся от кого-чего/инф. ~을 거절하다, 포기하다

Я еди́нственный раз попроси́ла вас о по́мощи, а вы мне гру́бо **отказа́ли**!

난 당신에게 처음이자 마지막으로 도움을 청한 건데 당신은 아주 매몰차게 거절하는군요.

- Вы́пьете ко́фе?
- Спаси́бо, не **откажу́сь**.

- 커피 드시겠어요?
- 감사합니다. 사양하지 않을게요.

Вы по́длинный профессиона́л и надёжный делово́й партнёр. Одна́ко мы вы́нуждены **отказа́ться** от дальне́йшего сотру́дничества с ва́ми.

귀사는 진정한 프로이고 믿음직한 사업 파트너입니다. 그러나 앞으로는 귀사와 제휴할 수가 없습니다.

ука́зывать НСВ

указа́ть СВ

укажу́, -ка́жешь, -ка́жут
ука́зан, -а, -ы

동 на что 가리키다, 지적하다

명 указа́ние 가리키는 것, 지시

Увы́, и в э́той фи́рме мне **указа́ли** на дверь*.

이런, 회사에서 나보고 나가라고 하네.

*мне сказа́ли, что тако́й рабо́тник, как я, им не ну́жен; сказа́ли, что́бы я уходи́л и бо́льше не появля́лся.

дока́зывать НСВ

доказа́ть СВ

докажу́, -ка́жешь, -ка́жут
дока́зан, -а, -ы

동 что 증명하다

명 доказа́тельство 증거

На суде́ адвока́ту удало́сь **доказа́ть** невино́вность своего́ подзащи́тного.

변호사는 법정에서 의뢰인의 무죄를 증명해냈다.

прика́з

명 지시, 훈령, 분부

동 прика́зывать/приказа́ть *кому + инф*. 지시하다, 명령하다

Я, как обы́чно, поздоро́валась с ше́фом и прошла́ к своему́ столу́. А там уже́ лежа́л **прика́з** о моём увольне́нии.

난 평소처럼 상관에게 인사를 하고 내 책상으로 왔다. 그런데 책상 위에는 이미 해고통지서가 놓여 있었다.

кас-/кос-1 건드리다

каса́ться НСВ
косну́ться СВ
косну́сь, коснёшься, косну́тся

동 чего 1. 건드리다 2. 상관있다, 관련이 있다

Он слегка́ **косну́лся*** мое́й руки́ и гу́сто покрасне́л.
그는 내 손이 살짝 스치자 얼굴을 붉혔다.

*дотро́нулся до

- Прости́те, но э́тот дедла́йн соблюсти́ невозмо́жно!*
- Меня́ э́то не **каса́ется**. Всё должно́ быть вы́полнено в срок!

- 죄송합니다만, 이 데드라인을 지키는 건 불가능합니다.
- 그게 저랑 무슨 상관이죠? 전부 다 기간 내로 하도록 하세요.

*Нево́зможно вы́полнить рабо́ту в тот срок, кото́рый вы назна́чили, определи́ли.

что каса́ется ***чего*** ~와 관련해서, ~에 대해 말하자면

прикаса́ться НСВ
прикосну́ться СВ
прикосну́сь, -нёшься, -ну́тся

동 к чему 건드리다, 손대다
명 соприкоснове́ние 접촉

Я ро́бко **прикосну́лся** к её руке́, и она́ отве́тила мне лёгким пожа́тием*.
내가 수줍게 그녀의 손을 건드리자, 그녀는 살짝 내 손을 잡으며 화답했다.

*в отве́т она́ слегка́ пожа́ла мою́ ру́ку.

В хо́де перегово́ров в пози́циях сторо́н наконе́ц-то удало́сь найти́ то́чки **соприкоснове́ния***.
협상 중에 양측은 마침내 입장이 일치하는 부분을 찾았다.

*то́чка соприкоснове́ния 접점, 일치하는 점

кас-/кос-2 굽은, 비뚤어진

косо́й

형 비스듬한, 기울어진

Сего́дня я опя́ть опозда́л на рабо́ту и всё у́тро лови́л на себе́ **косы́е** взгля́ды колле́г*.
오늘 난 또 회사에 지각했고, 오전 내내 동료들의 따가운 시선을 받았다.

*колле́ги смотре́ли на меня́ неодобри́тельно, осужда́юще.

ко́свенный

형 간접적인(↔ прямо́й, непосре́дственный)

На **ко́свенных** ули́ках и фа́ктах обвине́ние в суде́ не постро́ишь!*

이런 간접적인 증거와 사실로는 법정에서 제대로 다툴 수 없어!(검사 측)

*невозмо́жно постро́ить си́льное, убеди́тельное обвине́ние в суде́.

класс- 집단

класс

동 1.학급, 학년(кла́ссный) 2.계급(кла́ссовый) 3. 등급, 부류

На́ша семья́ принадлежи́т к "сре́днему **кла́ссу**": у нас хоро́шая кварти́ра и да́ча, две маши́ны, мы е́здим отдыха́ть за грани́цу.

우리 가족은 중산층에 속한다. 좋은 집과 다차(별장), 차 두 대가 있고, 휴가는 보통 해외로 나간다.

кла́ссный

형 1. разг. 멋진, 상급의 2.학급의

Я зна́ю оди́н **кла́ссный** рестора́н. Дава́йте туда́ схо́дим в суббо́ту!

내가 엄청 괜찮은 레스토랑 하나 알거든. 수요일에 거기 가자!

실력 UP!

шика́рный 세련된
круто́й 멋진
клёвый 멋진

кла́ссик

명 고전작가

주의 кла́ссика 고전작품

형 класси́ческий 고전의, 클래식의

Каки́х **кла́ссиков** ру́сской литерату́ры вы зна́ете?

러시아 고전문학 작가 중에 어떤 작가를 아십니까?

А вы лю́бите **кла́ссику**? Ча́сто к ней обраща́етесь*?

고전 작품을 좋아하시나요? 자주 즐기시고요?

*Ча́сто берёте в ру́ки кни́ги кла́ссиков и их чита́ете; ча́сто слу́шаете класси́ческую му́зыку и т.д.

классифика́ция

명 분류

동 классифици́ровать *кого-что* 분류하다

По астрономи́ческой **классифика́ции** на́ше Со́лнце отно́сится к ти́пу G2V, э́то так называ́емый "жёлтый ка́рлик".

천문학의 분류에 따르면 태양은 G2V 주계열성으로 황색왜성이라고 불린다

37일차

клон- 기울다, 굽히다

покло́н

명 절, 인사

Мы с жено́й хоти́м поéхать на недéлю в Ита́лию. Придётся идти́ на **покло́н*** к тёще, проси́ть, что́бы побыла́ э́то врéмя с детьми́.

부인과 일주일간 이탈리아에 가고 싶어. 장모님에게 아이들 좀 봐달라고 부탁을 해야 할 것 같아.

*идти́ на покло́н 머리를 조아리다, 부탁하다

покло́нник

명 팬(fan)

Но́вой кни́ги писа́теля его́ **покло́нники** жда́ли цéлых три го́да.

팬들은 무려 3년간 이 작가의 신간을 기다려왔다.

실력 UP!

поклонéние 추종, 예찬
поклоня́ться 숭배하다, 참배하다
кла́няться (허리 숙여) 인사하다, 절하다

отклоня́ть НСВ
отклони́ть СВ
отклоню́, -кло́нишь, -кло́нят

동 1. что 뒤로 젖히다 2. что 거부하다 3.-ся от чего 벗어나다

Мне о́чень был ну́жен о́тпуск за свой счёт, но злодéй нача́льник **отклони́л** э́ту мою́ про́сьбу.

난 무급휴가가 너무 절실했지만, 악랄한 나의 상사는 그런 내 부탁을 거절했어.

уклоня́ться НСВ
уклони́ться СВ

동 от кого-чего (세금, 징병 등의 의무를) 회피하다
명 уклонéние 기피, 모면

Эдуа́рд бо́льше 10-ти́ лет **уклоня́лся** от упла́ты алимéнтов бы́вшей женé, за что в концé концо́в попа́л в тюрьму́ на по́лго́да.

에두아르드는 전처에게 위자료를 주지 않으려고 10년이 넘게 피하다가, 결국 징역 6개월을 선고받고 감옥에 갔다.

скло́нность

명 女 к чему 성향, 취향, 소질; 애착
형 скло́нный *к чему* ~을 하고 싶어 하는, ~한 경향의

У меня́ ра́но обнару́жилась **скло́нность** к му́зыке, поэ́тому роди́тели с 7-ми́ лет отда́ли меня́ в музыка́льную шко́лу.
난 일찍이 음악에 소질을 보였고, 그 때문에 우리 부모님은 나를 7살부터 음악학교에 보냈다.

неукло́нно

부 변화 없이, 확고하게

Ну́жно ста́вить пе́ред собо́й серьёзные зада́чи и **неукло́нно** добива́ться их реше́ния.
신중하게 과제를 설정하고 흔들림 없이 이를 해결해나가야 한다.

ключ- 열쇠(key)

включа́ть НСВ
включи́ть СВ
включён, -а́, -ы́

동 1. что 켜다(↔ вы́ключить)
2. кого-что + во что 포함하다, 가입시키다
명 男 включа́тель 스위치

Несмотря́ на все мои́ про́сьбы, нача́льник отказа́лся **включи́ть** меня́ в соста́в делега́ции, отправля́ющейся на перегово́ры во Фра́нцию.
상사는 내가 간절히 부탁했음에도 협상차 프랑스로 떠나는 대표단에 나를 넣어주지 않았다.

ключево́й

형 핵심적인, 관건의
명 ключ 열쇠; 해법, 답

При формирова́нии госуда́рственного бюдже́та Росси́и **ключеву́ю** роль игра́ют це́ны на нефть и газ.
러시아의 국가 예산을 결정하는 데 가장 핵심적인 역할을 하는 것은 석유와 가스의 가격이다.

ключ *от чего* ~을 여는 열쇠
ключ от кварти́ры 아파트 열쇠
ключ *к чему* ~의 비결
ключ к успе́ху 성공의 비결

подключáть НСВ

подключи́ть СВ
подключён, -á, -ы́

동 к чему 1. 연결하다(↔ отключи́ть 연결을 끊다) 2. 참여시키다

Я зашлá в кафé, **подключи́лась** к Wi-Fi, написáла нéсколько пóстов и срáзу же их вы́весила.

난 카페에 들어가서 와이파이를 연결한 뒤 포스팅을 몇 개 작성해서 바로 게재했다.

исключéние

명 제외, 예외
동 исключáть/исключи́ть *кого-что* 제외하다
형 исключи́тельный 배타적인, 특별한

За **исключéнием*** меня́ и ещё двух студéнтов, бóльше никтó не смог сдать э́тот экзáмен.

나와 다른 두 명의 학생을 빼면 이번 시험에 통과한 사람은 없는 셈이다.

*за исключéнием *когó-чегó* ~을 제외하고

заключáть НСВ

заключи́ть СВ
заключён, -á, -ы́

동 что 1. (계약, 협정) 맺다, 체결하다 2. 결론을 맺다 3. 가두다
명 заключённый 재소자, 수감자
명 заключéние 체결, 결론, 감금

Пóсле пяти́ лет совмéстной жи́зни мы, наконéц, реши́ли официáльно **заключи́ть** брак.

우리는 5년간 동거한 끝에 결국 공식적으로 결혼을 하기로 결정했다.

заключáться НСВ

동 в чём ~로 귀결되다, ~이다

Объясни́те, пожáлуйста, в чём **заключáется** рáзница мéжду словáми “стáрый” и “стари́нный”.

‘стáрый’와 ‘стари́нный’ 단어의 차이점이 무엇인지 설명해 주세요.

коммун- 공동, 같이

коммунáльный

형 함께 사는, 공영의, 공공의

В э́том годý **коммунáльные** услýги* в нáшем гóроде подорожáли в срéднем на 12%.

올해 우리 도시의 주택 관리비가 12%나 인상되었다.

*коммунáльные услýги 전기, 가스, 수도, 난방 등 주택 관리비

Пéрвые три гóда пóсле свáдьбы мы жи́ли в **коммунáльной** квартúре* в цéнтре Москвы́, а потóм у нас появи́лась своя́ кварти́ра.

신혼 3년 동안 우리 부부는 모스크바 중심가의 공동주택에 살다가 그 이후에 집을 새로 장만했다.

*коммунáлка 공동주택(한 집에 구역을 나눠 여러 가족이 사는 주거 형태)

коммунисти́ческий 형 공산주의의
명 коммуни́зм 공산주의
명 коммуни́ст 공산주의자

Коммунисти́ческий эксперимéнт в Росси́и заверши́лся пóлным крáхом.

러시아의 공산주의 실험은 완전한 실패로 끝났다.

коммуникáция 명 의사소통, 통신, 연락
형 коммуникациóнный 소통의, 연락의
형 коммуникáбельный 사교성 있는

Совремéнный би́знес немы́слим без эффекти́вной **коммуникáции** и взаимодéйствия мéжду всéми учáстниками произвóдственных процéссов.

모든 생산 참여자 간에 효율적 소통과 협업이 이루어지지 않는 현대 비즈니스를 상상할 수 없다.

телекоммуникáция 명 통신
형 телекоммуникациóнный 통신의

Росси́йская **телекоммуникациóнная** компáния “МТС”

러시아 통신사 MTS

кольк- 어떠한, 얼마큼

коли́чество 명 양(↔ кáчество 질, 자질)
형 коли́чественный 양의(↔ кáчественный 질의, 질적인)

Осенью глáвное для фéрмеров - в достáточном **коли́честве** заготóвить кормá для живóтных на зи́мний пери́од.

농부들이 가을에 가장 중시하는 일은 겨울철을 대비해 가축들의 먹이를 충분히 비축하는 것이다.

ско́лько

의문사 얼마나

Дорого́й, ну **ско́лько** мо́жно жить в гражда́нском бра́ке? Нам на́до пожени́ться, официа́льно.

자기야, 얼마나 더 동거만 하려고 그래? 이제 우리 결혼해야지. 공식적으로 말이야.

наско́лько

부 1. 얼마큼 2. ~하는 한

Наско́лько я зна́ю, ваш сын сейча́с у́чится в Аме́рике. И как, он дово́лен?

제가 알기로는 아드님이 미국에서 공부한다고 하던데요. 어때요, 만족한대요?

не́сколько

1. 수 몇몇의 2. 부 어느 정도, 다소

Борьба́ с бе́дностью - э́то зада́ча, кото́рая не мо́жет быть решена́ за **не́сколько** лет.

빈곤 퇴치 문제는 몇 해 안에 바로 해결되는 사안이 아니다.

поско́льку

접 왜냐하면

Поско́льку вы системати́чески опа́здываете на рабо́ту, объявля́ю вам вы́говор.

반복되는 지각으로 인해 견책 처분을 내립니다.

38일차

конкур- 경쟁

ко́нкурс

명 경기, 대회

По́сле шко́лы я реши́ла стать арти́сткой, поступа́ла в театра́льный институ́т, но не прошла́ по **ко́нкурсу**.

고등학교 졸업 후 난 배우가 되기로 결심하고 연극학교 시험을 쳤지만 낙방하고 말았다.

конкуре́нция

명 경쟁
명 конкуре́нт 경쟁자, 라이벌(сопе́рник)
동 конкури́ровать *за что* (~을 얻기 위해) 경쟁하다

Конкуре́нция производи́телей - основна́я дви́жущая си́ла капиталисти́ческой эконо́мики.

생산기업 간 경쟁은 자본주의 경제의 원동력이다.

конкуре́нтоспосо́бность  경쟁력

Ни́зкая производи́тельность труда́ в росси́йской эконо́мике значи́тельно снижа́ет **конкуре́нтоспосо́бность** её проду́кции на мировы́х ры́нках.

러시아 경제의 낮은 노동생산성은 글로벌 시장에서 러시아 제품의 경쟁력을 크게 약화시킨다.

конец(ч)- 끝

коне́ц
단생 конца́

명 끝, 종료
주의 ко́нчик 끝(~ но́са 코끝, ~ па́льца 손끝)
형 коне́чный 마지막의, 궁극적인(↔ бесконе́чный) 끝없는, 무한한
동 конча́ть/ко́нчить *что/инф.* 마치다, 끝내다

Если нам сейча́с в ба́нке не даду́т креди́т, то всё, би́знесу **коне́ц**!

만약 지금 은행에서 대출을 해주지 않는다고 하면 우리 사업은 정말 끝이야!

실력 UP!

в концé концóв 결국
наконéц 결국, 마침내
без концá 하염없이
до концá 끝까지

закáнчивать НСВ
закóнчить СВ
закóнчен, -а, -ы

동 что 끝내다, 완료하다

К 7-мú вéчера я **закóнчил** все делá по рабóте и со спокóйной душóй пошёл с друзья́ми пить пúво.

저녁 7시쯤 나는 모든 일을 끝마치고 홀가분한 마음으로 친구들과 맥주를 마시러 갔다.

실력 UP!

окáнчивать/окóнчить 졸업하다
~ шкóлу 고등학교를 졸업하다
~ вуз (университéт) 대학을 졸업하다
завершáть/завершúть 마무리하다, 완성하다(97p 참고)
~ рабóту 일을 마치다
~ исслéдование 연구를 마치다

окончáтельный

형 최종의

Приговóр **окончáтельный** и обжáлованию не подлежúт.

최종 판결이 내려졌고, 상고는 불가능합니다.

скончáться СВ

동 사망하다, 별세하다
명 кончúна 사망, 서거, 타계

Несмотря́ на все усúлия врачéй, больнóй **скончáлся**.

의사들의 갖은 노력에도 환자는 결국 사망했다.

покóнчить СВ
покóнчен, -а, -ы

동 с чем 끝내다, 없애다

Извéстный певéц и музыкáнт **покóнчил** жизнь самоубúйством* на 40-м годý жúзни.

유명 가수 겸 음악가는 40세의 나이에 스스로 생을 마감했다.

*покóнчить жизнь самоубúйством 자살하다

коп-/кап- 쌓다

нака́пливать НСВ
накопи́ть СВ
накоплю́, -ко́пишь, -ко́пят
нако́плен, -а, -ы

동 что 축적하다

За три го́да рабо́ты за грани́цей мне удало́сь **накопи́ть** де́нег не то́лько на кварти́ру, но ещё и на маши́ну.
나는 3년간 외국에서 일하면서 집도, 차도 살 만큼 돈을 모았다.

копи́лка
복생 копи́лок

명 저금통

Вчера́ на Олимпиа́де росси́йские спортсме́ны попо́лнили **копи́лку** свои́х награ́д ещё двумя́ золоты́ми меда́лями.
러시아 올림픽 선수단은 전일 금메달 두 개를 추가로 확보하면서 통산 메달 개수를 늘리는 데 성공했다.

корен- 뿌리

ко́рень
단생 ко́рня
복 ко́рни
복생 корне́й

명 男 1. 뿌리 2. 출처, 기원

Мно́гие росси́йские пробле́мы свои́ми **корня́ми** ухо́дят в далёкое про́шлое страны́.*
러시아가 당면한 문제 대부분은 그 뿌리를 먼 과거에 두고 있다.

*Ко́рни мно́гих совреме́нных пробле́м Росси́и ухо́дят в её далёкое про́шлое.

коренно́й

형 토박이의, 본토의

Я горжу́сь тем, что я **коренно́й** москви́ч. Мои́ пре́дки живу́т в Москве́ с 17-го ве́ка!
난 내가 모스크바 토박이라는 것이 자랑스러워. 우리 조상은 17세기부터 모스크바에서 대대로 살고 있거든.

коренно́й жи́тель 원주민, 토착민

искореня́ть НСВ
искорени́ть СВ
искоренён, -а́, -ы́

동 что 뿌리 뽑다, 근절하다

Основно́й ло́зунг, с кото́рым па́ртия идёт на вы́боры, - "**Искорени́м** корру́пцию - раз и навсегда́!".
정당은 '부정부패 완전 척결'을 주요 선거구호로 내세웠다.

укореня́ть НСВ
укорени́ть СВ
укоренён, -а́, -ы́

동 что (습관 등을) 심어주다, 뿌리 내리게 하다

Цель своéй жи́зни Пётр Пéрвый ви́дел в том, чтóбы **укорени́ть** в Росси́и нóвый, европéйский уклáд жи́зни.

표트르 대제의 삶의 목표는 러시아에 새로운 유럽식 생활 양식을 정착시키는 것이었다.

корм- 먹이

корм
복 кормá

명 먹이, 사료

Нýжно сходи́ть в зоомагази́н и купи́ть **кóрма** для хомячкóв.

동물용품점에 들러서 햄스터 사료 좀 사야겠어.

корми́ть НСВ
покорми́ть СВ
(по)кормлю́, кóрмишь, кóрмят

동 чем 먹이다

Всё, я на рабóту побежáла! **Покорми́** попугáйчика и вы́неси мýсор!

나 지금 빨리 출근해야 돼. 앵무새 먹이 준 다음 쓰레기 좀 내놔 줘.

Ты моя́ женá, я о тебé забóчусь, но я не понимáю, почемý я дóлжен **корми́ть** и пои́ть* ещё и всех твои́х рóдственников?

당신은 내 아내니까 내가 신경써야하는 건 당연하지만, 내가 당신 가족들이랑 친척들까지 먹여살려야 하는지 모르겠어.

*обеспéчивать им нормáльную, хорóшую жизнь

корот-/крат- 짧은

корóткий
비 корóче

형 (길이, 기간 등) 짧은(short)
동 укорáчивать/укороти́ть *что* 줄이다, 단축하다

Я закóнчил отчёт, написáл шéфу **корóтенький** и-мéйл, прикрепи́л к немý файл с отчётом о переговóрах и всё отпрáвил.

난 보고서를 끝낸 뒤 짤막한 메일에 협상 내용이 담긴 보고서를 첨부하여 상사에게 전송했다.

Корóче, идёшь с нáми зáвтра на дискотéку?

야, 그래서 내일 우리랑 클럽 갈 거지?

*корóче (говоря́) 간단히 말해, 그러니까

кра́ткий

형 간략한(brief), 간결한

Заче́м му́читься, чита́ть два огро́мных то́ма “Войны́ и ми́ра” и́ли “Бра́тьев Карама́зовых”, когда́ есть их **кра́ткие** переска́зы на не́скольких страни́цах?
몇 장짜리 요약본도 있는데, 뭣 하러 ‘전쟁과 평화’나 ‘카라마조프의 형제들’ 같이 두꺼운 책을 읽느라 고생하니?

실력 UP!

краткосро́чный 기한이 짧은
~ заём 단기 대출
~ое обяза́тельство 단기 채무
Я взял **краткосро́чный** о́тпуск за свой счёт.
나는 짧은 무급 휴가를 썼다.
В ситуа́ции кри́зиса мы мо́жем стро́ить то́лько **краткосро́чные** пла́ны.
위기 상황에서는 단기 계획만 세울 수 있다.

кратковре́менный 짧은 시간 동안의
Утром и днём ожида́ется переме́нная о́блачность, во второ́й полови́не дня возмо́жен **кратковре́менный** дождь.
오전에는 가끔 구름이 많고, 오후에는 짧게 비가 내릴 것으로 예상됩니다.

сокраща́ть НСВ
сократи́ть СВ
сокращу́, -крати́шь, -кратя́т
сокращён, -а́, -ы́

동 что 줄이다, 축소하다
명 сокраще́ние 축소, 감축

У меня́ на рабо́те ад: обя́занностей приба́вили, а зарпла́ту **сократи́ли**.
회사가 지옥 같아. 업무는 더 늘었는데 급여는 줄었거든.

многокра́тно

부 여러번, 수차례, 수배(數倍)

Успе́х на́ших спортсме́нов на чемпиона́те ми́ра **многокра́тно** превы́сил са́мые оптимисти́ческие ожида́ния.
세계 선수권 대회에서 우리 선수들은 가장 낙관적인 기대를 몇 배나 뛰어넘는 성공을 거뒀다.

прекраща́ть НСВ
прекрати́ть СВ
прекращу́, -крати́шь, -кратя́т
прекращён, -а́, -ы́

동 что/инф. 중단하다

Прекрати́те разгово́ры! Не отвлека́йтесь! Это же ито́говая контро́льная!
잡담 그만하고, 집중하세요! 이번 시험이 최종 평가라고요!

39일차

край- 가장자리, 극

край

전 на краю́
복 края́
복생 краёв

명 1. 가장자리 2. 영토, 주(州), 지방

Наш сын сейча́с живёт на краю́ **све́та***, в Австра́лии.
우리 아들은 아주 먼 곳에 삽니다. 호주에 있죠.

*о́чень-о́чень далеко́

Коренны́е жи́тели э́того **кра́я** и́здавна занима́лись рыболо́вством и оленево́дством.
이 지방 사람들은 아주 오래전부터 어업과 양록업(사슴사육)에 종사해왔다.

родно́й **край**(ма́лая ро́дина) 고향

кра́йне

부 극히, 대단히, 매우
형 **кра́йний** 극도의, 극단적인

Да, ситуа́ция **кра́йне** сло́жная. Ну́жно сро́чно что́-то приду́мать, что́бы спасти́ наш би́знес.
네, 상황이 대단히 복잡합니다. 우리 사업을 회생할 방안을 속히 생각해 내야 합니다.

по кра́йней ме́ре 적어도

крас- 1붉은, 색 2아름다움

красота́

복 красо́т

명 아름다움, 미모
형 **краси́вый** 예쁜, 멋진
명 **краса́вец(краса́вица)** 미남(미녀)

Совреме́нным же́нщинам уже́ не ну́жно, как пре́жде, тра́тить ма́ссу вре́мени, что́бы гото́вить, стира́ть, убира́ть кварти́ру и т.п. **Красота́***!
요새 여성들은 요리, 빨래, 집 안 청소에 옛날처럼 많은 시간을 쏟을 필요가 없어. 정말 좋은 것 같아!

*Очень "хоро́шая", прия́тная, "комфо́ртная" ситуа́ция

украша́ть НСВ

укра́сить СВ

укра́шу, укра́сишь, укра́сят

укра́шен, -а, -ы

동 что 장식하다, 꾸미다

На За́паде ёлку ста́вят и **украша́ют** на Рождество́, а в Росси́и - на Но́вый год.

서유럽에서는 크리스마스에 트리를 만들고 장식하지만 러시아에서는 새해에 장식한다.

красне́ть НСВ

покрасне́ть СВ

(по)красне́ю, -не́ешь, -не́ют

동 붉어지다

В состоя́нии стра́ха ли́ца у одни́х люде́й **красне́ют**, а у други́х - бледне́ют.

어떤 사람들은 공포에 질리면 얼굴이 빨개지고, 어떤 사람들은 창백해진다.

실력 UP!

(**по**)**зелене́ть** 푸르게 변하다
(**по**)**желте́ть** 노래지다
(**с**)**темне́ть** 어두워지다
(**по**)**хороше́ть** 좋아지다, 예뻐지다

кра́сить НСВ

покра́сить СВ

(по)кра́шу, кра́сишь, кра́сят

покра́шен, -а, -ы

동 что 색칠하다, 염색하다
명 кра́ска 물감

Я **кра́шу** во́лосы в сре́днем раз в два ме́сяца.

나는 평균 두 달에 한 번 정도 염색을 한다.

실력 UP!

(**на**)**кра́сить** *что* 화장하다

Оля **накра́сила** гу́бы я́рко-кра́сной пома́дой.

올랴는 새빨간 립스틱을 발랐다.

кред- 믿음, 신용

креди́т

명 1. 신용 2. 융자, 차관
형 креди́тный 신용의

Кла́ссная маши́на! Купи́л и́ли в **креди́т** взял?

차 진짜 끝내준다! 네 돈 주고 산 거야, 아니면 대출받아 산 거야?

креди́тная ка́рточка 신용카드

кре́до 명 신조, 신념

Кре́до на́шей компа́нии - интере́сы клие́нтов всегда́ на пе́рвом ме́сте!
우리 회사의 신조는 고객의 이익을 최우선으로 여기는 것입니다.

аккредита́ция 명 승인, 인가, 등록

Пресс-це́нтр Чемпиона́та ми́ра по футбо́лу приступи́л к **аккредита́ции** журнали́стов, кото́рые бу́дут освеща́ть ма́тчи Мундиа́ля*.
월드컵 프레스센터는 월드컵 취재 기자 등록을 시작했다.

*Чемпиона́т ми́ра 월드컵

креп- 단단한, 강한

кре́пкий 형 1. 단단한, 강한 2. 진한, 깊은
비 кре́пче

На́ши се́мьи свя́зывает да́вняя и **кре́пкая** дру́жба.
가족을 하나로 묶어주는 것은 오랜 기간의 깊은 정이다.

Ме́ньше зна́ешь, **кре́пче** спишь.
모르는 게 약이다(모를수록 깊게 잔다).

кре́пость 명 女 1. 성곽, 요새 2. (술, 용액) 도수, 농도, 세기
복생 крепосте́й

В Сре́дние века́ монастыри́ на Руси́ ча́сто служи́ли ещё и **крепостя́ми** и даже тю́рьмами.
중세 러시아의 수도원은 요새나 감옥으로 사용되곤 했다.

укрепля́ть НСВ
укрепи́ть СВ
укреплю́, -пи́шь, -пя́т
укреплён, -а́, -ы́

동 что 강화하다

Проду́кты, бога́тые ка́льцием, **укрепля́ют** ко́сти и суста́вы.
칼슘이 풍부한 식품은 뼈와 관절을 튼튼하게 해준다.

закрепля́ть НСВ

закрепи́ть СВ

закреплю́, -пи́шь, -пя́т
закреплён, -а́, -ы́

동 что 1. 고정하다 2. 단단히 하다, 확고히 하다

Во второ́м та́йме футболи́сты на́шей кома́нды **закрепи́ли** свой успе́х ещё двумя́ заби́тыми гола́ми. Ито́г ма́тча - 3:0.

후반전에 우리 팀 (축구) 선수들은 두 골을 더 넣으며 승리를 확정 지었고, 경기는 3:0으로 종료되었다.

прикрепля́ть НСВ

прикрепи́ть СВ

прикреплю́, -пи́шь, -пя́т
прикреплён, -а́, -ы́

동 что + к чему 부착하다, 첨부하다

명 прикрепле́ние 부착, 첨부

Я забы́ла **прикрепи́ть** к и-ме́йлу файл с отчётом о перегово́рах, шеф пото́м руга́лся.

깜빡하고 메일에 협상 관련 보고서를 첨부하지 않아 상사에게 한 소리 들었지 뭐야.

крест-/христ- 십자가

крест

단생 креста́
복 кресты́

명 십자가

Когда́ я умру́ - пожа́луйста, не на́до на моги́лу дороги́х па́мятников! Скро́мный деревя́нный **крест** - и бо́льше ничего́.

내가 죽으면 묘지에 값비싼 비석 말고 소박한 나무 십자가를 세워줘. 그거면 돼.

Серьёзная тра́вма поста́вила **крест*** на карье́ре тала́нтливого футболи́ста.

심각한 부상으로 유망한 축구 선수의 선수 인생은 끝이 나 버렸다.

*ста́ла концо́м, прекрати́ла

воскресе́ние

명 부활, 재생, 회복

주의 воскресе́нье 일요일

Па́сха, и́ли **Воскресе́ние** Христо́во - древне́йший и са́мый ва́жный христиа́нский пра́здник. Он символизи́рует побе́ду над грехо́м и сме́ртью.

부활절은 가장 오랜역사를 지닌 중요한 기독교 축제이다. 부활절은 죄와 죽음에 대한 승리를 상징한다.

крестья́нин

(복) крестья́не
(복생) крестья́н

명 농민, 농노

Ещё мой ба́бушка и де́душка бы́ли **крестья́нами**, рабо́тали на земле́. А вот я уже́ программи́ст, рабо́таю в диза́йнерском бюро́.

우리 할머니, 할아버지만 해도 농사꾼으로 땅을 일구며 살았는데, 나는 디자인 회사에서 프로그래머로 일하고 있지 뭐야.

фе́рмер 농부
фе́рма 농장
земледе́лец 농부

перекрёсток

(단생) перекрёстка

명 사거리, 교차로

Наш го́род - ва́жный тра́нспортный у́зел, **перекрёсток** путе́й, иду́щих из це́нтра страны́ на юг и ю́го-восто́к.

우리 도시는 교통의 요지로 나라의 중부와 남부, 그리고 동남부를 잇는 길목의 교차점에 있다.

христиани́н

(복) христиа́не
(복생) христиа́н

명 기독교, 크리스천
명 Иису́с Христо́с 예수 그리스도

Согла́сно официа́льной стати́стике, к правосла́вным **христиа́нам** причисля́ют себя́ о́коло 75% россия́н.

공식 통계 자료에 따르면 러시아인의 75%가 정교 신자라고 한다.

실력 UP!

뜻	종교	교인, 신자 복
기독교	**христиа́нство**	**христиа́не**
정교	**правосла́вие**	**правосла́вные**
가톨릭	**католи́чество**	**като́лики**
개신교	**протестанти́зм**	**протеста́нты**
이슬람	**мусульма́нство/ исла́м**	**мусульма́не**
힌두교	**индуи́зм**	**индуи́сты**
불교	**будди́зм**	**будди́сты**
무신론	**атеи́зм**	**атеи́сты**
유교	**конфуциа́нство**	**конфуциа́нцы**

кром- 가장자리

кро́ме

전 кого-чего 1. ~을 제외하고 2. ~외에도, ~ 또한(поми́мо)

Внеза́пно умере́в, оте́ц-алкого́лик не оста́вил нам с сестро́й ничего́, **кро́ме** свои́х долго́в.

알코올 중독자였던 아버지는 나와 내 누이에게 빚만 남겨둔 채 급작스레 세상을 떠났다.

кро́ме того́(к тому́ же) 게다가

скро́мный

형 1. 겸손한 2. 검소한 3. 적은, 초라한

Уважаемый Дми́трий Па́влович, прими́те, пожа́луйста, мои́ поздравле́ния с днём рожде́ния и э́тот **скро́мный** пода́рок. От всей души́!

드미트리 파블로비치 씨, 생신 축하드립니다. 약소하지만 이건 선물입니다. 진심으로 축하합니다!

40일차

кров-/кры- 덮다

открыва́ть НСВ

откры́ть СВ

откро́ю, -кро́ешь, -кро́ют

откры́т, -а, -ы

동 **что** 열다, 발견하다

명 **откры́тие** 발견, 개시, 개막

Япо́нские учёные **откры́ли** в Инди́йском океа́не но́вый вид рыб, ещё не изве́стный нау́ке.

일본 학자들은 인도양에서 학계에 알려지지 않은 신종 어류를 발견했다.

Неда́вно в на́шем го́роде **откры́лся** но́вый железнодоро́жный вокза́л.

얼마 전 우리 시(市)에 새로운 철도역이 문을 열었습니다.

실력 UP!

откры́тый 열린, 개방적인

открове́нный 솔직한, 숨김없는

закры́тый

형 닫힌, 비공개의, 비밀의, 내부의

동 **закрыва́ть/закры́ть** *что* 닫다

명 **закры́тие** 닫는 것, 폐막, 폐쇄

Магази́н **закры́т** на ремо́нт.

매장이 수리 중이라 문을 닫았다.

в **закры́том** помеще́нии 실내에서

кры́ша

명 지붕, 덮개

Ты заче́м взял ещё оди́н креди́т в ба́нке? У тебя́ что, **кры́ша** совсе́м пое́хала*?!

당신 왜 또 대출을 받은 거야? 정신이 어떻게 된 거 아냐?!

*У *кого* кры́ша пое́хала = *кто* сошёл с ума́ 정신이 나가다

실력 UP!

кры́шка 뚜껑

кро́вля 지붕

кров 거처, 은신처

раскрыва́ть НСВ
раскры́ть СВ
раскро́ю, -кро́ешь, -кро́ют
раскры́т, -а, -ы

동 что 1. (뚜껑 등을) 열다 2. (비밀을) 밝히다

Мои́ приёмные роди́тели мно́го лет не **раскрыва́ли** свою́ та́йну: они́ усынови́ли меня́, когда́ мне бы́ло 3 ме́сяца.

우리 양부모님은 생후 3개월인 나를 입양했고, 그 사실을 오랜 세월 숨기고 계셨다.

покрыва́ть НСВ
покры́ть СВ
покро́ю, -кро́ешь, -кро́ют
покры́т, -а, -ы

동 что 1. 덮다 2. (지출 등) 보상하다, 지출하다

Сего́дня зо́на де́йствия моби́льных сете́й свя́зи **покрыва́ет** практи́чески всю террито́рию о́бласти.

현재 주(州)의 거의 모든 지역에서 모바일 통신 서비스가 가능하다.

накрыва́ть НСВ
накры́ть СВ
накро́ю, -кро́ешь, -кро́ют
накры́т, -а, -ы

동 (на) что 덮다, 씌우다

В кварти́ре бы́ло дово́льно прохла́дно, я **накры́ла** спя́щую до́чку ещё и пле́дом.

방이 약간 쌀쌀한 느낌이 들어, 난 잠든 딸 아이에게 담요를 하나 더 덮어주었다.

скрыва́ть НСВ
скрыть СВ
скро́ю, -кро́ешь, -кро́ют
скры́т, -а, -ы

동 кого-что + от кого-чего 숨기다

Почему́ ты **скрыл** от меня́, что встреча́лся с бы́вшей жено́й?

당신 전 부인 만났다면서. 왜 나한테 숨겼어?

сокро́вище

명 보물

На борту́ затону́вшего су́дна да́йверы обнару́жили це́лое **сокро́вище**: золоты́е моне́ты, драгоце́нные ка́мни и изде́лия.

잠수부들은 침몰한 선박에서 금화, 보석 등 온갖 보물을 발견했다.

перекрыва́ть НСВ
перекры́ть СВ
перекро́ю, -кро́ешь, -кро́ют
перекры́т, -а, -ы

동 что 차단하다, 막다

В моме́нт броска́ на́ши хоккеи́сты **перекры́ли** обзо́р вратарю́ сопе́рников, и тот был бесси́лен. Счёт стал 2:0 в на́шу по́льзу.

슛을 하는 순간 우리 팀 하키선수들은 상대 팀 골키퍼의 시야를 가려 손을 쓸 수 없게 했고, 그 결과 2:0의 점수를 만들었다.

круг(ж)- 원

круг
(복) круги́

(명) 1. 원, 동그라미 2. 범위, 영역, 집단
(형) кру́глый 둥근, 원형의; 전체의, 완전한

На сва́дьбу мы пригласи́ли то́лько у́зкий **круг** друзе́й и ро́дственников.
우리는 가까운 친구 몇 명과 친척들만 초대해 결혼식을 치렀다.

кру́глый год 일 년 내내

круго́м 주변에, 둘레에

실력 UP!

кругозо́р 식견
круглосу́точный 24시간의
кружо́к 동아리
шар 구(球)
полусфе́ра 반구

вокру́г

1. (전) кого-чего 주변에, 둘레에 2. (부) 주변을, 둘레를

У нас да́ча - пря́мо в лесу́. **Вокру́г** со́сны, е́ли, дубы́.
우리 다차(별장)는 말 그대로 숲 속에 있고, 주변은 소나무, 전나무, 참나무로 둘러싸여 있어.

кружи́ться НСВ
кружу́сь, кру́жишься, кру́жатся

(동) 돌다

Игра́ет му́зыка Штра́уса, па́ры **кру́жатся** в ва́льсе.
슈트라우스의 곡이 연주되고, 짝을 이룬 사람들은 왈츠 선율에 맞춰 빙글빙글 돌며 춤을 춘다.

окружа́ющий

1. (형) 주위의 2. (명) (복) 주변 사람
(동) окружа́ть/окружи́ть *что* 둘러싸다
(명) окруже́ние 주변 사람, 주변 환경

Не бу́ду скрыва́ть: мне́ние **окружа́ющих** име́ет для меня́ большо́е значе́ние.
굳이 숨기지 않을게. 나한테는 주변 사람들의 의견이 의미하는 바가 커.

Защи́та **окружа́ющей** среды́* остаётся одни́м из приорите́тных направле́ний в де́ятельности прави́тельства.

환경보호 문제는 정부가 가장 우선적으로 해야 할 과제 중 하나입니다.

*окружа́ющая среда́ 환경

о́круг

복 округа́

명 지역, 관구

Вся огро́мная террито́рия Росси́и разделена́ на 8 федера́льных **округо́в**.

러시아의 광활한 영토는 모두 8개의 연방관구로 나뉘어 있다.

실력 UP!

райо́н 지역, 동네

Канна́м - э́то прести́жнейший **райо́н** Сеу́ла.

강남은 서울에서 가장 잘 알려진 부촌이다.

Райо́н Мёндо́н 명동

регио́н 지역(대륙 정도의 큰 범위), 관구

Азиа́тско-Тихоокеа́нский **регио́н** (АТР) 아태지역

край 주(州), 지방 (222p 참고)

Примо́рский **край** 연해주

о́бласть 주(州), 지방 (104p 참고)

Моско́вская **о́бласть** 모스크바주

кварта́л 구역, 타운, 블록

ру́сский **кварта́л** 러시아타운

кита́йский **кварта́л** 차이나타운

крути́ть НСВ

кручу́, кру́тишь, кру́тят

동 1. что 돌리다(twist), 회전시키다(spin) (верте́ть 빙빙 돌리다)
2. разг. чем 마음대로 하다, 쥐락펴락하다

Бори́с заме́тно волнова́лся, не́рвно **крути́л** в рука́х зажига́лку.

보리스가 잔뜩 긴장한 게 눈에 보였다. 그는 신경질적으로 계속 라이터를 손에서 빙빙 돌려댔다.

Тама́ра **кру́тит** и ве́ртит* му́жем, как то́лько хо́чет.

타마라는 자기가 원하는 대로 남편을 쥐락펴락한다.

*Тама́ра “абсолю́тно” управля́ет свои́м му́жем; муж всегда́ выполня́ет то, чего́ хо́чет от него́ Тама́ра.

куп- 사다

покупа́ть НСВ
купи́ть СВ
куплю́, ку́пишь, ку́пят
ку́плен, -а, -ы

동 사다, 구매하다(приобрета́ть/приобрести́)
명 поку́пка 구매(품), 쇼핑
명 男 покупа́тель 구매자, 고객, 매수자
주의 купа́ться 목욕하다, 씻다

Возьму́ в ба́нке креди́т и **куплю́** себе́ “Мерседе́с” - пусть все сосе́ди зави́дуют!
은행에서 대출을 받아서 벤츠를 살 거야. 이웃 사람들이 전부 부러워하게 말이야!

ку́пля

명 구입, 매입

При проведе́нии всех сде́лок по **ку́пле**-прода́же недви́жимости взима́ется нало́г в разме́ре 13%.
모든 부동산은 매매 계약 시 13%의 세금이 부과됩니다.

купе́ц
단생 купца́
복 купцы́

명 상인, 장사꾼
형 купе́ческий 상인의

Зда́ние городско́го теа́тра бы́ло постро́ено в конце́ XIX-го ве́ка на сре́дства ме́стных **купцо́в** - больши́х люби́телей иску́сства.
시립 극장은 예술 애호가였던 이곳 상인들의 자금으로 19세기 말 건립되었다.

по́дкуп

명 매수, 뇌물(взя́тка)

Что́бы до суда́ вы́зволить му́жа из тюрьмы́, я реши́лась на **по́дкуп** сле́дователя. Бо́же, заче́м я э́то сде́лала?!
재판 전 남편을 구치소에서 석방하기 위해 나는 작심하고 수사관을 매수했다. 아, 대체 왜 그런 짓을 했을까?

вы́куп

명 몸값, 보상금, 상환

Сенса́ция: похи́щена дочь изве́стного предпринима́теля! Похити́тели тре́буют **вы́куп** в 100 миллио́нов до́лларов!
유명 기업인의 딸이 납치를 당하는 엄청난 사건이 발생했어! 납치범이 몸값으로 무려 1억 달러를 요구했다지 뭐야.

41일차

кур- 연기

кури́ть НСВ
курю́, ку́ришь, ку́рят

동 담배를 피우다
명 куре́ние 흡연
명 оку́рок 담배꽁초

Куре́ние и алкого́ль нано́сят непоправи́мый вред здоро́вью.
흡연과 음주는 건강에 돌이킬 수 없는 해를 끼친다.

кури́льщик

명 흡연자(куря́щий) (↔ некуря́щий 비흡연자)

Я **кури́льщик** со ста́жем: курю́ с пя́того кла́сса шко́лы.
난 연차가 오래된 흡연자예요. 5학년 때부터 폈거든요.

- Сигаре́ты не бу́дет?
- **Некуря́щий**.

- 담배 한 대 빌릴 수 있어요?
- 저는 담배 안 피워요.

лиш- 비어있는, 나쁜, 남는

ли́шний

형 남는, 여분의, 쓸데없는

Бу́дьте осторо́жны! Никогда́ не болта́йте **ли́шнего**, да́же оста́вшись наедине́ с лу́чшим дру́гом и́ли подру́гой!
조심해. 제일 친한 사람과 단둘이 있을 때라도 쓸데없는 말은 굳이 하지 마.

лишь

부 오직, 불과

Вы меня́ непра́вильно по́няли! Это была́ всего́ **лишь** шу́тка!
그쪽이 오해한 겁니다! 이건 농담일 뿐이었어요.

лиша́ть НСВ

лиши́ть СВ

лишён, -а́, -ы́

동 кого + чего ~에게서 -을 뺏다, 앗아가다

명 лише́ние 박탈, 상실

Неда́вно на совеща́нии я поспо́рил с ше́фом. И тот меня́, коне́чно, наказа́л: **лиши́л** пре́мии.

얼마 전 회의에서 상사와 논쟁이 있었어. 상사가 물론 그냥 넘어가지 않았지. 결국 상여금을 못 받게 됐어.

Согла́сно Уголо́вному ко́дексу РФ, наказа́ние за жесто́кое обраще́ние с живо́тными мо́жет соста́вить до трёх лет **лише́ния** свобо́ды.

러시아연방 형법에 의거, 동물 학대 행위는 3년 이하의 징역에 처할 수 있다.

легк(ч)- 가벼운, 적은

лёгкий

비 ле́гче

형 1. 쉬운 2. 가벼운 3. 복 폐, 허파

부 легко́

В э́ту се́ссию са́мый **лёгкий** экза́мен был по педаго́гике, а са́мый сло́жный - по филосо́фии.

이번 시험에서 제일 쉬웠던 과목은 교육학이었고, 가장 어려웠던 과목은 철학이었다.

слегка́

부 약간, 조금, 살짝(немно́го)

Артём далеко́ не краса́вец - небольшо́го ро́ста, лы́сый, **слегка́** косо́й, но в то́ же вре́мя тако́й весёлый и обая́тельный челове́к!

아르툠은 키도 작고, 대머리에 눈이 약간 사시라 잘생긴 것과는 거리가 멀지만, 아주 밝고 매력적이다.

легково́й

형 승용의(↔ грузово́й 화물의)

Сего́дня во мно́гих моско́вских се́мьях уже́ не одна́, а две **легковы́е** маши́ны.

요새 모스크바에는 한 대도 아닌 두 대 이상의 승용차가 있는 집들이 많다.

облегча́ть НСВ

облегчи́ть СВ

облегчён, -а́, -ы́

동 что 완화하다

명 облегче́ние 완화

Врачи́ и медсёстры хо́списа де́лают всё, что́бы **облегчи́ть** предсме́ртные страда́ния свои́х пацие́нтов.

호스피스 담당 의사와 간호사는 임종 전 환자들의 고통 완화를 위해 최선을 다하고 있다.

легкомы́сленный 형 경솔한, 경박한, 생각이 없는, 주책맞은

Я счита́ю, что бро́сить университе́т, когда́ ты на 4-ом ку́рсе, - э́то кра́йне **легкомы́сленное** реше́ние!
대학을 4학년까지 다니다가 그만두는 것은 경솔한 결정이라고 생각해요.

лек(ч)- 치료

лека́рство 명 от чего 약

лека́рство от ка́шля 기침약

Никаки́х побо́чных эффе́ктов да́нное **лека́рство** не вызыва́ет.
이 약은 어떤 부작용도 일으키지 않습니다.

принима́ть(пить) **лека́рство** 약을 복용하다

실력 UP!

табле́тка 알약
сре́дство 약, 약제
ка́пли 적제, 안약
мазь 연고
пла́стырь 반창고

лечи́ть НСВ
лечу́, ле́чишь, ле́чат
вы́лечить СВ
вы́лечу, -лечишь, -лечат

동 кого-что НСВ 치료하다, СВ 완치하다
명 **лече́ние** 치료, 요법
형 **лече́бный** 치료의

Язву желу́дка, от кото́рой я страда́ла мно́го лет, мне в э́той кли́нике **вы́лечили** всего́ за ме́сяц!
수년간 앓고 있던 위궤양이 이 병원에서 치료받은 지 한 달 만에 완쾌되었어.

неизлечи́мый 형 치료하기 어려운, 난치, 불치의

Совреме́нная медици́на успе́шно справля́ется с боле́знями, кото́рые ра́нее счита́лись **неизлечи́мыми**. Это и рак, и туберкулёз, и диабе́т.
현대의학은 암, 결핵, 당뇨병 등 과거 난치병으로 간주하였던 질병들을 성공적으로 치료하고 있다.

лет- 날다

лета́ть НСВ

лете́ть НСВ
лечу́, лети́шь, летя́т

동 날다, 비행하다
형 **лету́чий** 나는, 비행하는
형 **лета́тельный** 비행의

В “Автосе́рвисе” мне так отрегули́ровали дви́гатель, что маши́на тепе́рь **лета́ет**.
정비소에서 엔진을 손봤더니 차가 이제 날아다녀.

лету́чая мышь 박쥐

беспило́тный **лета́тельный** аппара́т(беспило́тник) 무인기

실력 UP!

улета́ть/улете́ть (비행기를 타고, 날아서) 떠나다
прилета́ть/прилете́ть (비행기를 타고, 날아서) 도착하다
пролета́ть/пролете́ть 통과하다, 빠르게 지나가다
Жа́лко, что ле́то так бы́стро прошло́, **пролете́ло**.
여름이 너무 휙 지나간 것 같아서 아쉬워.

полёт

명 비행, 비상(flight)

По́сле ава́рии истреби́теля Су-27 все **полёты** истреби́телей да́нного ти́па приостано́влены.
Su-27 전투기 사고 이후 동종 전투기의 비행을 임시로 중단하였다.

실력 UP!

вы́лет 이륙
поса́дка 착륙

вертолёт

명 헬리콥터

Увы́, никто́ из пассажи́ров и чле́нов экипа́жа **вертолёта** в катастро́фе не вы́жил.
안타깝게도 헬기 사고를 당한 승객과 승무원 중 생존자는 한 명도 없습니다.

실력 UP!

самолёт 비행기
лётчик 조종사, 파일럿

лог(ж)-/лад-/леч-1 놓다

ложи́ться НСВ

лечь СВ
ля́гу, ля́жешь, ля́гут
лёг, легла́, легли́

동 куда 눕다
주의 лежа́ть *где* 누워있다, 놓여있다

Я типи́чная сова́*: **ложу́сь** спать по́здно и встаю́ то́же по́здно.
난 전형적인 올빼미 스타일이야. 맨날 늦게 자고 늦게 일어나.

*челове́к, кото́рый по́здно ложи́тся спа́ть и по́здно у́тром и́ли да́же днём встаёт. (↔ жа́воронок 종달새, 일찍 일어나는 사람)

класть НСВ
кладу́, кладёшь, кладу́т
кла́л, -ла, -ли

положи́ть СВ
положу́, -ло́жишь, -ло́жат
поло́жен, -а, -ы

동 что + куда 놓다

Го́споди, ну куда́ я опя́ть кошелёк **положи́ла**? Нигде́ найти́ не могу́!
아 이런, 지갑을 또 어디에다 둔 거지? 도저히 찾을 수가 없네!

обло́жка

복생 обло́жек

명 겉표지, 커버

Это необыкнове́нное чу́вство - ви́деть свою́ фами́лию на **обло́жке** книги!
책 표지에 내 이름이 떡하니 있는 걸 보니 정말 신기해.

вклад

명 1. 예금 2. во что 투자 3. во что 기여
동 вкла́дывать/вложи́ть *что* + *во что* 투자하다
명 вкла́дчик 예금자

У нас в ба́нке вы смо́жете офо́рмить как рублёвый, так и валю́тный **вкла́ды**.
우리 은행에서는 루블 예금계좌뿐 아니라 외화 예금계좌도 개설할 수 있습니다.

Вели́кий ру́сский учёный Д.И. Менделе́ев внёс выдаю́щийся **вклад** в разви́тие хи́мии.
위대한 러시아의 학자인 멘델레예프는 화학 발전에 눈부신 기여를 했다.

42일차

лог(ж)-/лад-/леч-2 놓다

скла́дываться НСВ
сложи́ться СВ

동 이루어지다, 조성되다

В результа́те анома́льных холодо́в в го́роде **сложи́лась** крити́ческая ситуа́ция: мно́гие дома́ из-за ава́рий теплосете́й оста́лись без отопле́ния.

이상 강추위로 도시 전체에 위급한 상황이 발생했습니다. 난방설비 고장으로 다수의 가정에 난방공급이 되지 않고 있습니다.

склад

명 창고, 저장소; 재고

Пожа́р уничто́жил **склад** гото́вой проду́кции фи́рмы. Убы́тки соста́вили огро́мную су́мму.

회사의 완제품 보관창고는 화염으로 전소되었고, 엄청난 금액의 손실이 발생했다.

откла́дывать НСВ
отложи́ть СВ
отложу́, -ло́жишь, -ло́жат
отло́жен, -а, -ы

동 что 1. 연기하다, 미루다 2. 저축하다

Не **откла́дывай** на за́втра то, что мо́жешь сде́лать сего́дня.

오늘 할 수 있는 일을 내일로 미루지 마라.

С ка́ждой зарпла́ты я стара́юсь хотя́ бы немно́го **откла́дывать** на чёрный день*.

난 혹시 모를 일을 대비해 매달 따로 조금이나마 저축을 하고 있어.

*чёрный день - день, когда́ в жи́зни произойдёт, случи́тся что-то “плохо́е”; когда́ начнётся “плохо́й” пери́од в жи́зни.

실력 UP!

откла́дывание 연기
отложе́ние 침전, 퇴적
безотлага́тельный 미룰 수 없는, 시급한
неотло́жный 지체할 수 없는, 시급한

положéние

명 1. 지위, 위치, 입장 2. 상황, 정세 3. 조례, 법규

Отцá увóлили с рабóты, и семья́ оказáлась в непростóм **положéнии**: дéнег, чтóбы выплáчивать процéнты по креди́там, не стáло.

아버지는 직장에서 잘렸고, 우리 가족은 대출 이자를 갚지 못하는 힘든 상황에 처했다.

실력 UP!

стáтус 상태, 지위

социáльный **стáтус** 사회적 지위

пози́ция 1. 위치, 자리 2. 태도, 입장

пози́ция в рéйтинге 순위

пози́ция по северокорéйскому вопрóсу

대북 문제에 대한 입장

положи́тельный

형 긍정적인(позити́вный) (↔ отрицáтельный, негати́вный)

Экспéрты увéрены, что **положи́тельные** тендéнции в экономике страны́ сохраня́тся и в нóвом годý.

전문가들은 국가 경제의 긍정적 추세가 내년에도 지속될 것이라고 확신한다.

предлагáть НСВ
предложи́ть СВ
предложý, -лóжишь, -лóжат
предлóжен, -а, -ы

동 комý + что/инф. 제안하다, 권하다

명 предложéние 제안, 제의, 프러포즈

Мне **предложи́ли** рабóту в филиáле "Самсýнга" в Москвé - как же мне повезлó!

나 삼성 모스크바 지사의 일자리를 제안받았어. 완전 운이 좋지!

предлóг

명 1.핑계, 구실, 이유 2.전치사

Под **предлóгом*** борьбы́ с инфля́цией прави́тельство заморáживает пéнсии и зарплáты бюджéтников.

정부는 '인플레이션 억제'라는 명목하에 공공부문 종사자들의 연금과 급여를 동결했다.

*под предлóгом *чего* ~을 명분으로

полагáть НСВ

동 생각하다, 추측하다

Истóрики **полагáют**, что пéрвые поселéния на мéсте совремéнного Сеýла возни́кли приблизи́тельно 6 тыс. лет назáд.

역사가들은 현대 서울의 위치에 최초로 군락이 들어선 시기를 6천 년 전으로 추정한다.

полага́ться НСВ

положи́ться СВ

положу́сь, -ло́жишься, -ло́жатся

동 на кого-что 의지하다, 신뢰하다

Мы не мо́жем **полага́ться** на ва́ше че́стное сло́во. Необходи́м догово́р, име́ющий юриди́ческую си́лу.

우리는 당신의 약속을 믿을 수 없습니다. 법적 효력을 가진 계약서가 필요합니다.

предполага́ть НСВ

предположи́ть СВ

предположу́, -ло́жишь, -ло́жат

предполо́жен, -а, -ы

동 추측하다, 짐작하다, 가정하다(assume)

Я **предположи́л**, что но́вым дека́ном факульте́та ста́нет племя́нница ре́ктора, и не оши́бся.

난 총장의 조카가 새로운 학장이 될 것이라고 짐작했고, 그 짐작은 틀리지 않았다.

возлага́ть НСВ

возложи́ть СВ

возложу́, -ло́жишь, -ло́жат

возло́жен, -а, -ы

동 что + на кого-что

1. 위에 올려놓다 2.(의무, 책임 등) 지우다, (희망, 기대 등) 걸다

Чле́ны прави́тельства **возложи́ли** вено́к к Моги́ле Неизве́стного солда́та и почти́ли па́мять всех па́вших во́инов.

정부 인사들은 무명용사의 묘에 헌화하고 모든 순국 용사들을 추모했다.

Тре́нер кома́нды **возлага́ет** больши́е наде́жды на но́вого перспекти́вного напада́ющего.

팀의 감독은 전도유망한 새 공격수에 큰 기대를 걸고 있다.

Всю вину́ за пораже́ние кома́нды боле́льщики, как обы́чно, **возложи́ли** на её тре́нера.

팀이 패배하자 팬들은 늘 그래왔듯이 감독 탓을 했다.

нала́живать НСВ

нала́дить СВ

нала́жу, -ла́дишь, -ла́дят

нала́жен, -а, -ы

동 что 조성하다, 조직하다(establish)

Нала́дить пре́жние хоро́шие отноше́ния по́сле ссо́ры с роди́телями и́ли с друзья́ми чрезвыча́йно сло́жно.

부모님 혹은 친구와 다툰 후에는 예전과 같은 관계를 다시 만들기가 매우 어렵다.

нало́г

명 **на что** 세금
형 **нало́говый** 세금의
명 **нало́гообложе́ние** 과세
명 **нало́гоплате́льщик** 납세자

Прави́тельство ужесточа́ет контро́ль за неплате́льщиками **нало́гов**.
정부는 체납자 단속을 강화하고 있다.

Подохо́дный **нало́г** в Росси́и составля́ет всего́ 13% - и для бе́дных, и для бога́тых.
러시아의 소득세는 13%로 저소득자와 고소득자 모두에게 똑같이 적용된다.

расположе́ние

명 1. 위치 2. 호감

Для э́того го́рода характе́рно удо́бное **расположе́ние** на перекрёстке путе́й из Азии в Евро́пу.
이 도시는 아시아와 유럽을 잇는 길목에 있어 위치가 편리하다는 특징이 있다.

располага́ть НСВ
расположи́ть СВ
расположу́, -ло́жишь, -ло́жат
располо́жен, -а, -ы

동 1. **кого-что** 배치하다
2. **кого + к кому** ~가 -에게 호감을 느끼도록 하다
3. **ся** 위치하다, 자리 잡다
4. НСВ **чем** 소유하다(облада́ть)
형 **располо́женный** *где* ~에 위치한

В далёком про́шлом на ме́сте го́рода **располага́лось** дре́внее славя́нское поселе́ние.
아주 먼 과거, 이 도시는 고대 슬라브족이 살던 곳이었다.

приложе́ние

명 1. 첨부, 부가; 첨부 문서, 부록, 별지 2. 애플리케이션, 앱

В **приложе́нии** к и-ме́йлу я отпра́вил ше́фу все необходи́мые расчёты, каса́ющиеся но́вого би́знес-прое́кта.
나는 상사에게 새로운 사업안과 관련한 모든 수치 자료를 첨부파일에 담아 메일을 보냈다.

Благодаря́ но́вому **приложе́нию** к смартфо́ну заказа́ть такси́ мо́жно в тече́ние не́скольких мину́т.
새로운 스마트폰 앱만 있으면 몇 분 내 바로 콜택시를 부를 수 있다.

Я всегда́ с больши́м интере́сом чита́ю **приложе́ние** “Нау́ка” к “Незави́симой газе́те”.
나는 ‘네자비시마야 가제타’지에 들어있는 ‘과학’이라는 별책 부록을 항상 즐겨 읽는다.

прилагáть НСВ

приложи́ть СВ

приложу́, -лóжишь, -лóжат

прилóжен, -а, -ы

동 1. что 적용하다 2. что + к чему 첨부하다

주의 приклáдывать/приложи́ть *что + к чему* ~을 -에 가까이 대다

К резюмé ещё необходи́мо **приложи́ть** фотогрáфию и кóпию диплóма о вы́сшем образовáнии.

이력서에는 사진과 최종학력증명서를 함께 첨부해야 합니다.

Мне пришлóсь **приложи́ть** мáссу уси́лий* для тогó, чтóбы убеди́ть шéфа дать добрó** на мой проéкт.

나는 내 사업안에 동의하도록 상사를 설득하는 데 엄청난 노력을 들여야 했다.

*приложи́ть уси́лия *для чего/к чему* 노력하다

**дать добрó - сказать "да", дать разрешение/согласие

принадлежáть НСВ

принадлежу́, -жи́шь, -жáт

동 1. чему ~의 소유이다 2. к чему (집단 등) ~에 속하다

Честь откры́тия Антаркти́ды **принадлежи́т** рýсским мореплáвателям Ф. Беллинсгáузену и М. Лáзареву.

남극대륙 발견의 영광은 러시아 해양 탐험가인 벨린스가우젠과 라자레프가 차지했다.

залóг

명 1. 담보, 보증금 2. 필수 조건, 보장(обязáтельное услóвие)

Мы ужé внесли́ **залóг** за арéнду кварти́ры и на слéдующей недéле в неё переезжáем.

우리는 이미 아파트 보증금을 치렀고, 다음 주에는 이사를 들어가기로 했습니다.

Еди́нство и сплочённость - вот **залóг** всех нáших успéхов!

단결과 협동이 바로 우리 성공의 필수 조건이죠.

заклáдывать НСВ

заложи́ть СВ

заложу́, -лóжишь, -лóжат

залóжен, -а, -ы

동 что 1.(기초, 초석을) 다지다, 짓기 시작하다 2. 끼워 넣다, 틀어막다

Договóр о дрýжбе и сотрýдничестве **заложи́л** надёжную оснóву для разви́тия долгосрóчных отношéний мéжду двумя́ стрáнами.

우호협력협정을 체결함으로써 양국은 중장기적 관계 발전을 위한 견실한 토대를 마련하게 되었다.

*заложи́ть оснóву *для чего* ~의 토대를 다지다

В 1703 годý Пётр Пéрвый **заложи́л** на берегáх реки́ Невы́ нóвую столи́цу Росси́и - Сáнкт-Петербýрг.

1703년 표트르대제는 네바강 어귀에 러시아의 새로운 수도인 상트페테르부르크를 짓기 시작했다.

изложе́ние

명 서술
동 излага́ть/изложи́ть *что* 기술하다, 서술하다

Молоды́е лю́ди сего́дня всё ме́ньше и ме́ньше чита́ют кла́ссику: в лу́чшем слу́чае - её кра́ткое **изложе́ние** на не́скольких страни́цах.

젊은 사람들은 요새 들어 점점 더 고전 문학을 읽지 않는다. 아주 잘해야 몇 쪽짜리 짧은 요약본을 읽을 따름이다.

докла́дывать НСВ
доложи́ть СВ
доложу́, -ло́жишь, -ло́жат
доло́жен, -а, -ы

동 что/о чём 보고하다; 발표하다
명 докла́д 강의, 보고(서)
명 докла́дчик 보고자, 발표자

На совеща́нии Сове́та Безопа́сности страны́ мини́стр оборо́ны **доложи́л** о хо́де рефо́рмы вооружённых сил.

국방부 장관은 국가안전보장회의에서 군 개혁 관련 상황을 보고했다.

подлежа́ть НСВ
подлежи́т, -жа́т

동 чему ~해야 한다, ~할 필요가 있다

Убы́точные предприя́тия **подлежа́т** банкро́тству, а их руководи́тели - как ми́нимум, увольне́нию.

적자가 심한 회사들은 파산하고 경영자들을 해고하게 된다.

43일차

ли-/ль- 붓다, 흐르다

лить НСВ
лью, льёшь, льют
ле́й(те)

동 따르다, 흐르다, 붓다

Дождь **льёт** как из ведра́.
하늘에 구멍이 뚫린 것처럼 비가 온다.

- Доста́точно ма́сла?
- Нет, **лей** ещё. Грибы́ должны́ хорошо́ прожа́риться.

- 식용유 충분해?
- 아니, 더 넣어. 버섯을 더 오래 익혀야 해.

налива́ть НСВ
нали́ть СВ
налью́, -льёшь, -лью́т
нале́й(те)

동 что + чего/чем 따르다, 채우다

Так, Андре́ю бо́льше не **налива́ть**! Он уже́ в сте́льку пья́ный.
안드레이한테 술 더 주지 마! 이미 만취 상태야.

실력 UP!

поли́ть 물을 주다, 뿌리다, 끼얹다
~ цветы́ 꽃에 물을 주다

проли́ть 엎지르다, 쏟다
~ во́ду на́ пол 바닥에 물을 쏟다

разли́ть (나누어, 여러 군데) 따르다; 가득 붓다
~ *что* по стака́нам 컵에 나눠 따르다

слить (전부) 따라 버리다, 흘려보내다; 한 곳에 모으다, 합류시키다
Пе́ред тем как поста́вить маши́ну на́ зиму в гара́ж, не забу́дьте **слить** во́ду из радиа́тора.
겨울철 차고에 차량을 넣기 전에 반드시 냉각장치의 물을 따라 버리세요.

отли́ть (일부를) 퍼내다
~ воды́ из кувши́на 항아리에서 물을 퍼내다

вы́лить 몽땅 비우다,
~ во́ду из буты́лки 병에 있는 물을 모두 버리다

зали́ть 잠기게 하다, 들이닥치다
Весно́й во вре́мя та́яния снего́в река́ выхо́дит из берего́в и **залива́ет** всю доли́ну.
눈이 녹는 봄에는 강기슭의 물이 온 계곡을 가득 채운다.

зали́в

명 만(bay), 바다가 육지로 들어와 있는 곳

Перси́дский **зали́в** 페르시아만(걸프만)

проли́в

명 해협

Ке́рченский **проли́в** 케르치 해협

ли́вень

단생 ли́вня

명 男 폭우, 장대비, 호우

Во́здух по́сле **ли́вня** необыкнове́нно чист и свеж.
장대비가 몰아친 뒤에 공기는 유달리 깨끗하고 신선해.

слия́ние

명 합류, 융합

Го́род Ни́жний Но́вгород располо́жен в ме́сте **слия́ния** двух рек: Оки́ и Во́лги.
니즈니노브고로드시는 오카강과 볼가강이 합류하는 곳에 있습니다.

лик(ч, ц)- 얼굴, 개인

лицо́

복 ли́ца

명 1. 얼굴 2. 사람

По́сле "о́тдыха" в ночно́м клу́бе у меня́ всегда́ се́рое **лицо́** и круги́ под глаза́ми. И заче́м я туда́ хожу́?
나이트클럽에서 놀고 나면 항상 얼굴이 칙칙하고 다크써클이 생겨. 그런데도 도대체 왜 클럽을 못 끊는 걸까.

физи́ческое лицо́ 개인
юриди́ческое лицо́ 법인

налицо́

부 있다, 목전에 있다

Вчера́ вы поки́нули о́фис за по́лчаса́ до оконча́ния рабо́чего дня. **Налицо́** гру́бое наруше́ние трудово́й дисципли́ны.
어제 퇴근 시간 30분 전에 사무실에서 나가셨죠. 근무 규정 위반이에요.

ли́чный

형 개인의, 사적인
명 (女) **ли́чность** 1. 개인, 인물 2. 개성, 인격

Мне ка́жется, сего́дня мно́гие СМИ сли́шком мно́го говоря́т и пи́шут о **ли́чной** жи́зни так называ́емых знамени́тостей.

내 생각에 요즘 언론 대부분이 소위 유명인이라는 사람들의 사생활을 지나치게 보도하는 것 같아.

실력 UP!

ча́стный 개인의, 사적인
~ая шко́ла 사립학교
~ая жизнь 사생활
индивидуа́льный 개별적인
~ые заня́тия 과외, 개인 지도
~ подхо́д *к чему* ~에 대한 맞춤형 방식

прили́чный

형 1.예의바른, 고상한 2.상당한, 적절한, 좋은

Люде́й с таки́ми ужа́сными мане́рами допуска́ть в **прили́чное** о́бщество нельзя́!

이렇게 매너가 나쁜 사람들은 교양있는 사람들의 모임에 끼면 안 된다.

прили́чная зарпла́та 적당한(괜찮은 수준의) 임금

о́блик

명 모습, 외관, 자태

По́сле прихо́да но́вого мэ́ра **о́блик** го́рода реши́тельно измени́лся в лу́чшую сто́рону.

새로운 시장이 취임한 이후 도시 경관이 크게 개선되었다.

нали́чные

명 (복) 현금, 현찰

Извини́те, у меня́ сейча́с нет **нали́чных**. Мо́жно расплати́ться ба́нковской ка́ртой?

죄송한데 현금이 없네요. 카드로 결제할 수 있나요?

нали́чие

명 존재, 있음(↔ отсу́тствие 부재)

Нали́чие университе́тского дипло́ма ещё не говори́т о **высо́кой** культу́ре и образо́ванности его́ облада́теля.

대학졸업장을 취득했다는 사실이 그 사람의 교양과 지식 수준이 높다는 것을 의미하지는 않는다.

лицеме́рие

명 위선
형 **лицеме́рный** 위선적인, 앞뒤가 다른(двули́кий)

Ненави́жу в лю́дях **лицеме́рие** и двули́чие!
난 사람들의 위선과 가식이 정말 싫어.

разли́чный

형 다양한
동 **различа́ть/различи́ть** *что* 구별하다

Сего́дня в ми́ре насчи́тывается о́коло 20-ти́ ты́сяч **разли́чных** сорто́в пи́ва.
오늘날 전 세계적으로 맥주의 종류는 무려 2만 종에 달한다고 한다.

- Как называ́ется боле́знь, когда́ челове́к не мо́жет **различа́ть** цвета́? Я забы́л.
- Дальтони́зм.

- 색깔을 구분하지 못하는 병을 뭐라고 부르더라. 기억이 안 나네.
- 색맹이야.

실력 UP!
ра́зный 서로 다른, 다양한(360p 참고)
разнообра́зный 다채로운, 각양각색의(301p 참고)

безразли́чный

형 무관심한, 무심한(равноду́шный)

Мне соверше́нно **безразли́чно**, что обо мне говоря́т и ду́мают окружа́ющие.
주변 사람들이 나에 대해 뭐라고 생각하든, 뭐라고 얘기하든 난 전혀 상관없어.

отлича́ть НСВ
отличи́ть СВ
отличу́, -личи́шь, -луча́т
отличён, -а́, -ы́

동 1. кого-что + от кого-чего 구별하다
2. -ся от кого-чего + кем-чем 구별되다, 차이가 나다, 특징이 있다
명 **отли́чие** 구별, 특별

Чем **отлича́ется** католици́зм от правосла́вия?
가톨릭과 정교의 차이는 무엇입니까?

Жи́тели э́того го́рода **отлича́ются** дружелю́бием и гостеприи́мством.
이 도시 사람들은 다정하고 친절한 것이 특징이야.

실력 UP!
в отли́чие ***от кого-чего*** ~와 달리
отли́чный 훌륭한, 우수한
отличи́тельный 독특한, 구분되는, 특색있는

44일차

лов- 잡다, 포획하다

лови́ть НСВ
ловлю́, ло́вишь, ло́вят
пойма́ть СВ
по́йман, -а, -ы

동 кого-что 잡다, 포착하다

В суббо́ту на рыба́лке мы **пойма́ли** щу́ку ве́сом килогра́ммов в пять! Смотри́те фо́тки в "Фейсбу́ке"!
토요일에 낚시 갔다가 5kg짜리 강꼬치고기를 낚았지 뭐야. 페이스북에 있는 사진 좀 봐봐.

Ка́ждый год, что́бы **пойма́ть** свою́ уда́чу, в столи́цу приезжа́ют деся́тки ты́сяч провинциа́лов.
매년 성공을 찾아 수만 명의 사람이 지방에서 상경한다.

ула́вливать НСВ
улови́ть СВ
уловлю́, уло́вишь, уло́вят
уло́влен, -а, -ы

동 что 이해하다, 터득하다

Ка́жется, по́сле мои́х объясне́ний студе́нты с трудо́м, но **улови́ли** ра́зницу ме́жду слова́ми "ру́сский" и "росси́йский".
학생들은 내 설명을 듣고 나서 힘겹게나마 'русский'라는 단어와 'российский'라는 단어의 차이를 이해한 듯 보였다.

лову́шка
복생 лову́шек

명 덫, 함정

Зави́симость росси́йской эконо́мики от цен на нефть и газ - э́то своеобра́зная **лову́шка**, из кото́рой о́чень сло́жно вы́браться.
러시아 경제는 석유 및 가스 가격에 대한 의존성이라는 일종의 함정에 빠져있으며, 이에서 벗어나기는 매우 힘들다.

ло́вкий

형 약삭빠른, 교묘한, 능숙한(↔ нело́вкий 어설픈, 어색한, 곤란한)

На пре́сс-конфере́нции изве́стный поли́тик весьма́ **ло́вко** уходи́л от о́стрых, неприя́тных, провокацио́нных вопро́сов журнали́стов.
유명 정치인은 기자회견장에서 기자들이 그에게 던진 유쾌하지 않은 날카롭고 도발적인 질문을 능숙하게 회피했다.

Челове́к я **нело́вкий**: е́сли танцу́ю с де́вушкой, обяза́тельно наступа́ю ей на́ ноги.
난 둔해서 춤을 추다가 상대방 발을 밟지 않는 법이 없어.

лом-/лам- 조각

ломáть НСВ
сломáть СВ
слóман, -а, -ы

동 **что** 부수다, 망가뜨리다
형 **лóмкий** 잘 부서지는

Утром я **сломáла** нóготь, и потóм весь день у меня́ бы́ло ужáсное настроéние.
아침에 손톱이 부러지고 나서부터 종일 기분이 엉망이야.

ломáть гóлову ***над чем*** 머리를 쥐어짜 내다, 생각해내려고 애쓰다

перелóм

명 1. 부러지는 것, 골절 2. 변화, 전환
동 **перелáмывать/переломи́ть** *когó-что*
부러뜨리다, 반전시키다, 바꾸다

Из-за тяжёлой трáвмы - **перелóма** гóлени - спортсмéн был вы́нужден пропусти́ть чемпиона́т ми́ра.
정강이뼈 골절이라는 심각한 부상으로 선수는 세계선수권대회에 참가할 수 없었다.

К концу́ гóда прави́тельству удалóсь **переломи́ть** ситуáцию* в эконóмике и вы́вести её на положи́тельный тренд разви́тия.
연말에 이르러 정부는 (어려운) 경제 상황을 타개하고 경제를 긍정적인 성장 궤도에 올려놓을 수 있었다.

*переломи́ть ситуáцию 상황을 타개하다

полóмка
복생 полóмок

명 파손, 고장(неисрпáвность)

Из-зá **полóмки** оборýдования на подстáнции цéлый райóн гóрода остáлся без свéта.
변전소의 장비 결함으로 도시의 한 구역 전체가 정전되었다.

головолóмный

형 어려운, 골치 아픈

Сценари́стам фи́льма удалóсь придýмать вои́стину **головолóмный** сюжéт.
영화 시나리오 작가들은 아주 복잡한 플롯을 생각해냈다.

люб- 사랑, 애호

любóвь
단생 любви́

명 女 사랑, 애정
명 любóвник(-ница) 정부(情夫)

Что мучи́тельнее - зубна́я боль и́ли боль безотве́тной **любви́**?

치통과 짝사랑의 아픔 중 어떤 게 더 괴롭나요?

люби́мый

형 사랑하는, 좋아하는

Я пришла́ с рабóты, переоде́лась в **люби́мый** ста́рый хала́т и до трёх нóчи просиде́ла в сóцсетя́х.

난 퇴근 후 내가 제일 좋아하는 오래된 가운으로 갈아입고는 새벽 3시까지 SNS를 했어.

люби́тель

명 男 애호가, 마니아, 아마추어
형 люби́тельский 애호가의, 아마추어의

Нет, я не профессиона́льный фотóграф. В лу́чшем слу́чае, квалифици́рованный **люби́тель**.

저는 전문 사진가가 아니에요. 아무리 좋게 봐줘도 그냥 실력이 좀 괜찮은 아마추어죠.

любóй

형 임의의, 아무거나

Вот моя́ визи́тка. Пожа́луйста, звони́те в **любóе** вре́мя.

제 명함이에요. 언제든 연락주세요.

Мы должны́ вы́играть э́тот суде́бный процéсс - **любóй** ценóй*!

우린 이 재판에서 반드시 승소해야 합니다. 무슨 수를 써서라도요!

*любóй ценóй 무슨 수를 써서라도

любопы́тный

형 호기심 많은

Настоя́щий учёный - э́то не прóсто у́мный, но ещё и **любопы́тный** челове́к.

진정한 학자는 명석할 뿐 아니라 호기심도 많아야 한다.

любе́зный

형 친절한, 예의 바른

Благодарю́ Вас, Вы óчень **любе́зны**.

친절하게 대해주셔서 감사합니다.

любова́ться НСВ
любу́юсь, -бу́ешься, -бу́ются

동 чем 감상하다, 즐기다, 만족스럽게 바라보다

Посети́тели подо́лгу **любу́ются** карти́нами, вы́ставленными в музе́е.
관람객들은 미술관에 전시된 작품을 한참 동안 감상했다.

маз(ж)- 문지르다

ма́зать НСВ
нама́зать СВ
(на)ма́жу, ма́жешь, ма́жут

동 что + чем 바르다, 칠하다

Ле́том я никогда́ не выхожу́ на у́лицу, не **нама́зав** лицо́ кре́мом от зага́ра.
나는 여름철에 외출할 때 얼굴에 선크림을 꼭 발라.

сма́зка
복생 сма́зок

명 윤활유(сма́зочное ма́сло)

Я оста́вил маши́ну в "Автосе́рвисе", что́бы мне поменя́ли **сма́зку** в дви́гателе.
나는 엔진 윤활유를 교체하기 위해 차를 정비소에 세웠다.

45일차

ман-1 손

манипули́ровать
НСВ
манипули́рую, -руешь, -руют

동 **чем** 조종하다, 조작하다
명 **манипуля́ция** 조작, 변조

Суро́вый зако́н жи́зни: ли́бо **манипули́руешь** ты, ли́бо **манипули́руют** тобо́й. Тре́тьего не дано́.
남을 조종하지 않으면 남한테 조종당하는 것이 가혹한 삶의 법칙이다. 제3의 길은 없다.

Без **манипуля́ции** обще́ственным мне́нием вы́играть вы́боры невозмо́жно!
여론을 조종하지 못하면 선거를 승리로 이끌 수는 없어.

манифе́ст

명 선언, 성명, 매니페스토

Исто́рия доказа́ла оши́бочность иде́й, вы́двинутых К. Ма́рксом и Ф. Энгельсом в их “**Манифе́сте** Коммунисти́ческой па́ртии”.
마르크스와 엥겔스가 ‘공산당 선언’에서 주장한 내용이 틀렸다는 것을 역사가 증명했다.

манёвр

명 1. 기동 2. 술책, 행위(де́йствия, а́кции и т.п.)

Свои́ми **манёврами** росси́йский истреби́тель вы́нудил самолёт-разве́дчик НАТО прерва́ть полёт вблизи́ возду́шного простра́нства РФ.
러시아 전투기가 출동하여 NATO의 정찰기가 러시아 영공 근처에서 비행하는 것을 막았다.

Разреши́ть э́ту сло́жную междунаро́дную пробле́му удало́сь благодаря́ иску́сным дипломати́ческим **манёврам** росси́йского МИДа.
러시아 외무부의 능숙한 외교술로 이 복잡한 국제 문제를 해결할 수 있었다.

мане́ра

명 1. 방법, 방식 2. 태도, 행동거지, 매너

У э́тих мои́х ро́дственников стра́нная **мане́ра** приходи́ть в го́сти без звонка́.
이 사람들은 우리 친척인데, 연락도 없이 찾아오는 이상한 습관이 있어.

ман-2 손짓

обма́нывать НСВ
обману́ть СВ
обману́, -ма́нешь, -ма́нут
обма́нут, -а, -ы

동 кого-что 1. 속이다 2. (기대, 예측 등) 져버리다
명 обма́н 거짓, 사기
명 обма́нщик 거짓말쟁이

Власть в очередно́й раз **обману́ла** ожида́ния избира́телей.
정부는 또다시 유권자들의 기대를 져버렸다.

зама́нчивый

형 끌리는, 매혹적인

Пе́ред вы́борами поли́тики всегда́ обеща́ют избира́телям золоты́е го́ры*, рису́ют **зама́нчивые** перспекти́вы.
선거 전 정치인들은 항상 갖가지 공약을 내걸고 유권자들의 마음을 홀리는 미래상을 제시한다.

*обеща́ют "о́чень-о́чень мно́го" всего́ хоро́шего; обеща́ют счастли́вую, ра́йскую жизнь..

мал-/мен-/молод- 작은, 적은

ма́ло

부 술 조금, 적게
형 ма́лый 작은, 적은

Мно́гие серьёзные учёные-био́логи утвержда́ют, что поведе́ние челове́ка **ма́ло** чем отлича́ется от поведе́ния живо́тных.
수많은 유수의 생물학자들은 인간과 동물의 행동이 크게 다르지 않다고 주장한다.

실력 UP!

малокро́вие 빈혈
малогабари́тный 크기가 작은
~ая кварти́ра 소형 아파트
маловероя́тный 믿기 어려운, 그럴 리가 없는
~ слу́чай 믿기 어려운 일
малобюдже́тный 저예산의
~ фильм 저예산 영화

ма́ленький

비 ме́ньше

형 작은, 어린

Городо́к наш совсе́м **ма́ленький**: всего́ пять ты́сяч жи́телей.

우리 도시는 인구가 5천 명에 불과할 정도로 작다.

Мой мла́дший брат ещё совсе́м **ма́ленький**, ходи́ть на́чал то́лько ме́сяца два наза́д.

내 남동생은 아직 아주 어린데, 두 달 전에 겨우 걷기 시작했다.

ме́нее

비 더 적은, 덜한

К сожале́нию, благоприя́тный прогно́з для больно́го всё **ме́нее** вероя́тен.

안타깝게도 환자는 호전 가능성이 낮아지고 있습니다.

실력 UP!

бо́лее или ме́нее/бо́лее-ме́нее/в како́й-то сте́пени 어느 정도, 다소, 비교적

тем не ме́нее 그럼에도 불구하고

не ме́нее ~ 이상, ~보다 더 많이

мла́дший

형 1. 더 어린, 연하의 2. (계급이) 더 낮은

Наш ста́рший сын сейча́с у́чится в Ло́ндоне на диза́йнера, а **мла́дший** гото́вится поступа́ть в фина́нсовую акаде́мию здесь, в Москве́.

우리 큰아들은 런던에서 디자인 공부를 하고 있고, 작은아들은 여기 모스크바에서 금융 전문 대학 입시를 준비하고 있어요.

мла́дший лейтена́нт и ста́рший лейтена́нт

소위와 상위(우리나라에는 없는 군 계급)

молодо́й

비 моло́же

형 젊은; 새로운

명 女 мо́лодость 청춘, 젊은 시절

В компа́нии идёт есте́ственный проце́сс сме́ны поколе́ний: ухо́дят ста́рые ка́дры, их ме́сто занима́ют **молоды́е** энерги́чные ме́неджеры.

나이 든 사람은 퇴직하고, 그 자리를 젊고 활력있는 사람들이 채워 가는 과정을 통해 회사 내 자연스러운 세대교체가 일어나고 있다.

молоде́ть НСВ

помолоде́ть СВ

(по)молоде́ю, -де́ешь, -е́ют

동 젊어지다

Бог мой, как прекра́сно вы вы́глядите! Всё **молоде́ете** и хороше́ете!

어머, 얼굴이 참 좋아 보이네요. 점점 젊어지고 멋있어지시는 것 같아요.

Врачи́ с трево́гой констати́руют, что ра́ковые и серде́чно-сосу́дистые заболева́ния серьёзно "**помолоде́ли**"*.

의사들은 암과 심혈관 질환에 걸리는 연령이 훨씬 낮아졌다며 우려를 표하고 있다.

*Ра́ньше э́то бы́ли боле́зни в основно́м люде́й пожило́го во́зраста, а тепе́рь и́ми всё ча́ще боле́ют и молоды́е лю́ди.

молодёжь

명 女 젊은 사람들, 청년 세대

Совреме́нная росси́йская **молодёжь** в ма́ссе свое́й индиффере́нтна к поли́тике.

요즘 젊은이들은 대부분 정치에 관심이 없다.

ме́лкий

형 소형의, 자잘한, 얕은, 소소한

Продаве́ц: А у вас нет **ме́лких** де́нег? У меня́ сда́чи не бу́дет.

점원: 잔돈 없나요? 거슬러 드릴 돈이 없어요.

ме́лочь

복생 мелоче́й

명 女 1. 사소한 것(пустяки́) 2. 잔돈

- У вас **ме́лочи** не бу́дет? 20 рубле́й.
- Сейча́с посмотрю́. Вот, пожа́луйста.

- 잔돈 없나요? 20루블이에요.
- 잠시만요. 여기 있어요.

При рассле́довании преступле́ния важна́ люба́я дета́ль, люба́я **ме́лочь**.

범죄 수사에서는 세세한 것, 작은 것 하나라도 모두 중요하다.

малы́ш

단생 малыша́

복 малыши́

명 разг. 아이, 꼬마

На́шему **малышу́** год и два ме́сяца, он уже́ хо́дит и пыта́ется что́-то говори́ть.

우리 아기는 1년 2개월이야. 벌써 걷고 옹알이도 해.

실력 UP!

ребёнок 아이, 어린이

Моя́ ба́бушка была́ ста́ршим **ребёнком** в семье́.

우리 할머니는 형제자매 중 맏이였다.

младе́нец/новорождённый 신생아

По́сле тяжёлого рабо́чего дня я сплю́ сло́вно **младе́нец**.

회사에서 힘든 하루를 보내고 나는 젖먹이 아이처럼 단잠에 빠져들었다.

уменьша́ть НСВ
уме́ньшить СВ
уме́ньшу, -шишь, -шат
уме́ньшен, -а, -ы

동 что 줄이다

Кри́зис: руководи́тели фирм и компа́ний сокраща́ют шта́ты, **уменьша́ют** зарпла́ты сотру́дников.

경제 위기로 각 회사의 임원진들은 직원 수와 임금을 줄이고 있다.

меньшинство́
복 меньши́нства

명 소수(minority)

Коне́чно, есть у меня́ на рабо́те в компа́нии и не о́чень прия́тные лю́ди, но их, сла́ва бо́гу, **меньшинство́**.

나도 회사에 싫은 사람들이 있지. 하지만 다행히 많지는 않아.

медл- 느린

неме́дленно

부 당장, 즉시, 곧바로

- Мне предлага́ют рабо́ту в Москве́ в министе́рстве. Соглаша́ться?
- Коне́чно, **неме́дленно**!

- 모스크바의 정부 부처에서 일자리를 제안했는데 승낙해야 할까?
- 당연하지, 당장 된다고 해!

замедля́ть НСВ
заме́длить СВ
заме́длю, -ме́длишь, -ме́длят
заме́длен, -а, -ы

동 что 늦추다, 지연시키다
명 замедле́ние 지연, 둔화

Нали́чие огро́много коли́чества бюрократи́ческих инста́нций суще́ственно **замедля́ет** проце́сс приня́тия важне́йших госуда́рственных реше́ний.

관료제의 위계하에 놓여 있는 기관이 많기 때문에 주요 사안에 대한 정부의 의사결정 과정이 현저히 지체된다.

46일차

мг-/миг- 찰나

миг

명 순간, 찰나

Жизнь невозмо́жно поверну́ть наза́д, и вре́мя ни на **миг** не остано́вишь! (Из пе́сни, исполня́емой Аллой Пугачёвой)

삶은 뒤로 되돌릴 수 없고, 시간은 단 한순간조차 멈출 수가 없지.(알라 푸가쵸바의 노래 중)

мига́ть НСВ

동 (눈, 빛 등) 깜빡이다

Телеви́зор слома́лся: экра́н посто́янно **мига́ет**, смотре́ть невозмо́жно.

TV가 고장 났어요. 화면이 계속 깜박거려서 볼 수가 없네요.

мгнове́нно

부 순간적으로

Этот худо́жник пи́шет каки́е-то стра́нные, причу́дливые карти́ны, но раскупа́ются они́ **мгнове́нно**.

이 화가가 그리는 작품은 뭔가 생경하고 오묘한 데가 있는데, 팔려나가는 것도 순식간이더라고.

меж-/межд- 사이, 중간

ме́жду

전 **кем-чем** 사이에, ~간에

В отноше́ниях **ме́жду** Росси́ей и За́падом наконе́ц-то наме́тились положи́тельные тенде́нции.

마침내 러시아와 서방 간의 관계에서 긍정적인 동향이 감지됐다.

실력 UP!

ме́жду про́чим 그건 그렇고, 어쨌든

Почему́ я до́лжен ду́мать, что ва́ше мне́ние пра́вильно? **Ме́жду про́чим**, вся́кое мне́ние субъекти́вно!

내가 당신의 의견이 옳다고 여겨야 할 이유가 있나요? 결국 모든 의견은 주관적인 거잖아요.

ме́жду тем 그동안, 한편

Це́лый ме́сяц мы с друзья́ми говори́ли и обсужда́ли то́лько Олимпиа́ду. **Ме́жду тем** в ми́ре происходи́ли гора́здо бо́лее ва́жные собы́тия.

한 달 내내 난 친구들이랑 올림픽 이야기만 했어. 그런데 그동안 한편에서는 전 세계적으로 (올림픽보다) 더 중요한 일들이 벌어지고 있었더라고.

ме́жду собо́й 서로서로, 자기들끼리

Нам с ро́дственниками ну́жно разде́лить **ме́жду собо́й** насле́дство, кото́рое оста́вил поко́йный де́душка.

우리 친척들은 돌아가신 할아버지의 유산을 서로 나눠야 한다.

междунаро́дный

형 국제적인, 세계의

Никола́й у́чится на гуманита́рном факульте́те по специа́льности "**Междунаро́дные** отноше́ния".

니콜라이는 인문대학에서 국제관계학을 전공한다.

실력 UP!

глоба́льный 범지구적, 전 세계의
зарубе́жный 해외의
иностра́нный 외국의
интернациона́льный 국제의

промежу́ток

(단생) промежу́тка

명 간격(интерва́л)
형 **промежу́точный** 중간의

По сове́там враче́й, **промежу́ток** ме́жду приёмами пи́щи не до́лжен превыша́ть 6-ти́ часо́в.

의사들은 식사 간격이 6시간을 넘으면 좋지 않다고 조언한다.

промежу́точный экза́мен 중간고사

межрегиона́льный 형 지역 간

На́ша о́бласть весьма́ акти́вно уча́ствует в разви́тии экономи́ческих свя́зей пре́жде всего́ на **межрегиона́льном** у́ровне.

우리 주(州)는 무엇보다도 지역간 경제교류 발전에 적극적으로 힘쓰고 있습니다.

실력 UP!

межпарла́ментский 국회 간
межправи́тельственный 정부 간
межнациона́льный 민족 간

мен- 변화

меня́ть НСВ
поменя́ть СВ
поме́нян, -а, -ы

동 кого-что 바꾸다, 변경하다

Мы с жено́й реши́ли **поменя́ть** ме́бель в кварти́ре, и тепе́рь ка́ждые выходны́е е́здим по ме́бельным сало́нам, выбира́ем.

나와 아내는 집의 가구를 교체하기로 결정하고 나서 매주 주말마다 가구를 고르러 가구점을 찾아다닌다.

изменя́ть НСВ
измени́ть СВ
изменю́, -ме́нишь, -ме́нят
изменён, -а́, -ы́

동 1. кого-что 변화시키다
2. кому-чему 배신하다, 바람피우다

Я никогда́ и ни о чём не жале́ю, ведь э́то бессмы́сленно: про́шлое не **изме́нить**.

난 절대 후회하는 법이 없다. 후회한들 무슨 의미가 있나. 과거는 바꿀 수 없는 것을.

실력 UP!

измене́ние 변화, 변경
~ кли́мата 기후변화

изме́на 배신, 바람
супру́жеская ~ 외도

Есть таки́е ве́щи, кото́рые нельзя́ проща́ть: э́то **изме́на**, ложь, преда́тельство.

절대로 용서해서는 안 될 것들이 있지. 바로 외도와 거짓말, 배신이야.

разме́нивать НСВ

разменя́ть СВ

разме́нян, -а, -ы

동 что 잔돈으로 바꾸다

Вы зна́ете, у вас кру́пные де́ньги, у меня́ сда́чи не бу́дет. **Разменя́йте** где́-нибудь и приходи́те.

고액권이라 거스름돈이 없어요. 잔돈으로 바꿔서 오세요.

Да́же в ю́ности нельзя́ **разме́нивать** свою́ жизнь по пустяка́м*. Ну́жно твёрдо идти́ к свое́й це́ли.

아무리 젊은 나이라도 쓸데없는 일에 인생을 낭비할 필요는 없어. 흔들리지 말고 자신의 목표를 향해 전진해야 해.

*занима́ться нену́жными и да́же вре́дными веща́ми; тра́тить вре́мя на нену́жные ве́щи вме́сто того́ что́бы занима́ться чем-то ва́жным и серьёзным.

переме́на

명 1.변경, 변화 2.간격, 휴식시간

На **переме́не** шко́льники, как сумасше́дшие, бе́гают и но́сятся* по шко́льному двору́.

쉬는 시간에 학생들이 미친 듯이 학교 운동장을 뛰어다니고 있다.

*бе́гают о́чень бы́стро и хаоти́чно, “бессисте́мно”

заменя́ть НСВ

замени́ть СВ

заменю́, заме́нишь, заме́нят

заменён, -а́, -ы́

동 кого-что(+ кем-чем) 교체하다, 대신하다

명 (男) **замени́тель** 대체자, 대체재

По́сле сме́рти роди́телей ста́рший брат **замени́л** мне отца́.

부모님이 돌아가신 후 형(오빠)이 아버지의 자리를 대신했다.

сме́на

명 (근무) 교대, 전환, (정권 등) 교체

동 **сменя́ть/смени́ть** *что* 교체하다, 바꾸다

Це́лый день на рабо́те, а пото́м ещё “втора́я **сме́на**”* до́ма.

온종일 직장에 있다가, 이제 (살림하러) 집으로 출근해!

*Сме́ны в прямо́м значе́нии быва́ют, наприме́р, на заво́де (наприме́р, у́тренняя сме́на – обы́чно с 08:00 до 17:00; ве́черняя - с 17:00 до 23:00) и в шко́ле.

На **сме́ну*** геро́ям сове́тского вре́мени пришли́ ины́е куми́ры: бло́геры и звёзды шо́у-би́знеса.

소비에트 영웅들의 자리를 블로거와 연예계 스타라는 새로운 우상들이 점령했다.

*идти́(прийти́) на сме́ну *кому-чему* ~을 대신하다

обме́нивать НСВ

обменя́ть СВ
обме́нян, -а, -ы

동 1. что + на что ~을 -로 교환하다
2. -ся чем ~을 교환하다
명 **обме́н** 교환, 교류

Обме́нивать до́ллары на рубли́ с рук* кра́йне опа́сно! Вы легко́ мо́жете стать же́ртвой моше́нников!
아무한테서나 달러를 루블로 환전하는 것은 위험해요. 사기를 당하기 쉽거든요.

*на у́лице, у случа́йных люде́й

отменя́ть НСВ

отмени́ть СВ
отменю́, -ме́нишь, -ме́нят
отменён, -а́, -ы́

동 что 폐지하다, 취소하다, 중지하다, 무효로 하다
명 **отме́на** 취소, 폐지, 중단

Прави́тельство **отмени́ло** своё же постановле́ние о введе́нии штра́фов за отка́з от устано́вки га́зовых счётчиков в кварти́рах.
러시아 정부는 가정용 도시가스 미설치에 대한 과태료 부과 규정을 철회했다.

Из-за снегопа́да в моско́вских аэропо́ртах **отменены́** деся́тки ре́йсов.
강설로 모스크바 공항에서는 수십 편의 항공편이 취소되었다.

непреме́нно

부 반드시, 꼭, 필히

На сле́дующей неде́ле созвони́мся и **непреме́нно** уви́димся!
다음 주에는 연락해서 반드시 만납시다!

применя́ть НСВ

примени́ть СВ
применю́, -ме́нишь, -ме́нят
применён, -а́, -ы́

동 что 적용하다, 이용하다
명 **примене́ние** 적용, 이용

Са́мое гла́вное - уме́ть **применя́ть** полу́ченные в университе́те зна́ния на пра́ктике, в проце́ссе конкре́тной рабо́ты.
가장 중요한 것은 대학교에서 얻은 지식을 구체적 업무 처리 과정, 즉 실전에서 적용하는 능력이다.

47일차

мер- 측정

размéр

명 크기, 사이즈

Адвокáт внёс залóг в **размéре*** одногó миллиóна рублéй, и бизнесмéн, обвиня́емый в преступлéнии, до начáла судá был отпу́щен на свобóду.

변호사는 보석금으로 백만 루블을 지불했고, 피고인 사업가는 재판 전까지 석방 조치됐다.

*в размéре *чего* ~만큼의 크기 또는 수량

примеря́ть НСВ
примéрить СВ
примéрен, -а, -ы

동 что (옷 등) 입어보다, 재보다

Я **примéрила** 5 и́ли 6 пар кроссóвок, но ни одни́ не подошли́. Жаль, óчень жаль.

운동화를 5~6켤레나 신어 봤는데, 하나도 맞는 게 없었어. 너무 아쉬워.

примéрно

부 대략, 얼추 (óколо, поря́дка, почти́)

Скóлько **примéрно** лети́т самолёт от Москвы́ до Сеу́ла?

모스크바에서 서울까지 비행기로 얼마나 걸려요?

примéр

명 사례, 모범

Это счáстье, когдá лу́чший **примéр** для подражáния - твои́ роди́тели.

최고의 롤모델이 부모님이라면 그건 행복한 일입니다.

привести́ примéр 예를 들다

напримéр

삽입어 예를 들어

Моя́ дéвушка - гот. **Напримéр**, онá мóжет назнáчить мне свидáние на клáдбище рóвно в пóлночь.

내 여자친구는 고스족(고스 문화 추종자)이야. 예를 하나 들자면, 자정에 공동묘지에서 데이트하자고 제안하기도 해.

измеря́ть НСВ
изме́рить СВ
изме́рен, -а, -ы

동 что 재다, 측정하다
명 измере́ние 측정

Прибо́р, с по́мощью кото́рого **измеря́ют** кровяно́е давле́ние, называ́ется тоно́метром.
혈압을 측정하는 기기를 혈압계라고 합니다.

ме́ра

명 1.치수, 척도 2.조치, 대책

Для наведе́ния поря́дка в стране́ прави́тельство гото́во прибе́гнуть к чрезвыча́йным **ме́рам**.
국내 정세 안정을 위해 정부는 비상조치를 취하고자 한다.

мероприя́тие

명 1. 행사 2. 조치, 정책

Во всех города́х Росси́и прохо́дят торже́ственные **мероприя́тия** в честь Дня Побе́ды.
러시아는 지금 모든 도시마다 승전기념일 공식 행사를 진행 중이다.

уме́ренный

형 적당한, 온건한(moderate)

Цена́ оказа́лась **уме́ренной**, и я недо́лго ду́мая купи́л э́тот брасле́т жене́ в пода́рок.
가격이 적당한 것 같아 나는 잠시 생각한 끝에 이 팔찌를 아내에게 선물로 주려고 구입했다.

Для э́того регио́на характе́рен мя́гкий, **уме́ренный** кли́мат.
이 지역은 온건한 기후를 지닌 것이 특징이다.

наме́рен
-а, -о, -ы

형단 инф. ~할 의도이다, 의향이다
명 наме́рение 의도, 목적, 의향

Прави́тельство **наме́рено** приня́ть ряд постановле́ний с тем, что́бы облегчи́ть нало́говое бре́мя для ма́лого и сре́днего би́знеса.
정부는 중소기업의 세금 부담 완화를 위해 각종 법규를 제정할 계획이다.

мест(щ)- 자리, 장소

ме́сто
(복) места́

명 자리, 좌석, 장소

В го́роде ещё доста́точно **ме́ста** для строи́тельства но́вых жилы́х райо́нов и размеще́ния деловы́х це́нтров.

도시에는 주택 지구와 상업단지를 건설할 부지가 아직 충분하다.

Нача́льник отде́ла сбы́та вы́шел на пе́нсию. На его́ **ме́сто** претенду́ет не ме́нее десяти́ кандида́тов.

판매과장이 퇴직했는데, 지금 그 자리에 들어가려는 사람이 10명이 넘는다.

бомж (без определённого **ме́ста** жи́тельства)

노숙자(일정한 거주지가 없는 사람)

실력 UP!

ме́сто жи́тельства 거주지
ме́сто пребыва́ния 체류지
ме́сто происхожде́ния 원산지
месторожде́ние (광물 등의) 매장지

ме́стный

형 1. 현지의, 해당 지역의 2. 국내의
명 (女) **ме́стность** 지역, 지방, 지대

До́мик, в кото́ром 300 лет наза́д жил Пётр Пе́рвый, - гла́вная **ме́стная** достопримеча́тельность.

표트르 1세가 300년 전 살았던 집은 이곳의 주요 관광명소입니다.

Уровень до́ступа к Интерне́ту для жи́телей се́льской **ме́стности**

농촌 지역의 인터넷 보급률

вме́сто

전 кого-чего ~ 대신에

Мне жаль тра́тить вре́мя и де́ньги на ремо́нт кварти́ры. Лу́чше **вме́сто** э́того пое́хать посмотре́ть Евро́пу.

집 리모델링 하는 데 드는 시간과 돈이 아까워. 차라리 그 돈으로 대신 유럽이나 가는 게 더 나을 텐데.

вме́сто того́ что́бы ~하는 대신, ~하지 않고

замести́тель — 명 男 대리인, 부(vice-, deputy-)

В пое́здке по о́бласти президе́нта страны́ сопровожда́ют губерна́тор и его́ **замести́тель**.
대통령이 주(州)를 시찰할 때 주지사와 부지사가 대통령을 수행한다.

замести́тель мини́стра фина́нсов 재무부 차관

размеща́ть НСВ
размести́ть СВ
размещу́, -мести́шь, -стя́т
размещён, -а́, -ы́

동 что 1. (특정 위치에) 두다, 배치하다 2. 게재하다

Мы бы хоте́ли узна́ть, на каки́х усло́виях мо́жно **размести́ть** рекла́му на ва́шем са́йте.
귀하의 사이트에 광고를 게재하려면 어떻게 해야 하는지 알고 싶습니다.

помеще́ние — 명 실내 공간, 방, 실

Помеще́ние под о́фис мы нашли́ дово́льно бы́стро, и цена́ за аре́нду оказа́лась уме́ренной.
우리는 사무실로 쓸만한 공간을 꽤 빨리 찾아냈어. 임대료도 합리적이야.

перемеща́ть НСВ
перемести́ть СВ
перемещу́, -мести́шь, -местя́т
перемещён, -а́, -ы́

동 кого-что + куда 옮기다, 이동하다

Шеф о́чень лю́бит **перемеща́ть** сотру́дников из отде́ла в отде́л. Так он де́лает из нас универса́лов*.
사장은 직원들을 이 팀 저 팀으로 인사이동 보내는 것을 너무 좋아해. 우리를 만능 일꾼으로 만들려고 그러나 봐.

*универса́льных сотру́дников, кото́рые мо́гут рабо́тать на любо́м ме́сте и в любо́м отде́ле.

совме́стный — 형 공동, 합동의, 함께하는

По зако́ну при разво́де ка́ждый из супру́гов получа́ет полови́ну **совме́стно** на́житого иму́щества.
법적으로 부부는 이혼 시 공동으로 형성한 재산의 절반을 받는다.

совмеща́ть НСВ
совмести́ть СВ
совмещу́, -мести́шь, -стя́т
совмещён, -а́, -ы́

동 кого-что + с кем-чем -을 ~와 양립하다, 병행하다, 겸하다
형 совмести́мый 공존할 수 있는, 양립 가능한

Как вам удаётся **совмеща́ть** рабо́ту в теа́тре, съёмки в кино́, преподава́ние в театра́льном учи́лище? Где берёте си́лы и вре́мя?
어떻게 연극과 영화 촬영, 연극학교 강의까지 모두 병행하시는 거죠? 그런 에너지와 시간이 어디서 나오나요?

вмести́мость

명 女 수용량(capacity)

Вмести́мость стадио́на по́сле реконстру́кции составля́ет 40 ты́сяч зри́телей.

재건축 후 이 경기장은 4만 명을 수용할 수 있게 된다.

48일차

мет(ч)-/мек- 표시

отмечáть НСВ
отмéтить СВ
отмéчу, -мéтишь, -мéтят
отмéчен, -а, -ы

동 что 1. 표시하다 2. 기념하다 3. 언급하다

У тебя́ скóро день рождéния. Как собирáешься **отмечáть**?
곧 네 생일이네. 어떻게 (생일을) 보낼 예정이야?

Мэр Москвы́ **отмéтил**, что москвичи́ всё чáще усыновля́ют детéй-сирóт.
모스크바 시장은 모스크바 시민들의 고아 입양 건수가 갈수록 늘어나고 있다고 말했다.

отмéтка
복생 отмéток

명 1. 기호, 부호(mark) 2. 점수, 학점, 수치

Впервы́е за послéдние 3 гóда цéны на нефть превы́сили **отмéтку** в 60 дóлларов за бáррель.
3년 만에 처음으로 유가가 배럴당 60달러를 넘어섰다.

замечáть НСВ
замéтить СВ
замéчу, -мéтишь, -мéтят
замéчен, -а, -ы

동 кого-что 알아채다, 눈치채다
명 замечáние 의견, 지적, 코멘트

Я мнóго раз **замечáл**, что одни́ и те же вéщи лю́ди мóгут толковáть совершéнно по-рáзному.
나는 사람마다 같은 것을 다르게 해석한다는 사실을 수없이 느꼈다.

Начáльник сдéлал лишь нéсколько незначи́тельных **замечáний** и в цéлом одóбрил мой проéкт.
상사는 내 제안서의 몇몇 부분만을 가볍게 지적하고 제안서를 승인했다.

замечáтельный

형 훌륭한, 아주 좋은

Это **замечáтельный** преподавáтель: о сáмых слóжных вещáх он говори́т просты́м и поня́тным языкóм.
이분은 정말 훌륭한 선생님이셔. 정말 난해한 것도 이해가 잘 되는 말로 쉽게 설명해주시거든.

незаме́тно

부 몰래, 슬쩍, 눈치 못 채게, 어느새

Столе́тняя годовщи́на Октя́брьской револю́ции 1917-го го́да прошла́ в Росси́и ти́хо и **незаме́тно**.

1917년 10월 혁명의 100주년이 되는 해는 러시아에서 이목을 끌지 않은 채 조용히 지나갔다.

намёк

명 암시, 힌트

В слова́х ше́фа я услы́шала прозра́чный **намёк** на то, что мне сле́дует поскоре́е уво́литься.

나는 상사의 말 속에서 빠른 시일 내에 직장을 그만두라는 분명한 암시를 읽었다.

примеча́тельный

형 주목할 만한, 현저한

Вне́шне он́ обыкнове́нный челове́к, ниче́м не **примеча́тельный**.

그는 겉모습만 봤을 때는 특별할 게 아무것도 없는 지극히 평범한 사람이다.

мил- 귀여운, 사랑스러운

ми́лый

1. 형 귀여운, 사랑스러운, 좋은 2. 명 연인

Гото́виться к сва́дьбе, выбира́ть пла́тье неве́сты, составля́ть спи́сок госте́й - каки́е **ми́лые** и прия́тные хло́поты!

결혼식 준비, 웨딩드레스 고르기, 하객 목록 작성하기는 참 기분 좋고 즐거운 고민거리인 것 같아.

ми́лостыня

(복생) ми́лостынь

명 자선, 동냥

проси́ть **ми́лостыню** 구걸하다

Приходя́ в це́рковь, я всегда́ подаю́ **ми́лостыню** ни́щим, сидя́щим у двере́й хра́ма.

나는 성당에 갈 때면 성당 문 앞에 앉아 구걸하는 걸인에게 항상 동냥을 준다.

милосе́рдие

명 동정, 자비

Доброта́, и́скренность, **милосе́рдие** - гла́вные челове́ческие ка́чества во все времена́.

선과 진실함, 자비로움은 어느 시대에나 중시된 인간의 품성이다.

мир- 1. 세계 2. 평화

мир

명 1.세계 2.평화

Тала́нтливые, одарённые лю́ди всегда́ ка́жутся не от **ми́ра** сего́*.

타고난 끼와 재능이 있는 사람들을 보면 꼭 다른 세상 사람 같아.

*из друго́го ми́ра

Заче́м тра́тить ма́ссу вре́мени, наприме́р, на “Войну́ и **мир**”? Ведь в Интерне́те есть её кра́ткое изложе́ние.

뭐 하려고 '전쟁과 평화' 같은 책을 읽는데 그토록 많은 시간을 쏟아부어야 하지? 인터넷에 줄거리가 다 있는데 말이야.

миро́вой

형 세계의, 전 세계의(всеми́рный)

Анса́мбль моско́вского Кремля́ отно́сится к числу́ **миро́вых** культу́рно-истори́ческих це́нностей.

모스크바 크렘린 건축군(Architectural Ensemble)은 세계적인 역사 · 문화 유산에 속한다.

ми́рный

형 평화의, 비무장의

Же́ртвами неда́внего тера́кта в Еги́пте ста́ли не́сколько полице́йских и деся́тки **ми́рных** жи́телей.

얼마 전 이집트에서 자행된 테러로 경찰 몇 명과 민간인 수십 명이 희생되었다.

실력 UP!

миролюби́вый 평화를 사랑하는
~ наро́д 평화를 사랑하는 민족

миротво́рческий 평화유지의
~ие опера́ции 평화유지작전

мири́ться НСВ

동 с кем-чем 화해하다

Я счита́ю, что тебе́ ну́жно как мо́жно скоре́е **помири́ться** с отцо́м, пусть в э́той ситуа́ции он и был непра́в.

이 상황에서 아버지가 잘못 하신 건 맞지만 너도 하루빨리 아버지랑 화해해야 한다고 봐.

실력 UP!

примире́ние 화해, 조정
примире́ние двух Коре́й 남북 화해
переми́рие 휴전
соглаше́ние о **переми́рии** 휴전 협정
смиря́ться/смири́ться 받아들이다, 순종하다

Если жизнь тебя́ обма́нет,
Не печа́лься, не серди́сь!
В день уны́ния **смири́сь:**
День весе́лья, верь, наста́нет.
(...) А.С. Пушкин

삶이 그대를 속일지라도
슬퍼하거나 노여워 말라.
슬픈 날에는 참고 견뎌라.
즐거운 날은 오고야 말리니.

МНОГ(Ж)- 많은

многочи́сленный

형 수많은, 숱한, 수두룩한

На мой взгляд, существу́ют **многочи́сленные** свиде́тельства посеще́ния Земли́ инопланетя́нами, и их невозмо́жно игнори́ровать.

외계인이 지구를 방문했다는 증거가 수없이 많아. 우리는 이 증거를 무시해서는 안 된다고 생각해.

실력 UP!

многолю́дный 인파로 북적거리는
многоде́тный 다자녀의
многонациона́льный 다민족의
многокра́тно 여러 번, 수차례

мно́жество

명 다수, 많음

Че́рез час поли́тик удали́л из "Фейсбу́ка" свой сканда́льный пост, одна́ко он во **мно́жестве** скриншо́тов и перепо́стов уже́ разошёлся по сети́.

그 정치인은 논란이 됐던 게시글을 한 시간 뒤 페이스북 페이지에서 삭제했으나, 이미 온라인상에서는 수많은 캡처와 공유 글이 퍼진 뒤였다.

умноже́ние

명 1. 곱하기 2. 증대

Дома́шнее зада́ние на сре́ду: вы́учить наизу́сть табли́цу **умноже́ния**.

수요일 숙제는 구구단을 외워오는 거예요.

приумножа́ть НСВ
приумно́жить СВ
приумно́жу, -жишь, -жат
приумно́жен, -а, -ы

동 что 늘리다, 증가시키다

За проше́дший год на́шей компа́нии удало́сь **приумно́жить** свой основны́е акти́вы на 12%.

지난해 우리 회사는 고정자산을 12% 증가시키는 데 성공했다.

실력 UP!

увели́чивать/увели́чить ***что*** 늘리다
повыша́ть/повы́сить ***что*** 높이다
расширя́ть/расши́рить ***что*** 확대하다
нара́щивать/нарасти́ть ***что*** 증대하다

49일차

мод- 현대

мóда

명 유행
형 **мóдный** 유행하는

С нéкоторых пор я плю́нула на **мóду*** и тепéрь одевáюсь тóлько так, чтóбы мне бы́ло удóбно.
언젠가부터 나는 유행을 무시하고 편한 차림으로만 다닌다.

*стáла игнори́ровать мóду 유행을 무시하다

войти́ в **мóду** 유행하다(↔ вы́йти из мóды 유행이 지나다)

старомóдный

형 구식의, 유행이 지난, 진부한

“Pink Floyd”, “Nirvana”, “Led Zeppelin” - для мнóгих э́то **старомóдная** му́зыка, кáменный век. А для меня́ э́то прóсто вели́кая му́зыка.
대부분 Pink Floyd, Nirvana, Led Zeppelin의 음악을 때 지난 고릿적(석기시대) 음악으로 여기지만 나에게는 위대한 음악이다.

модернизáция

명 현대화, 근대화

И эконóмика страны́, и инфраструкту́ра, и полити́ческая систéма - все э́ти сфéры нуждáются в срóчной **модернизáции**.
국가의 경제, 인프라, 정치 체제는 모두 조속한 현대화가 필요한 분야이다.

мок(ч)- 젖은, 축축한

мóкрый

형 젖은, 축축한, 습한

Спортсмéны трениру́ются на сóвесть*: футбóлки все **мóкрые** от пóта.
강도 높은 훈련에 선수들의 운동복은 온통 땀 범벅이 됐다.

*с высóким кáчеством, óчень старáются 열심히, 강도 높게

실력 UP!

мокрóта 가래
мочá 소변, 오줌
мочевóй пузы́рь 방광

промокáть НСВ
промóкнуть СВ
промóк, -кла, -кли

동 흠뻑 젖다, 축축해지다, (물이) 스며들다
형 **непромокáемый** 방수의, 물이 새지 않는

Ты вся **промóкла**! Немéдленно переодéнься!
너 다 젖었잖아! 당장 옷 갈아입어!

мочи́ть НСВ
смочи́ть СВ
(с)мочý, мóчишь, мóчат

동 что (물에) 적시다, 담그다

Я сдéлала вам повя́зку, постарáйтесь не **мочи́ть** рáну.
붕대를 감아 드렸으니 상처에 물이 닿지 않도록 조심하세요.

мол- 기도, 간청

моли́ться НСВ
помоли́ться СВ
(по)молю́сь, мóлишься, мóлятся

동 신에게 기도하다, 사람에게 간청하다
명 **моли́тва** 기도

Бáбушка кáждый вéчер **мóлится** за всех нас, её детéй и внýков.
할머니는 자식, 손주, 그리고 우리 모두를 위해 매일 저녁 기도하신다.

умоля́ть НСВ
умоли́ть СВ
умолю́, -мóлишь, -мóлят

동 кого 빌다, 사정하다, 애원하다, 애걸복걸하다
형 **умоля́ющий** 간청하는, 애원하는

Дорогáя, люби́мая, прошý, **умоля́ю**: не лишáй меня́ надéжды! Дай мне ещё оди́н шанс!
자기야, 제발, 이렇게 부탁할게. 나한테서 희망을 앗아가지 마. 한 번만 기회를 더 줘.

МН- 생각

мне́ние

명 о чём 의견

Я приде́рживаюсь того́ **мне́ния**, что гла́вное в жи́зни - э́то любо́вь и дру́жба.

난 삶에서 가장 중요한 것은 사랑과 우정이라고 생각해.

несомне́нный

형 의심할 바 없는, 분명한, 확실한(↔ сомни́тельный 의심스러운)
명 сомне́ние 의심
동 сомнева́ться *в чём* 의심하다

По́льза для здоро́вья от регуля́рных заня́тий физкульту́рой и спо́ртом **несомне́нна**.

규칙적인 체육과 스포츠 활동이 건강에 유익하다는 것은 의심할 바 없는 사실이다.

без вся́кого **сомне́ния** 당연히, 물론

МОЛЧ- 침묵

молча́ть НСВ
замолча́ть СВ
(за)молчу́, -чи́шь, -ча́т

동 침묵하다, 조용히 하다
명 молча́ние 침묵

- Ну, что же вы **замолча́ли**? Отвеча́йте да́льше на вопро́с.
- Извини́те, я бо́льше ничего́ не зна́ю.

- 왜 잠자코 계십니까? 묻는 말에 대답하세요.
- 죄송합니다. 더는 아무것도 모릅니다.

мо́лча

부 잠자코, 말없이

Шеф **мо́лча** поздоро́вался со все́ми и прошёл в свой кабине́т. Поня́тно: он с утра́ не в ду́хе*.

사장은 전 직원과 말없이 인사를 나눈 뒤 자기 방으로 들어갔다. 아침부터 저기압인 것 같다.

*у него́ сего́дня плохо́е настрое́ние

мороз-/мёрз- 추위

моро́з

명 1. 추위, 서리 2. 영하

Моро́з укра́сил о́кна причу́дливыми ледяны́ми узо́рами.
서리가 몽환적인 무늬로 창문을 수놓았다.

моро́женое 아이스크림
морози́льник 냉동실
моро́женый 얼린, 냉동한

мерзлота́

명 동토

Потепле́ние клима́та ведёт к заме́тному та́янию в райо́нах ве́чной **мерзлоты́**.
기후 온난화로 인해 영구 동토층이 현저하게 녹고 있다.

замора́живать НСВ
заморо́зить СВ
заморо́жу, -ро́зишь, -ро́зят
заморо́жен, -а, -ы

동 что 얼리다, 냉각시키다(↔ размора́живать/разморо́зить 녹이다, 해동하다)
명 замора́живание 냉동, 동결

По реше́нию прави́тельства, це́ны на бензи́н **заморо́жены** до конца́ го́да.
정부의 결정으로 휘발유 가격이 올해 말까지 동결되었다.

замерза́ть НСВ
замёрзнуть СВ
замёрз, -зла, -зли

동 추위에 꽁꽁 얼다

Вы не **замёрзли**? Мо́жет быть, ча́ю?
너무 추웠죠? 차 한잔 드릴까요?

Зима́ наступи́ла ра́но, ре́ки и озёра **замёрзли** уже́ в ноябре́.
겨울이 일찍 찾아온 탓에 11월임에도 벌써 강과 호수가 꽁꽁 얼어붙었다.

50일차

моч-/мощ- 힘, 능력

мочь НСВ

смочь СВ

(с)могу́, мо́жешь, мо́гут
(с)мог, могла́, могли́

동 инф. 할 수 있다. 가능하다

Зави́дую лю́дям, кото́рые всегда́ с оптими́змом смо́трят на жизнь. Я так не **могу́**.

항상 삶을 낙관적으로 바라보는 사람들이 부러워. 난 그렇게 못하거든.

실력 UP!

уме́ть + инф. (배움을 통해) 할 줄 알다(471p 참고)

спосо́бный 재능있는, 역량 있는(413p 참고)

Артём был **спосо́бный** ма́льчик, осо́бенно люби́л матема́тику, поэ́тому роди́тели отда́ли его́ в шко́лу с фи́зико-математи́ческим укло́ном.

아르툠은 재능있는 소년으로 수학을 특히 좋아하였고, 부모님은 그런 아르툠을 물리·수학 특성화 학교에 보냈다.

по́мощь

명 (女) 도움, 조력

동 помога́ть/помо́чь *кому + инф./в чём* 도움을 주다

По́мощь лю́дям, попа́вшим в беду́, облегче́ние их страда́ний - для Ма́тери Тере́зы э́то бы́ло де́лом всей её жи́зни.

테레사 수녀는 곤경에 처한 사람들을 돕고, 그들의 고통을 어루만져 주는 것을 평생의 업으로 삼았다.

возмо́жный

형 가능한(↔ невозмо́жный)

У на́ших сосе́дей ка́ждый день го́сти, шу́мные компа́нии. Отдыха́ть **невозмо́жно**.

우리 이웃집은 매일 매일 시끌벅적하게 손님이 와. 쉴 수가 없다니깐.

возмóжность

명 女 1. 가능성, 기회 2. 복 역량, 능력

Давáйте вы́пьем за то, чтóбы нáши желáния всегдá совпадáли с нáшими **возмóжностями**!

우리가 하고자 하는 것과 할 수 있는 것이 늘 일치하기를 기원하며 건배합시다!

Сегóдня у молоды́х россия́н есть **возмóжность** учи́ться в любóй странé ми́ра, в любóм университéте. 30 лет назáд об э́том нельзя́ бы́ло и мечтáть.

30년 전에는 꿈도 못 꿀 일이었지만, 요새 러시아의 젊은이들은 외국 어디에서나, 어느 대학에서나 공부할 기회가 있다.

могу́чий

형 강력한, 힘센(си́льный)

При слáбом, болéзненном телосложéнии э́то человéк **могу́чей** си́лы вóли.

이 사람은 몸은 병약해도 강인한 의지력을 지녔어.

мóщность

명 女 1. 힘, 용량, 출력 2. 복 생산시설

형 **мóщный** 힘센, 강력한

Дви́гатель **мóщностью** в 300 лошади́ных сил обеспéчивает разгóн автомоби́ля до 100 киломéтров за 5 секу́нд.

출력 300마력의 엔진을 탑재한 차는 제로백이 5초밖에 되지 않는다.

полномóчие

명 권한

- Мы вы́нуждены провести́ у вас óбыск.
- У вас нет на э́то **полномóчий**! Где сáнкция прокурóра?!

- 수색을 하겠습니다.
- 당신이 무슨 권한으로! 영장 어딨어?!

мр-/мер-/мир- 죽음

смерть

복생 смертéй

명 女 죽음, 사망

Пóсле **смéрти** отцá мы раздáли все егó вéщи и кни́ги рóдственникам и друзья́м - на пáмять.

아버지가 돌아가신 후 우리는 친지와 친구분들에게 아버지를 기억해 달라는 의미로 그의 유품과 책을 나눠 주었다.

сме́ртность

명 (女) 사망률

Впервы́е за мно́го лет рожда́емость в стране́ превы́сила **сме́ртность**.

몇 해 만에 처음으로 국내에서 출산율이 사망률을 넘어섰다.

실력 UP!

сме́ртный 죽음의

~ая казнь 사형

смерте́льный 치명적인

В го́роде обнару́жен **смерте́льный** ви́рус, вакци́на про́тив кото́рого ещё не разрабо́тана.

치명적인 바이러스가 도시에서 발견되었으나, 이에 대한 백신은 아직 개발되지 않고 있다.

смертоно́сный 살인의, 살인적인

Бомбардиро́вщики сбро́сили свой **смертоно́сный** груз на ми́рный го́род и верну́лись на ба́зу.

폭격기는 탑재한 살인 무기를 민간인 거주지역에 투하하고 기지로 복귀했다.

умира́ть НСВ

умере́ть СВ

умру́, умрёшь, умру́т

у́мер, умерла́, у́мерли

동 죽다

По стати́стике, россия́не ча́ще всего́ **умира́ют** от серде́чно-сосу́дистых заболева́ний.

러시아인이 사망하는 가장 큰 이유는 심혈관 질환이라는 통계가 있다.

실력 UP!

погиба́ть/поги́бнуть (사건, 사고 등으로) 죽다

В авиакатастро́фе вы́жил лишь оди́н челове́к - шту́рман экипа́жа, все остальны́е, бы́вшие на борту́, **поги́бли**.

비행기 사고로 항법사를 제외한 전원이 사망했다.

сконча́ться 서거하다, 별세하다

поко́нчить жизнь самоуби́йством 자살하다

мёртвый

형 죽은, 생기가 없는, 움직이지 않는(↔ живо́й 살아있는, 생생한)

Под де́ревом лежа́л **мёртвый** птене́ц. Наве́рное, вы́пал из гнезда́.

나무 아래 아기 새가 죽어 있어. 아마 둥지에서 떨어진 것 같아.

вымира́ющий

형 멸종하는, 사라지는
동 вымира́ть/вы́мереть 멸종하다, 전부 죽다

Депресси́вный, **вымира́ющий** го́род: заво́ды стоя́т, инфраструкту́ра разру́шена, вся молодёжь уе́хала в больши́е города́.

도시가 침체되어 죽어가고 있어요. 공장은 멈춰 섰고 인프라는 붕괴되었으며, 젊은이들도 모두 대도시로 떠나버렸거든요.

вымира́ющие ви́ды живо́тных и расте́ний 멸종위기종

мысел-/мышл- 생각

мысль

명 (女) 생각
동 мы́слить 생각하다, 사고하다
주의 мышле́ние 사고

Похо́д в бар с друзья́ми - отли́чный спо́соб отвле́чься от мра́чных **мы́слей**.

친구들과 술집에 가는 것은 우울한 생각을 떨칠 수 있는 좋은 방법이다.

размышля́ть НСВ

동 о чём 깊이 생각하다, 심사숙고하다
명 размышле́ние 심사숙고

Чита́я Би́блию и **размышля́я** о Бо́ге, я незаме́тно усну́л.

성경을 읽으며 하나님에 대해 생각하다 보니 스르륵 잠이 들어 버렸어.

Вчера́ мне предложи́ли заня́ть до́лжность нача́льника рекла́много отде́ла и да́ли су́тки на **размышле́ние**.

어제 나에게 홍보부장직을 맡아달라는 제안이 들어왔어. 하루 간 생각할 시간을 준대.

немы́слимый

형 생각조차 할 수 없는, 있을 수 없는

На день рожде́ния я получи́л **немы́слимое** коли́чество пода́рков и поздравле́ний. До чего́ же прия́тно!

나 이번 생일에 생각지도 못할 만큼 많은 축하와 선물을 받았어. 진짜 너무 기쁘더라.

смысл

명 1. 뜻, 의미 2. 목적, 의의

Я влюби́лась в Андре́я с пе́рвого взгля́да. И э́то чу́вство к нему́ ста́ло **смы́слом** всей моє́й жи́зни.

나 안드레이한테 첫눈에 반했어. 그에 대한 사랑은 내가 살아가는 이유가 되었지.

в широ́ком **смы́сле** 넓은 의미에서
в у́зком **смы́сле** 좁은 의미에서

бессмы́сленный

형 무의미한, 부질없는

Шеф тре́бует, что́бы выполня́лись все его́ прика́зы и распоряже́ния, да́же са́мые стра́нные и **бессмы́сленные**.

사장은 자기 지시라면 하나도 빠짐없이 하기를 요구해. 이상하고 쓸데없는 것이라도 말이야.

за́мысел

단생 за́мысла

명 의도, 계략, 꿍꿍이

Креати́вный челове́к всегда́ по́лон иде́й и **за́мыслов**.

창의적인 사람은 항상 각종 아이디어와 계획으로 가득 차 있다.

51일차

мягк(ч)- 부드러운

мя́гкий

형 부드러운, 순한, 온화한
명 女 мя́гкость 부드러움, 온화함

Мой дя́дя - челове́к **мя́гкий**, до́брый, усту́пчивый.
우리 삼촌은 온화하고 착하고 유순한 사람이야.

Ма́льта - о́стров в Средизе́мном мо́ре с о́чень **мя́гким** и прия́тным кли́матом.
지중해의 섬 몰타는 기분 좋은 온난한 기후를 갖고 있다.

смягча́ть НСВ
смягчи́ть СВ
смягчён, -а́, -ы́

동 что 완화하다, 누그러뜨리다
명 смягче́ние 완화

Ба́бушка как му́дрый челове́к всегда́ стара́ется **смягчи́ть** конфли́кты ме́жду чле́нами на́шей большо́й семьи́.
할머니는 대가족 안에서 가족끼리 생기는 갈등을 누그러뜨리려고 노력하는 현명한 분입니다.

наград(ж)- 보상

награжда́ть НСВ
награди́ть СВ
награжу́, -ди́шь, -дя́т
награждён, -а́, -ы́

동 кого + чем 상 등을 수여하다
명 награжде́ние 수상, 수여
명 награ́да 상, 상금

За му́жество и герои́зм, проя́вленные при исполне́нии во́инского до́лга, це́лый ряд военнослу́жащих **награждён** ордена́ми и меда́лями.
군인들은 군 복무 중 보여준 용맹함과 영웅적 공적을 인정받아 훈장과 메달을 수여받았다.

вознагражде́ние

명 보상, 보수, 사례금, 장려금

Поли́ция гаранти́рует соли́дное **вознагражде́ние** за информа́цию о предполага́емых престу́пниках.
경찰은 범죄 용의자 제보 시 상당 수준의 사례금 지급을 보장하고 있다.

наде-/надеж- 희망, 기대

надéяться НСВ
надéюсь, -дéешься, -дéются

동 на кого-что 기대하다, 바라다, 희망하다
명 надéжда 희망, 기대

Мы **надéялись** на свéтлое и безóблачное бýдущее, но жизнь нас, как всегдá, обманýла.
우리는 밝은 미래를 기대했지만 삶은 언제나 우리를 속여왔다.

Анатóлий - примéрный сын, отли́чник, гóрдость и **надéжда** всей семьи́.
아나톨리는 모범적인 아들이야. 공부도 잘하고. 우리 집의 자랑이자 희망이지.

возлагáть/возложи́ть надéжды *на кого* ~에게 기대를 걸다

실력 UP!

полагáться/положи́ться *на кого-что* 기대하다, 신뢰하다
рассчи́тывать *на кого-что* 기대하다, 예상하다

надёжный

형 믿음직한, 안정적인

За 15 лет рабóты на ры́нке недви́жимости нáша фи́рма зарекомендовáла себя́ в кáчестве **надёжного** и соли́дного партнёра.
우리 회사는 부동산 시장에서 쌓은 15년의 경험을 통해 믿음직스럽고 든든한 협력사로 확고히 자리잡았다.

безнадёжный

형 가망이 없는, 절망적인
명 女 безнадёжность 체념, 절망, 좌절(отчáяние)

Из любóй, дáже **безнадёжной** ситуáции, всегдá есть вы́ход.
그 어떤 절망적인 상황 속에서도 탈출구는 있는 법이다.

нарко- 마약

наркóтик

명 마약, 환각제

Если звёзды шóу-би́знеса кýрят и пьют, употребля́ют **наркóтики**, то какóй примéр они́ подаю́т свои́м многочи́сленным поклóнникам?
연예인들이 담배를 피우고 술을 마시고 마약을 한다면, 수많은 팬에게 어떻게 모범이 되겠습니까?

наркома́н

명 마약 중독자
명 наркома́ния 마약 중독

Ста́вить зада́чу по́лностью искорени́ть **наркома́нию** и алкоголи́зм - нереалисти́чно.
마약 및 알코올 중독 문제를 완전히 근절하겠다는 목표는 다소 비현실적이다.

наркооборо́т

명 마약유통, 거래
명 наркоторго́вец 마약밀매자

Сотру́дникам моско́вской поли́ции удало́сь накры́ть* кру́пную сеть **наркоторго́вцев**.
모스크바 경찰은 대규모 마약 밀매망을 일망타진하는 데 성공했다.

*вы́явить и арестова́ть

наруж- 밖

нару́жный

형 바깥의, 겉의
부 снару́жи 겉에, 밖에서

Это лека́рство предназна́чено для **нару́жного** примене́ния.
이 약은 외용약입니다.

обнару́живать НСВ
обнару́жить СВ
обнару́жен, -а, -ы

동 кого-что ~을 발견하다, 알게 되다

Брази́льские учёные **обнару́жили** в леса́х Амазо́нки пле́мя, ещё неизве́стное нау́ке.
브라질 학자들은 아마존 숲에서 학계에 알려지지 않은 새로운 부족 하나를 발견했다.

нац- 민족

национа́льный

형 1. 민족의 2. 나라의, 국가의(госуда́рственный)
명 на́ция 민족, 국민
명 (女) национа́льность 국적, 민족

Вы́сшее руково́дство страны́ обя́зано предви́деть угро́зы **национа́льной** безопа́сности и принима́ть де́йственные ме́ры к их нейтрализа́ции.

한 국가의 최고지도자는 국가 안보의 위협 요소를 사전에 파악하고, 실질적인 대처 방안을 수립할 의무가 있다.

실력 UP!

этни́ческий 인종의, 민족의

По да́нным "Википе́дии", на террито́рии Росси́и прожива́ет бо́лее 150-ти́ ты́сяч **этни́ческих** коре́йцев.

위키피디아 자료에 따르면 러시아에 거주하는 고려인의 수는 15만 명이 넘는다.

национали́зм

명 민족주의

명 национали́ст 민족주의자

За после́дние 20 лет радика́льный **национали́зм** пусти́л в стране́ глубо́кие ко́рни.

최근 20년간 국내에 극단적 민족주의가 깊이 뿌리를 내렸다.

нач- 시작

начина́ть НСВ

нача́ть СВ

начну́, начнёшь, начну́т
на́чал, начала́, на́чали
на́чат, -а́, -ы

동 что/инф. 시작하다

Утро среды́ в компа́нии всегда **начина́ется** с докла́дов нача́льников отде́лов ге́ндире́ктору.

우리 회사의 수요일 아침은 부장들이 대표이사 앞에서 브리핑을 하는 것으로 시작된다.

нача́ло

명 시작, 개시

Нача́ло кни́ги показа́лось мне ску́чным, но пото́м я увлёкся и уже́ не мог от неё оторва́ться.

이 책이 초반부에는 지루했는데, 읽다 보니 점점 빠져들어 나중에는 헤어나올 수 없는 지경에 이르렀다.

брать нача́ло 시작되다, 발원하다

실력 UP!

сначáла 우선, 처음에는

Сначáла я хочý научи́ться води́ть маши́ну и получи́ть правá, а уж потóм бýду покупáть себé что-нибудь.

우선 난 운전을 배워서 면허를 따고 싶어. 그리고 나서 차를 살거야.

первоначáльно 원래, 최초에

Первоначáльно в прогрáмму входи́ли культýрные и образовáтельные мероприя́тия, но затéм план пришлóсь измени́ть.

원래 일정에는 교육 · 문화 행사가 들어가 있었는데, 그 이후에 계획을 수정해야만 했어.

изначáльно 애초에, 본래부터

Изначáльно пéвец написáл э́ту компози́цию для дуэ́та с сы́ном, но сегóдня исполня́ет её сóло.

이 가수는 본래 아들과 함께하는 듀엣곡으로 이 곡을 만들었으나, 오늘은 혼자서 노래를 불렀다.

начáльник

명 상사, 책임자, ~장(chief)

명 начáльство 지휘부, 상사

Начáльник оказáлся весьмá довóлен рабóтой нáшего отдéла в прóшлом мéсяце.

우리 부장은 부서의 전월 실적에 무척 만족했다.

52일차

нерв- 신경

нерв

명 1. 신경 2. 신경질
형 **не́рвный** 신경의, 신경질적인, 불안한

У меня́ ужа́сно боли́т спина́. Должно́ быть, **нерв** в позвоно́чнике где́-то защеми́лся.

허리가 너무 심하게 아파. 아마 척추 신경이 눌린 것 같아.

Не на́до столь эмоциона́льно на всё реаги́ровать. **Не́рвные** кле́тки не восстана́вливаются*.

모든 걸 그렇게 감정적으로 받아들이지 마. 신경질 내는 건 건강에 안 좋아(신경세포는 재생이 안 된다니까).

*Если вы не́рвничаете, то ва́ши не́рвные кле́тки "умира́ют", и но́вые вме́сто них "не рожда́ются", а э́то "о́чень пло́хо" для здоро́вья.

не́рвничать НСВ

동 신경질 부리다, 예민하게 굴다

Больно́й, не **не́рвничайте**, вам э́то вре́дно. До́ктор сейча́с придёт и вас посмо́трит.

환자분, 신경질 내지 마세요. 건강에 안 좋습니다. 지금 의사 선생님이 와서 진찰하실 거예요.

низ(ж)- 아래

ни́зкий

형 1. (높이, 정도, 가치) 낮은(low) 2. 저열한

Почему́ ты тако́й бле́дный? У тебя́, наве́рное, **ни́зкий** гемоглоби́н.

너 왜 이렇게 창백하니? 헤모글로빈 수치가 낮은가보다.

Вы по́длый и **ни́зкий** челове́к, негодя́й и мерза́вец!

넌 비열하고 저급한 인간이야. 이 쓸모없는 놈, 망할 놈!

실력 UP!

низкоопла́чиваемый 저임금의
низкокалори́йный 저칼로리의

ни́жний

형 아래쪽의, 더 낮은 쪽의(lower)(↔ ве́рхний 위쪽의)

До Петербу́рга я е́хал на ве́рхней по́лке в купе́, а обра́тно - уже́ на **ни́жней**.

페테르부르크까지 가는 길에는 쿠페(열차 내 4인용 침대칸)의 위쪽 자리를 썼고, 반대로 돌아올 때는 아래쪽을 썼어.

вниз

부 아래로, 밑으로(down)

Тури́сты на́чали осторо́жно спуска́ться **вниз** по скло́ну горы́.

관광객들은 조심스럽게 산비탈을 내려가기 시작했다.

실력 UP!

сни́зу 밑으로부터

Сосе́ди **сни́зу** – пенсионе́ры, их не ви́дно и не слы́шно.

아래층에 사는 이웃은 은퇴한 사람들인데, 눈에 띄지도 않고 되게 조용하게 살아.

внизу́ 밑에, 아래의

Вы мо́жете связа́ться с на́ми по номера́м, кото́рые ука́заны **внизу́** страни́цы.

이 페이지 아래쪽에 나와 있는 번호로 우리에게 전화하시면 됩니다.

снижа́ть НСВ
сни́зить СВ
сни́жу, сни́зишь, сни́зят
сни́жен, -а, -ы

동 что 낮추다, 감소시키다

Це́ны на нефть вновь **сни́зились** до отме́тки в 50 до́лларов за ба́ррель.

유가가 배럴당 50달러 선까지 다시 하락했다.

унизи́тельный

형 굴욕적인
동 унижа́ть/уни́зить *кого-что* 업신여기다, 얕보다

Лу́чшие го́ды мое́й жи́зни ушли́ на то́, что́бы вы́браться из **унизи́тельной** нищеты́.

내 삶의 최고의 나날들은 굴욕적인 가난에서 벗어나기 위한 시간으로 사용되었다.

НОВ- 새로운

но́вый

형 새로운

Ива́н Петро́вич ме́сяц наза́д вы́шел на пе́нсию и с трудо́м привыка́ет к **но́вой** для себя́ жи́зни.

이반 페트로비치 씨는 한 달 전 은퇴하고 지금은 새로운 삶에 힘겹게 적응하는 중이다.

но́вость

복생 новосте́й

명 女 뉴스, 신문, 소식

Загрузи́те на́ше приложе́ние на смартфо́н - и вы бу́дете пе́рвыми получа́ть все **но́вости** росси́йского шо́у-би́знеса!

스마트폰에 우리 앱을 다운 받으세요. 연예계 소식을 가장 빨리 받아 보실 수 있습니다.

сно́ва

부 다시, 새로(вновь, за́ново)

Мы попроща́лись до весны́, а встре́тились **сно́ва** то́лько спустя́ 20 лет.

우리는 봄에 보자며 헤어졌으나, 무려 20년이 지나 다시 만나게 되었다.

новорождённый

1. 형 갓난, 갓 태어난 2. 명 신생아

У **новорождённого** обнару́жен поро́к се́рдца, роди́тели в отча́янии.

신생아의 심장에 이상이 있는 것을 안 부모는 실의에 빠졌다.

обновля́ть НСВ

обнови́ть СВ

обновлю́, -нови́шь, -новя́т

обновлён, -а́, -ы́

동 что 새롭게 하다, 개정하다

명 обновле́ние 개정, 새로고침

Обнови́те страни́цу и́ли перезапусти́те бра́узер.

페이지를 새로고침하거나 브라우저를 재시작하세요.

В тече́ние го́да мы обя́заны **обнови́ть** всю лине́йку на́шей проду́кции, ина́че вы́летим* с ры́нка!

올해 안에 반드시 모든 제품라인을 새로 구성해야 합니다. 그렇지 않으면 우린 시장에서 입지를 잃게 될 겁니다.

* о́чень бы́стро потеря́ем на́ши пози́ции на ры́нке

возобновле́ние

명 재개, 회복, 갱신

동 возобновля́ть/возобнови́ть *что* 재개하다

Мы гото́вы к **возобновле́нию** перегово́ров. Мяч на ва́шей полови́не по́ля*.

우리는 협상을 재개할 의향이 있습니다. 이제 선택은 귀하에게 달려 있습니다.

*Тепе́рь всё зави́сит от ва́шего отве́та; зави́сит о того́, гото́вы вы догова́риваться и́ли нет

нова́торский

형 혁신적인

- Как вы смогли́ доби́ться столь прекра́сных результа́тов?
- Мы примени́ли **нова́торский** подхо́д.

- 어떻게 그런 멋진 성과를 이뤄내셨습니까?
- 혁신적인 접근법을 적용한 덕분입니다.

новичо́к
단생 новичка́
복 новички́

명 신입, 신참, 초보자

Мы далеко́ не* **новички́** в э́том би́знесе. Мы на ры́нке уже́ 10 лет.
우리는 이 업계에서 전혀 초짜가 아닙니다. 시장에서 보낸 세월이 벌써 10년입니다.

* совсе́м не

Ребя́та, у нас в кла́ссе **новичо́к** - Ко́ля Петро́в. Очень хоро́ший ма́льчик. Не обижа́йте его́.
얘들아, 우리 반에 새로운 친구가 왔단다. 이름은 콜랴 페트로프야. 아주 좋은 친구니까 잘 대해주렴!

нови́нка
복생 нови́нок

명 새로운 것, 새 상품

На междунаро́дном автосало́не всё внима́ние бы́ло прико́вано к **нови́нке** “БМВ” - эли́тному внедоро́жнику.
국제 자동차 전시회에서 가장 주목을 받은 것은 BMW의 프리미엄 신형 SUV였다.

нол-/нул- 숫자 0

ноль(нуль)
단생 ноля́
복 ноли́

명 男 숫자 0, 제로
형 **нулево́й** 영점의, 기초의

Начина́ть всё с **нуля́*** - са́мое сло́жное, что мо́жет быть.
뭐든지 생판 처음부터 시작하는 것이 가장 힘든 일이다.

* за́ново, с чи́стого листа́ 처음부터, 제로베이스에서

аннули́ровать НСВ/СВ
аннули́рую, -руешь, -руют
аннули́рован, -а, -ы

동 что 무효로 하다, 취소하다

При́нято реше́ние **аннули́ровать** ва́шу ви́зу. Вы должны́ неме́дленно поки́нуть страну́.
귀하의 비자는 무효 처리 되었습니다. 당장 출국하십시오.

53일차

норм- 표준, 규범

норма́льный

형 정상적인, 표준의(↔ анома́льный 비정상의, 이상의)

У меня́ **норма́льный** вес, но па́рочку килогра́ммов сбро́сить не помеша́ло бы.

난 정상 체중이기는 한데 여기서 몇 킬로만 더 빼면 좋겠어.

но́рма

명 표준, 규범, 적량

Во́семь часо́в - такова́ су́точная **но́рма** сна. Сто́лько необходи́мо отдыха́ть, что́бы продукти́вно рабо́тать.

하루 권장 수면시간은 8시간입니다. 생산적인 활동을 위해서 이만큼의 휴식은 꼭 필요하죠.

ноч- 밤

ночно́й

형 밤, 야간의

В дра́ке в **ночно́м** клу́бе мне вы́били ве́рхние пере́дние зу́бы. А импла́нты - э́то так до́рого!

나이트클럽에서 몸싸움을 하나다가 앞에 윗니 두 개가 나갔어. 임플란트하려면 비싼데!

ночева́ть НСВ
ночу́ю, -чу́ешь, -чу́ют

동 숙박하다, 묵다, ~에서 자다
명 ночёвка 숙박, ~박
명 ночле́г 숙소

А вы когда́-нибудь **ночева́ли** в пала́тке в лесу́ при двадцатигра́дусном моро́зе? Незабыва́емые ощуще́ния!

영하 20도의 날씨에 숲에서 텐트를 치고 숙박해 본 적이 있나요? 잊지 못할 경험이죠.

3 дня с **ночёвками** 2박 3일

нрав- 풍습, 성질

нрав

명 1. 기질, 성미, 성격 2. 복 풍속, 관습

- Как вы счита́ете, что мо́жет спасти́ Росси́ю?
- То́лько просвеще́ние наро́да и смягче́ние **нра́вов**.
- 러시아를 구원할 방법이 무엇이라고 생각하시나요?
- 민중의 계몽과 사회풍속의 개선이 유일한 길이죠.

нра́вственный

형 도덕적인, 정신의(мора́льный)(↔ безнра́вственный)
명 女 нра́вственность 도덕성

Утра́та духо́вно-**нра́вственных** ориенти́ров ведёт к деграда́ции и распа́ду ли́чности.
정신적 · 도덕적 규범을 잃는다면 개인은 타락하고 몰락할 수밖에 없다.

нра́виться НСВ
понра́виться СВ
(по)нра́влюсь, -вишься, -вятся

동 кому + кто-что 마음에 들다, 좋아하다

Вы́ход из безвы́ходной ситуа́ции есть всегда́, пра́вда, обы́чно он нам не **нра́вится**.
절망적인 상황 속에서도 해결책은 언제나 있기 마련이지만, 그 해결책이 마음에 안 드는 경우가 많지

нуд(ж)- 필요

ну́жен
нужна́, -о, -ы

형단 кому + кто-что 필요로 하다
형 ну́жный 필요한
술 ну́жно *кому + инф.* ~해야 한다

Статья́ напи́сана, тепе́рь **ну́жен** я́ркий, запомина́ющийся заголо́вок.
기사는 다 됐고, 이제 뇌리에 남을 만한 강렬한 제목이 필요해.

Жара́ стано́вится невыноси́мой, **ну́жно** сро́чно бежа́ть из го́рода.
날이 더워서 감당이 안 되네. 한시바삐 도시 밖으로 나가야 되겠어.

нужда́ться НСВ

동 1. в чём ~을 필요로 하다 2. 가난하다
명 нужда́ 필요, 수요; 가난

Моя́ мать - уже́ пожило́й челове́к, ча́сто боле́ет, **нужда́ется** в ухо́де.
저희 어머니는 이미 연세가 많으셔서 자주 편찮으세요. 잘 보살펴 드려야 해요.

принуди́тельный

형 강제적인, 필수적인

동 **принужда́ть/принýдить** *кого + к чему*
~에게 -을 강제하다, 강요하다

С огрóмным трудóм нам удалóсь устрóить нáшего дя́дю в спéцкли́нику на **принуди́тельное** лечéние от алкоголи́зма.

우리는 알코올중독을 강제 치료하는 병원에 어렵사리 삼촌을 입원시켰다.

ня-/ним-/ём-/ем-/я-/ йм-/им-1 소유, 가지다

объём

명 규모, 용량, 크기

Сейчáс у меня́ на рабóте прóсто ад: полови́ну сотрýдников увóлили, **объём** рабóты увели́чили!

지금 우리 회사는 말 그대로 지옥이야. 직원의 절반이 해고됐는데, 업무량은 더 늘어났다고!

ёмкость

명 (女) 용량

형 **ёмкий** 용량이 큰

Первéйшая задáча госудáрства сегóдня - обеспéчить ускóренное разви́тие **наукоёмких** отраслéй эконóмики.

현재 국가의 최우선 과제는 기술집약적 산업을 빠르게 육성하는 것이다.

실력 UP!

наукоёмкий 기술집약적인
трудоёмкий 노동집약적인
капиталоёмкий 자본집약적인
энергоёмкий 에너지집약적인, 에너지 소모가 큰

приéмлемый

형 조건에 맞는, 적당한, 타협 가능한(acceptable) (↔ неприéмлемый)

С тóчки зрéния корпорати́вной э́тики вáше поведéние категори́чески **неприéмлемо**!

당신의 행동은 기업윤리에 크게 어긋나는 행동입니다.

всеобъéмлющий

형 포괄적인, 포용적인

Стóроны близкú к заключéнию **всеобъéмлющего** политúческого соглашéния об урегулúровании конфлúкта.

양측은 '갈등 조정에 관한 포괄적 정책 협약'에 곧 서명할 것이다.

имéть НСВ

동 что 갖다, 지니다

Чтóбы вы́ехать из Россúи за границу, нýжно, конéчно, **имéть** заграничный пáспорт.

러시아에서 외국으로 나가려면 당연히 여권이 필요하다.

- Мне кáжется, мы перестáли понимáть друг дрýга. Мы бóльше не должны́ быть вмéсте.
- Что ты **имéешь** в видý*? Развóд?

- 내 생각에 우리가 이제 서로를 이해하지 못하는 것 같아. 더 이상 함께 할 수 없을 것 같아.
- 무슨 말이야? 이혼하자는 거야?

*имéть в видý ~을 염두에 두다, 그러니까 내 말은 ~이다

имýщество

명 재산, 소유물
형 имýщественный 재산의

Я твоя́ женá, хотя́ и бы́вшая! По закóну я имéю прáво на половúну всегó **имýщества**!

비록 이혼한 사이지만 부인이었잖아. 그러니까 나는 법적으로 재산의 반을 가질 권리가 있어.

малоимýщий

형 가난한(↔ имýщий)

В прóшлом годý дóля **малоимýщих** россия́н состáвила óколо 13% от óбщей чúсленности населéния.

러시아 국민 중 빈곤층이 차지하는 비중은 작년 기준 13%에 육박했다.

преимýщество

명 1.장점 2. перед кем-чем 우월함, 우위

Хорóшее знáние инострáнных языкóв означáет вáше бесспóрное **преимýщество** пéред конкурéнтами на ры́нке трудá.

외국어 능력이 뛰어나면 취업 시장에서 다른 경쟁자보다 확실히 우위를 점할 수 있다.

54일차

ня-/ним-/ём-/ем-/я-/ йм-/им-2 소유, 가지다

неприя́тность

명 女 불쾌한 일, 좋지 않은 일
형 неприя́тный 불쾌한

Это всегда́ **неприя́тно** и боле́зненно - разочарова́ться в лю́дях, кото́рые бы́ли для вас куми́рами.
당신이 우상으로 여겼던 사람들에게 실망하는 건 언제나 씁쓸하고 괴로운 일이다.

понима́ть НСВ
поня́ть СВ
пойму́, поймёшь, пойму́т
по́нял, поняла́, по́няли
по́нят, -а́, -ы

동 кого-что 이해하다
명 понима́ние 이해

Я и́скренне не **понима́ю**, как мо́жно "дружи́ть" в Интерне́те с людьми́, кото́рых ты никогда́ в глаза́ не ви́дел!
난 솔직히 이해가 안 돼. 어떻게 얼굴 한 번 안 보고 인터넷에서 사람을 사귈 수 있지?!

Как такти́чно, ве́жливо дать **поня́ть*** челове́ку, что бо́льше не жела́ешь с ним обща́ться?
이 사람을 멀리하고 싶은데, 이걸 어떻게 하면 눈치껏 예의 바르게 잘 말할 수 있을까요?

*дать поня́ть 이해시키다, 알리다

поня́тие

명 개념, 생각

В идеа́ле правовы́е **поня́тия** сле́дует толкова́ть одина́ково. Но так, к сожале́нию, быва́ет не всегда́.
법적 개념에 대한 해석이 일관성 있게 이루어지는 것이 이상적이겠지만, 안타깝게도 현실에서는 그러하지 못하다.

занима́ть НСВ
заня́ть СВ
займу́, займёшь, займу́т
за́нял, заняла́, за́няли
за́нят, -а́, ы

동 что (장소, 시간, 순위를) 차지하다, 점유하다

Стра́нно, что на́ша плане́та называ́ется Земля́. Су́ша **занима́ет** всего́ 29% её пло́щади, остально́е - океа́н!
우리가 사는 행성을 지구(地球)라고 부르는 게 이상해. 육지는 전체 면적의 29%밖에 안 되고, 나머지는 다 바다잖아.

Устро́йство на но́вую рабо́ту **за́няло** у меня́ три ме́сяца.
새 직장을 구하기까지 석 달이 걸렸어요.

занима́ться НСВ
заня́ться СВ

동 чем 1. ~을 하다 2. 일하다, 종사하다 3. 공부하다

Снача́ла я рабо́тал учи́телем в шко́ле, а пото́м **занялся́** изда́тельским би́знесом.
처음에 난 학교 선생님으로 일했지만, 나중에는 출판업계에 종사하게 됐다.

실력 UP!

за́нят(-á, -о, -ы) 바쁘다, 점유되다
- Прости́те, могу́ я ви́деть господи́на дире́ктора?
- Нет, он сейча́с **за́нят**, у него́ совеща́ние.
- 실례지만, 국장님을 뵐 수 있을까요?
- 아뇨. 지금은 시간이 안 됩니다. 회의 중이세요.

за́нятость 바쁨; 고용
Большо́е спаси́бо за то, что несмотря́ на ва́шу **за́нятость**, удели́ли мне вре́мя.
바쁘신 와중에도 저에게 시간을 내주셔서 정말 감사합니다.

заня́тие 수업
Из-за эпиде́мии коронави́руса **заня́тия** в шко́лах и университе́тах го́рода отменены́.
코로나바이러스로 인해 시내의 초중고와 대학 수업이 취소되었다.

внима́ние

명 관심, 주의, 배려
형 внима́тельный 꼼꼼한, 신중한

Я уже́ давно́ не обраща́ю **внима́ния** на* людску́ю жа́дность и глу́пость.
난 인간의 욕심과 어리석음을 더 이상 신경 쓰지 않아.

*обраща́ть/обрати́ть внима́ние *на кого-что* 관심을 기울이다

принима́ть во внима́ние *что* ~을 고려하다(учи́тывать)

снима́ть НСВ
снять СВ
сниму́, сни́мешь, сни́мут
сня́л, сняла́, сня́ли
сня́т, -а́, ы

동 кого-что 1. 벗다, 제거하다 2. 사진을 찍다 3. 집을 빌리다 4. 철회하다

По́сле рожде́ния ребёнка актри́са смогла́ бы́стро привести́ себя́ в фо́рму и сейча́с сно́ва акти́вно **снима́ется** в сериа́лах.
여배우는 출산 후 빠르게 예전 몸매를 회복했고, 지금은 드라마에 출연하며 활발한 활동을 이어가고 있다.

실력 UP!

сни́мок 사진
сня́тие 인출, 철회
съёмка 촬영

обнима́ть НСВ
обня́ть СВ
обниму́, -ни́мешь, -ни́мут
о́бнял(обня́л), -á, -и
о́бнят, -á, -ы

동 1. кого-что 포옹하다, 껴안다 2. -ся 서로 끌어안다
명 объя́тие 포옹

В 90-ые го́ды Росси́я рассчи́тывала на понима́ние и дру́жбу с За́падом, но тот ей свои́ **объя́тия** так и не раскры́л.
90년대 러시아는 서방국가에 이해와 우정을 기대했지만, 돌아온 것은 거절뿐이었다.

принима́ть НСВ
приня́ть СВ
приму́, при́мешь, при́мут
при́нял, -á, -и
при́нят, -á, -ы

동 кого-что 받아들이다(accept, take) (제안 수락, 의견 수용, 입학 및 입국, 허가, 약 복용, 손님맞이 등)

Друзья́, меня́ **при́няли** в "Самсу́нг"! Приглаша́ю всех отме́тить э́то де́ло!
얘들아, 나 삼성에 취직됐어. 취직 기념으로 내가 한턱낼게!

При веде́нии би́знеса ва́жно **принима́ть** во внима́ние интере́сы всех партнёров.
사업을 할 때 중요한 것은 모든 사업 파트너의 이익을 고려하는 것이다.

МГУ **принима́ет** лу́чших студе́нтов со всей страны́.
모스크바국립대학교는 전국 각지에서 온 최고의 학생들을 선발한다.

Э́то лека́рство ну́жно **принима́ть** три ра́за в день по́сле еды́.
이 약은 하루 세 번 식후에 복용해야 한다.

Она́ **принима́ла** му́жа таки́м, како́й он есть, поэ́тому их брак оказа́лся столь кре́пким.
그녀는 남편을 있는 그대로 받아들였어. 그래서 그들의 결혼이 견고한 거지.

приём

명 1. 수용, 수락 2. 접견, 파티 3. 복용 4. 방식, 기법

В заверше́ние мы бы хоте́ли поблагодари́ть организа́торов фестива́ля за тёплый и раду́шный **приём**.
끝으로, 친절하고 따듯하게 맞아주신 행사 주최 측에게 감사 말씀을 전하고 싶습니다.

записа́ться на **приём** (병원 등) 접수하다

при́нято

술 инф. 일반적으로 받아들여지다, 용인되다

В Росси́и не **при́нято** улыба́ться незнако́мым лю́дям.
러시아 사람들은 보통 모르는 사람에게는 미소를 짓지 않는다.

Приве́тствуя собесе́дника, в на́шей стране́ **при́нято** слегка́ поклони́ться.
우리나라에서는 인사를 할 때 상대방에게 가볍게 허리를 숙입니다.

поднимáть НСВ

поднять СВ

подниму́, подни́мешь, подни́мут

поднял(по́днял), -á, -и

по́днят, -а, -ы

동 что 올리다, 높이다, 일으키다, 제기하다

명 подъём 상승

Бро́нзовые меда́ли! На́ша кома́нда ещё никогда́ так высоко́ не **поднима́лась**!

동메달이라고? 우리 팀이 여태껏 이렇게 높이 올라가 본(높은 순위를 기록한) 적은 없어!

предприя́тие

명 기업, 회사

명 (男) предпринима́тель 기업가, 사업가

В дальне́йшем на́ша компа́ния плани́рует созда́ть в го́роде сеть **предприя́тий** бы́строго пита́ния.

향후 우리 회사는 도시에 패스트푸드 체인을 만들 생각이다.

воспринима́ть НСВ

восприня́ть СВ

восприму́, воспри́мешь, воспри́мут

воспри́нял, -á, -и

воспри́нят, -а, -ы

동 кого-что 이해하다, 파악하다, 받아들이다(perceive)

Гото́вность **воспринима́ть** что́-то но́вое, отсу́тствие стра́ха переме́н - ва́жные ка́чества психологи́чески зре́лой ли́чности.

새로운 것을 받아들이는 자세, 변화를 두려워하지 않는 마음가짐이 성숙한 인격임을 드러내는 주요 자질이다.

нанима́ть НСВ

наня́ть СВ

найму́, наймёшь, найму́т

на́нял, -á, -и

на́нят, -á, -ы

동 кого-что 채용하다

На́ша компа́ния расширя́ется и **нанима́ет** но́вых сотру́дников.

회사가 확장을 하여 직원을 신규 채용하고 있다.

перенима́ть НСВ

переня́ть СВ

перейму́, -ймёшь, -йму́т

переня́л(пе́ренял), -á, -и

пе́ренят, -á, -ы

동 кого-что 모방하여 내 것으로 만들다

За́втра мы лети́м в Герма́нию, в Мю́нхен, **перенима́ть** о́пыт у на́ших неме́цких колле́г.

우리는 독일 동료들의 경험을 배우기 위해 내일 뮌헨으로 출국합니다.

отнима́ть НСВ

отня́ть СВ
отниму́, -ни́мешь, -ни́мут
отня́л(о́тнял), -а́, -и
о́тнят, -а, -ы

동 кого-что 뺏다, 떼다, 박탈하다

Ра́ньше я ча́сто быва́л в теа́трах, музе́ях, но сейча́с рабо́та **отнима́ет** всё моё вре́мя и си́лы.

예전에는 나도 극장이나 박물관을 자주 다녔었는데, 지금은 일하느라 시간도 없고, 갈 힘도 없어.

вня́тно

형 정확히, 명료하게(я́сно, поня́тно)

Мы должны́ чётко и **вня́тно** обоснова́ть на́ши тре́бования.

우리는 확실하고 명료하게 요구사항을 설명해야 합니다.

обяз- 의무

обя́зан
обя́зана, -о, -ы

형단 1. инф. ~할 의무가 있다 2. кому + чем 신세를 지다

- А когда́ освободи́тся ваш нача́льник?
- Я не **обя́зана** отвеча́ть на таки́е вопро́сы.

- 당신 상사는 언제 (일정이 끝나서) 시간이 된답니까?
- 그런 문의에 답해 드릴 의무는 없습니다.

실력 UP!

обя́занность 명 女 업무, 책무

Сейча́с я вре́менно исполня́ю **обя́занности** руководи́теля отде́ла.

저는 현재 임시로 과장직을 수행하고 있습니다.

обяза́тельство 명 의무, 약속

Росси́я приняла́ на себя́ **обяза́тельства** сни́зить объём вы́бросов в атмосфе́ру парнико́вых га́зов.

러시아는 대기 중 온실가스 배출량을 감축하기 위한 의무를 이행하기로 했다.

обяза́тельно

부 꼭, 반드시

- Мы ещё встре́тимся?(па́рень спра́шивает де́вушку по́сле 1-го свида́ния)
- Коне́чно, **обяза́тельно**! Я тебе́ сама́ позвоню́.

- 우리 또 만나는 거야? (첫 데이트를 마치고 남자가 여자에게)
- 당연하지. 꼭 만나자. 내가 먼저 전화할게.

55일차

обид- 화

обижáть НСВ
оби́деть СВ
оби́жу, оби́дишь, оби́дят
оби́жен, -а, -ы

동 1. кого ~을 화나게 하다, 속상하게 하다
2. -ся на кого ~에게 화나다
명 оби́да 화, 모욕

Извини́те, я не хотéл вас **оби́деть**. Это былá всегó лишь шýтка!
미안해요. 기분 상하게 하려고 한 건 아니었어요. 그저 농담에 지나지 않는 얘기였어요.

- Прости́те меня́, пожáлуйста, я был неправ.
- Ну что вы, я совсéм на вас не **оби́делась**.

- 죄송합니다. 제가 틀렸네요.
- 아니에요. 저 당신한테 화난 것 전혀 없거든요.

оби́дный

형 화나는, 분통이 터지는, 억울한
주의 оби́дчивый 화를 잘 내는, 잘 삐치는

Оби́дно: Wi-Fi есть, а смартфóн не подключáется.
짜증 나. 와이파이는 있다고 뜨는데 스마트폰에 연결이 안 돼.

실력 UP!
раздражéние 짜증, 역정
гнев/негодовáние/возмущéние 분노, 격분

образ- 형상

óбраз

명 모양, 모습, 이미지, 형태

Кли́мат окáзывает большóе влия́ние на **óбраз** жи́зни* людéй, их питáние и дáже психолóгию и менталитéт.
기후는 사람들의 생활양식과 음식, 심지어는 심리와 사고방식에도 영향을 끼친다.

*óбраз жи́зни 생활양식

Информаци́онные технолóгии коренны́м **óбразом** измени́ли наш мир.
정보 기술은 전 세계를 근본적으로 바꾸어 놓았다.

실력 UP!

таки́м о́бразом 따라서; 이와 같이
каки́м о́бразом 어떻게, 어떠한 방식으로
коренны́м о́бразом 근본적으로
гла́вным о́бразом 주로

образе́ц
(단생) образца́

명 견본, 샘플, 예시(экземпля́р, приме́р)

По да́нным **образца́м** соста́вьте диало́ги.
주어진 예시에 따라 대화문을 만드시오.

образова́ние

명 1. 교육, 교양 2. 형성, 조직
형 образо́ванный 교양있는

По́сле университе́та я реши́ла продо́лжить **образова́ние** в аспиранту́ре.
나는 대학을 졸업한 후 대학원에 들어가서 학업을 지속하기로 결정했다.

Кири́лл - прекра́сно **образо́ванный**, безукори́зненно ве́жливый молодо́й челове́к.
키릴은 정말 교양있고, 나무랄 데 없이 예의 바른 청년이다.

образова́ть НСВ/СВ
образу́ю, -у́ешь, -у́ют
образо́ван, -а, -ы

동 кого-что 만들다, 구성하다, 형성하다, 조직하다

С по́мощью су́ффикса "-тель" мы **образу́ем** существи́тельные, кото́рые, как пра́вило, называ́ют профе́ссии: учи́тель, строи́тель и т.д.
보통 접미사 -тель을 붙이면 учитель이나 строитель처럼 직업을 뜻하는 명사를 만들 수 있습니다.

воображе́ние

명 상상

Карти́ны э́того худо́жника захва́тывают **воображе́ние**, поража́ют причу́дливыми о́бразами.
이 화가의 작품은 상상을 뛰어넘으며, 독특한 형상을 통해 놀라움을 불러일으킨다.

изобража́ть НСВ
изобрази́ть СВ
изображу́, -рази́шь, -разя́т
изображён, -а́, -ы́

동 кого-что 표현하다, 나타내다, 그리다
명 изображе́ние 이미지, 그림

На но́вой па́чке сигаре́т **изображены́** лёгкие кури́льщика, у́мершего от ра́ка.
새로운 담뱃갑에는 폐암 사망자의 폐가 그려져 있다.

разнообра́зие

명 다양함, 가지각색(многообра́зие)
형 разнообра́зный 각양각색의, 다채로운

Вас прия́тно удиви́т **разнообра́зие** сорто́в и ви́дов пи́ва в на́шем ба́ре!
우리 바에 오시면 맥주 종류가 다양해서 깜짝 놀라실 겁니다.

соображе́ние

명 이해, 생각(мысль), 고려
형 сообрази́тельный 판단이 빠른, 영민한

В свое́й статье́ изве́стный психо́лог дели́тся с чита́телями свои́ми **соображе́ниями** о том, как обрести́ сча́стье в семе́йной жи́зни.
유명 심리학자는 자신의 기고문을 통해 가정생활에서 행복을 얻는 방법에 관한 자신의 생각을 독자들과 공유한다.

преобразова́ние

명 변화, 개혁(рефо́рма)

Росси́йская бюрократи́ческая систе́ма скла́дывалась века́ми и име́ет бога́тый о́пыт противоде́йствия прогресси́вным рефо́рмам и **преобразова́ниям**.
러시아 관료제는 수 세기에 걸쳐 형성되었으며, 진보적 개혁과 변혁에 맞서 온 역사적 경험이 풍부하다.

безобра́зие

명 보기 싫음, 흉함, 추태

Вы не име́ете пра́ва так себя́ вести́ с клие́нтами! Это **безобра́зие**! Я бу́ду жа́ловаться!
손님을 이렇게 대하면 안 되죠. 참 꼴불견이네요. 클레임을 걸어야겠어요.

обре- 얻다, 획득

обрета́ть НСВ
обрести́ СВ
обрету́, обретёшь, обрету́т
обрёл, -а́, -и́
обретён, -а́, -ы́

동 что 획득하다, 가지다
명 обрете́ние 획득

Геро́й кни́ги прохо́дит че́рез разли́чные испыта́ния и в конце́ концо́в **обрета́ет** сча́стье, став учи́телем в се́льской шко́ле.
책의 주인공은 온갖 고난을 겪지만 끝내 한 시골 학교의 교사가 되어 행복한 삶을 살아가게 된다.

изобрета́ть нсв
изобрести́ св
изобрету́, -обретёшь, -обрету́т
изобрёл, -ла́, -ли́
изобретён, -а́, -ы

동 что 발명하다
명 男 изобрета́тель 발명가
명 изобрете́ние 발명(품)

Моше́нники без конца́ **изобрета́ют** всё но́вые спо́собы обма́на свои́х жертв.
사기꾼들은 사람들을 속일 방법을 끝없이 새로 고안해낸다.

приобрета́ть нсв
приобрести́ св
приобрету́, -обретёшь, -обрету́т
приобрёл, -ла́, -ли́
приобретён, а́, -ы́

동 что 1. 얻다, 획득하다 2. 구입하다
명 приобрете́ние 획득, 구입

Мне ка́жется, в после́днее вре́мя поня́тия материа́льной по́льзы и вы́годы **приобрели́** для мно́гих россия́н сли́шком большо́е значе́ние.
내 생각에 요즘 러시아인들은 물질적 효용과 이익을 너무 중시하는 것 같아.

один-/одн- 하나

одино́кий

형 외로운, 쓸쓸한
명 одино́чество 외로움; 미혼

По́сле разво́да мой бы́вший муж бо́льше никогда́ не жени́лся, оста́лся **одино́ким** на всю жизнь.
내 전남편은 나랑 이혼한 뒤 재혼하지 않고, 평생을 혼자 살았다.

одина́ковый

형 동일한, 똑같은(тот же са́мый, оди́н и тот же)

Иису́с Христо́с учи́л, что ну́жно **одина́ково** люби́ть всех люде́й.
예수는 모든 사람을 똑같이 사랑하라고 가르쳤다.

одино́чка
복생 одино́чек

명 1. 독신자, 미혼 2. 혼자

Для ма́тери-**одино́чки** вы́йти за́муж - больша́я пробле́ма.
싱글맘이 결혼하기란 쉽지 않다.

Сло́жность заключа́ется в том, что в **одино́чку** мы э́тот прое́кт не реали́зуем.
문제는 우리의 힘만으로는 이 프로젝트를 추진할 수 없다는 것입니다.

실력 UP!

в одино́чку 혼자서
мать-одино́чка 싱글맘
одино́чество 미혼, 독신, 고독

одна́жды

부 어느 날, 언젠가

Одна́жды мне посчастли́вилось вы́играть в лотере́ю 50 ты́сяч рубле́й. На них я купи́ла себе́ но́вый планше́т и айфо́н.

예전에 나는 운 좋게 복권 5만 루블에 당첨된 적이 있어. 그 돈으로 태블릿도 사고, 아이폰도 새로 샀었지.

односторо́нний

형 일방적인, 편파적인

Это у́лица с **односторо́нним** движе́нием.

이 길은 일방통행이에요.

По́длинное дове́рие не мо́жет быть **односторо́нним**. Оно́ мо́жет быть то́лько взаи́мным.

진정한 신뢰란 일방적일 수 없으며, 항상 상호적이다.

실력 UP!

одноко́мнатный 원룸의
однора́зовый 일회용의
одноклассник 동급생
одноэта́жный 1층짜리, 단층의
однокра́тно 1회, 1번
неоднокра́тно 여러 번

56일차

общ- 공동

общáться НСВ
пообщáться СВ

동 **с кем** 어울리다, 사귀다, 교제하다
명 **общéние** 교제, 소통
형 **общи́тельный** 사교성 있는, 붙임성 좋은(коммуникáбельный)

Мы вчерá с друзья́ми óчень прия́тно, душéвно **пообщáлись**.

난 어제 정말 즐겁고 마음도 잘 통하는 친구들과 놀았어.

По выходны́м мы с мýжем старáемся отводи́ть как мóжно бóльше врéмени на **общéние** с детьми́.

저와 남편은 주말마다 아이랑 최대한 많은 시간을 보내려고 노력해요.

óбщий

형 보통의, 공통의, 전체의

В 1913-ом годý* крестья́не составля́ли óколо 85% от **óбщего** населéния Росси́и.

1913년에는 농민이 러시아 전체 인구의 약 85%를 차지했다.

*1913 год - вáжная символи́ческая дáта для Росси́и: послéдний год ми́рной жи́зни пéред Пéрвой мировóй войнóй и послéдовавшей за ней революцией и граждáнской войнóй.

실력 UP!

в óбщем 보통, 일반적으로(in general)
найти́ óбщий язы́к(= дости́чь взаимопонимáния, договорённости) 이해하다, 공감하다, 공감대를 발견하다
óбщемировóй 전 세계의
óбщечеловéческий 전 인류의
общежи́тие 기숙사
сообщá 공동으로, 힘을 합쳐

óбщество

명 1. 사회, 공동체 2. 단체

По дáнным сóцопрóсов, рост напряжéния в **óбществе** ощущáет кáждый трéтий россия́нин.

사회조사에 따르면 러시아인 세 명 중 한 명은 사회적 긴장이 심화되는 것을 체감하고 있다.

Права́ и свобо́ды гра́ждан не мо́гут и не должны́ существова́ть отде́льно от их обя́занностей пе́ред госуда́рством и **о́бществом**.
국민의 권리와 자유는 국가와 사회에 대한 의무와 별개로 존재할 수 없다.

сообща́ть нсв
сообщи́ть св
сообщу́, -щи́шь, -ща́т
сообщён, -а́, -ы́

동 кому + о чём/что ~을 알리다

Есте́ственно, роди́тели бы́ли не в восто́рге, когда́ я **сообщи́ла** им, что развожу́сь с му́жем.
내가 남편과 이혼한다고 말씀드렸을 때, 부모님이 탐탁지 않아 하셨던 건 당연한 거지.

сообще́ние

명 1. 보도, 통보, 메시지 2. 교통

В после́днее вре́мя в СМИ участи́лись **сообще́ния** о возмо́жной серьёзной боле́зни премье́р-мини́стра.
국무총리가 심각한 병에 걸렸을 가능성이 있다는 보도가 최근 들어 언론에 자주 등장하고 있다.

обще́ственный

형 사회의, 대중의(социа́льный)

Де́ятельность ма́ссовых **обще́ственных** организа́ций регули́руется специа́льным законода́тельством.
대중·사회단체의 활동은 특별법에 따라 규제된다.

обще́ственное мне́ние 여론

общи́на

명 공동체, 단체

Са́мая кру́пная зарубе́жная **общи́на** кита́йцев нахо́дится не в Азии, а в Соединённых Шта́тах.
가장 큰 차이나타운은 아시아가 아니라 미국에 있다.

обобще́ние

명 일반화, 개괄, 종합화

В аналити́ческой спра́вке мне не нужны́ то́нны цифр и да́нных! Мне нужны́ **обобще́ния**, тре́нды, прогно́зы!
분석보고서에 이렇게 수치나 데이터만 잔뜩 집어넣을 겁니까? 필요한 건 개괄적 내용과 트렌드, 전망입니다.

ок(ч)- 눈

óко

(복) óчи
(복생) очéй

 눈

óко за **óко**, зуб за зуб 눈에는 눈, 이에는 이

очкó

(복) очкú

명 1. 점수, 득점 2. (복) 안경

Турнúрную таблúцу с 30-ью очкáми возглавля́ет москóвский “Спартáк”. На вторóм мéсте “Зенúт” – 27 **очкóв**.

순위표에서 모스크바의 ‘스파르타크’가 승점 30점으로 1위이다. ‘제니트’는 승점 27점으로 2위를 차지하고 있다.

Мой брат отлúчно стреля́ет: из ста **очкóв** выбивáет 90-95!

우리 형은 사격 실력이 뛰어나서 100점 중 90~95점을 맞춘다.

заóчно

부 1. 부재중에 2. (출석하지 않고) 통신을 통해

Суд **заóчно** приговорúл извéстного бизнесмéна к трём годáм заключéния за неуплáту налóгов.

법원은 결석재판을 통해 세금을 체납한 유명 사업가에게 금고 3년을 선고했다.

опас- 위험, 경계

опáсный

형 위험한(небезопáсный)
명 (女) опáсность 위험

Пренебрегáть мéрами предосторóжности в перúод пандемúи крáйне **опáсно**!

팬데믹 상황에서 예방수칙을 무시하는 것은 매우 위험한 행위입니다.

Осознáние **опáсности** происходúло постепéнно. Весь у́жас нáшего положéния мы пóняли тóлько вчерá.

우리는 조금씩 위험을 인지하게 되었다. 우리가 처한 끔찍한 실상 전체를 인식하게 된 것은 불과 어제이다.

безопа́сность

명 (女) 안전, 안보, 보안
형 безопа́сный 안전한

обеспе́чение **безопа́сности** 안전보장

Антиви́русная програ́мма позволя́ет защити́ть компью́тер от вредоно́сных возде́йствий и ха́керских атак, а та́кже обеспе́чить **безопа́сность** да́нных при рабо́те в Интерне́те.

백신을 설치하면 악성코드와 해킹을 예방하고, 인터넷 작업 시 자료를 안전하게 관리할 수 있다.

В своём выступле́нии президе́нт поми́мо вну́тренней поли́тики косну́лся та́кже и пробле́м междунаро́дной **безопа́сности**.

대통령은 연설에서 국내정치 문제뿐 아니라 국제안보 문제도 언급했다.

опаса́ться НСВ

동 кого-чего 겁내다, 경계하다
명 опасе́ние 걱정, 우려

Опаса́йся э́того челове́ка, держи́сь от него́ пода́льше*: он, мне ка́жется, цини́чен и жесто́к.

이 사람을 경계하고 가까이하지마. 내가 보기에 이 사람은 파렴치하고 인정머리 없는 사람이야.

*Ну́жно быть как мо́жно да́льше от э́того челове́ка, ну́жно отказа́ться от обще́ния с ним.

ориент- 방향, 지향, 목표

ориенти́р

명 목표, 방향

Наш **ориенти́р** на э́тот год - рента́бельность на у́ровне 8-10%.

우리의 올해 목표는 수익률 8~10%를 달성하는 것입니다.

Ориенти́р - двухэта́жное жёлтое зда́ние, спра́ва 100 - ого́нь!

2층짜리 황색 건물을 기준으로 우측 100m 지점에 불이 났어요!

ориенти́роваться НСВ
ориенти́руюсь, -руешься, -руются

동 1. (위치, 상황 등) 파악하다, 대략적으로 정하다
2. на что ~을 지향하다

Я с трудо́м **ориенти́руюсь** в незнако́мых места́х. Спаси́бо, тепе́рь есть смартфо́ны.

나는 낯선 장소에서는 길을 잘 못 찾아. 이제는 스마트폰이 있어서 참 다행이야.

Коре́йская эконо́мика **ориенти́рована** гла́вным о́бразом на э́кспорт.

한국 경제는 수출지향적 구조이다.

ориента́ция

명 1. 목표, 방향 2. 오리엔테이션

Высо́кую при́быль изда́тельствам прино́сит **ориента́ция** в пе́рвую о́чередь на вку́сы и потре́бности ма́ссового чита́теля.

출판사가 많은 수익을 얻을 수 있는 방식은 대중 독자의 취향과 수요를 우선적으로 고려하는 것이다.

переориенти́рование

명 방향 전환
동 переориенти́ровать *что* 방향을 전환하다

Необходи́мо сро́чное **переориенти́рование** эконо́мики на вы́пуск высокотехнологи́чной проду́кции.

첨단기술 상품을 생산하는 경제로 하루빨리 전환해야 한다.

57일차

орган- 기관, 조직

о́рган

명 1. (기구, 조직) 기관 2. (신체) 기관

Дире́ктор компа́нии в тече́ние мно́гих лет скрыва́л свои́ дохо́ды от нало́говых **о́рганов**, за что в конце́ концо́в угоди́л за решётку*.

이 회사의 사장은 오랜 기간 세무당국에 소득을 신고하지 않아 결국 구금되었다.

*попа́л в тюрьму́

Рак порази́л все жи́зненно ва́жные **о́рганы**: пе́чень, лёгкие, желу́док.

간과 폐, 위와 같은 모든 핵심 장기에 암이 생겼다.

органи́зм

명 유기체, 생물체, 인체

Отчего́ по ноча́м у не́которых из нас сво́дит но́ги? Ме́дики счита́ют, что э́то происхо́дит от недоста́тка ка́льция и ма́гния в **органи́зме**.

밤마다 다리에 쥐가 나는 사람들이 있는데 그 원인은 무엇일까요? 의사들은 인체 내 칼슘과 마그네슘 부족을 원인으로 생각하고 있습니다.

организова́ть НСВ/СВ
организу́ю, -зу́ешь, -зу́ют
организо́ван, -а, -ы

동 что 조직하다
명 **организа́ция** 조직
명 **организа́тор** 조직자, 주최자

Накану́не вы́боров президе́нта пресс-це́нтр МИДа (Министе́рства иностра́нных дел) **организова́л** бри́финг для иностра́нных журнали́стов.

대선 전날 외무부 공보실은 외신기자들을 대상으로 브리핑을 진행했다.

Организа́торы фестива́ля позабо́тились о том, что́бы го́сти чу́вствовали себя́ как до́ма* и да́же лу́чше.

페스티벌 주최측은 참가자들에게 최대한 편의를 제공하고자 신경 썼다.

*чу́вствовать себя́ как до́ма (집처럼) 편안히 느끼다

оруд(ж)- 도구

ору́жие

명 무기

주의 ору́дие 도구

США - миров́ой ли́дер в сфе́ре торго́вли **ору́жием**.

미국은 세계 최대의 무기 거래국이다.

вооружённый

형 무장한

명 вооруже́ние 무장; 무기; 군사력

Вооружённые си́лы Росси́йской Федера́ции - еди́нственная гара́нтия суверените́та и территориа́льной це́лостности страны́.

러시아에 있어 군대란 국가의 주권과 영토를 보장하기 위한 유일한 수단과도 같다.

обору́дование

명 장비, 설비

동 обору́довать *что* 설비하다

Из-за́ поло́мки **обору́дования** на насо́сной ста́нции це́лый райо́н го́рода оста́лся без воды́.

양수장의 설비 고장으로 동네 전체에 수도 공급이 중단되었다.

실력 UP!

устро́йство 소형 장비(442p 참고)

прибо́р 작은 도구, 기구, 용구, 측정기기(79p 참고)

столо́вый ~ (수저, 포크, 나이프 등) 식사 도구

~ для измере́ния 측정기기

га́джет 휴대폰, 태블릿 PC 등 전자기기

дева́йс 장치, 디바이스, 기기

сооруже́ние

명 1. 건축, 건설 2. 건축물, 구조물

동 сооружа́ть/сооруди́ть *что* 축조하다, 건설하다

Са́мое высо́кое архитекту́рное **сооруже́ние** в ми́ре - небоскрёб Бурдж-Хали́фа в Дуба́е. Его́ высота́ составля́ет 828 ме́тров.

전 세계에서 가장 높은 건축물은 두바이에 있는 초고층 빌딩인 부르즈 칼리파로 높이가 828m입니다.

основ- 바탕, 근본

осно́вывать НСВ

основа́ть СВ

осно́ван, -а, -ы

형 что 설립하다 2. -ся на чём ~에 근거하다

명 男 основа́тель 창립자, 설립자

Компа́ния, **осно́ванная** всего́ три го́да наза́д, сего́дня занима́ет ви́дное ме́сто на продукто́вом ры́нке столи́цы.

이 회사는 설립된 지 3년밖에 안 됐지만, 지금은 수도권 식품 업계에서 눈에 띄는 입지를 자랑하고 있다.

осно́ванный *на чём* ~에 기반한

основно́й

형 주요한

Основны́е причи́ны сме́ртности среди́ росси́йских мужчи́н: несча́стные слу́чаи, алкоголи́зм, наплева́тельское отноше́ние к здоро́вью.

러시아 남성 사망률의 주요 원인은 사고, 알코올 중독, 건강에 무심한 태도 등이다.

в основно́м 주로

осно́ва

명 기초, 기반, 밑바탕

В **осно́ве** вся́кого успе́ха лежи́т упо́рство, эне́ргия, во́ля, целеустремлённость.

모든 성공의 밑바탕에는 끈기와 에너지, 의지, 강한 추진력이 숨어 있다.

실력 UP!

основа́ние 창립, 설립; 이유, 근거

Руково́дство желе́зной доро́ги отмени́ло це́лый ряд при́городных эле́ктропоездо́в. **Основа́ние** - их убы́точность.

철도 당국은 근교 기차 여러 대의 운행을 전면 중단시켰다. 적자가 원인이었다.

обоснова́ние 논거, 입증, 타당성

Вам хва́тит ме́сяца, что́бы разрабо́тать **обоснова́ние** но́вого прое́кта?

새로운 프로젝트의 타당성을 검토하는 데 한 달이면 충분할까요?

осно́вополага́ющий 형 근본적인, 본질적인

Презу́мпция невино́вности - **осно́вополага́ющий** при́нцип юриспруде́нции.
무죄추정의 원칙은 기본적인 법적 원칙에 해당된다.

необосно́ванный 형 근거가 없는, 터무니없는(↔ обосно́ванный)
동 обосно́вывать/обоснова́ть *что* 정당화하다, 설명하다

Прави́тельство серьёзно беспоко́ит **необосно́ванный** и ре́зкий рост цен на бе́нзин.
정부는 터무니없이 급등하고 있는 휘발유가에 대해 심각한 우려를 표명하고 있다.

остр- 뾰족한

о́стрый 형 1. 날카로운 2. 급성의 3. 매운 4. 심한

Я просну́лся о́коло 2-х но́чи от **о́строй** бо́ли в се́рдце.
심장에 심한 통증이 와서 새벽 2시쯤 갑자기 잠에서 깼어.

обостря́ть нсв
обостри́ть св
обострю́, -ри́шь, -ря́т
обострён, -а́, -ы́

동 что 날카롭게하다, 첨예화하다, 긴박하게 만들다
명 обостре́ние 고조, 악화, 첨예화

Вме́сто того́ что́бы и да́лее **обостря́ть** конфли́кт, Росси́я призыва́ет вражду́ющие сто́роны сесть за стол перегово́ров.
러시아는 갈등을 첨예화하기보다는 협상 테이블에 앉을 것을 분쟁 당사국들에 요구했다.

остроу́мный 형 재치 있는, 위트 있는
명 остроу́мие 재치, 위트, 기지

Безусло́вно, веду́щий то́к-шо́у до́лжен быть обая́тельным и **остроу́мным** челове́ком.
토크쇼 MC는 매력적이고 재치 있는 사람이어야 한다.

ответ- 답, 대응

отве́т

명 답, 대응

На са́йте на́шей фи́рмы вы найдёте **отве́ты** на все интересу́ющие вас вопро́сы.

궁금한 점에 대한 답변은 당사 홈페이지에서 찾아보실 수 있습니다.

В **отве́т** на* Ва́ше письмо́ сообща́ем, что содержа́вшееся в нём предложе́ние о делово́м сотру́дничестве встре́тило понима́ние на́шего руково́дства.

귀하의 제안에 대한 답신을 드리겠습니다. 서신을 통해 제안한 사업 협력을 우리 임원진이 충분히 이해하였다는 점을 전달해 드립니다.

*в отве́т *на что* ~에 대응하여, 답하여

실력 UP!

отве́тный 대응의, 응답의, 보복의
~ые ме́ры 대응조치

отве́тственный 책임감 있는
~ челове́к 책임감 있는 사람
~ое де́ло 책임이 막중한 일

отвеча́ть НСВ
отве́тить СВ
отве́чу, отве́тишь, отве́тят

동 1. на что 대답하다 2. за что 책임지다, 맡다 3. чему 부합하다

Извини́те, я не могу́ **отве́тить** на э́ти вопро́сы, я не гото́ва к экза́мену.

죄송합니다. 질문에 대한 답을 모르겠습니다. 시험 준비가 미흡했습니다.

отве́тственность

명 女 책임(감)

Ко́рень мно́гих на́ших пробле́м в том, что никто́ не несёт **отве́тственности** за* пору́ченное де́ло.

우리가 겪는 수많은 문제의 근원은 아무도 맡은 일에 대해 책임지지 않으려고 한다는 거야.

*нести́ отве́тственность *за кого-что* ~에 대한 책임을 지다

соотве́тственно

1. 부 각각; 적합하게; 이에 따라 2. 전 чему ~에 따라

Дохо́ды населе́ния па́дают, **соотве́тственно**, снижа́ется и его́ покупа́тельная спосо́бность.

국민 소득이 떨어짐에 따라 구매력도 덩달아 하락세를 탔다.

соотве́тствовать НСВ
соотве́тствую, -вуешь, -вуют

동 **чему** 부합하다, 일치하다 (отвеча́ть)
형 **соотве́тствующий** 해당되는, 적절한

До́ля кита́йских инвести́ций в эконо́мику Росси́и составля́ет всего́ не́сколько проце́нтов и не **соотве́тствует** высо́кому у́ровню полити́ческих отноше́ний ме́жду двумя́ стра́нами.

양국간 높은 수준의 정치적 관계와 달리 대러 중국 투자율은 단 몇 % 밖에 되지 않는다.

соотве́тствие

명 상응, 대응

В **соотве́тствии** с* постановле́нием прави́тельства центра́льный аппара́т министе́рства подлежи́т сокраще́нию на 20%.

정부의 결정에 따라 부처의 중앙본부는 인원을 20% 감축해야 한다.

*в соответствии *с чем* ~에 따라

58일차

отч- 아버지

о́тчество

명 부칭

К челове́ку, кото́рый ста́рше вас и́ли вы́ше по социа́льному положе́нию, ну́жно всегда́ обраща́ться по и́мени-**о́тчеству**.

나이가 많거나 사회적 지위가 높은 사람에게는 이름과 부칭을 함께 불러야 한다.

Ф.И.О.(фами́лия, и́мя, **о́тчество**) 성명

оте́чественный

형 조국의

명 оте́чество 조국, 모국

Мне ка́жется, зри́тели уже́ "объе́лись" голливу́дскими блокба́стерами и предпочита́ют **оте́чественные** фи́льмы.

사람들은 이미 할리우드 블록버스터를 질리도록 봤기 때문에 이제 국내 영화를 더 선호할 것 같다는 게 내 생각이야.

о́тчим

명 의붓아버지(ма́чеха 의붓어머니)

Отца́ я не по́мню, меня́ воспи́тывал **о́тчим**.

난 친아빠에 대한 기억이 없어. 양아버지 밑에서 자랐거든.

соотечественник

명 교민, 겨레, 동포

Соотечественники, прожива́ющие за рубежо́м, не должны́ теря́ть духо́вных и культу́рных свя́зей с Росси́ей.

재외 동포 역시 러시아에 대한 정신적, 문화적 끈을 잃어버려서는 안 된다.

пад(ж)-/пас- 떨어지다

па́дать НСВ

упа́сть СВ

упаду́, -падёшь, -паду́т

упа́л, -ла, -ли

동 1. 떨어지다, 넘어지다 2. 감소하다

명 паде́ние 떨어짐, 하락

У меня́ вдруг закружи́лась голова́, и я чуть не **упа́л**.

갑자기 현기증이 나서 넘어질 뻔했어.

снегопа́д

명 강설(降雪)

Снегопа́д в Москве́ осложни́л доро́жное движе́ние и повлёк за собо́й рост числа́ ме́лких ава́рий.

강설로 모스크바 교통상황이 혼잡해지고 경미한 사고가 속출했다.

попада́ть НСВ
попа́сть СВ
попаду́, -падёшь, -паду́т
попа́л, -ла, -ли

동 1. во что 명중하다
2. куда ~에 도달하다, 이르다
3. во что (어떠한 상황에) 처하다

Когда́ наш котёнок **попа́л** под маши́ну, мне бы́ло его́ так жа́лко, что я три дня пропла́кала.

우리 집 새끼고양이가 차에 치였을 때 난 너무 마음이 아파서 사흘 내내 울었다.

пропада́ть НСВ
пропа́сть СВ
пропаду́, -падёшь, -паду́т
пропа́л, -ла, -ли

동 사라지다

주의 女 про́пасть 낭떠러지; 격차

Како́й-то стра́шный ви́рус разру́шил жёсткий диск моего́ компью́тера, все фа́йлы **пропа́ли**!

악성 바이러스 때문에 내 컴퓨터 하드디스크가 아예 못 쓰게 됐어. 파일도 전부 날아가고!

Мой двою́родный дя́дя, воева́вший в Афганиста́не, по-пре́жнему чи́слится **пропа́вшим** бе́з вести*.

아프가니스탄 전쟁에 참전했던 제 당숙 아저씨는 아직 실종자 명단에 올라 있습니다.

*пропа́вший бе́з вести 실종자

спад

명 침체

По ито́гам го́да экономи́ческий **спад** многокра́тно превы́сил са́мые пессимисти́ческие прогно́зы.

올해 경제 불황은 가장 비관적 예측을 몇 배나 뛰어넘는 수준이었다.

совпада́ть НСВ
совпа́сть СВ
совпаду́, -падёшь, -паду́т
совпа́л, -ла, -ли

동 с чем 일치하다

Неда́вно я узна́ла одну́ интере́сную вещь: ДНК челове́ка и свиньи́ **совпада́ют** бо́лее чем на 90%. То есть мы почти́ ро́дственники!

최근에 나는 한 가지 흥미로운 사실을 알게 됐어. 사람과 돼지의 DNA가 무려 90%나 일치한대. 그럼 사람과 돼지는 거의 친척이나 다름없다는 거네!

распа́д

명 붕괴, 몰락

По́сле **распа́да** Сове́тского Сою́за в ми́ре оста́лась то́лько одна́ све́рхдержа́ва - США.

소련이 붕괴된 후 국제 사회에는 미국이라는 단 하나의 초강대국만이 남았다.

нападе́ние

명 공격

동 напада́ть/напа́сть *на кого-что* 공격하다

В после́днее вре́мя в стране́ участи́лись **нападе́ния** на представи́телей незави́симых СМИ.

최근 들어 국내에서는 민간 언론사 관계자들에 대한 공격이 빈번해지고 있다.

выпада́ть НСВ

вы́пасть СВ

вы́паду, -падешь, -падут

вы́пал, -ла, -ли

동 1. 떨어지다 2. (머리카락 등) 빠지다
3. (눈, 비) 내리다 4. (행운) 발생하다, 일어나다

В э́том году́ пе́рвый снег **вы́пал** по́здно, в конце́ ноября́.

올해는 11월 말에 늦은 첫눈이 내렸다.

Мне **вы́пало** сча́стье* в тече́ние мно́гих лет рабо́тать ря́дом с э́тим выдаю́щимся учёным и замеча́тельным челове́ком.

저는 이처럼 훌륭한 학자이자 인간적으로도 멋진 분과 오랜 기간 함께 일할 수 있는 행운을 누렸습니다.

*мне посчастли́вилось

пасти- 보호

запа́с

명 예비(품), 보유량

형 запасно́й 예비의

Во мно́гих коре́йских се́мьях храни́тся **запа́с** кимчи́ на це́лый год.

한국 가정집 대부분은 1년 치 먹을 김치를 보관하고 있다.

спаса́ть НСВ

спасти́ СВ

спасу́, спасёшь, спасу́т

спа́с, -ла́, -ли́

спасён, -а́, -ы́

동 кого-что 살리다, 구하다

명 спасе́ние 구조

형 спаса́тельный 구조의

Врачи́ сде́лали всё, что́бы **спасти́** больно́го, одна́ко все их уси́лия бы́ли напра́сны.

의사들은 환자를 구하기 위해 할 수 있는 것은 다 했지만, 노력은 모두 헛수고가 되었다.

спаса́тельная опера́ция(спаса́тельные рабо́ты) 구조작업

пах- 냄새

зáпах

명 냄새

В двух киломéтрах от гóрода - огрóмная свáлка мýсора. Отвратúтельные **зáпахи** отравля́ют всем жизнь.

시내에서 2km 떨어진 곳에 커다란 쓰레기 매립장이 있다. 거기서 나는 역한 냄새가 생활에 큰 지장을 주고 있다.

실력 UP!

аромáтный 향기로운
~ чай 향이 좋은 차
воню́чий 악취가 나는
~ие носкú 냄새가 지독한 양말

пáхнуть НСВ
пáхну, пáхнешь, пáхнут
пáх, -ла, -ли

동 чем ~ 냄새가 나다

Как чудéсно **пáхнут** рóзы в садý!

정원에 핀 장미꽃 향이 정말로 환상적이다!

59일차

перв- 처음, 첫째

пéрвый

형 첫 번째의

Пéрвый тирáж кни́ги разошёлся за две недéли, сейчáс готóвится вторóе издáние.
책은 초판 1쇄 발행 후 2주 만에 전부 소진됐고, 현재 2쇄 준비 단계에 있다.

실력 UP!

во-пéрвых 첫 번째로
во-вторы́х 두 번째로
в-трéтьих 세 번째로
пéрвая полови́на дня 오전
вторáя полови́на дня 오후
в пéрвую óчередь 우선, 무엇보다도

впервы́е

부 처음으로(в пéрвый раз)

Сегóдня нóчью я **впервы́е** за дóлгое врéмя наконéц-то вы́спалась.
어젯밤 나는 오랜만에 잠을 푹 잤다.

пéрвенство

명 1. 1위, 우승 2. 선수권 대회

Пéрвенство “Спартакá” закономéрно: на протяжéнии всегó сезóна komáнда демонстри́ровала увéренную, стаби́льную игрý.
시즌 내내 보여준 안정적인 경기력을 볼 때 스파르타크의 우승은 당연한 결과이다.

перек(ч)- 엇갈리다, 엇나가다

упрекáть НСВ
упрекнýть СВ
упрекнý, -нёшь, -нут

동 кого + в чём/за что 꾸짖다, 책망하다
명 упрёк 꾸짖음, 책망

Коллéги **упрекáют** меня́ в том, что я зáискиваю пéред начáльством. А я егó прóсто уважáю!
동료들은 내가 상사들 앞에서 아부를 떤다고 손가락질해. 그런데 나는 그저 상사들을 존경하기 때문이야.

безупре́чный

형 나무랄 데 없는, 훌륭한

Выступле́ние росси́йских гимна́сток бы́ло **безупре́чным**. Су́дьи вы́ставили им наивы́сшие ба́ллы.
러시아 체조선수들은 무결점의 연기를 선보였고, 심사위원들은 최고점을 부여했다.

вопреки́

전 чему ~와 반대로, ~에도 불구하고

Никогда́ не поступа́йте **вопреки́** здра́вому смы́слу.
상식에 어긋나는 행동은 절대 하지 마세요.

пер-/пир-/пор- 지지, 받침

опира́ться НСВ
опере́ться СВ
обопру́сь, -прёшься, -пру́тся
опёрся, оперла́сь, -лись

동 на кого-что 기대다, 의지하다, 근거하다
명 опо́ра 버팀목, 기둥

Принима́я реше́ние в сло́жных ситуа́циях, я пре́жде всего́ **опира́юсь** на свой жи́зненный о́пыт и здра́вый смысл.
어려운 상황에서 무언가 결정을 해야 할 때면, 주로 난 내 경험과 상식에 기대는 편이다.

запира́ть НСВ
запере́ть СВ
запру́, запрёшь, запру́т
за́пер, заперла́, за́перли
за́перт, -а́, -ы

동 что(на ключ) 잠그다, 가두다
명 запо́р 빗장, 자물쇠; 변비

Пропа́л котёнок. Че́рез три дня мы, сла́ва бо́гу, нашли́ его в подва́ле. Кто́-то его́ там случа́йно **за́пер**.
고양이가 없어졌었는데, 다행히 3일 뒤에 지하실에서 찾았어. 아마 누가 모르고 문을 잠근 모양이야.

упо́рный

형 끈기 있는, 완강한
명 упо́р 지주, 받침; 중점
명 упо́рство 완강함, 집요함, 끈기

В результа́те **упо́рных** трениро́вок класс кома́нды заме́тно вы́рос.
꾸준한 훈련을 한 결과 팀의 수준이 확연히 향상되었다.

- Как вы счита́ете, каковы́ ва́ши гла́вные ка́чества?
- **Упо́рство** и трудолю́бие.

- 귀하가 지닌 주요 덕목이 무엇이라고 생각합니까?
- 끈기와 성실함입니다.

де́лать упо́р *на что* ~에 중점을 두다

запреща́ть НСВ
запрети́ть СВ
запрещу́, -прети́шь, -претя́т
запрещён, -а́, -ы́

동 кому + что/инф. 금지하다
명 запреще́ние 금지
명 запре́т 금지

Входи́ть в зри́тельный зал во вре́мя спекта́кля **запрещено́**.
공연 중에는 극장 안으로 들어가실 수 없습니다.

ПОМН- 기억

по́мнить НСВ

동 кого-что 기억하다

- Не **по́мнишь**, как называ́ется дворе́ц в Крыму́, где в 45-м году́ встреча́лись Ста́лин, Че́рчилль и Ру́звельт?
- Нет, не **по́мню**. А, нет, вспо́мнила: Ливади́йский дворе́ц!

- 1945년에 스탈린, 처칠, 루스벨트가 회담했던 크림반도 궁전 이름 기억나?
- 아니, 기억 안 나. 아, 아냐 생각났어. 리바디아 궁전!

па́мять

명 女 기억(력), 기념

Вчера́ я впервы́е в жи́зни напи́лся до потёри **па́мяти**.
난 어제 난생처음으로 필름이 끊길 때까지 술을 마셨어.

Тури́сты обошли́ вокру́г пирами́ды Хео́пса и сфотографи́ровались на **па́мять***.
관광객들은 기자의 대피라미드를 한 바퀴 돌고 나서 기념사진을 찍었다.

*на па́мять 기념으로

па́мятник

명 кому-чему 기념상, 기념물

В сентябре́ 2017-го го́да в це́нтре Москвы́ был откры́т **па́мятник** Михаи́лу Кала́шникову, выдаю́щемуся сове́тскому оруже́йнику, созда́телю знамени́того АК-47.
2017년 9월 모스크바 시내에 소련의 뛰어난 무기 설계자이자 유명 자동소총 AK-47 개발자인 칼라시니코프의 동상이 제막했다.

запомина́ть НСВ
запо́мнить СВ

동 кого-что 외우다, 기억 속에 담다
명 запомина́ние 암기

Сва́дебная церемо́ния надо́лго **запо́мнилась** всем: и гостя́м, и молодожёнам.
결혼식은 신랑신부와 하객들 모두에게 오랫동안 기억에 남았다.

воспоминáние

명 추억, 회상
동 вспоминáть/вспóмнить *кого-что* 떠올리다, 회상하다

Эта стáрая пéсня пробудúла во мне лирúческие **воспоминáния** о пéрвой любвú.

이 옛 노래는 내 마음속에 있던 첫사랑에 대한 감성적 추억을 다시 떠올리게 했다.

напоминáть НСВ
напóмнить СВ

동 1. кому + о чём 상기시키다 2. кого-что 닮다

Напóмните мне, пожáлуйста, когдá у нас совещáние у шéфа - в два часá úли в три?

사장님 주재 회의 시간이 언제인지 다시 한번 알려 주세요. 2시였나요, 3시였나요?

Ситуáция, сложúвшаяся в бáнковской сфéре, всё бóлее и бóлее **напоминáет** крúзис.

은행권의 현 상황은 점점 더 위기 상황과 유사한 양상을 띠고 있다.

упомя́нутый

형 언급된, 상술한
동 упоминáть/упомянýть *кого-что* 언급하다
명 упоминáние 언급

Бáнковские счетá лиц, **упомя́нутых** в доклáде Финáнсовой развéдки США, бýдут немéдленно блокúрованы.

미국의 금융조사 보고서에서 언급된 인물들의 계좌는 즉시 동결될 것입니다.

поминáльный

형 추도의, 제사의
명 (복) помúнки 추도식

Бáбушка былá вéрующим человéком, поэ́тому когдá онá умерлá, мы совершúли все погребáльные и **поминáльные** обря́ды стрóго по правослáвному канóну.

할머니는 정교회 신자였기 때문에, 돌아가셨을 때 철저히 정교회식으로 장례식과 추도식을 치러드렸습니다.

60일차

печат- 찍다

печáтать НСВ
напечáтать СВ
напечáтан, -а, -ы

동 что 1. 인쇄하다, 출판하다 2. 타이핑하다

Недáвно оди́н из мои́х расскáзов был **напечáтан** в литератýрном приложéнии к знамени́той "Times"!
나의 단편소설 중 하나가 그 유명한 타임스 별책부록에 실렸어.

печáть

명 (女) 1. 도장 2. 인쇄(물)

Печáть фи́рмы всегдá лежи́т в столé у дирéктора.
회사 직인은 항상 대표의 책상 위에 놓여 있다.

впечатлéние

명 인상, 감명
동 **впечатля́ть** 인상적이다, 감명을 주다

Спектáкль произвёл на всех зри́телей глубóкое **впечатлéние**.
연극은 모든 관객에게 깊은 인상을 남겼다.

*произвести́/производи́ть впечатлéние *на когó* ~에게 인상을 남기다

Запóмните такýю вещь: никогдá не доверя́йте пéрвому **впечатлéнию** от человéка.
한 가지 꼭 기억할 것은 사람의 첫인상을 절대 믿지 말라는 거예요.

отпечáток
(단생) отпечáтка

명 지문
주의 **опечáтка** 오타, 오탈자

Поли́ция установи́ла престýпников по **отпечáткам** пáльцев.
경찰은 지문을 통해 범죄자들을 밝혀냈다.

распечáтывать НСВ
распечáтать СВ
распечáтан, -а, -ы

동 что 1. (편지 봉투 등) 개봉하다, 뜯다 2. 출력하다

Пóльзователи, имéющие дóступ к сáйту, мóгут не тóлько найти́ для себя́ нýжные материáлы, но и свобóдно **распечáтывать** их.
사이트 접속 권한을 갖는 이용자들은 필요한 자료를 검색함과 동시에 자유롭게 출력도 할 수 있습니다.

печ- 걱정

обеспе́чивать НСВ
обеспе́чить СВ
обеспе́чен, -а, -ы

동 1. кого + чем ~에게 -을 공급하다 2. что 보장하다
명 обеспе́чение 보장; 공급

Перве́йшая зада́ча госуда́рства сего́дня - **обеспе́чить** уско́ренное разви́тие наукоёмких отрасле́й эконо́мики.
현재 최우선 국정과제는 기술집약적 산업 육성에 박차를 가하는 것이다.

беспе́чный

형 안일한, 태평한

Почему́ мно́гие интерне́т-по́льзователи столь **беспе́чно** отно́сятся к защи́те свои́х ли́чных да́нных?
인터넷 사용자들은 어째서 대부분 개인 정보 보호에 소홀할까?

пис(ш)- 쓰다, 그리다

писа́ть НСВ
написа́ть СВ
(на)пишу́, пи́шешь, пи́шут
напи́сан, -а, -ы

동 что 쓰다, 그리다
형 пи́сьменный 쓰기의, 문자로 쓴

Для разви́тия у́стной и **пи́сьменной** ре́чи уча́щихся существу́ют разли́чные ви́ды зада́ний и упражне́ний.
학습자의 말하기와 쓰기 능력을 모두 발달시키기 위한 다양한 유형의 연습문제와 과제가 있다.

пи́сьменность

명 女 문자

Коре́йская **пи́сьменность** ханґы́ль была́ со́здана в середи́не XV ве́ка царём Седжо́ном Вели́ким.
한국의 문자인 한글은 15세기 중엽 세종대왕에 의해 창제되었다.

жи́вопись

명 女 회화
형 живопи́сный 그림같이 아름다운

Бори́с увлека́ется литерату́рой и **жи́вописью**.
보리스는 문학과 회화에 빠져있다.

запи́сывать НСВ
записа́ть СВ
запишу́, -пи́шешь, -пи́шут
запи́сан, -а, -ы

동 1. что 메모하다
2. что 녹음하다, 녹화하다
3. кого + куда 등록시키다, 예약시키다
명 女 за́пись 필기, 녹음, 녹화

Во вре́мя ле́кции я **запи́сываю** то́лько основны́е мы́сли, всё подря́д не пишу́.
나는 강의를 들을 때 모든 내용을 다 쓰는 것이 아니라 중요한 내용만 필기한다.

ру́копись

명 女 1. 필사본 2. 원고

В настоя́щее вре́мя **ру́копись** гото́вится к изда́нию.
현재 이 원고는 출판 준비 중입니다.

подпи́сывать НСВ
подписа́ть СВ
подпишу́, -пи́шешь, -пи́шут
подпи́сан, -а, -ы

동 1. что 서명하다, 체결하다, 결재하다 2. -ся на что 구독 신청을 하다
명 女 по́дпись 서명

В 2013-ом году́ Росси́я и Ю́жная Коре́я **подписа́ли** соглаше́ние о взаи́мной отме́не виз.
한국과 러시아는 2013년에 무비자협정을 체결하였다.

опи́сывать НСВ
описа́ть СВ
опишу́, -пи́шешь, -пи́шут
опи́сан, -а, -ы

동 кого-что 묘사하다, 서술하다

Игру́ на́ших футболи́стов невозмо́жно **описа́ть** слова́ми, э́то на́до бы́ло ви́деть.
우리 축구선수들의 경기는 말로 형용할 수 없습니다. 이건 직접 봤어야 합니다.

перепи́сываться НСВ

동 с кем (편지, 메시지 등) 연락을 주고 받다
명 перепи́ска (주고 받은) 편지, 메시지

Мы познако́мились с ней в со́цсетя́х, полго́да **перепи́сывались**, а по́сле пе́рвого же свида́ния "в реа́ле" реши́ли пожени́ться.
나는 그녀와 SNS에서 처음 알게 됐는데, 반년간 서로 연락만 주고 받다가 실제로 만나고 바로 결혼을 결심했다.

спи́сывать НСВ
списа́ть СВ
спишу́, -пи́шешь, -пи́шут
спи́сан, -а, -ы

동 что 베끼어 쓰다, 복사하다

На экза́мене был тако́й стро́гий контро́ль, что **списа́ть** бы́ло немы́слимо.
시험 시간에 감독이 어찌나 엄격한지 커닝은 꿈도 못 꿀 지경이었어.

실력 UP!

шпарга́лка 커닝페이퍼

спи́сок
단생 спи́ска

명 목록

Извини́те, мы не мо́жем вас пропусти́ть. Ва́шей фами́лии нет в **спи́ске** приглашённых.
죄송하지만 들어가실 수 없습니다. 귀하의 이름은 초청자 명단에 없습니다.

пи-/по-/па- 마시다

пить НСВ
пью, пьёшь, пьют

вы́пить СВ
вы́пью, вы́пьешь, вы́пьют
вы́пит, -а, -ы

동 что 1. 마시다 2. 술을 마시다
형 **питьево́й** 마시는, 음용의(для питья́)

У меня́ закружи́лась голова́ - от му́зыки ва́льса, от **вы́питого** шампа́нского, от комплиме́нтов покло́нников.

나는 왈츠와 들이킨 샴페인, 팬들의 찬사로 머리가 어질어질했다.

실력 UP!

отпи́ть 조금, 일부를 마시다

Он жа́дно **отпи́л** па́ру больши́х глотко́в из буты́лки.

그는 병에 든 음료 몇 모금을 꿀꺽꿀꺽 마셨다.

спи́ться 술에 빠지다

По́сле кра́ха своего́ би́знеса Гео́ргий не **спи́лся**, не впал в отча́яние, а созда́л но́вую компа́нию и вско́ре вы́вел её в ли́деры ры́нка.

게오르기는 사업이 망한 후 술에 빠지거나 절망하지 않고, 새로운 회사를 설립한 후 이 회사를 업계 최고의 자리에 올려놓았다.

напи́ться 충분히 마시다, 취하도록 마시다

От э́той но́вости ему́ захоте́лось поскоре́е **напи́ться**.

이 소식을 듣자마자 그는 술이 당겼다.

допи́ть 다 마시다

Ты почему́ не **допи́л** молоко́? Бы́стро допива́й, и идём в са́дик!

우유를 왜 다 안 마셨니? 빨리 마시고 유치원 가야지!

напи́ток
(단생) напи́тка

명 음료

спиртно́й **напи́ток**(алкого́ль) 술

Что вы предпочита́ете из кре́пких **напи́тков** - ви́ски, во́дку, конья́к?

위스키, 보드카, 코냑 같은 독주 중에서 어떤 걸 좋아하세요?

пья́ный

형 술 취한
명 **пья́ница** 술꾼

- Как поги́б ваш муж?
- **Пья́ный** вы́пал из окна́ 10-го этажа́.

- 바깥양반이 어쩌다 돌아가셨어요?
- 술에 취한 채 10층 창문에서 떨어졌어요.

61일차

пит(щ)- 기르다, 영양을 공급하다

пита́ние

명 영양, 식사, 섭취
형 пита́тельный 영양분이 높은

Здоро́вое, сбаланси́рованное **пита́ние** - зало́г гла́дкой и сия́ющей ко́жи.
건강하고 균형 잡힌 식사는 매끈하고 광채 나는 피부를 얻기 위한 필수조건입니다.

воспита́ние

명 양육, 교육
동 воспи́тывать/воспита́ть *кого* 양육하다, 키우다
형 воспита́тельный 양육의, 교육의

Благодаря́ роди́тельскому **воспита́нию** я вы́рос самостоя́тельным, уве́ренным в себе́ челове́ком. Это гла́вное, за что я им благода́рен.
난 부모님의 가정교육을 통해 자립적이고 자신감 있는 사람으로 자랐어. 이 점이 부모님에게 제일 감사한 부분이야.

млекопита́ющее

명 포유류

Дельфи́н, как и челове́к – э́то **млекопита́ющее**.
돌고래는 사람과 마찬가지로 포유류다.

пито́мец
단생 пито́мца

명 애완동물

А э́то на́ши дома́шние **пито́мцы** – кот Бори́с и та́кса Мару́ся. Мо́жно сказа́ть, чле́ны семьи́.
얘네들은 우리 집 애완동물 고양이 보리스와 닥스훈트 마루샤예요. 가족이나 마찬가지죠.

пи́ща

명 음식, 식품(food)
형 пищево́й 식료품의

Да́же небольшо́е сниже́ние калори́йности **пи́щи** спосо́бно заме́длить проце́сс старе́ния органи́зма.
섭취하는 식품의 칼로리를 약간만 낮춰도 인체의 노화 속도를 늦출 수 있다.

실력 UP!
пищево́д 식도
пищеваре́ние 소화

плат(ч)- 지불

плати́ть НСВ
заплати́ть СВ
(за)плачу́, пла́тишь, пла́тят
запла́чен, -а, -ы

동 сколько + за что ~에 대해 얼마를 지불하다
명 пла́та 비용

За э́ту информа́цию мы гото́вы **заплати́ть** вам любы́е де́ньги. Назови́те су́мму.
우리는 이 정보에 대해서라면 얼마든지 돈을 지불할 의향이 있습니다. 원하는 금액을 말씀하세요.

Арендода́тель по́днял **пла́ту**, придётся иска́ть друго́е помеще́ние под о́фис.
임대업자가 임대료를 인상했어. 사무실을 옮길 만한 곳을 다시 찾아야 겠어.

зарпла́та
(**за́работная пла́та**)

명 임금, 급여

Мне опя́ть не удало́сь убеди́ть нача́льника подня́ть мне **зарпла́ту**.
이번에도 상사에게 급여 인상을 관철시키지 못했어.

беспла́тно

부 무료로(↔ пла́тно)
형 беспла́тный 무료의

Подскажи́те, пожа́луйста, са́йты, где мо́жно **беспла́тно** ска́чивать фи́льмы.
영화를 무료로 다운로드할 수 있는 사이트를 알려주세요.

опла́чивать НСВ
оплати́ть СВ
оплачу́, пла́тишь, пла́тят
опла́чен, -а, -ы

동 что ~의 값을 지불하다
명 опла́та 결제, 지불

Все свои́ счета́ и поку́пки я **опла́чиваю** то́лько нали́чными. Ба́нковским ка́ртам я не доверя́ю.
나는 모든 계산을 현금으로만 해. 카드는 못 믿겠어.

실력 UP!
высокоопла́чиваемый 고임금의
низкоопла́чиваемый 저임금의
опла́чиваемый 유급의
~ о́тпуск 유급휴가

платёж

(단생) платежа́
(복) платежи́

(명) 결제
(명) (女) платёжеспосо́бность 구매력

Прави́тельство наме́рено сократи́ть объём нали́чных де́нег в стране́ за счёт разви́тия систе́мы электро́нных **платеже́й**.
정부는 전자 결제 시스템 발전을 통해 국내 현금 규모를 축소할 계획이다.

выпла́чивать НСВ
вы́платить СВ
вы́плачу, -платишь, -платят
вы́плачен, -а, -ы

(동) что 지급하다
(명) вы́плата 지급(금)

Сро́чно нужны́ де́ньги. Придётся идти́ на покло́н* к ше́фу, проси́ть, что́бы **вы́платил** вперёд зарпла́ту.
돈이 급하게 필요해. 사장님한테 가서 월급을 가불해 달라고 사정해 봐야겠어.

*проси́ть у того́, кто стои́т вы́ше на социа́льной ле́стнице и́ли ста́рше по во́зрасту; ча́сто име́ет значе́ние "уни́женно проси́ть". 사정하다, 빌다

распла́чиваться НСВ
расплати́ться СВ
расплачу́сь, -пла́тишься, -пла́тятся

(동) с чем/за что 청산하다, 대금(대가)을 치르다

В мо́лодости я соверши́л одну́ стра́шную оши́бку и **распла́чиваюсь** за неё до сих пор.
난 소싯적 저지른 실수 하나 때문에 아직도 대가를 치르고 있다.

плод- 열매

плод

(단생) плода́
(복) плоды́

(명) 1. 열매 2. 결실, 성과 3. 태아

Плоды́ авока́до бога́ты витами́нами и разли́чными минера́льными вещества́ми.
아보카도 열매는 비타민과 각종 무기질이 풍부하다.

На́ше сотру́дничество вот уже́ мно́го лет прино́сит замеча́тельные **плоды́**.
우리의 협력은 이미 수년간 훌륭한 결실을 보고 있습니다.

плодотво́рный

(형) 성과가 있는, 효율적인

Мы наде́емся на **плодотво́рное** и взаимовы́годное сотру́дничество с ва́шей фи́рмой.
우리와 귀사의 생산적이고 호혜적인 협력을 기대합니다.

бесплóдие 명 1. 불임 2. 불모지

Эта клúника специализúруется на лечéнии **бесплóдия** - как жéнского, так и мужскóго.

이 병원은 남성, 여성 불임 치료에 특화된 병원입니다.

плот(щ)- 조밀, 견고

плóтный 형 밀집한, 빽빽한, 빼곡한

Утром я пью тóлько кóфе, в обéд чтó-то перекýсываю на бегý, а вот ýжин у меня́ **плóтный**!

아침 식사는 커피로 대신하고, 점심은 급하게 대충 먹는 대신 나는 저녁을 푸짐하게 먹어!

воплощéние 명 실현, 구체화

Иногдá зáмысел - э́то не глáвное. Глáвное - довестú зáмысел до **воплощéния**.

때때로 계획은 중요한 게 아니다. 중요한 것은 그 계획을 실행하는 것이다.

вплоть до 부 чего ~까지, ~에 이르기까지

На слéдующей недéле ожидáется понижéние температýры **вплоть до** зáморозков.

다음 주에는 기온이 영하로 떨어질 것으로 예상된다.

62일차

покой- 평온, 안정

споко́йный

형 평온한, 침착한

Челове́к он ти́хий и **споко́йный**, за всю жизнь му́хи не оби́дел*.

그 사람은 참 차분하고 침착한 사람이야. 일평생 파리도 화나게 하지 않았던 사람이야.

*никого́ никогда́ не оби́дел и не мо́жет оби́деть 남을 전혀 화나게 하지 않는 사람

Росси́и тре́буется всего́ 10-20 лет **споко́йного** разви́тия, что́бы вновь стать вели́кой страно́й.

러시아가 다시 강대국의 위상을 되찾으려면 최소한 10~20년간의 안정적인 발전이 필요하다.

поко́й

명 평온, 안정

Мне не даёт **поко́я** одна́ мысль: почему́ в Росси́и, тако́й бога́той стране́, мно́гие лю́ди живу́т так бе́дно?

요새 난 그런 생각으로 머리가 복잡해. 왜 러시아는 나라 자체는 부유한데 국민들은 가난한 걸까?

беспоко́иться НСВ

동 о чём 걱정하다, 불안해하다

명 беспоко́йство 걱정, 불안

- Подгото́вьте, пожа́луйста, все докуме́нты для нало́говой инспе́кции. И ещё отчёт за 3-й кварта́л. Вре́мени, кста́ти, ма́ло.
- Не **беспоко́йтесь**, Пётр Ива́нович, я всё сде́лаю в срок.

- 세무조사 관련 서류 전부 다 준비하세요. 3분기 보고서도 함께요. 시간이 별로 없어요.
- 걱정하지 마십시오. 표트르 이바노비치 씨, 제가 기한 내에 다 하겠습니다.

успока́ивать НСВ
успоко́ить СВ

동 кого-что 안심시키다, 가라앉히다, 달래다

По́сле бесконе́чных стре́ссов на рабо́те ничто́ так меня́ не **успока́ивает**, как му́зыка Мо́царта и Чайко́вского.

직장에서 끊임없이 스트레스를 받은 후, 모차르트와 차이콥스키의 음악만큼 나의 마음을 평온하게 만들어주는 건 없어.

поко́йный

형 1. 고요한 2. 죽은 3. 명 고인
명 поко́йник 고인

В связи́ с кончи́ной изве́стного писа́теля президе́нт страны́ вы́разил свои́ соболе́знования родны́м и бли́зким **поко́йного**.

유명 작가의 죽음에 대해 대통령은 고인의 유족 및 가까운 지인들에게 애도의 말을 전했다.

полит- 시민, 도시, 정치

поли́тика

명 1. 정치 2. 정책
명 поли́тик 정치인
형 полити́ческий 정치의, 정책의
동 политизи́ровать *что* 정치화하다

Росси́я посто́янно обвиня́ет За́пад в **поли́тике** двойны́х станда́ртов.

러시아는 서방의 정책이 이중잣대라며 늘 비난한다.

политоло́гия

명 정치학
명 полито́лог 정치학자
형 политологи́ческий 정치학의

В университе́те я изуча́ю англи́йский язы́к, пра́во и ещё **политоло́гию**.

나는 대학에서 영어와 법, 그리고 정치학을 배운다.

полн- 가득

по́лный
по́лон, полна́, полны́

형 1. чего ~로 가득 찬 2. 완전한, 전체의 3. 통통한

При разво́де полови́на всего́ иму́щества - моя́! По зако́ну я име́ю **по́лное** пра́во!

이혼하면 재산의 절반은 내 거야! 나도 법적으로 완전한 소유권을 가지고 있다고!

실력 UP!

полнопра́вный 모든 권리를 가진
~ член 정회원

полнометра́жный 장편의
~ фильм 장편영화
полноце́нный 완전한
~ое пита́ние 충분한 영양섭취
полномасшта́бный 대규모의
~ая война́ 대전, 전면전

по́лностью

부 완전히

Соверше́нно ве́рно! **По́лностью** с ва́ми согла́сен!
완벽히 맞는 말이야! 너희들 완전히 동의해.

полне́ть НСВ
пополне́ть СВ
полне́ю, -не́ешь, -не́ют

동 살이 찌다

- Я ужа́сно растолсте́ла!
- Ну что ты, дорога́я, ты прия́тно **пополне́ла**!
- 나 돼지같이 살쪘어!
- 무슨 말이야 자기야, 귀엽게 살 좀 붙은 거 가지고!

실력 UP!
потолсте́ть/попра́виться/набра́ть вес 살이 찌다
сбро́сить(потеря́ть) **вес** 살이 빠지다
сиде́ть на дие́те 다이어트를 하다, 식이요법을 하다

выполня́ть НСВ
вы́полнить СВ
вы́полню, -нишь, -нят
вы́полнен, -а, -ы

동 что 이행하다, 수행하다

Бо́же, как же мне надое́ло ка́ждый день сиде́ть в о́фисе и **выполня́ть** бессмы́сленную рабо́ту!
아 진짜, 매일 똑같이 사무실에 앉아서 의미 없는 일만 하는 것도 지겹다 지겨워.

исполня́ть НСВ
испо́лнить СВ
испо́лню, -нишь, -нят
испо́лнен, -а, -ы

동 что 1. 실행하다, 수행하다 2. 연주하다, 공연하다
형 исполни́тельный 집행의, 행정의; 꼼꼼한, 부지런한

Росси́йские фигури́сты безупре́чно **испо́лнили** произво́льную програ́мму и завоева́ли ти́тул олимпи́йских чемпио́нов.
러시아 피겨선수들은 완벽하게 프리스케이팅 연기를 마치며 올림픽 챔피언이라는 타이틀을 따냈습니다.

вполнé

부 충분히

Вáши аргумéнты звучáт **вполнé** убеди́тельно.
당신의 근거는 굉장히 설득력 있게 들리는 군요.

заполня́ть НСВ
запóлнить СВ
запóлню,-нишь, -нят
запóлнен, -а, -ы

동 что 1. 채우다, 메우다 2. 기입하다

Ужé за час до начáла финáла болéльщики **запóлнили** трибу́ны стадиóна.
결승전 시작 한 시간 전부터 팬들은 경기장 관중석을 가득 메웠다.

наполня́ть НСВ
напóлнить СВ
напóлню, -нишь, -нят
напóлнен, -а, -ы

동 1. что + чем ~을 -로 채우다
2. -ся чем ~로 가득 차다

Эта нóвая любóвь захвати́ла меня́ целикóм, **напóлнила** жизнь рáдостью и счáстьем.
이 새로운 연애는 날 완전히 사로잡았고, 내 삶은 기쁨과 행복으로 가득 찼다.

дополни́тельный

형 추가의, 추가적인

Совéт директорóв компáнии при́нял решéние о **дополни́тельной** эми́ссии áкций на су́мму в 100 миллиóнов дóлларов.
기업 이사회는 1억불 규모의 유가증권을 추가 발행하기로 결정했다.

полос- 줄

полосá
복 пóлосы
복생 полóс

명 1. 줄, 띠 2. 시기 3. 지대, 지역

Вы́езд на встрéчную **пóлосу** движéния карáется кру́пным штрáфом ли́бо лишéнием води́тельских прав.
중앙선 침범 과실은 거액의 벌금 혹은 면허정지 처분을 받습니다.

У вас сейчáс чёрная **полосá** в жи́зни? Ничегó, не переживáйте, скоро насту́пит бéлая!
지금 인생에서 음울한 시기를 보내고 있습니까? 괜찮아요. 걱정하지 마세요. 곧 다시 좋아질 겁니다.

실력 UP!

в поло́ску 줄무늬의

С руба́шкой **в поло́ску** хорошо́ сочета́ется како́й-нибудь одното́нный га́лстук.

줄무늬 셔츠는 단색 넥타이와 아주 잘 어울린다.

полоса́тый

Обожа́ю ко́тиков - мя́гких и пуши́стых, уса́тых и **полоса́тых***!

난 고양이가 정말 너무 좋아. 부드럽고 복슬복슬해!

*уса́тые и полоса́тые = ко́тики

широкополо́сный

На́ша шко́ла подключена́ к **широкополо́сному** Интерне́ту, ско́рость переда́чи да́нных и ка́чество отме́нные.

우리 학교는 광대역 인터넷이 접속되어 있으며, 데이터 전송의 속도와 질 모두 탁월한 수준입니다.

63일차

польз- 소용, 유용

по́льзоваться НСВ
воспо́льзоваться СВ
(вос)по́льзуюсь, -уешься, -уются

동 1. **чем** 사용, 이용하다
2. **чем** 누리다, 향유하다, 가지고 있다
명 **по́льзование** ***чем*** 사용, 이용
명 男 **по́льзователь** 사용자

Коре́йская бытова́я те́хника **по́льзуется** стаби́льным спро́сом во всём ми́ре.
한국산 가전제품은 전 세계적으로 꾸준한 수요가 있다.

по́льзуясь возмо́жностью 이 기회를 빌려

испо́льзовать НСВ/СВ
испо́льзую, -уешь, -уют
испо́льзован, -а, -ы

동 **что** 사용, 이용하다
명 **испо́льзование** ***чего*** 사용, 이용

Сего́дня на заня́тии мы ознако́мимся с компью́терными програ́ммами, кото́рые **испо́льзуются** при составле́нии бухга́лтерских отчётов.
오늘 수업에서 우리는 회계 보고서 작성 시 활용되는 컴퓨터 프로그램에 대해 알아보겠습니다.

по́льза

명 유용, 쓸모(↔ **вред**)

Выходны́е мы провели́ с **по́льзой**: сходи́ли в музе́й, позанима́лись в фи́тнес-це́нтре, навести́ли роди́телей.
우리는 주말을 아주 알차게 보냈다. 박물관도 가고 피트니스센터에서 운동도 하고, 부모님도 찾아뵈었다.

в пользу *кого-чего* ~을 위해

поле́зный

형 쓸모있는, 유용한, 건강에 좋은(↔ бесполе́зный)

Дието́логи сове́туют ры́бу и мя́со вари́ть, а не жа́рить. В тако́м ви́де они́ бо́лее **поле́зны**.

영양사들은 생선과 고기를 볶거나 튀기기보다 삶거나 쪄 먹기를 권한다. 그렇게 하는 편이 훨씬 건강에 좋다.

Это соверше́нно **бесполе́зная** информа́ция, она́ нам ничего́ не даёт.

이건 아예 쓸모없는 정보야. 여기서 아무것도 얻을 게 없어.

прав- 옳은

прав
-а́, -о, -ы

형단 옳다(↔ непра́в)

명 правота́ (생각, 행동 등) 옳음, 공정함

Извини́, меня́, пожа́луйста, я была́ **неправа́**.

죄송합니다. 제가 틀렸네요.

пра́вда

1. 명 사실, 진실(↔ непра́вда) 2. 부 정말로

형 правди́вый 정직한, 바른

Всегда́ в любо́й ситуа́ции говори́те то́лько **пра́вду**. Так ле́гче жить. А во лжи вы ра́но и́ли по́здно запу́таетесь.

항상, 어떤 상황에서든 진실만을 말하세요. 그렇게 사는 게 더 쉽습니다. 거짓말을 하면 스스로 거기 말려들게 돼 있어요.

пра́вило

명 규칙, 규정

형 пра́вильный 올바른

Как **пра́вило**, я не борю́сь с тру́дностями, я предпочита́ю их обходи́ть.

보통 저는 난관이 있으면 부딪쳐 싸우기보다 피해 가는 것을 더 선호합니다.

как пра́вило 보통, 일반적으로

пра́во

(복) права́

명 1. на что ~에 대한 권리 2. 법 3. 허가증

형 правово́й 법의

Госуда́рство обя́зано гаранти́ровать и защища́ть **права́** и свобо́ды гра́ждан.

국가는 국민의 권리와 자유를 보장하고 보호해야 할 의무가 있다.

води́тельские **права́** 운전면허증

> **실력 UP!**
>
> **правоохрани́тельный о́рган** 사법 · 치안 기관
>
> Профила́ктика преступле́ний - важне́йшая часть рабо́ты **правоохрани́тельных о́рганов**.
>
> 범죄 예방은 사법기관의 최우선 임무입니다.
>
> **правоме́рный** 적법한, 정당한

справедли́вый

형 공정한, 정의의(↔ несправедли́вый)

명 (女) справедли́вость 정의, 공정(↔ несправедли́вость)

На до́лю 10% россия́н прихо́дится почти́ 90% национа́льного бога́тства. Это вопию́щая **несправедли́вость**.

10% 러시아인이 국가 자산의 90%를 소유하고 있습니다. 이것은 분명 불공정한 일입니다.

правосла́вный

형 정교의

명 правосла́вие 정교

В **правосла́вном** церко́вном календаре́ насчи́тывается бо́лее деся́тка помина́льных дней. В э́ти дни мы вспомина́ем тех, кто поки́нул наш мир.

러시아 정교회력에는 10여일의 추모일이 있습니다. 추모일이 되면 우리는 세상을 떠난 분들을 기리는 추념의 시간을 갖습니다.

прави́тельство

명 정부

В сле́дующем году́ **прави́тельство** прогнози́рует небольшо́й экономи́ческий рост - в преде́лах 2%.

정부는 내년도 경제성장률이 2% 이내로 소폭 상승할 것으로 내다봤다.

отправля́ть НСВ
отпра́вить СВ
отпра́влю, -вишь, -вят
отпра́влен, -а, -ы

동 1. кого-что + куда 보내다
2. -ся куда 출발하다, 떠나다

Моя́ пожила́я сосе́дка о́чень бои́тся, что де́ти **отпра́вят** её в дом престаре́лых.
우리 옆집 할머니는 자식들이 본인을 요양원에 보낼까봐 아주 겁을 낸다.

направле́ние

명 방향, 경향
동 направля́ть/напра́вить *кого-что* ~한 방향을 향하게 하다, 보내다

В како́м **направле́нии** развива́ется сего́дня полити́ческая систе́ма Росси́и?
현재 러시아 정치체제는 어떠한 방향으로 발전해나가고 있는가?

напра́вленный *на что* ~을 목표로 한, 겨냥한

управле́ние

명 1. 경영, 관리, 행정 2. 관리국, 관청
동 управля́ть *кем-чем* 관리하다, 운영하다

Конкуре́нтоспосо́бность фи́рмы и́ли компа́нии зави́сит пре́жде всего́ от организа́ции произво́дства и гра́мотного **управле́ния**.
기업의 경쟁력을 좌우하는 것은 무엇보다도 생산 조직과 적합한 경영이다.

справля́ться НСВ
спра́виться СВ
спра́влюсь, -вишься, -вятся

동 с чем 해결하다, 해내다

Осо́бую благода́рность хочу́ вы́разить на́шему рекла́мному отде́лу. Его́ сотру́дники прекра́сно **спра́вились** со свое́й зада́чей.
저는 홍보팀에 특히 감사의 말을 전하고 싶습니다. 홍보팀 팀원들이 특히나 잘해주었습니다.

спра́вка
복생 спра́вок

명 증명서, 증빙서류
주의 спра́вочник 안내책자, 전화번호부

Что́бы нача́ть в Росси́и свой би́знес, необходи́мо офо́рмить ку́чу докуме́нтов, получи́ть миллио́н **спра́вок** и разреше́ний! Ужас, кошма́р!
러시아에서 사업을 하려면 산더미 같은 서류를 작성하고 수백만 개의 증빙서류와 허가증을 받아야 해. 정말 끔찍해!

опра́вдывать НСВ

оправда́ть СВ

опра́вдан, -а, -ы

동 что 1. 정당화하다 2. 실현하다, 부응하다

명 оправда́ние 변명

Мне не нужны́ ва́ши слова́ и **оправда́ния**! Мне ну́жен конкре́тный результа́т!

나에게 당신의 말과 변명은 필요가 없습니다. 내게 필요한 것은 구체적인 결과물입니다!

исправля́ть НСВ

испра́вить СВ

испра́влю, -вишь, -вят

испра́влен, -а, -ы

동 что 고치다, 수정하다

명 исправле́ние 수정, 교정

У вас в отчёте ма́сса оши́бок. Ну́жно сро́чно всё **испра́вить**. Даю́ вам вре́мя до ве́чера.

보고서에 실수가 왜 이리 많습니까. 전부 신속히 수정하세요. 저녁 전까지 시간 드리겠습니다.

실력 UP!

неиспра́вность 고장, 결함

поправля́ться НСВ

попра́виться СВ

попра́влюсь, -вишься, -вятся

동 1. 좋아지다, 개선되다
2. 건강이 회복되다(вы́здороветь)
3. 살이 찌다

У меня́ грипп. Но я наде́юсь ско́ро **попра́виться** и на сле́дующей неде́ле вы́йти на рабо́ту.

나 감기야. 그래도 얼른 나아서 다음 주부터는 출근할 수 있기를 바라야지 뭐.

попра́вка

복생 попра́вок

명 개정, 수정

Нача́льнику в це́лом мой отчёт понра́вился; он внёс лишь не́сколько **попра́вок**.

상사는 내 보고서에 전반적으로 만족했다. 수정한 부분은 단 몇 군데뿐이다.

64일차

предел- 한계, 경계

преде́л

명 경계, 한계, 한도

Да, мы ста́ли чемпио́нами Евро́пы! Но, как говори́тся, “нет **преде́ла** соверше́нству*”! Сле́дующий рубе́ж – чемпиона́т ми́ра!

우리는 유럽 챔피언 자리에 올랐습니다. 흔히 말하듯 '세상에 이루지 못할 일은 없습니다'. 이제 다음 단계는 세계 챔피언입니다.

*нет преде́ла соверше́нству 가능성이 무한하다, 한계가 없다, 하지 못할 것이 없다

실력 UP!

за преде́лами *чего* ~범위 밖에
в преде́лах *чего* (기간, 범위) 안에
беспреде́льный 무제한의

определя́ть НСВ
определи́ть СВ
определён, -а́, -ы́

동 что 정하다, 결정, 판정, 확정하다

Ка́ждый наро́д име́ет пра́во сам **определя́ть** свою́ судьбу́, своё бу́дущее.

모든 민족은 스스로 운명과 미래를 결정할 권리가 있다.

определённый

형 일정한, 특정한(↔ неопределённый 미정의, 막연한)

Обы́чно глаго́лы движе́ния ти́па “идти́” обознача́ют движе́ние в одно́м направле́нии к **определённой** це́ли, а глаго́лы ти́па “ходи́ть” - движе́ние в ра́зных направле́ниях ; цель при э́том мо́жет быть не определена́.

идти라는 이동동사는 특정 목표를 향한 일방향 동작을 의미하며, ходить는 특정 목표가 없는 다방향 동작을 말한다.

распределя́ть НСВ
распредели́ть СВ
распределён, -а́, -ы́

동 что 분배하다, 할당하다
명 распределе́ние 분배, 할당; 분포

Гла́вная зада́ча нача́льника - чётко **распредели́ть** обя́занности ме́жду сотру́дниками и следи́ть за их исполне́нием.

관리자의 주요 임무는 직원들에게 업무를 정확히 분배하고 업무 수행 과정을 감독하는 것이다.

проб- 시험, 실험

про́бовать НСВ
попро́бовать СВ
(по)про́бую, -буешь, -буют

동 что/инф. 시도하다(먹어보다), 한 번 해보다

Попро́буйте сала́т! Муж о́чень стара́лся, когда́ его́ гото́вил.

샐러드 한 번 드셔 보세요! 남편이 아주 애써서 만든 거예요.

Я не́сколько раз **про́бовал** учи́ть кита́йский язы́к, но вся́кий раз броса́л: всё э́то сли́шком сло́жно.

중국어를 배우려고 여러 번 시도해봤는데 번번이 때려치웠어. 중국어는 진짜 너무 어려운 것 같아.

про́бный

형 시범의, 견본의(пило́тный 시범의, 파일럿의)
명 про́ба 시험, 테스트; 견본

Пе́ред официа́льной сда́чей те́ста вы мо́жете пройти́ **про́бный** тест, попро́бовать свои́ си́лы.

공식적으로 시험을 보기 전에 실력을 시험해볼 겸 모의고사를 볼 수 있어요.

продукт- 생산

проду́кт

명 1. 생산품(product), 산물 2. 식품

Мне ка́жется, не быва́ет исключи́тельно поле́зных и вре́дных **проду́ктов**. Важна́ ме́ра и разу́мный бала́нс.

난 극도로 건강에 좋거나 극도로 건강에 나쁜 음식은 없다고 봐. 중요한 건 그 양과 적절한 균형이지.

Валово́й вну́тренний **проду́кт**(ВВП) 국민총생산(GDP)
море**проду́кты** 해산물

실력 UP!

проду́кция 제품(생산된 것); 생산

Це́ны на корма́ для живо́тных вновь вы́росли. Зна́чит, в ско́ром вре́мени подорожа́ет и **проду́кция** животново́дства.

사룟값이 다시 올랐어. 그 말은 조만간 축산 관련 제품가가 전부 상승한다는 뜻이지.

издéлие 제품

В э́том магази́не предста́влены разнообра́зные ювели́рные **изде́лия**, кото́рые мо́жно приобрести́ со ски́дкой в 20%.

이 가게에서는 다양한 종류의 귀금속을 20% 할인된 가격으로 구매할 수 있다.

това́р 상품(시장에서 판매되는 것)

Това́ры на́шей фи́рмы отлича́ются высоча́йшим ка́чеством. Убеди́тесь в э́том са́ми!

우리 회사의 상품은 최고의 품질을 자랑합니다. 직접 확인해 보세요!

продукти́вный

형 생산적인

주의 продукто́вый 식료품의

Вчера́ был **продукти́вный** день: я успе́л сде́лать все заплани́рованные дела́ и да́же написа́л отчёт, кото́рый уже́ це́лую неде́лю откла́дывал.

어제는 참 생산적인 날이었어. 계획한 일을 다 해냈고 일주일 동안 미뤄뒀던 보고서까지 마무리했거든.

промыс- 수집, 획득

промы́шленность

 산업

В мину́вшем году́ лёгкая **промы́шленность** страны́ установи́ла реко́рд – её рост соста́вил 15%!

작년 국내 경공업은 15%라는 전례 없는 성장률을 기록했다.

실력 UP!

го́рнодобыва́ющая промы́шленность 광업
обраба́тывающая промы́шленность 제조업
лёгкая промы́шленность 경공업
тяжёлая промы́шленность 중공업
пищева́я промы́шленность 식품산업

про́мысел
(단생) про́мысла

명 소규모 사업, 수렵, 채집, 수공업

Таки́е ру́сские наро́дные **про́мыслы**, как Гжель, Хохлома́, Па́лех* широко́ изве́стны во всём ми́ре.
그젤, 호흘로마, 팔레흐 같은 전통적인 러시아의 수공업 제품은 전 세계적으로도 유명세를 떨치고 있다.

*Гжель, Хохлома́, Па́лех - э́то назва́ния мест, где располо́жены э́ти про́мыслы. Наприме́р, в Гже́ли де́лают кера́мику, в Хохломе́ - краси́вую деревя́нную посу́ду, в Па́лехе - шкату́лки и про́чие изя́щные вещи́чки.

실력 UP!
ры́бный про́мысел 어로
охо́тничий про́мысел 수렵

прос(ш)- 요청

проси́ть НСВ
попроси́ть СВ
(по)прошу́, про́сишь, про́сят

동 кого/у кого + инф./что/чего 부탁하다

- Са́ша, я тебя́ о́чень **прошу́**: наде́нь ша́пку, на у́лице хо́лодно!
- 사샤, 정말 부탁인데 털모자 써. 밖에 추워!

про́сьба

명 요청, 부탁

Уте́рян кейс с ва́жными докуме́нтами. **Про́сьба** к наше́дшему верну́ть за вознагражде́ние.
중요한 서류가 들어있는 가방을 잃어버렸어요. 가방을 발견한 분은 돌려주시면 사례하겠습니다.

обраща́ться *к кому* **с про́сьбой** ~에게 부탁하다

вопро́с

명 질문, 문제

Дени́с, мой па́рень, всё вре́мя уклоня́ется от отве́та на мой **вопро́с**, же́нится он когда́-нибудь на мне и́ли нет.
나의 남자친구 데니스는 나랑 결혼할 거냐고 물어볼 때마다 대답을 회피해.

спра́шивать НСВ
спроси́ть СВ
спрошу́, спро́сишь, спро́сят

동 кого/у кого + о чём 물어보다

- Ты так мно́го рабо́таешь, а зарпла́та у тебя́ така́я ма́ленькая - почему́? Я ничего́ не понима́ю.
- Это ты у моего́ ше́фа **спроси́**.

- 넌 일을 그렇게 많이 하는데, 월급은 왜 이리 적어? 이해가 안 돼.
- 그건 우리 사장한테 물어봐.

спрос

명 на кого-что 수요

Спрос на за́городную недви́жимость постоя́нно снижа́ется. Причи́на в нера́звитости инфраструкту́ры.
외곽지역 부동산에 대한 수요가 점점 줄어들고 있다. 원인은 인프라 미비에 있다.

опро́с

명 설문조사
명 **опро́шенный** 응답자, 설문 참여자(респонде́нт, уча́стник опро́са)

Как пока́зывают **опро́сы**, бо́лее всего́ мно́гих жи́телей Росси́и беспоко́ит рост тари́фов на коммуна́льные услу́ги.
설문조사가 보여주듯이 많은 러시아인이 공공요금 인상을 가장 걱정하고 있다.

запро́с

명 문의, 요청, 요구

В своём би́знесе на́ша компа́ния ориенти́руется на **запро́сы** молоды́х потреби́телей, жи́телей больши́х городо́в.
우리 회사는 대도시와 젊은 층을 주 타깃으로 삼는다.

допро́с

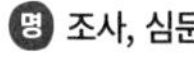
명 조사, 심문

На **допро́се** сле́дователи лишь слегка́ надави́ли на престу́пника, и тот во всём созна́лся.
심문 과정에서 수사관이 약간의 압박을 가하자, 범인은 모든 사실을 실토했다.

65일차

прост(щ)- 단순, 면제

простóй

형 단순한, 간단한
부 прóсто 단지, 간단하게
형 простотá 단순, 간단

Простáя и́стина: éсли хóчешь, чтóбы лю́ди хорошó к тебé относи́лись, сам относи́сь к ним по-дóброму.

다른 사람에게 대접받고 싶으면 스스로 다른 사람에게 먼저 잘하면 된다는 것은 단순한 진리이다.

упрощáть НСВ
упрости́ть СВ
упрощу́, -прости́шь, -простя́т
упрощён, -á, -ы́

동 что 쉬워지게 하다, 간소화하다

Бытовáя тéхника "Самсу́нг" до предéла **упрощáет** жизнь домохозя́йки!

삼성의 가전제품은 가정주부의 삶을 극도로 간편하게 해줍니다.

прощáть НСВ
прости́ть СВ
прощу́, прости́шь, простя́т

동 кого 용서하다, 면제하다
명 прощéние 용서

Я действи́тельно люби́ла тебя́, а ты меня́ прéдал! Я тебé э́того никогдá не **прощу́**!

나는 정말로 널 사랑했는데, 넌 날 배신했어. 난 절대 널 용서 못 해.

прошу́ **прощéния** 죄송합니다

прости́те(извини́те) 죄송합니다, 실례합니다

прощáться НСВ
прости́ться СВ
прощу́сь, -сти́шься, -стя́тся

동 с кем 헤어지다, 작별 인사를 하다
형 прощáльный 작별의

Мне ужé 25 лет. Порá **прощáться** с иллю́зиями и трéзво смотрéть на себя́ и на жизнь.

나 벌써 25살이야. 이제 헛된 생각과 작별하고 나 자신과 세상을 직시할 때가 온 거지.

пряг(ж, ч)- 메다, 묶다

напряжённый

형 긴장된, 긴박한
명 女 напряжённость 긴장감

В **напряжённой** конкуре́нтной борьбе́ нам удало́сь завоева́ть зва́ние лу́чшей IT-компа́нии э́того го́да.
우리는 치열한 경쟁 속에서도 올해 최고의 IT기업이라는 칭호를 따냈다.

напряже́ние

명 1. 긴장 2. 전압

Напряже́ние в отноше́ниях ме́жду двумя́ стра́нами дости́гло своего́ пи́ка.
양국 관계의 긴장이 최고조에 달했다.

пружи́на

명 용수철

Это часы́ моего́ де́да. В них на́до поменя́ть **пружи́ну**, и они́ бу́дут как но́вые.
이 시계는 우리 할아버지 것이었어. 용수철을 갈면 새 시계처럼 움직일 거야.

прям- 곧은

прямо́й

명 1. 곧은, 직선의 2. 직접적인(↔ ко́свенный)
부 пря́мо 곧장; 직접

На рабо́ту я е́ду снача́ла на авто́бусе до метро́ - 5 остано́вок, а пото́м ещё 3 ста́нции на метро́ по **прямо́й** ли́нии.
저는 출근할 때 우선 버스를 타고 지하철역까지 다섯 정거장을 간 다음 지하철을 타고 곧장 환승 없이 세 정거장을 가요.

Почему́ я всё вре́мя до́лжен уга́дывать все твои́ жела́ния и хоте́лки? Почему́ ты **пря́мо** не мо́жешь сказа́ть?
왜 항상 네 희망사항과 요구를 내가 지레짐작으로 알아내야 하는거지? 왜 직접적으로 말을 안 해주는 거야?

прямо́й рейс 직항

напряму́ю

부 직접, 직접적으로

Что каса́ется мое́й зарпла́ты, то она́ **напряму́ю** зави́сит от того́, каку́ю при́быль я обеспе́чиваю компа́нии свое́й рабо́той.

내 월급은 내가 업무를 통해 벌어들이는 회사의 이윤과 직접적으로 관련이 있다.

упря́мый

형 고집스러운, 완강한

Како́й ты **упря́мый**! Всегда́ всё де́лаешь по-сво́ему! И уже́ сто́лько глу́постей наде́лал!

왜 이리 고집이 세! 항상 자기 식대로만 하고! 그리고 벌써 바보 같은 짓을 얼마나 저지른 거야!

публик(ч)- 대중

пу́блика

명 대중, 사회

형 **публи́чный** 공개적인, 공중의

По́сле спекта́кля **пу́блика** устро́ила арти́стам настоя́щую ова́цию.

연극이 끝난 후 관객은 배우들에게 진심을 담아 박수갈채를 보냈다.

респу́блика

명 공화국

На пресс-конфере́нции бы́ли подведены́ ито́ги официа́льного визи́та росси́йской делега́ции в **Респу́блику** Коре́я.

기자회견에서 러시아 대표단의 공식 방한 결과가 발표되었다.

публикова́ть НСВ

опубликова́ть СВ

опублику́ю, -ку́ешь, -ку́ют

опублико́ван, -а, -ы

동 что 출간하다, 발표하다

Статья́ напи́сана я́вно небре́жно. В тако́м ви́де она́ не мо́жет быть **опублико́вана**.

논문은 한눈에 보기에 대강 쓴 티가 난다. 이 상태로는 게재할 수 없다.

публика́ция

명 1. 발표, 공시 2. 출간물, 발간물
명 публици́ст 사회평론가

Учёный реши́л ещё раз прове́рить да́нные экспериме́нтов и отложи́л **публика́цию** свое́й статьи́.
과학자들은 실험 자료를 재검토하기로 하며 논문 출판을 연기했다.

пыт- 노력, 시도

пыта́ться НСВ
попыта́ться СВ

동 инф. 애쓰다, 노력하다
명 попы́тка 시도

Го́да два наза́д я **попыта́лся** заня́ться би́знесом, но из э́того ничего́ не вы́шло.
난 2년 전쯤 사업을 하려고 시도해봤는데, 결과적으로 잘 안 됐어.

о́пыт

명 1. 경험 2. (복) 실험
형 о́пытный 경험 많은

Уме́ние вести́ делову́ю бесе́ду прихо́дит с **о́пытом**.
비즈니스(업무적) 대화를 할 수 있는 능력은 경험을 통해 길러진다.

испы́тывать НСВ
испыта́ть СВ
испы́тан, -а, -ы

동 что 1. 느끼다, 경험하다 2. 검사하다, 실험하다
명 испыта́ние 실험; 고난

Расте́ния - э́то то́же живы́е существа́. Они́ **испы́тывают** боль, реаги́руют на му́зыку, ощуща́ют состоя́ние челове́ка и т.д.
식물도 살아있는 생명체야. 식물도 고통을 느끼고, 음악에 반응하고, 사람의 상태를 느낄 수 있어.

66일차

пуск-/пуст(щ)- 내보내다, 놓아주다

пуска́ть НСВ
пусти́ть СВ
пущу́, пу́стишь, пу́стят
пу́щен, -а, -ы

동 1. кого-что 허락하다(let) 2.시작하다

- Ты куда́ собира́ешься?
- В клуб, вме́сте с де́вочками.
- Не **пущу́**! Там алкого́ль, там нарко́тики!

- 어디 가는 거니?
- 친구들이랑 클럽 가려고요.
- 절대 안 돼! 거긴 술에 마약이 있는 곳이잖니!

пусть

(пусти́ть의 명령형) ~하게 하다, ~하도록 내버려 두다(let)

Пусть все на́ши пробле́мы и неприя́тности оста́нутся в ста́ром году́!

우리의 모든 문제와 안 좋은 일은 모두 지난해에 묻어두자!

о́тпуск
복 отпуска́

명 휴가

Ле́том на мо́ре в **о́тпуске** мы на́ год вперёд нае́лись ра́зных фру́ктов: клубни́ки, пе́рсиков, виногра́да.

여름에 바다로 휴가 갔을 때 우리는 딸기, 복숭아, 포도 등 각종 과일을 내년 치까지 실컷 먹고 왔다.

отпуска́ть НСВ
отпусти́ть СВ
отпущу́, -пу́стишь, -пу́стят
отпу́щен, -а, -ы

동 кого-что 1. 놓아주다, 풀어주다 2. 공급하다, 생산하다

Мне о́чень ну́жен был о́тпуск в ма́е, но шеф меня́ не **отпусти́л**.

나는 5월에 꼭 휴가를 받아야 했지만, 위에서 허락해 주지 않았어.

опуска́ть НСВ
опусти́ть СВ
опущу́, опу́стишь, опу́стят
опу́щен, -а, -ы

동 что (커튼, 막 등) 내리다, (고개, 눈, 손 등) 떨구다

Со́лнце **опусти́лось** за горизо́нт, ста́ло совсе́м темно́.

지평선 너머로 해가 지면서 사방이 완전히 깜깜해졌다.

опусти́ть ру́ки 절망하다

пропуска́ть НСВ

пропусти́ть СВ

пропущу́, -пу́стишь, -пу́стят

пропу́щен, -а, -ы

동 кого-что 통과시키다, 건너뛰다

명 про́пуск 출입증, 통행허가증

Теа́тр - э́то моя́ страсть. Я не **пропуска́ю** ни одного́ премье́рного спекта́кля.

난 극장에 열광하는 사람이야. 한 번도 초연 공연을 놓쳐본 적이 없어.

выпуска́ть НСВ

вы́пустить СВ

вы́пущу, вы́пустишь, вы́пустят

вы́пущен, -а, -ы

동 кого-что

1. 내보내다, 방출하다 2. 발간하다, 생산하다 3. (졸업생을) 배출하다

형 выпускно́й 졸업의, 졸업시험

명 выпускни́к 졸업(예정)자

명 вы́пуск 생산, 발행, 발간

С осо́бенностями после́дней моде́ли 3D-при́нтера, **вы́пущенного** компа́нией, мо́жно ознако́миться на её са́йте.

이 회사가 출시한 최신 3D 프린터의 특성은 회사 사이트에서 찾아볼 수 있습니다.

Сего́дня бо́лее полови́ны **выпускнико́в** ву́зов не мо́жет найти́ рабо́ту по специа́льности.

현재 대학 졸업생 중 절반 이상이 취업 시 전공을 살리지 못하고 있다.

упуска́ть НСВ

упусти́ть СВ

упущу́, -пу́стишь, -пу́стят

упу́щен, -а, -ы

동 кого-что 놓치다

Психо́логи сове́туют не жале́ть об **упу́щенных** возмо́жностях, а извлека́ть из таки́х ситуа́ций ва́жные уро́ки на бу́дущее.

심리학자들은 놓쳐버린 기회에 대해 후회하지 말라고 당부한다. 대신 그 상황에서 미래에 대한 교훈을 얻으라고 조언한다

спускться НСВ

спусти́ться СВ

спущу́сь, -пу́стишься, -пу́стятся

동 1. 내려가다 2. 떨어지다, 감소하다

Наконе́ц, доро́га **спусти́лась** с гор и привела́ нас в живопи́снейшую доли́ну Ре́йна.

마침내 산에서 내려가는 길이 나왔고 이 길을 따라 그림같이 아름다운 라인강 계곡이 나타났다.

допуска́ть НСВ
допусти́ть СВ
допущу́, -пу́стишь, -пу́стят
допу́щен, -а, -ы

동 1. что 허용하다
2. до чего/к чему 허락하다
3. 가정하다

В своём выступле́нии фигури́стка не **допусти́ла** ни одно́й оши́бки* и по пра́ву завоева́ла золоту́ю меда́ль.
경기 내내 이 피겨 선수는 한 치의 실수도 용납하지 않았고, 당당히 금메달을 따냈다.

*допусти́ть оши́бку 실수하다

Поско́льку в тече́ние семе́стра вы пропусти́ли бо́лее тре́ти заня́тий, я не **допуска́ю** вас к сда́че экза́мена.
이번 학기 수업의 1/3 이상을 결석했으므로 시험을 치를 기회를 박탈하도록 하겠어요.

допу́стим ~라고 가정해보자, 생각해봐

запуска́ть НСВ
запусти́ть СВ
запущу́, -пу́стишь, -пу́стят
запу́щен, -а, -ы

동 что 1. 발사하다 2. 개시하다, 시작하다

Неда́вно наш агрохо́лдинг **запусти́л** ещё оди́н заво́д по произво́дству минера́льных удобре́ний.
얼마 전 우리 농기업이 추가로 광물비료 공장 한 곳의 가동을 시작했다.

пуст- 빈, 공허

пусто́й

형 텅 빈
명 пустота́ 비어있음, 공허함

Туристи́ческий сезо́н око́нчился. Все гости́ницы стоя́т **пусты́е**.
여행 시즌이 지나자 모든 호텔이 다 텅텅 비었어.

пусты́ня

명 사막

Са́мое засу́шливое ме́сто на Земле́ - **пусты́ня** Атака́ма в Чи́ли.
지구상에서 가장 건조한 장소는 칠레의 아타카마 사막이다.

пустя́к
단생 пустяка́
복 пустяки́

명 사소한 일, 하찮은 것

Я по **пустяка́м** растра́тил свои́ си́лы и тала́нты. Я зря про́жил жизнь...
난 하찮은 일에 나의 힘과 재능을 낭비했어. 괜한 삶을 산 거지…….

пут- 길

путь

(단생) пути́
(복) пути́

명 (男) 1. 길, 여정 2. 방법

Поезда́, курси́рующие ме́жду Москво́й и Петербу́ргом, нахо́дятся в **пути́** 7-8 часо́в.

모스크바와 상트페테르부르크를 오가는 기차의 소요 시간은 7~8시간이다.

Я предлага́ю ино́й **путь** реше́ния пробле́мы.

저는 다른 방식으로 문제를 해결할 것을 제안합니다.

> **путём** *чего* ~을 통해

путеше́ствие

명 여행(пое́здка)
동 **путеше́ствовать** 여행하다
명 **путеше́ственник** 여행가

На свое́й небольшо́й я́хте отва́жный **путеше́ственник** всего́ за ме́сяц в одино́чку пересёк Ти́хий океа́н.

용감한 여행가는 작은 요트를 타고 한 달 만에 홀로 태평양을 횡단했다.

путеводи́тель

Это изда́тельство в основно́м выпуска́ет **путеводи́тели** и разгово́рники для тури́стов.

이 출판사는 주로 여행서와 여행자들을 위한 회화책을 출판한다.

спу́тник

명 1. 길동무(попу́тчик) 2. 위성

В своём интервью́ актри́са открове́нно призна́лась, что мечта́ет о встре́че с мужчи́ной, кото́рый стал бы ей ве́рным **спу́тником** жи́зни.

인터뷰에서 여배우는 믿음직한 인생의 동반자를 만나고 싶다는 바람을 솔직히 밝혔다.

В 1957 году́ СССР запусти́л пе́рвый в ми́ре иску́сственный **спу́тник** Земли́.

소련은 1957년 세계 최초로 인공위성을 쏘아 올렸다.

Я живу́ в Анья́не, э́то го́род-**спу́тник** Сеу́ла.

나는 안양에 살아. 이 도시는 서울의 위성도시야.

сопу́тствующий

형 수반되는, 동반되는

К маши́не нужна́ ещё ку́ча **сопу́тствующих** веще́й - страхо́вка, гара́ж, запча́сти и т.д.

차에는 보험, 주차장, 부품 등등 이것저것 수반되는 게 엄청 많아.

перепу́тье

명 갈림길(распу́тье)

Страна́ сейча́с на **перепу́тье**. От результа́та вы́боров зави́сит о́чень мно́гое.

지금 우리나라는 갈림길에 서 있습니다. 선거 결과에 많은 것이 달려 있어요.

путёвка

복생 путёвок

명 패키지여행권

На Но́вый год я реши́л сде́лать жене́ и тёще пода́рок: купи́л им **путёвки** на Мальди́вы.

새해를 맞아 나는 아내와 장모님에게 몰디브 패키지여행권을 선물하기로 했다.

67일차

работ(ч)- 일, 노동, 제작

рабо́та

명 1. 일, 업무, 노동(job, work) 2. 작품, 저작
동 рабо́тать 일하다, 작동하다, 작용하다

Мы прове́рили ва́ше а́либи. Вы нам солга́ли. Вчера́ на **рабо́те** вас не́ было.

우리는 당신의 알리바이를 확인했어요. 우리한테 거짓말했군요. 어제 당신은 직장에 있지 않았어요.

рабо́чий

1. 형 노동의 2. 명 노동자(블루칼라 노동자)

Роди́тели у меня́ - са́мые просты́е лю́ди: мать - медсестра́, оте́ц - **рабо́чий** на стро́йке.

우리 부모님은 가장 평범한 분들이야. 어머니는 간호사고, 아버지는 건설근로자로 일하셔.

실력 UP!

рабо́чий
~ая си́ла 인력, 노동력
~ день 근무시간, 근무일
~ее ме́сто 일자리

рабо́тник

명 근로자, 직원

- Кто вы по **профе́ссии**?
- Социа́льный рабо́тник.

- 직업이 어떻게 되시나요?
- 사회복지사입니다.

실력 UP!

рабо́чий 육체노동자, 블루칼라
сотру́дник 근로자, 직원, 사무직
слу́жащий 사무직 직원, 회사원
трудя́щийся 근로자

зарабáтывать НСВ
заработáть СВ
заработан, -а, -ы

동 1. что 돈을 벌다 2. CB (일, 작동, 효과 등) 시작하다

Глýпые, на мой взгляд, стереотúпы: “Жéнщина должнá умéть готóвить и быть хорóшей хозя́йкой”; “Мужчúна дóлжен быть всегдá сúльным и **зарабáтывать** мнóго дéнег”.

‘여자는 요리를 할 줄 알아야 해. 좋은 주부가 되어야 해’ 라든지 ‘남자는 힘이 세고 돈을 잘 벌어야 해’ 이런 건 정말 어리석은 고정관념이라고 생각해.

безрабóтица

명 실직, 실업률
형 безрабóтный 실업의; 실업자

По мнéнию ря́да экспéртов, Россúю в бýдущем годý ожидáет рост **безрабóтицы**.

몇몇 전문가는 내년도 러시아의 실업률이 높아질 것이라고 말한다.

разрабáтывать НСВ
разрабóтать СВ
разрабóтан, -а, -ы

동 что 1. 개발하다, 마련하다 2. 경작하다, 채굴하다
명 разрабóтка 연구, 개발
명 разрабóтчик 개발자

Администрáция гóрода **разрабóтала** специáльную прогрáмму с цéлью предотвращéния распространéния наркомáнии и алкоголúзма средú подрóстков.

시청은 청소년 알코올 및 마약중독 확산을 방지하기 위한 특별 프로그램을 마련했다.

вырабáтывать НСВ
вы́работать СВ
вы́работан, -а, -ы

동 что 1.만들다, 제조, 제작하다 2. (계획, 문건 등을) 작성하다 3. 길러내다
명 вы́работка 생산, 작성, 함양

Если вы стремúтесь бы́стро подня́ться по карьéрной лéстнице, то для э́того слéдует **вы́работать** у себя́ привы́чку* доводúть до концá любóе дéло.

빠르게 승진하고자 한다면 어떤 일이든 끝까지 마무리하는 습관을 길러야 한다.

*вы́работать привы́чку 습관을 기르다

실력 UP!

вырабáтывать + гормóны 호르몬을 생성하다
электроэнéргию 전력을 생산하다
волевы́е кáчества 의지력을 기르다
эстетúческий вкус 심미안을 기르다
вы́работать + прогрáмму 프로그램을 마련하다
план “Б” 플랜B를 마련하다

подраба́тывать НСВ
подрабо́тать СВ

동 아르바이트를 하다

В промежу́тке ме́жду заня́тиями в университе́те я ещё **подраба́тываю** в одно́й риэ́лторской фи́рме.

대학교 공강 시간에 나는 부동산 회사에서 아르바이트를 한다.

обраба́тывать НСВ
обрабо́тать СВ
обрабо́тан, -а, -ы

동 что 가공하다, 처리하다
명 обрабо́тка 가공, 처리

Но́вая операцио́нная систе́ма позволя́ет значи́тельно быстре́е **обраба́тывать** масси́вы да́нных.

새로운 OS는 데이터 배열을 훨씬 빠른 속도로 처리해준다.

обраба́тывающая промы́шленность 제조업

сраба́тывать НСВ
срабо́тать СВ

동 작동하다, 가동하다

Мы должны́ отдава́ть себе́ отчёт в том, что да́нная би́знес-схе́ма мо́жет и не **срабо́тать**.

우리는 이 사업 모델이 잘 작동하지 않을 수도 있다는 점을 반드시 인지하고 있어야 합니다.

перераба́тывать НСВ
перерабо́тать СВ
перерабо́тан, -а, -ы

동 1. 과로하다 2. что 가공하다

Добыва́ть и продава́ть сырьё, коне́чно, вы́годно. Но **перераба́тывать** его́ и продава́ть гото́вую проду́кцию вы́годно вдвойне́.

원자재를 채굴해서 판매하는 것도 물론 이득이지만, 가공해서 완제품의 형태로 판매하면 이득이 두 배 더 크다.

дораба́тывать НСВ
дорабо́тать СВ
дорабо́тан, -а, -ы

동 что 마무리하다, 일을 끝내다

Генера́льный дире́ктор компа́нии тре́бует сро́чно **дорабо́тать** но́вый прое́кт. Срок – два дня.

사장님이 당장 신규 제안서를 마무리하라고 하셔. 기한은 이틀이래.

раз(ж)- 1. 타격 2. 표현

раз
(복) разы́
(복생) раз

1. 명 횟수, ~번 2. 접 ~한다면, ~한 이상

Он прекра́сно прочита́л свой докла́д на семина́ре, да́же ни **ра́зу** не загляну́в в конспе́кт.
그는 세미나에서 훌륭히 발표를 해냈다. 심지어 요약본을 한 번도 보지 않았다.

*ни ра́зу не 한 번도 ~ 안 했다

выража́ть НСВ
вы́разить СВ
вы́ражу, -разишь, -разят
вы́ражен, -а, -ы

동 что 표현하다, 나타내다
명 выраже́ние 표현
형 вырази́тельный 표현력이 풍부한

Тру́дно **вы́разить** в слова́х те эмо́ции, кото́рые нас сейча́с переполня́ют.
지금 북받쳐오는 이 감정을 말로 표현하기가 어렵네요.

отража́ть НСВ
отрази́ть СВ
отражу́, -рази́шь, -разя́т
отражён, -а́, -ы́

동 1. что 반사하다, 반영하다
2. -ся в чём ~에 비치다, 나타나다, 반영되다
3. -ся на чём ~에 영향을 끼치다

Окружа́ющие - э́то зе́ркало, в кото́ром **отража́ется** на́ша ли́чность.
주변 사람들은 우리의 인격을 반영하는 거울과 같다.

заража́ть НСВ
зарази́ть СВ
заражу́, -рази́шь, -разя́т
заражён, -а́, -ы́

동 1. кого 감염시키다 2. -ся чем ~에 감염되다
명 зара́жение 감염
형 зара́зный 전염의, 감염의
형 зарази́тельный 잘 전파되는, 퍼지기 쉬운

В го́роде эпиде́мия ОРВИ. Что́бы не **зарази́ться**, ну́жно носи́ть ма́ску.
지금 온 도시에 감기가 난리야. 안 옮으려면 마스크를 써야 해.

возража́ть НСВ
возрази́ть СВ
возражу́, возрази́шь, возразя́т

동 кому/против кого-чего 반대하다

Наде́юсь, вы не бу́дете **возража́ть**, е́сли я дам ему́ ваш но́мер телефо́на?
제가 선생님 번호를 그분에게 알려드려도 괜찮을까요?

сражéние

명 전투, 싸움
동 сражáться/сразúться *с кем-чем* 싸우다

Войнá окóнчена. Смóлкли пýшки. На полях былы́х **сражéний** воцари́лась тишинá.
전쟁은 끝이 났고 포성도 그쳤다. 전투가 벌어졌던 들판에는 정적만이 가득했다.

поражéние

명 패배

Во вчерáшней игрé нáшей комáнде лишь чýдом удалóсь избежáть **поражéния**.
어제 경기에서 우리 팀은 기적적으로 패배를 면했다.

(по)терпéть **поражéние** 패배하다

порази́тельный

형 놀라운, 탁월한

Портрéты э́того худóжника отличáются **порази́тельным** схóдством с оригинáлами.
이 화가가 그린 초상화들은 실제 모습과 놀랍도록 닮았다는 점이 특징이다.

подражáние

명 모방
동 подражáть *кому-чему* 모방하다

Совремéнные СМИ в кáчестве примéров для **подражáния** предлагáют в пéрвую óчередь спортсмéнов и звёзд шóу-би́знеса.
요새 언론들은 롤모델로서 운동선수와 연예인을 가장 먼저 제시한다.

68일차

разн- 다양한

ра́зный

형 서로 다른, 다양한

Иногда́ ме́жду собо́й дру́жат лю́ди, соверше́нно **ра́зные** по хара́ктеру, уму́, темпера́менту.

사람들은 때로 본인과 성격, 지능, 기질이 완전히 다른 사람들과 어울리곤 한다.

실력 UP!

разнообра́зный 갖가지의
разноцве́тный 다양한 색의

ра́зница

명 в чём/ме́жду чем
1. 차이(расхожде́ние) 2. 불균형, 격차(разры́в)

Ра́зница во вре́мени ме́жду Москво́й и Сеу́лом составля́ет 6 часо́в.

모스크바와 서울 간 시차는 6시간이다.

рав-/ров- 같은, 동등, 평등

ра́вный

형 같은, 동등한

Мне всё **равно́***, что обо мне ду́мают окружа́ющие.

난 다른 사람이 날 어떻게 생각하든 크게 상관하지 않는다.

**кому* всё равно́ 상관없다

равноду́шный

형 к кому-чему 무관심한

Опаса́йтесь лицеме́рных друзе́й, а ещё бо́лее - **равноду́шных** люде́й.

위선적인 친구들을 조심하세요. 그런데 이보다 더 조심해야 할 사람은 바로 무심한 사람들이에요.

실력 UP!

равнопра́вный 평등한
равноме́рный 고른, 균일한
равнове́сный 균형 잡힌

ра́венство

명 평등(↔ нера́венство)

Ра́венство ме́жду пола́ми в на́шей стране́ отсу́тствует.
우리나라는 양성평등이라고는 찾아볼 수가 없다.

ро́вно

부 1. 고르게, 균일하게 2. 정확히, 딱(то́чно)
형 ро́вный 평평한, 반듯한, 고른

За́втра у нас с жено́й ма́ленький юбиле́й: **ро́вно** 5 лет со дня сва́дьбы.
내일은 우리 부부의 소박한 기념일입니다. 결혼한 후 딱 5년이 되는 날이죠.

рове́сник

명 동갑, 또래

Он мой **рове́сник**, правда, вы́глядит ста́рше меня́ и ещё вы́ше ро́стом.
걔는 나랑 동갑인데 나보다 나이도 더 많아 보이고 키도 커.

у́ровень
단생 у́ровня

명 男 수준, 정도

На́ша цель заключа́ется в том, что́бы вы́йти на **у́ровень** при́были не ме́нее 10% в год.
우리의 목표는 최소 연 10%의 이익 수준에 도달하는 것입니다.

сра́внивать НСВ
сравни́ть СВ
сравню́, -ни́шь, -ня́т

동 кого-что + с кем-чем ~을 -와 비교하다
명 сравне́ние 비교

Не сто́ит **сра́внивать** себя́ с други́ми!
다른 사람과 자기 자신을 비교하지 마라!

Но́вая моде́ль “Киа” име́ет ряд преиму́ществ по **сравне́нию** со* все́ми пре́жними: увели́чена мо́щность дви́гателя, бо́лее совреме́нным стал диза́йн.
기아의 신형 모델은 기존 모델들과 비교해 몇 가지 장점이 있다. 엔진 출력이 증대되었고, 디자인이 보다 현대적이다.

*по сравнению *с чем* ~와 비교하면

равни́на

명 평지, 평야

Мы вы́шли из ле́са. Пе́ред на́ми откры́лась бескра́йняя сне́жная **равни́на**.

숲을 벗어나자 우리 앞에는 끝없이 펼쳐진 눈 덮인 평원이 나타났다.

рос-/ раст(щ)- 성장

расти́ НСВ
расту́, растёшь, расту́т
рос, росла́, росли́

вы́расти СВ
вы́расту, вы́растешь, вы́растут
вы́рос, -росла, -росли

동 1. 자라다, 성장하다 2. 증가하다

За про́шлый год объём иностра́нных инвести́ций в росси́йскую эконо́мику **вы́рос** на 17%.

작년 한 해 대러 외국인 투자 규모는 17% 증가했다.

실력 UP!

прирасти́ 1. 자라다, 뿌리내리다 2. 양이 늘다

У тебя́ смартфо́н к руке́ **приро́с**, что ли?

손에 핸드폰이 아주 붙었구나?

Капита́л на́шей компа́нии **приро́с** за́ год на 7 млрд. вон.

우리 회사 자본이 1년새 70억원 늘었다.

подрасти́((немно́го) вы́расти)

1. (사람, 동식물) 키가 자라다, 성장하다 2. (크기, 금액이) 약간 늘다

Ты так **подросла́**!

얘야. 너 많이 컸구나!

возрасти́ 증가하다

Но́вый нача́льник чётко распредели́л обя́занности ме́жду сотру́дниками, и эффекти́вность их труда́ ре́зко **возросла́**.

새로운 상사가 명확하게 업무를 분배한 덕분에 업무 효율성이 크게 상승했다.

расти́ть НСВ
ращу́, расти́шь, растя́т

вы́растить СВ
вы́ращу, -растишь, растят
вы́ращен, -а, -ы

동 кого 기르다, 양육하다

Миллио́ны росси́йских же́нщин **растя́т** свои́х дете́й в одино́чку, без муже́й.

수백만 명의 러시아 여성들이 남편 없이 홀로 아이를 키우고 있다.

рост

명 1. 키 2. 성장, 증가

Карье́рного **ро́ста** добива́ются то́лько те сотру́дники, кото́рые проявля́ют инициати́ву и не боя́тся рискова́ть.
주도적이고 도전을 두려워하지 않는 직원들만이 사회적 성공을 거둘 수 있습니다.

челове́к высо́кого **ро́ста** 키가 큰 사람

실력 UP!
приро́ст 상승폭
подъём 상승, 부흥
возраста́ние 증가, 증대
повыше́ние 상승

во́зраст

명 나이, 연령

В 2019 году́ в Росси́и был повы́шен пенсио́нный **во́зраст**: с 60-ти до 65-ти́ лет для мужчи́н и с 55-ти́ до 60-ти лет для же́нщин.
2019년 러시아는 연금 개시 연령을 남성은 60세에서 65세로, 여성은 55세에서 60세로 상향 조정했다.

실력 UP!
в во́зрасте от ... до ... ~세부터 ~세까지
с во́зрастом 나이를 먹을수록

расте́ние

명 식물
형 расти́тельный 식물의

Ель и сосна́ отно́сятся к числу́ ве́чнозелёных **расте́ний**.
전나무와 소나무는 상록수에 속한다.

вымира́ющие ви́ды живо́тных и **расте́ний** 멸종위기 동식물
лека́рственное **расте́ние** 약용식물, 약초

выра́щивать НСВ
вы́растить СВ
вы́ращу, -растишь, -растят
вы́ращен, -а, -ы

동 кого-что 기르다, 사육하다, 재배하다
명 выра́щивание 재배, 사육

Че́рез ме́сяц выхожу́ на пе́нсию. Бу́ду жить на да́че, **выра́щивать** помидо́ры, огурцы́, карто́шку.
나는 한 달 후면 은퇴를 하게 돼. 그때가 되면 다차에 살면서 토마토, 오이, 감자를 기르는 생활을 할 거야.

взрóслый

1. 형 성인의 2. 명 성인

Сегóдня в Россúи мнóгие и **взрóслые**, и дéти по-прéжнему с удовóльствием смóтрят совéтские мультфúльмы.

어른이나 아이 할 것 없이 러시아 사람들은 대다수가 소련 시대 만화영화를 즐겨본다.

подрóсток

단생 подрóстка

명 청소년

Нáшему сы́ну 15 лет: друзья́, сóцсéти, гáджеты. В óбщем, обы́чный **подрóсток**.

저희 아들은 15살인데요, 친구, SNS, 전자기기밖에 몰라요. 보통 청소년들하고 똑같아요.

нарáщивать НСВ

нарастúть СВ

наращý, -растúшь, -растя́т

нарáщен, -а, -ы

동 что 늘리다, 증대하다

명 нарáщивание 증가, 증대

Покá благоприя́тная конъюнктýра, нýжно вся́чески **нарáщивать** объёмы продáж!

경기가 호황일 때 어떻게든 판매량을 늘려야 해.

перерастáть НСВ

перерастú СВ

перерастý, -растёшь, -растýт

동 во что ~으로 변화하다, 심화되다

Дипломатúческий конфлúкт мéжду двумя́ стрáнами грозúт в скóром врéмени **перерастú** в вооружённый.

양국 간 외교적 마찰이 머지않아 무력 갈등으로 번질 위험이 있다.

69일차

реал- 실재

реализова́ть НСВ/СВ
реализу́ю, -зу́ешь, -зу́ют
реализо́ван, -а, -ы

동 что 1. 실현하다, 실행하다 2. 판매하다
명 реализа́ция 실현, 실행; 판매

За проше́дший год в **реализа́ции** прое́кта Электро́нного прави́тельства дости́гнут значи́тельный прогре́сс.
지난해 전자정부 프로젝트 추진 과정에서 상당한 진전이 있었다.

실력 UP!

(계획, 아이디어를) 실행하다, 실현하다

осуществи́ть *что*
претвори́ть в жизнь *что*

(꿈, 계획이) 실현되다, 현실이 되다

сбы́ться
стать реа́льностью

реа́льный

형 1. 현실의(действи́тельный)
2. 실질적인, 실현 가능성이 있는(практи́ческий, осуществи́мый)

Сего́дня СНГ - э́то форма́льное объедине́ние госуда́рств - бы́вших сове́тских респу́блик, **реа́льного** полити́ческого ве́са и междунаро́дного авторите́та организа́ция не име́ет.
구소련 국가들의 공식적 연합체인 CIS는 현재 실질적인 정치적 영향력이나 국제적 위상이 거의 없다.

실력 UP!

реа́льность 현실
виртуа́льная **реа́льность** 가상현실

реа́лия 실재, 현실
Зако́н до́лжен отвеча́ть совреме́нным **реа́лиям**.
법은 실정에 부합해야 한다.

реалисти́ческий

형 1. 사실주의의 2. 현실적인, 실현 가능성이 있는(реалисти́чный)

Ру́сская **реалисти́ческая** литерату́ра и жи́вопись подари́ли ми́ру мно́жество выдаю́щихся произведе́ний.

러시아의 현실주의 문학과 회화는 뛰어난 작품을 전 세계에 수없이 선사해 주었다.

ревн- 질투

ревнова́ть НСВ
ревну́ю, -ну́ешь, -ну́ют

동 кого + к кому ~때문에 -에게 질투심을 느끼다
명 女 ре́вность 질투심
형 ревни́вый 질투심이 강한

Муж **ревну́ет** меня́ ко всем без разбо́ра*.

남편이 나 때문에 질투를 하는데, 상대를 가리지 않고 모두에게 질투심을 느끼는 거 있지.

*без разбо́ра 무차별적으로, 닥치는대로

соревнова́ние

명 경기(состяза́ние)

Все уча́стники **соревнова́ний** прохо́дят стро́гую прове́рку на до́пинг.

모든 경기 참가자는 엄격한 도핑 검사를 받는다.

регул- 규칙

регуля́рный

형 정기적인, 규칙적인

Регуля́рное чте́ние росси́йских газе́т спосо́бно вы́звать серьёзную депре́ссию.

러시아 신문을 지속적으로 읽으면 심각한 우울증에 빠질 수 있다.

на регуля́рной осно́ве 정기적으로

урегули́ровать СВ
урегули́рую, -руешь, -руют
урегули́рован, -а, -ы

동 что 조정하다, 정리하다, 해결하다
명 урегули́рование 조정, 해결

Все сто́роны бы́ли еди́ны в том, что конфли́кт до́лжен быть **урегули́рован** ми́рными сре́дствами.

당사자들은 평화적인 방법으로 갈등을 해결해야 한다는 점에 모두 동의했다.

регули́ровать НСВ

отрегули́ровать СВ

отрегули́рую, -руешь, -руют

отрегули́рован, -а, -ы

동 что 1. 조정하다, 조절하다 2. 통제하다, 규제하다

명 регули́рование 조절, 규제

명 регуля́тор 조절장치; 규제기관

Гла́вным о́рганом, **регули́рующим** фина́нсовую поли́тику в госуда́рстве, явля́ется Центра́льный банк.

국가 금융정책을 조정하는 주요 기관은 중앙은행이다.

род(ж)- 출생, 탄생

рожа́ть НСВ

роди́ть СВ

рожу́, роди́шь, родя́т

роди́л, -ла́, -ли

рождён, -а́, -ы́

동 1. кого 낳다 2. -ся 태어나다

Сейча́с гла́вное для меня́ - рабо́та, карье́ра. Вы́йти за́муж, **роди́ть** ребёнка - э́то пока́ далёкая перспекти́ва.

나한테 지금 제일 중요한 건 일이야. 결혼과 출산은 아직 내겐 먼 미래지.

Ежего́дно в Москве́ **рожда́ется** о́коло 120 ты́сяч детей́.

매년 모스크바에서는 12만 명의 아이들이 태어난다.

실력 UP!

врождённый 타고난, 선천적인

~ тала́нт 타고난 재능

~ поро́к се́рдца 선천성 심장병

новорождённый 신생아, 갓난아기

род

명 1. 출산 2. 집안, 가문 3. 종, 종류

Запо́мните: сло́во "ко́фе" - мужско́го **ро́да**!

кофе(커피)라는 단어는 남성 명사라는 걸 기억하세요.

За́втра ро́вно два го́да, как я рабо́таю в э́той компа́нии. Своего́ **ро́да*** юбиле́й.

내일이면 내가 이 회사에서 일한 지 딱 2년이 되는 날이야. 일종의 기념일이랄까.

*своего́ ро́да 일종의

родно́й

형 고향의, 출생지의, 모국의

К сожале́нию, мно́гие молоды́е лю́ди име́ют весьма́ отдалённое представле́ние об исто́рии и культу́ре **родно́й** страны́.

많은 젊은이들이 자국 문화와 역사에 대해 잘 모르고 있어서 안타까워.

ро́дина

명 조국, 고향

Росси́я - э́то на́ша больша́я **Ро́дина***. А мой родно́й го́род - э́то ма́лая **ро́дина**** - для меня́ и для всех, кто в нём роди́лся.

러시아는 우리의 위대한 조국입니다. 그리고 고향은 저를 포함해 그곳에서 태어난 모든 이들에게 있어 작은 조국입니다.

*больша́я ро́дина 조국 **ма́лая ро́дина 고향

наро́д

명 1. 민족, 국민 2. 사람들, 대중, 민중
형 **наро́дный** 민족의, 민속의, 민중의

Экспеди́ции удало́сь собра́ть бесце́нный материа́л по исто́рии и культу́ре коренны́х **наро́дов** Сиби́ри.

현지 조사를 통해 시베리아 토착민족들의 역사와 문화에 관한 귀중한 자료를 수집할 수 있었다.

Сего́дня ве́чером мы идём на конце́рт анса́мбля **наро́дной** му́зыки.

오늘 저녁 우리는 민속음악단의 공연을 보러 간다.

обнаро́дование

명 공포, 공고
동 **обнаро́довать** *что* 공포하다, 사람들에게 널리 알리다

Обнаро́дование но́вого соста́ва прави́тельства состои́тся по́сле торже́ственной инаугура́ции президе́нта.

신정부 내각 인선은 대통령 취임식 이후 발표됩니다.

порожда́ть нсв
породи́ть св
порожу́, -роди́шь, -родя́т
порождён, -а́, -ы́

동 что 야기하다, 발생시키다

Парадокса́льно, но бу́рное разви́тие техноло́гий **порожда́ет** отчужде́ние и рост индивидуали́зма в о́бществе.

역설적이게도 기술의 급격한 발전은 사회의 인간 소외 및 개인주의 심화 현상을 야기한다.

урожа́й

명 수확, 작황

Осень, пора́ сбо́ра **урожа́я**. Наконе́ц-то фру́кты и о́вощи подешеве́ли.

가을이 오고, 이제 추수철이야. 드디어 과일이랑 채소 값이 좀 내렸어.

зарожда́ться нсв

зароди́ться св
зарожу́сь, -роди́шься, -родя́тся

동 생겨나다, 발생하다

В столи́це **зароди́лась** но́вая мо́да: дава́ть де́тям экзоти́ческие имена́.

서울(수도)에서는 아이들에게 이국적인 이름을 지어주는 새로운 유행이 생겨났다.

поро́да

명 종, 품종, 혈통

Прави́тельство де́лает дово́льно мно́го для того́, что́бы спасти́ от исчезнове́ния ре́дкие **поро́ды** живо́тных.

정부는 희귀 동물의 멸종을 막기 위해 상당히 많은 일을 하고 있다.

70일차

реш- 해결, 풀다

реша́ть нсв
реши́ть св
решён, -а́, -ы́

동 1. что 해결하다
2. инф. 결정하다
3. -ся инф./на что (주저하다가) 결심하다
명 реше́ние 해결(책), 솔루션; 결정

Реша́ть бытовы́е пробле́мы в Росси́и гора́здо сложне́е, чем в Евро́пе и́ли в Коре́е.
러시아에서 일상생활 문제를 해결하는 것은 유럽이나 한국에서보다 훨씬 더 복잡하다.

приня́ть реше́ние ***о чём/инф.*** ~에 대한 결정을 내리다

실력 UP!
реши́тельный 단호한, 결단력 있는
реша́ющий 결정적인
реши́мость 결단력, 각오

разреше́ние

명 1. на что 허락, 허가 2. 해결 3. 해상도
동 разреша́ть/разреши́ть
1. кому + что/инф. 허락하다 2. что 해결하다

Посеща́ть пацие́нтов, находя́щихся в больни́це, **разрешено́** лишь в стро́го отведённое вре́мя.
병원에 입원한 환자의 면회는 엄격히 정해진 시간에만 허용됩니다.

Вы мо́жете настро́ить **разреше́ние** экра́на, что́бы доби́ться бо́лее чёткого и я́ркого изображе́ния.
해상도를 조정하면 이미지를 더욱 뚜렷하고 선명하게 볼 수 있습니다.

рез(ж)- 절단, 단절

ре́зкий

형 1. 날카로운, 뾰족한 2. 심한, 격렬한, 불쾌한 3. 급격한

Мно́гие в Росси́и убеждены́, что то́лько вы́сшая ме́ра наказа́ния, сме́ртная казнь, спосо́бна привести́ к **ре́зкому** сокраще́нию числа́ осо́бо тя́жких преступле́ний.
러시아인 대다수는 최고형, 즉 사형만이 중범죄를 대폭 감소시킬 수 있다고 확신한다.

Ре́зкая статья́ вы́звала це́лый пото́к чита́тельских о́ткликов.
신랄한 기사는 독자들의 큰 반향을 불러일으켰다.

ре́зать НСВ
поре́зать СВ
поре́жу, -ре́жешь, -ре́жут
поре́зан, -а, -ы

동 что 자르다, 끊다, 썰다

Та́ня, **поре́жь** о́вощи на сала́т, а я мя́со начну́ жа́рить.
타냐, 샐러드에 들어갈 채소 좀 썰어줘. 나는 그동안 고기를 구울게.

실력 UP!

отре́зать 잘라내다, 베다
- Зна́ете, что с мои́м сосе́дом случи́лось?
- Нет, а что?
- Под трамва́й попа́л, пра́вую но́гу **отре́зало**.
- 우리 이웃집 사람한테 무슨 일이 일어난 줄 알아?
- 아니, 무슨 일인데?
- 트램에 치여서 오른쪽 다리를 절단했대.

сре́зать 1.자르다, 베다 2.(길을) 단축하다
*отре́зать, сре́зать는 유사한 의미(칼, 가위 등으로 잘라내다)
Осень, октя́брь. Мы **сре́зали** после́дние цветы́ в саду́.
10월의 가을날, 우리는 뜰에 마지막으로 남아있는 꽃들을 꺾어왔다.

Дава́й **сре́жем** путь, пройдём че́рез э́то по́ле.
이 들판을 가로질러 지름길로 가자.

уре́зать(уме́ньшить, ограни́чить) 축소하다, 깎다
Кри́зис, нам на рабо́те **уре́зали** зарпла́ты.
회사 사정이 나빠 우리 월급을 삭감했어.
~ полномо́чия 권한
~ пра́ва 권리
~ бюдже́т 예산
~ расхо́ды 지출

вы́резать 오려내다, 잘라내다
В де́тстве я ча́сто **выреза́ла** из бума́ги ра́зные фигу́ры.
어렸을 때 나는 종종 종이를 오려 여러 모양을 만들곤 했다.

вразре́з

1. 부 **с чем** 반대로, 어긋나게 2. 전 **чему** ~에 반해서, 반대로, 어긋나게

Ра́ди своéй мечты́ я пошла́ **вразре́з** всем но́рмам и при́нципам, мне́ние окружа́ющих бы́ло для меня́ ничто́.

난 꿈을 위해서 모든 규범과 원칙에 반기를 들었었지. 주변 사람들의 의견은 나에게 그다지 중요하지 않았어.

рук(ч)- 손

рука́

대 ру́ку
복 ру́ки

명 1. 손, 팔 2. 사람 3.영향권
형 **ручно́й** 손의, 수동의, 수공예의

Мы мо́лча пожа́ли друг дру́гу **ру́ки** и пошли́ ка́ждый своéй доро́гой.

우리는 말 없이 서로 악수를 나눈 뒤 각자 길을 떠났다.

Отда́м щенка́ в хоро́шие **ру́ки**. Пиши́те в ли́чку*.

좋은 분께 강아지를 분양하고자 합니다. 연락 주세요.

*Ли́чка (разг.) - ли́чные сообще́ния, наприме́р, в "Фейсбу́ке" и́ли "ВКонта́кте".

ру́чка

복생 ру́чек

명 1. 펜 2. 손잡이

Преподава́тель не исправля́ет на́ши оши́бки, а подчёркивает их кра́сной **ру́чкой**, что́бы мы их пото́м са́ми испра́вили.

선생님은 우리 실수를 직접 고쳐주는 대신, 빨간 펜으로 밑줄을 그어주고 스스로 수정하도록 한다.

рука́в

단생 рукава́
복 рукава́

명 1. 소매 2. 호스

Об э́том сотру́днике ничего́ хоро́шего я сказа́ть не могу́: опа́здывает, рабо́тает спустя́ **рукава́***.

이 사원에 대해서는 아무것도 좋은 말을 해줄 게 없어요. 늘 지각하고 일도 대충하죠.

*Спустя́ рукава́ 대충 (↔ засучи́в рукава́ 소매를 걷어붙이고, 열심히)

рукопожа́тие

명 악수
동 жать ру́ки 악수하다

Ли́деры двух стран обменя́лись кре́пким **рукопожа́тием.**

양국 정상은 굳센 악수를 나누었다.

Обы́чно при встре́че мужчи́ны **жмут** друг дру́гу **ру́ки**.

일반적으로 남자들은 만나면 서로 악수를 한다.

руководи́тель

명 男 우두머리, 상사, 장(長)

Ды́мов рабо́тает в отде́ле уже́ 3 го́да. Он спосо́бен принима́ть зре́лые, взве́шенные реше́ния. Я ду́маю, он вполне́ мо́жет заня́ть до́лжность **руководи́теля**.

디모프는 벌써 이 팀에서 3년이나 일을 했습니다. 그는 성숙하고 신중한 결정을 내릴 수 있는 사람입니다. 저는 디모프가 팀장의 역할을 잘 해낼 사람이라고 생각합니다.

руково́дство

명 1. 수뇌부, 지도부 2. 지침서, 매뉴얼

Нало́говая инспе́кция подозрева́ет **руково́дство** компа́нии в сокры́тии дохо́дов.

세무 당국은 기업 임원진의 소득 은폐 의혹을 제기하고 있다.

실력 UP!

руководи́ть *чем* ~을 이끌다, 지도하다

Она́ уже́ пять лет успе́шно **руководи́т** кру́пной хими́ческой лаборато́рией.

그녀는 큰 화학연구소를 5년째 성공적으로 운영하고 있다.

руково́дствоваться *чем* ~을 따르다, 지침으로 삼다

Нельзя́, что́бы в своём поведе́нии челове́к **руково́дствовался** то́лько при́нципом “вы́годно - не вы́годно”.

사람은 어떠한 행동을 할 때 ‘이것이 이득이 되는가 아닌가’만을 원칙으로 삼아선 안 된다.

поруче́ние

명 지시, 지침
동 поруча́ть/поручи́ть *кому* + *что/инф.* 지시하다, 위임하다

Шеф с утра́ напра́во и нале́во раздаёт **поруче́ния**, а пото́м е́дет в рестора́н и́ли в бо́улинг.

상사는 아침부터 정신없이 이런저런 지시를 내리고는 이내 식당에 가거나 볼링을 치러 간다.

вруча́ть НСВ
вручи́ть СВ
вручён, -а́, -ы́

동 кому + что 수여하다
명 вруче́ние 수여

Президе́нт ли́чно поздра́вил с юбиле́ем знамени́того арти́ста и **вручи́л** ему́ свой пода́рок.

대통령은 유명 배우의 생일을 축하하며, 그에게 선물을 증정했다.

실력 UP!

награжда́ть/награди́ть *кого + чем* ~에게 -를 수여하다
присва́ивать/присво́ить *кому + что*
~에게 -를 수여하다(학위, 자격)
удоста́ивать/удосто́ить *кого + чего* ~에게 -를 수여하다
пре́мия 상, 상금
лауреа́т 수상자

обруча́ться НСВ
обручи́ться СВ

동 с кем 약혼하다
명 обруче́ние 약혼

На Рождество́ он сде́лал мне предложе́ние, мы **обручи́лись**, а на Па́сху сыгра́ли сва́дьбу.

그는 성탄절에 나에게 청혼을 했고, 우리는 약혼을 했다. 그 후 부활절을 맞아 우리는 결혼식을 올렸다.

рух(ш)- 건드리다, 부수다

наруша́ть НСВ
нару́шить СВ
нару́шен, -а, -ы

동 что 위반하다, 어기다, 침해하다
명 наруше́ние 위반, 훼손

Я отка́зываюсь подчиня́ться ва́шим тре́бованиям! Они́ незако́нны! Они́ **наруша́ют** конститу́цию!

당신의 요청을 받아들일 수 없어요. 그건 불법이에요. 헌법에 위배되는 일이에요.

Име́ют ли пра́во роди́тели нака́зывать свои́х дете́й? Не явля́ется ли э́то **наруше́нием** прав ребёнка?

부모에게는 자녀를 혼내고 벌을 세울 수 있는 권리가 있나요? 이것이 아동의 권리를 침해하는 것은 아닐까요?

разруша́ть НСВ
разру́шить СВ
разру́шен, -а, -ы

동 что 붕괴시키다, 파괴하다
명 разруше́ние 붕괴, 파괴

Ра́ньше на э́том ме́сте стоя́л краси́вый дореволюцио́нный* дом. Пото́м его́ **разру́шили** и постро́или о́фисный центр.

예전에 이 자리에는 혁명 전 지어진 아름다운 건물이 있었어. 이후에 이 건물을 헐고 사무용 빌딩을 세웠지.

*до револю́ции 1917 г.

обру́шиваться НСВ
обру́шиться СВ

동 무너지다, 달려들다, 쏟아지다

В результа́те пожа́ра части́чно **обру́шился** фаса́д о́фисного зда́ния на у́лице Ле́нина.

화재가 나서 레닌로에 위치한 사무실 건물 전면부가 일부 붕괴되었다.

На на́ши го́ловы ежедне́вно **обру́шиваются** огро́мные пото́ки информа́ции.

매일 우리의 머릿속에는 엄청난 양의 정보가 쏟아져 들어온다.

ру́шиться НСВ
разру́шиться/ ру́хнуть СВ

동 무너지다, 붕괴되다, 망치다

Мы живём в тако́е вре́мя, когда́ пре́жняя мирова́я систе́ма **ру́шится**, а бу́дущую систе́му ещё то́лько предстои́т созда́ть.

우리는 이전 세계의 질서가 붕괴되고, 새 시대의 질서를 구축해야 하는 시대에 살고 있다.

71일차

рыв-/рв- 끊다, 단절

рвать НСВ

порва́ть СВ

(по)рву́, рвёшь, рву́т

(по)рва́л, -ла́, -ли

동 1. что 뜯다, 찢다, 끊다 2. (무인칭) 토하다

Хулига́н щено́к **порва́л** ма́мины ту́фли и ба́бушкину су́мку.

사고뭉치 강아지가 엄마 구두랑 할머니 가방을 다 물어뜯어 놨어.

실력 UP!

кого **рвёт** 토하다 / **рво́та** 구토

Меня́ **рвало́** всё у́тро из-за того́, что вчера́ я перепила́.

어제 과음을 해서 아침 내내 숙취로 토하고 난리였어.

переры́в

명 쉬는 시간, 휴지기

Обе́денный **переры́в** у нас с 12-ти до ча́су.

우리는 점심시간이 12시에서 1시까지입니다.

срыва́ть НСВ

сорва́ть СВ

сорву́, сорвёшь, сорву́т

сорва́л, -ла́, - ли

со́рван, -а, -ы

동 1. что 따다, 뜯어내다
2. что 망치다, 실패하게 하다
3. -ся 떨어지다

명 срыв 실패, 결렬

Вы нам **сорва́ли** подписа́ние важне́йшего догово́ра! Вы уво́лены!

당신 때문에 중요한 계약 체결이 성사되지 못했어요. 해고예요!

разры́в

명 1. 단절, 파열 2. 격차

동 разрыва́ть/разорва́ть *что* 찢다, 끊다, 단절하다; 폭발시키다

Разры́в ме́жду действи́тельностью и идеа́льными представле́ниями о ней - гла́вная причи́на на́ших глубо́ких разочарова́ний.

이상과 현실의 괴리는 우리가 깊이 실망하는 원인으로 작용한다.

взрыв

명 폭발

Взрыв в моско́вском метро́, произведённый террори́стом-сме́ртником, унёс жи́зни 8-ми́ пассажи́ров.
모스크바 지하철에서 발생한 자살 폭탄 테러는 승객 8명의 목숨을 앗아갔다.

проры́в

명 돌파구, (과학기술 등의) 약진, 발전(рыво́к, скачо́к)

Сего́дня мы потому́ доби́лись столь кру́пного нау́чного **проры́ва**, что стоя́ли на плеча́х вели́ких предше́ственников, выдаю́щихся ру́сских учёных.
우리는 엄청난 과학기술의 발전을 이뤄냈고, 이는 위대한 러시아의 선대 과학자들의 업적 덕분이다.

прерыва́ть НСВ
прерва́ть СВ
прерву́, -рвёшь, -рву́т
прерва́л, -ла́, -ли
пре́рван, -а, -ы

동 что 끊다, 중단하다, 자르다
부 беспреры́вно 중단 없이, 차질 없이

У меня́ стаж рабо́ты не́сколько раз **прерыва́лся**, поэ́тому пе́нсия така́я ма́ленькая.
나는 경력이 단절된 적이 몇 번 있어서 받을 연금이 매우 적어.

отры́вок
단생 отры́вка

명 발췌문, 텍스트의 일부분

Сего́дня на заня́тии мы чита́ли и анализи́ровали **отры́вок** из “Бе́сов” Достое́вского.
우리는 오늘 수업시간에 도스토옙스키의 소설 '악령'의 일부를 읽고 분석을 해보았습니다.

рыво́к
단생 рывка́

명 급격한 움직임, 도약

По́сле оконча́ния войны́ Южная Коре́я соверши́ла фантасти́ческий **рыво́к** в своём разви́тии и вошла́ в число́ передовы́х стран ми́ра.
전쟁 후 한국은 믿을 수 없이 급격한 발전을 이뤄내며 선진국의 반열에 들어섰다.

ряд(ж)- 대열

ряд
전 в ряду́
복 ряды́

명 1. 열, 줄 2. 일련의, 몇몇의(не́сколько)

Кни́га соде́ржит **ряд** це́нных сове́тов для тех, кто реши́л стать тре́йдером на валю́тном ры́нке.
책 속에는 외환딜러가 되고자 하는 사람을 위한 유익한 조언 여러 가지가 수록돼 있습니다.

실력 UP!

стоя́ть в одно́м ряду́ *с кем-чем* ~와 어깨를 나란히 하다

По разви́тию IT-индустри́и на́ша страна́ стои́т сего́дня **в одно́м ряду́** с таки́ми стра́нами-ли́дерами, как США и Япо́ния.

우리나라는 IT 산업 발전에 있어 미국, 일본과 같은 IT 선도 국가와 어깨를 나란히 한다.

из ря́да вон(**выходя́щий**) 특이한, 평범하지 않은

То, что вы устро́или вчера́ на корпорати́ве – **э́то из ря́да вон**!

어제 회식 때 한 행동이 정말 가관이었어요.

наряду́

부 с кем-чем ~와 더불어, 병행하여, 동시에

В после́днее вре́мя политоло́гия **наряду́** с психоло́гией ста́ла мо́дной гуманита́рной нау́кой.

최근 정치학은 심리학과 함께 유행하는 인문학 분야 중 하나가 되었다.

ря́дом

부 с кем-чем 옆에, 근처에

Иногда́, что́бы поддержа́ть челове́ка, ну́жно про́сто взять его́ за́ руку, посиде́ть с ним **ря́дом** и помолча́ть.

누군가를 응원할 때 가끔은 말없이 옆에 앉아 손을 잡아주는 것이 더 필요할 때가 있다.

подря́д

부 잇달아, 연달아

Во вре́мя пое́здок я фотографи́ю всё **подря́д**, де́лаю ты́сячи сни́мков, а пото́м отбира́ю из них 30-40 лу́чших.

여행을 가면 나는 사진을 잇달아 수천 장 가까이 찍는데, 나중에 보고 제일 잘 나온 것을 30~40장 정도 선별해.

поря́док

단생 поря́дка

명 1. 순서, 절차 2. 질서(↔ беспоря́док)

Так чем всё-таки́ отлича́ется но́вый **поря́док** оформле́ния докуме́нтов от пре́жнего?

그렇다면 서류 발급 절차가 예전과 비교했을 때 어떻게 달라졌나요?

поря́дочный

형 훌륭한, 점잖은; 상당한

Вале́рий - скро́мный, воспи́танный, глубоко́ **поря́дочный** молодо́й челове́к.

발레리는 겸손하고 가정교육을 잘 받은 티가 나. 아주 훌륭한 친구야.

рядово́й

형 평범한, 일반의

рядово́й сотру́дник 평사원
рядово́й граждани́н 일반 국민

наря́д

명 옷, 복장
형 **наря́дный** 화려한, 잘 차려입은
동 **наряжа́ться/наряди́ться *в чём/кем*** 차려입다, 꾸미다

Мари́на - больша́я мо́дница, без конца́ меня́ет **наря́ды**.
마리나는 엄청난 패셔니스타야. 끝없이 옷을 바꿔 입더라고.

заря́дка
단생 заря́док

명 1. 충전, 장전 2. 체조
동 **заряжа́ть/заряди́ть *что*** 충전하다, 장전하다
(↔ разряжа́ть/разряди́ть)

Беспроводна́я **заря́дка** для смартфо́на 스마트폰 무선충전기

Я встал в 5 утра́, сде́лал **заря́дку**, искупа́лся в ре́чке и почу́вствовал себя́ бесконе́чно счастли́вым челове́ком.
오전 5시에 일어나 스트레칭을 하고, 냇가에서 수영을 했더니 한없이 행복한 사람이 된 것 같은 기분이 들어.

вряд ли

부 그럴 리가 없다

Если вам прису́щи таки́е черты́ хара́ктера, как мя́гкость, доброта́, усту́пчивость, то больши́м нача́льником вы **вряд ли** ста́нете.
당신이 여리고 선하며 배려심이 있는 사람이라면 높은 자리에 올라가기는 힘들 거예요.

обря́д

명 의례, 의식

Свяще́нник пообеща́л нам соверши́ть все помина́льные **обря́ды** по уме́ршей ба́бушке.
신부님은 우리에게 돌아가신 할머니의 추도식을 시행하겠다고 약속했다.

подря́дчик

명 도급업자, 건설업자

명 субподря́дчик 하도급자, 하청업자

За мно́го лет рабо́ты на ры́нке на́ша компа́ния зарекомендова́ла себя́ в ка́честве надёжного и отве́тственного **подря́дчика**.

우리 회사는 업계에서 오랜 기간 활동하며 믿음직스럽고 책임감 있는 도급업체로 호평받고 있습니다.

распоряже́ние

명 1. 명령, 지시 2. 처분

동 распоряжа́ться/распоряди́ться 관리하다, 처분하다

Все прика́зы и **распоряже́ния** по университе́ту подпи́сывает то́лько ре́ктор.

대학에 대한 모든 학칙과 지침은 총장만이 서명할 수 있다.

72일차

сад(ж)- 앉다

сад
전 в саду́
복 сады́

명 정원, 뜰, 과수원
형 садо́вый 정원의

На да́че мы не отдыха́ем, а рабо́таем. Там у нас большо́й **сад** и огоро́д нема́ленький.
우리는 다차에 가면 쉬는게 아니라 일을 해요.. 다차에 큰 정원과 작지 않은 텃밭이 있거든요.

실력 UP!
садо́вник 정원사, 원예업 종사자
садово́дство 원예업
де́тский сад 유치원

сиде́ть НСВ
сижу́, сиди́шь, сидя́т

동 где 앉아있다

Мно́го смотре́ть телеви́зор, часа́ми **сиде́ть** пе́ред компью́тером о́чень вре́дно для зре́ния!
TV를 많이 보거나, 몇 시간씩 컴퓨터 앞에 앉아 있으면 시력에 정말 안 좋아요!

실력 UP!
сидя́чий 앉아 있는, 좌식의
вести́ **сидя́чий** о́браз жи́зни 주로 앉아서 생활하다
сиде́нье 자리, 좌석

сади́ться НСВ
сажу́сь, сади́шься, -дя́тся

сесть СВ
ся́ду, ся́дешь, ся́дут
се́л, се́ла, се́ли

동 куда 앉다

Раздева́йтесь, го́сти дороги́е, проходи́те в дом, **сади́тесь** за стол, угоща́йтесь! Бу́дьте как до́ма!
자, 외투 벗어 놓으시고, 안으로 들어오셔서 식탁에 앉으세요. 맘껏 드시고 편히 있다 가세요.

сажа́ть НСВ

посади́ть СВ
посажу́, -са́дишь, -са́дят
поса́жен, -а, -ы

동 кого-что 1.앉히다, 태우다 2.심다

- Чем бу́дете занима́ться на да́че?
- Бу́ду копа́ть гря́дки, **сажа́ть** морко́вь, лук, укро́п.

- 다차에서 뭐 하실 거예요?
- 밭을 갈고 당근, 양파, 회향풀을 심을 거예요.

поса́дка

단생 поса́док

명 1. (식물) 심기, 재배 2. 착륙

Си́льный дождь затрудня́ет **поса́дку** самолётов в аэропорту́.

폭우로 공항 내 비행기 착륙이 원활하지 않다.

переса́дка

복생 переса́док

명 1. 이식 2. 환승

Трансплантоло́гия - э́то о́бласть медици́ны, свя́занная с **переса́дкой** о́рганов челове́ческого те́ла.

장기이식술이란 사람의 장기를 이식하는 의학의 한 분야이다.

Мы дое́хали до ста́нции “Парк культу́ры” и там сде́лали **переса́дку** на кольцеву́ю ли́нию.

우리는 문화공원역까지 가서 순환선으로 환승했다.

заседа́ние

명 회의

На вчера́шнем **заседа́нии** Го́сду́ма приняла́ в после́днем чте́нии Зако́н о молодёжи.

어제 국가두마 회의의 최종 독회에서 청소년법을 통과시켰다.

председа́тель

명 男 의장

동 председа́тельствовать 의장 역할을 맡다

명 председа́тельство 의장직, 의장 역할

С изложе́нием предвы́борной програ́ммы па́ртии на съе́зде вы́ступил её **председа́тель**.

당 대표는 정기대회에서 당의 선거활동 계획에 대해 발표했다.

под председа́тельством ***кого*** ~의 주재하에

оса́дки

명 복 눈, 비, 강수량

주의 оса́док 침전물, 앙금

За ию́нь в Москве́ вы́пало реко́рдное коли́чество **оса́дков**, почти́ в полтора́ ра́за вы́ше но́рмы.

6월 한 달간 모스크바는 평균치의 1.5배를 웃도는 기록적인 강수량을 보였다.

сам- 자신

сам
самá, самó, сáми

명 혼자서, 직접, 스스로

Нельзя́ сидéть сложá рýки и дожидáться, когдá ктó-то решит твои проблéмы. Проблéмы - твои, и решáть ты их должнá **самá**!

두 손 놓고 앉아서, 누가 네 문제를 대신 해결해주길 기다리면 안 돼. 네 문제는 네가 스스로 해결해야지.

실력 UP!

самó собóй разумéется 당연히, 물론(конéчно)

Роди́тели, **самó собóй разумéется**, должны́ нести́ отвéтственность за поведéние свои́х несовершеннолéтних детéй.

부모는 미성년 자녀의 행동에 대해 마땅히 책임을 져야 합니다.

сам по себé 1. 그 자체로 2. 혼자, 스스로

Алкогóль **сам по себé** весьмá калори́йный продýкт.

술은 그 자체로 고열량 식품입니다.

- Что вы мóжете сказáть об э́том сотрýднике?
- Об э́том? Он **сам по себé**, дéржится особнякóм. Но специали́ст хорóший.
- 이 직원 어때요?
- 이 직원이요? 다른 사람이랑 안 어울리고 혼자서만 다녀요. 그런데 일은 프로예요.

быть сами́м собóй 자신의 본모습을 유지하다

С э́тим человéком я могý **быть сами́м собóй**. С ним óчень легкó и комфóртно. И не нáдо притворя́ться.

그 사람이랑 있으면 내 본모습이 나와. 같이 있으면 편안하고 마음이 안정돼. 가면을 쓸 필요가 없어.

сáмый

형 1. 가장(최상급) 2. 바로, 그

Муж у меня́ **сáмый** обыкновéнный: мéнеджер по продáжам в однóй торгóвой компáнии.

제 남편은 한 무역 회사에서 영업관리자(세일즈매니저)로 일하는 아주 평범한 사람입니다.

실력 UP!

на сáмом дéле 실제로
в сáмом низý(концé) 맨 아래(끝)에
с сáмого начáла 맨 처음부터

самостоя́тельный

형 독립적인, 자율적인

Поли́на - совреме́нная де́вушка: **самостоя́тельная**, незави́симая, амбицио́зная.

폴리나는 자립적이고 독립적이며 야심 찬 신세대 여성이다.

самоуби́йство

명 자살

Скоре́е всего́, мы никогда́ не узна́ем и́стинных причи́н **самоуби́йства** изве́стного музыка́нта.

우리는 아마도 유명 음악가가 자살한 진짜 이유를 절대 알지 못할 것이다.

самоуве́ренный

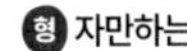
형 자만하는

Уве́ренный в себе́ челове́к вызыва́ет уваже́ние, а **самоуве́ренный** - неприя́знь.

자신감 있는 사람은 존경심을 유발하지만, 자만심만 가득한 사람은 반감만 유발한다.

실력 UP!

уве́ренный в себе́ 자신감 있는
го́рдый 거만한, 자랑스러워하는
высокоме́рный 거만한

самоотве́рженный

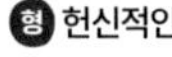
형 헌신적인

Благодаря́ **самоотве́рженным** де́йствиям пожа́рных удало́сь спасти́ всех жильцо́в горя́щего до́ма.

소방관들의 헌신적인 구조활동 덕분에 화재가 난 건물의 주민 전원을 무사히 구조할 수 있었다.

самоуправле́ние

명 자치

В числе́ основны́х зада́ч, стоя́щих пе́ред о́бществом, президе́нт назва́л разви́тие ме́стного **самоуправле́ния**.

대통령은 우리 사회가 직면한 주요 과제 중 하나로 지방 자치의 발전을 꼽았다.

실력 UP!

самообслу́живание 셀프서비스
самобы́тность 독창성, 주체성

73일차

свет(ч, щ)- 빛

свет

명 1. 빛 2. 세상, 세계

Однáжды велúкий Эйнштéйн предположúл, что скóрость **свéта** - величинá постоя́нная. Так родилáсь егó теóрия относúтельности.

위대한 아인슈타인은 빛의 속도가 일정하다는 가설을 세웠습니다. 그렇게 상대성 이론이 탄생하게 되었죠.

Есть ли такúе вéщи на **свéте**, за котóрые вы бы моглú отдáть свою́ жизнь? Рóдина? Люби́мый человéк? Дéти?

목숨도 기꺼이 바칠 수 있는 그런 존재가 세상에 있나요? 국가? 사랑하는 사람? 혹은 자식들?

свечá

복 свéчи

명 초(свéчка)

Пéред какúм-нибудь вáжным собы́тием в жúзни я всегдá захожý в цéрковь: помолúться, постáвить **свéчку**, попросúть Бóга о пóмощи.

인생에서 중요한 일을 앞둘 때면 나는 항상 교회에 간다. 가서 기도하며, 초를 꽂아 놓고 신에게 도움을 구한다.

светлéть НСВ

посветлéть СВ

(по)светлéю, -éешь, -éют

동 밝아지다

형 **свéтлый** 밝은

Пóсле э́того крéма моя́ кóжа замéтно **светлéет**. Я егó всем совéтую.

이 크림을 쓰고 나면 피부가 눈에 띄게 밝아져 있어. 모두한테 다 추천하고 있지.

рассвéт

명 새벽녘

Лýчше всегó ры́ба клюёт на **рассвéте**, поэ́тому ужé в пять утрá мы с ýдочками бы́ли на берегý.

가장 입질이 잘 들어오는 게 새벽이라, 우리는 새벽 5시부터 낚싯대를 챙겨서 강가로 나갔다.

свети́ть НСВ

посвети́ть СВ
посвечу́, -све́тишь,
-све́тят

동 비치다, 비추다

Ра́но и́ли по́здно мы все умрём, а э́ти холо́дные звёзды бу́дут всё так же равноду́шно **свети́ть** на ночно́м не́бе.

그 시기가 언제든 우리는 언젠가 죽을 테지만, 이 차가운 별들은 늘 그래왔듯 무심히 밤하늘을 비추겠지.

освеща́ть НСВ

освети́ть СВ
освещу́, -свети́шь,
-светя́т
освещён, -а́, -ы́

동 кого-что 1. 비추다 2. (주제, 문제를) 조명하다, 다루다

Подо́бно я́ркому электри́ческому све́ту, зна́ния **освеща́ют** нам доро́гу в жи́зни.

지식은 환한 전깃불처럼 우리에게 인생의 길을 밝혀준다.

просвеще́ние

명 계몽, 의식 고양
형 просвети́тельский 계몽의

Эпо́ха францу́зского **Просвеще́ния**. Это была́ духо́вная револю́ция, после́дствия кото́рой мы ощуща́ем до сих пор.

프랑스의 계몽기는 그 영향이 아직까지 느껴질 만큼 정신적 측면에서 가히 혁명과 다름없었다.

светофо́р

명 신호등

Переходи́ть у́лицу на кра́сный сигна́л **светофо́ра** запрещено́.

신호등이 빨간 불일 때 경우 길을 건너면 안 된다.

свобод- 자유, 해방

свобо́да

명 자유

Я счита́ю, не должно́ быть по́лной **свобо́ды** в удовлетворе́нии свои́х потре́бностей, жела́ний и страсте́й. Должны́ быть не́кие ограниче́ния.

자기의 필요와 욕구를 충족하는 데는 완전한 자유보다는 어느 정도 제약이 필요하다고 생각해.

свобо́дный

형 자유로운, 비어있는, 한가한

С кем, когда́ и где я встреча́юсь, как провожу́ **свобо́дное** вре́мя - э́то моё ли́чное де́ло!

내가 누구랑 언제 어디서 시간을 보내든 그건 제 사생활이죠!

освобожда́ться НСВ
освободи́ться СВ
освобожу́сь, -боди́шься, -бодя́тся

동 от кого-чего 벗어나다, 자유로워지다
명 освобожде́ние 해방

- Когда́ ваш нача́льник **освободи́тся**? До́лго ещё ждать?
- Отку́да я зна́ю? Жди́те.

- 과장님은 언제쯤 끝나시나요? 오래 기다려야 됩니까?
- 제가 어떻게 알겠어요. 좀 기다려보세요.

свои-/сваи- 자신

свой
своя́, своё, свои́

형 자신의, 자기의, 고유한

Мари́на ка́ждые по́лчаса́ вывешивает **свои́** фо́то в "Инстагра́ме" и скрупулёзно подсчи́тывает "ла́йки".

마리나는 30분마다 인스타그램에 자기 사진을 올리고, '좋아요' 개수를 꼼꼼하게 세어본다.

실력 UP!

своеобра́зный 독특한, 고유한
своевре́менный 시의적절한

сво́йственный

형 кому + что 고유한, 특징적인 (прису́щий 타고난, 천성의, 특유의)

По́длинное милосе́рдие **сво́йственно** лишь великоду́шным и благоро́дным лю́дям.

진실한 관용은 관대하고 고상한 사람들만이 지닌 특징이다.

сво́йство

명 속성, 성질

Овощи и фру́кты поле́знее всего́ в сыро́м ви́де. При терми́ческой обрабо́тке они́ теря́ют мно́гие из свои́х поле́зных **свойств**.

채소나 과일은 생으로 먹는 게 가장 건강에 좋아요. 익히게 되면 유용한 성분이 대부분 파괴되거든요.

осва́ивать НСВ

осво́ить СВ

осво́ю, осво́ишь, осво́ят

осво́ен, -а, -ы

동 **что**

1. 개척하다, 개발하다, 개간하다
2. 습득하다, 익히다
3. **-ся в/на чём** 익숙해지다, 적응하다

명 **освое́ние** 개척

Ра́но и́ли по́здно челове́чество начнёт **осва́ивать** Луну́, Марс и други́е плане́ты, я в э́том уве́рен.

난 조만간 인류가 달, 화성을 비롯한 다른 행성을 개척하기 시작할 거라고 확신해.

Роди́вшиеся в зоопа́рке ти́гры успе́шно **осво́ились** в ди́кой приро́де.

동물원에서 태어난 호랑이는 무사히 야생에 적응했다.

실력 UP!

осва́ивать + ко́смос 우주 개발, 우주 개척
месторожде́ние не́фти 유전 개발
приро́ду 천연자원 개발
приро́дные ресу́рсы 천원자원 개발
приро́дные бога́тства 천연자원 개발

усва́ивать НСВ

усво́ить СВ

усво́ю, усво́ишь, усво́ят

усво́ен, -а, -ы

동 **кого-что** 1. 습득하다, 익히다 2. 소화하다

По мне́нию Росси́и, мно́гие за́падные поли́тики пло́хо **усво́или** уро́ки Второ́й мирово́й войны́.

러시아는 서방 정치인 대다수가 제2차 세계 대전의 교훈을 잘 이해하지 못했다고 생각한다.

присва́ивать НСВ

присво́ить СВ

присво́ю, -сво́ишь, -сво́ят

присво́ен, -а, -ы

동 **кому + что** 부여하다, 수여하다

В 1996 году́ По́лу Макка́ртни бы́ло **присво́ено** почётное зва́ние ры́царя, и он стал “сэ́ром По́лом Макка́ртни”.

1996년 폴 매카트니는 기사 작위를 부여받아, 폴 매카트니 경으로 불리게 되었다.

СВЯТ(Щ)- 성스러운

свято́й

형 성스러운, 거룩한

Во и́мя Отца́, и Сы́на, и **Свято́го** Ду́ха - ами́нь!

성부와 성자와 성령의 이름으로 - 아멘!

свяще́нник

명 성직자

Ко всем без исключе́ния лю́дям э́тот **свяще́нник** отно́сится с прису́щей ему́ доброто́й и терпи́мостью.

이 성직자는 본디 예외 없이 모든 사람에게 선량하고 관대하다.

посвящённый

형 **кому-чему** ~을 다루는, ~에 관한, ~에 바친

동 **посвяща́ть/посвяти́ть** *что* + *кому-чему* ~을 -에 바치다

По всей стране́ в мероприя́тиях, **посвящённых** Дню Росси́и, при́няло уча́стие бо́лее пяти́ миллио́нов челове́к.

전국적으로 러시아의 날 행사에는 5백만 명 이상의 인파가 참가했다.

Быть арти́стом - э́то зна́чит всю свою́ жизнь **посвяти́ть** театра́льной сце́не.

배우가 된다는 것은 자신의 삶을 무대 위에 바치는 것을 의미한다.

74일차

сел- 정주, 거주

село́
(복) сёла
(복생) сёл

(명) 농촌, 시골 마을(посёлок)
(형) се́льский 시골의

В Росси́и до сих пор мно́гие жи́тели отдалённых **сёл** и дереве́нь факти́чески отре́заны от цивилиза́ции и культу́ры.
아직도 러시아의 외진 시골 마을이나 농촌은 문명과 문화로부터 단절된 곳이 많다.

населе́ние

(명) 인구, 주민

Стреми́тельный рост цен вызыва́ет огро́мное недово́льство **населе́ния**.
급격한 물가 상승은 국민들에게 큰 불만을 야기한다.

населённый

(형) 사람이 거주하는
(형) густонаселённый 인구가 밀집된

В преде́лах **населённых** пу́нктов* ско́рость на доро́гах Росси́и ограни́чена 60-ью киломе́трами в час.
러시아에서는 거주지역 내의 도로에서 자동차 운행 속도가 시속 60km로 제한된다.

*населённый пункт 거주지역

сели́ться НСВ
посели́ться СВ

(동) 정착하다, 거주하다
(명) поселе́ние 거주지역(населённый пункт)

У меня́ мечта́ - вы́йти на пе́нсию и **посели́ться** в како́м-нибудь ти́хом и споко́йном провинциа́льном городке́.
내 꿈은 은퇴한 후에 조용하고 한적한 소도시에 정착해 사는 거야.

заселя́ть НСВ
засели́ть СВ

(동) что + кем 이주시키다, (호텔 등) 체크인하다
(명) заселе́ние 이주, 거주

В Росси́и огро́мное коли́чество пусту́ющих земе́ль. Их необходи́мо **заселя́ть** и развива́ть.
러시아에는 비어있는 땅이 많다. 이러한 지역에 사람들을 이주시키고 지역을 개발해야 한다.

переселéние

명 이주
동 переселя́ть/пересели́ть *кого + во что* 이주시키다

В горо́де де́йствует специа́льная програ́мма по **переселе́нию** жи́телей из ве́тхого жилья́* в но́вые дома́.
우리 시(市)에는 노후화된 주택에서 신축 주택으로 주민들을 이주시키는 특별 정책이 시행되고 있다.

*о́чень ста́рые и плохи́е дома́

Я инду́ист: я ве́рю в **переселе́ние** душ.
나는 힌두교도이고, 윤회를 믿어.

сек(ч)- 교차

пресека́ть НСВ
пресе́чь СВ
пресеку́, -сечёшь, -секу́т
пресёк, -секла́, -секли́
пресечён, -чена́, -чены́

동 что 차단하다, 억제하다, 근절하다
명 пресече́ние 차단, 근절

Сотру́дникам моско́вской поли́ции удало́сь **пресе́чь** де́ятельность кру́пной престу́пной сети́ по распростране́нию в столи́це наркоти́ческих средств.
모스크바 경찰은 대규모 마약 거래 조직망의 활동을 근절했다.

пересека́ть НСВ
пересе́чь СВ
пересеку́, -сечёшь, -секу́т
пересёк, -секла́, -секли́
пересечён, -чена́, -чены́

동 что 횡단하다, 가로지르다
명 пересече́ние 횡단, 교차

Что́бы **пересе́чь** пусты́ню, нам пона́добилось 10 до́лгих тру́дных дней.
우리는 사막을 횡단하는 데 10일간의 길고 힘든 여정을 거쳐야 했다(필요로 했다).

сил- 힘

си́ла

명 힘, ~력(力)

Сожале́ю, но помо́чь вам не в на́ших **си́лах**.
안타깝지만, 당신을 도와줄 여력이 없습니다.

Пробле́мы на рабо́те, престаре́лые роди́тели, сканда́лы с детьми́-подро́стками - я держу́сь изо все́х **сил***, но, чу́вствую, меня́ надо́лго не хва́тит.
직장 일도 그렇고, 연로한 부모님에 애들 말썽까지. 난 온 힘을 다해 잘 해보려고 하는데 오래 버티기 힘들 것 같아.

*изо все́х сил 온 힘을 다해, 젖먹던 힘까지

си́льный

형 강한

Цифровы́е фотоаппара́ты и плёночные - у ка́ждого из них свой **си́льные** и сла́бые сто́роны.

디지털카메라와 필름 카메라는 모두 각각의 장단점을 갖고 있다.

си́льно

부 아주, 대단히

Коне́чно, е́сли ты хо́чешь развести́сь, то пожа́луйста! Но ско́ро ты об э́том **си́льно** пожале́ешь!

당신이 그렇게 이혼하고 싶다면, 그래 하자 이혼! 근데 곧 엄청나게 후회하게 될 거야!

силово́й

형 힘의, 동력의

Культу́ра, здравоохране́ние, образова́ние - все э́ти сфе́ры финанси́руются в Росси́и в после́днюю о́чередь. А **силовы́е** структу́ры - в пе́рвую.

문화, 보건, 교육은 모두 러시아에서 가장 적게 예산을 편성 받는 분야이다. 최우선은 역시 군, 경찰, 정보기관이 해당된다.

поси́льный

형 실현할 수 있는, 가능한

Зада́ния, кото́рые предлага́ются ученика́м, должны́ быть **поси́льными**, то есть не сли́шком сло́жными для выполне́ния.

학생들에게 부여하는 과제는 (학생들이) 풀 수 있을 만한 것이어야 합니다. 너무 하기 어려운 것은 안 되죠.

уси́лие

명 노력

Как пра́вило, челове́к не це́нит то, что доста́лось ему́ небольши́ми **уси́лиями** и тем бо́лее да́ром.

사람은 원래 큰 노력 없이 얻은 것은 값지게 여기지 않아. 거저 얻은 건 더하겠지.

실력 UP!

- '노력하다'라는 의미의 표현들

прилага́ть уси́лия *для чего/к чему*
стара́ться инф.
пыта́ться инф.(349p 참고)
стреми́ться к чему/инф. (437p 참고)

уси́ливать НСВ
уси́лить СВ
уси́лен, -а, -ы

동 что 강화하다, 심화하다
명 усиле́ние 강화

По прогно́зам экспе́ртов, конкуре́нция на мировы́х ры́нках эне́ргоресу́рсов бу́дет то́лько **уси́ливаться**.
전문가들은 국제 에너지 시장의 경쟁이 계속 심화될 것이라고 예측한다.

наси́лие

명 폭력, 완력, 힘에 의한 강요

Ежего́дно же́ртвами дома́шнего **наси́лия** стано́вятся со́тни ты́сяч же́нщин и дете́й.
매년 수십만 명의 여성과 아이들이 가정 폭력에 시달리고 있다.

изнаси́лование

명 성폭력, 강간

Огро́мное число́ **изнаси́лований** остаётся безнака́занным, так как же́ртвы боя́тся обраща́ться в поли́цию.
성폭행은 피해자들이 경찰에 신고하기를 꺼리기 때문에, 처벌을 받지 않고 넘어가는 경우가 무수히 많아.

сказ(ж)- 말

говори́ть НСВ
сказа́ть СВ
скажу́, ска́жешь, ска́жут
ска́зан, -а, -ы

동 что/о чём 말하다

Я вам **скажу́** одну́ вещь: е́сли бу́дете в Росси́и, то ничему́ не удивля́йтесь.
제가 한 가지 말해줄 게 있어요. 러시아에 가게 되면, 그 어떤 일에도 놀라지 않았으면 해요.

실력 UP!

поговóрка 격언, 관용구
ска́зка 동화, 옛날이야기
ска́зочный 동화 같은

ска́зываться НСВ
сказа́ться СВ

동 на чём 영향을 미치다

Стреми́тельный темп жи́зни, постоя́нные стре́ссы - всё э́то негати́вно **ска́зывается** на состоя́нии пси́хики мно́гих жи́телей мегапо́лисов.
빠르게 돌아가는 삶과 지속적인 스트레스는 대도시 사람들의 정신 건강에 부정적인 영향을 준다.

расска́зывать НСВ

рассказа́ть СВ

расскажу́, -ска́жешь, -ска́жут

расска́зан, -а, -ы

동 кому + о чём 이야기하다

명 расска́з 이야기; 단편소설

Я ка́ждый ве́чер звоню́ роди́телям и **расска́зываю**, как прошёл день.

난 매일 저녁 부모님에게 전화를 해서 어떤 하루를 보냈는지 이야기를 한다.

выска́зывать НСВ

вы́сказать СВ

вы́скажу, вы́скажешь, вы́скажут

вы́сказан, -а, -ы

동 1. что 말하다, 표현하다

2. -ся 찬반을 표현하다

명 выска́зывание 발언, 의견

Чле́ны экспе́ртной коми́ссии **вы́сказали** свои́ замеча́ния и предложе́ния в связи́ с прое́ктом федера́льного бюдже́та на бу́дущий год.

전문가 위원회의 위원들은 내년 연방 예산안에 대한 지적과 제언을 했다.

Большинство́ чле́нов парла́мента **вы́сказалось** за импи́чмент президе́нта страны́.

대다수 의원이 대통령 탄핵에 찬성했다.

вы́сказаться + ***за что*** 찬성하다
про́тив чего́ 반대하다

75일차

скор- 빠르다

ско́ро

부 곧, 금세, 빨리
형 **ско́рый** 빠른, 곧 닥쳐올; 급행의
형 **скоростно́й** 고속의

- Дорога́я, ты **ско́ро**?
- Че́рез пять мину́т бу́ду гото́ва!

- 여보, 준비 다 됐어?
- 5분 뒤면 끝나!

Бо́же мой, отцу́ пло́хо! Вызыва́й неме́дленно "**Ско́рую**"*!
어떡해! 아버지가 안 좋으셔. 당장 구급차를 불러줘!

*Ско́рая по́мощь 구급차

скоре́е

1. (ско́рый, ско́ро의 비교급) 더 빨리 2. 오히려, 차라리

Шеф дал мне указа́ние не торгова́ться и как мо́жно **скоре́е** подписа́ть догово́р.
사장은 협상하지 말고 최대한 빨리 계약을 체결하라고 내게 지시했다.

скоре́е всего́ 아마, 십중팔구
как мо́жно **скоре́е** 가급적 빨리

ско́рость
복생 скоросте́й

 속도

- Кака́я у нас **ско́рость** зву́ка, напо́мни, пожа́луйста, я забы́ла.
- В во́здухе приблизи́тельно 340 ме́тров в секу́нду.

- 소리의 속도가 얼마였지? 기억이 안 나네.
- 공기 중에서는 약 초속 340m야.

ускоря́ть НСВ
ускó́рить СВ
ускó́рю, ускó́ришь, ускó́рят
ускó́рен, -а, -ы

동 **кого-что** 빠르게 하다, 가속화하다, 촉진하다
명 **ускоре́ние** 가속화, 촉진

Таки́е проду́кты, как хлеб и жи́рное мя́со замедля́ют проце́сс пищеваре́ния, а о́вощи и фру́кты - **ускоря́ют**.
빵이나 기름진 고기와 같은 음식들은 소화를 힘들게 하지만, 채소나 과일은 소화를 촉진한다.

скорб- 비애, 불행

скорбь

(복생) скорбе́й

(명) (女) 애수, 비애

С чу́вством глубо́кой **ско́рби** мы сообща́ем о внеза́пной кончи́не президе́нта на́шей компа́нии господи́на Орло́ва.

깊은 애도를 표하며 우리 회사의 오를로프 사장님이 급작스럽게 별세하셨음을 알립니다.

оскорбля́ть НСВ

оскорби́ть СВ

оскорблю́, -би́шь, -бя́т

оскорблён, -а́, -ы́

(동) **кого-что** 모욕하다, 기분을 상하게 하다

(형) **оскорби́тельный** 모욕적인

(명) **оскорбле́ние** 모욕

Одна́ знако́мая взяла́ и **оскорби́ла** меня́ в Интерне́те, написа́ла на свое́й страни́чке в "Фейсбу́ке" вся́кие га́дости обо мне.

지인 하나가 인터넷상에서 내 욕을 하고 자기 페이스북에 나에 대한 온갖 나쁜 말을 다 써놨어.

скук(ч)- 지루함, 그리움

ску́чный

(형) 심심한, 지루한

(명) **ску́ка** 지루함

- Ты заче́м передви́нула ме́бель?
- Мне **ску́чно** бы́ло.

- 당신 대체 왜 가구를 옮긴 거야?
- 그냥 심심해서.

со **ску́ки** 지루해서, 무료해서

скуча́ть НСВ

(동) 1. 심심해하다

2. **о ком-чём/по кому-чему** 그리워하다, 보고 싶어 하다

Я не понима́ю, как мо́жно **скуча́ть**, когда́ есть Интерне́т, когда́ сто́лько развлече́ний вокру́г?!

이렇게 인터넷이 있고 주변에 놀거리가 많은데 어떻게 지루해할 수 있는 거지. 이해가 안 돼.

Я уже́ мно́го лет живу́ в Аме́рике, но по-пре́жнему **скуча́ю** по на́шей ру́сской приро́де, ку́хне, живо́му ру́сскому языку́.

나는 미국에 산 지 오래되었지만 여전히 러시아의 자연과 음식, 러시아어에 향수를 느낀다.

соску́читься СВ

동 по кому-чему 그리워하다, 보고 싶어 하다

Я уже́ два го́да не́ был на ро́дине и так **соску́чился** по роди́телям и друзья́м!

벌써 2년이나 고향에 내려가지 않았어. 부모님이랑 친구들이 참 보고싶어!

слаб- 약한

сла́бый

형 약한(↔ си́льный 강한)

명 女 сла́бость 약함, 약점

Я не́сколько раз про́бовала бе́гать по утра́м, но вся́кий раз броса́ла: **сла́бая** во́ля!

나는 아침마다 조깅하려고 몇 번 시도를 해봤지만, 항상 실패했어. 의지가 왜 이리 약한지.

слабоу́мие

명 치매

Ма́ло дожи́ть до ста лет. Ещё на́до, что́бы не́ было ста́рческого **слабоу́мия**.

단순히 백 살까지 사는 게 좋은 것만은 아니다. (오래 살면서도) 치매에 걸리지 않도록 해야 한다.

ослабева́ть НСВ

осла́бнуть СВ

осла́бну, -нешь, -нут

осла́б, -ла, -ли

동 약화되다

Администрати́вное давле́ние со стороны́ чино́вников на би́знес не **ослабева́ет**, наоборо́т, то́лько уси́ливается.

기업에 대한 공무원들의 행정적 압박은 약화되기는커녕 반대로 강화되기만 한다.

ослабля́ть НСВ

осла́бить СВ

осла́блю, -бишь, -бят

осла́блен, -а, -ы

동 кого-что 약화시키다

Это лека́рство эффекти́вно **ослабля́ет** боль в мы́шцах и суста́вах.

이 약은 근육통과 관절통을 완화하는 데 효과가 있다.

расслабля́ться НСВ

рассла́биться СВ

рассла́блюсь, -бишься, -бятся

동 긴장을 풀다, 휴식을 취하다, 힘이 빠지다

По́сле напряжённой неде́ли я иногда́ позволя́ю себе́ немно́го **рассла́биться**: наприме́р, иду́ с друзья́ми в бо́улинг и́ли в ночно́й клуб.

나는 한 주간의 바쁜 일상이 끝나면 가끔은 친구들과 볼링을 치러가거나 나이트클럽에 가는 등 스스로에게 약간의 휴식을 준다.

слав- 영광

сла́ва

명 영광, 명성
형 **сла́вный** 영광스러운, 유명한

Пу́шкин - э́то на́ше всё*, э́то на́ша го́рдость и **сла́ва**!
푸시킨은 우리의 전부야. 우리의 자랑이자 영광이지!

*Изве́стная фра́за, кото́рая принадлежи́т писа́телю и поэ́ту А. Григо́рьеву.

До 1-го ма́рта мне ну́жно бы́ло вы́платить проце́нты по ипоте́ке. **Сла́ва** бо́гу*, двою́родный брат одолжи́л ну́жную су́мму.
3월 1일까지 주택담보대출 이자를 갚아야 하는데, 다행스럽게도 사촌이 필요한 만큼 빌려줬어.

*сла́ва бо́гу(к сча́стью) 다행히도

сла́виться НСВ
просла́виться СВ
(про)сла́влюсь, -вишься, -вятся

동 **кем-чем** 유명하다, 명성을 떨치다

В своё вре́мя э́тот игро́к **просла́вился** тем, что в тече́ние пяти́ мину́т заби́л три го́ла в воро́та сопе́рников.
왕년에 이 선수는 5분 동안 상대의 골문을 3번이나 뒤흔든 것으로 유명했다.

сл-/сыл-/сол- 보내다

посо́л
단생 посла́
복 послы́

명 대사
명 **посо́льство** 대사관

Чрезвыча́йный и полномо́чный **посо́л** Росси́и в Респу́блике Коре́я
주한 러시아 대사(특명전권대사)

Бо́же, како́е вино́ и у́стрицы* бы́ли вчера́ на дипломати́ческом приёме во францу́зском **посо́льстве**!
세상에, 어제 프랑스 대사관 리셉션에서 나왔던 와인과 굴이 얼마나 맛있던지!

*о́чень вку́сное вино́ и у́стрицы

실력 UP!

посла́нник 사신, 공사(외교 사절)
посла́ние 교서, 서한
посы́лка 소포

посыла́ть нсв

посла́ть св
пошлю́, -шлёшь, -шлю́т
по́слан, -а, -ы

동 кого-что ~을 보내다

В де́тстве, когда́ ма́ма **посыла́ла** меня́ в магази́н, я на сда́чу всегда́ покупа́ла себе́ моро́женое.
나는 어린 시절 엄마가 가게에 심부름을 보낼 때면, 거스름돈으로 늘 아이스크림을 사 먹었다.

실력 UP!

посыла́ть/посла́ть 발송하다
~ и-мэйл 이메일을 보내다
~ посы́лку 소포를 보내다
~ друзья́м приглаше́ние на сва́дьбу
친구들에게 청첩장을 보내다

высыла́ть/вы́слать 발송하다; 추방하다
Разуме́ется, мы зара́нее **вы́шлем** вам приглаше́ние на предстоя́щий би́знес-семина́р.
당연히 비즈니스 세미나 초청장을 미리 보내드리도록 하겠습니다.
МИД при́нял реше́ние **вы́слать** из страны́ двух сотру́дников америка́нского посо́льства. Основа́ние – подозре́ние в шпиона́же.
외무부는 미 대사관 직원 두 명을 국외로 추방하기로 결정했습니다. 스파이 혐의가 그 이유입니다.

отсыла́ть/отосла́ть 발송하다, 돌려보내다; 참조하다
Мужики́, приходи́те ко мне сего́дня, футбо́л посмо́трим, пи́ва попьём. Я жену́ к тёще **отосла́л**.
얘들아, 오늘 우리 집에 와서 맥주 마시면서 축구 보자. 아내는 친정에 보내놨어.

присыла́ть/присла́ть 보내오다
Вчера́ ма́ма мне **присла́ла** карма́нные де́ньги на ме́сяц.
어제 엄마가 이번 달 용돈을 보내왔다.

ссы́лка

명 1. 유배, 유형 2. на что 인용, 링크
동 ссыла́ться/сосла́ться *на что* 인용하다; 이유를 들다

Как созда́ть **ссы́лку** на файл и́ли па́пку?
파일이나 폴더 링크는 어떻게 설정해요?

со ссы́лкой ***на что***(ссыла́ясь *на что*) ~을 인용하여

76일차

след(ж)- 따라가다, 자취

след

(복) следы́

(명) 자국, 흔적, 자취

Престу́пник стёр все отпеча́тки па́льцев, но на поро́ге оста́лся отчётливый **след** его́ о́буви.

범죄자는 지문을 모두 제거했지만, 문지방에 신발 자국을 선명하게 남겼다.

следи́ть нсв

проследи́ть св

слежу́, следи́шь, следя́т

(동) за кем-чем

1. 주시하다, 지켜보다 2. 뒤따르다, 추적하다 3. 보살피다, 관리하다

Следи́ть за мо́дой, мо́дно и краси́во одева́ться - э́то ва́жно и́ли не ва́жно?

유행을 뒤쫓고, 예쁘고 세련되게 옷을 입는 것이 중요한가요, 아니면 중요하지 않나요?

сле́довать нсв

после́довать св

(по)сле́дую, -уешь, -уют

(동) 1. за кем-чем (뒤를) 쫓다, 추적하다

2. чему 따르다, 준수하다

3. кому + инф. (무인칭문) ~해야 한다.

В свое́й вне́шней поли́тике Росси́я чётко **сле́дует** ку́рсу на созда́ние многополя́рного ми́ра.

러시아의 대외정책은 다극적 세계질서 형성이라는 기조를 명확히 따른다.

Подбира́ть губну́ю пома́ду **сле́дует** пре́жде всего́ под цвет глаз и воло́с.

립스틱 색깔을 고를 때는 눈과 머리카락 색에 맞추는 것이 좋다.

сле́дующий

(형) 다음의

Шеф сказа́л, что оконча́тельное реше́ние по моему́ прое́кту при́мет на **сле́дующей** неде́ле.

상사는 내 프로젝트에 대한 최종 결정을 다음 주에 내리겠다고 말했다.

после́дний

(형) 마지막의, 최신의

В **после́днее** вре́мя россия́не ста́ли бо́льше следи́ть за здоро́вьем и вне́шностью.

최근 러시아인들은 건강과 외모에 더 신경을 많이 쓰기 시작했다.

вслед за

부 кем-чем 뒤따라

Вслед за пáникой на нью-йóркской фóндовой бúрже обрýшились крупнéйшие ры́нки áкций Еврóпы и Азии.

뉴욕 증시 패닉에 이어 유럽과 아시아의 주요 증시가 폭락했다.

실력 UP!

• **시간과 순서를 표현하는 단어들**

потóм 그다음에, 나중에

Мы с друзья́ми встрéтились в метрó, посидéли в кафé, а **потóм** пошлú в кинó.

나는 친구들과 만나 카페에 잠깐 있다가 영화를 보러 갔다.

затéм 그다음에

Отредактúруйте текст поздравúтельного письмá, **затéм** отпрáвьте егó всем нáшим партнёрам за рубежóм.

축하 서한을 수정한 다음, 우리 해외 파트너들에게 송부하세요.

(по)**пóзже** 나중에, 이후에

Я вам **пóзже** перезвоню́.

좀 이따 다시 전화 드릴게요.

пóсле *чего* ~한 이후에

Совещáние начнётся **пóсле** обéда, в 2 часá.

회의는 오후 2시에 시작됩니다.

рáньше 예전에

Рáньше на мéсте э́того университéта былá больнúца.

지금 대학교가 있는 자리에는 예전에 병원이 있었어.

зарáнее 미리

Организáторы мероприя́тия **зарáнее** предупредúли нас о большóм числé учáстников, поэ́тому мы по мáксимуму заготóвили брошю́р и проспéктов.

행사 참가자들이 많을 것이라고 주최측에서 미리 알려주어서 우리는 브로슈어와 설명자료를 최대한 많이 준비했다.

прежде чем + инф. ~하기 전에(=**пéред тем как + инф.**)

Прéжде чем начинáть бúзнес, необходúмо тщáтельно изучúть ры́нок и целевýю аудитóрию потребúтелей.

사업을 시작하기에 앞서 시장과 타겟 소비자층에 대한 조사를 철저히 해야 한다.

пéред *чем* ~ 전에

Пéред начáлом эксплуатáции прибóра внимáтельно ознакóмьтесь с инстрýкцией.

제품 사용 전에 설명서를 꼼꼼히 살펴보세요.

до *чего* ~ 전에

До нача́ла рабо́ты я обы́чно захожу́ в э́то кафе́ вы́пить ча́шечку ко́фе.

나는 보통 업무를 시작하기 전에 이 카페에 들러 커피를 한 잔 마신다.

за *что* до *чего* ~하기 (~시간) 전에

Очень не люблю́ опа́здывать, в о́фис стара́юсь приходи́ть мину́т **за** 15–20 **до** нача́ла рабо́чего дня.

나는 지각하는 걸 극도로 싫어해서 출근 시간 15~20분 전에는 사무실에 도착하려고 노력한다.

сле́довательно

접 따라서

주의 после́довательно 차례차례, 순차적으로, 시종일관

Вы говори́те, что весь вчера́шний день провели́ оди́н у себя́ до́ма. **Сле́довательно**, а́либи на моме́нт уби́йства у вас нет?

어제 하루종일 혼자 집에 있으셨다고요? 그렇다면 살인 사건 발생 시간에 알리바이가 없다는 거죠?

сле́дствие

명 1. 결과 2. 심리, 조사

Ча́сто все на́ши невро́зы и депре́ссии – э́то **сле́дствие** психологи́ческих травм, полу́ченных в де́тстве.

노이로제와 우울증은 어린 시절의 심리적 트라우마의 결과로 나타나는 경우가 많다.

실력 UP!

сле́дование *чему* 준수, 답습, 순종, 따르는 것

~ тради́ции 전통

~ мо́де 유행

~ инстру́кции 설명서, 지시

рассле́дование 수사, 조사

Тща́тельное **рассле́дование** позво́лило установи́ть имена́ всех престу́пников.

철저한 수사를 통해 모든 범죄자의 이름을 밝혀냈다.

после́дствие

명 여파, 영향, 후유증

В ликвида́ции **после́дствий** ава́рии поми́мо сотру́дников МЧС принима́ли уча́стие и деся́тки волонтёров.

사고 여파를 수습하는데 비상사태부 소속 직원들 외에도 수십 명의 봉사자가 참여했다.

наслéдие

명 유산, 유물, 유적
동 (у)наслéдовать *что* 상속하다, 계승하다

Пýшкин, Толстóй, Чéхов - велúкие именá, бесцéнное **наслéдие** велúкой рýсской литератýры.
푸시킨과 톨스토이, 체호프는 위대한 러시아 문학의 소중한 유산을 남긴 위대한 작가들이다.

실력 UP!

наслéдство 유산, 상속물
Эта дáча с большúм учáстком землú достáлась мне в **наслéдство** от бáбушки.
넓은 부지가 딸린 이 다차는 할머니에게 유산을 물려받은 것이다.

наслéдственный 계승의, 유전의
~ая болéзнь 유전병

исслéдование

명 연구
동 исслéдовать *что* 연구하다
명 男 исслéдователь 학자, 연구자

Нóвым объéктом **исслéдований** россúйских учёных стáли процéссы в человéческом организме, ускоряющие егó старéние.
러시아 학자들의 새로운 연구 대상은 인체의 노화 촉진 과정이다.

Наýчно-**исслéдовательские** и óпытно-констрýкторские рабóты(НИОКР) 연구개발(R&D)

Наýчно-**исслéдовательский** институ́т(НИИ) 연구소

обслéдование

명 검사, 조사
동 обслéдовать *что* 검사하다, 조사하다

Врачú подозревáют у больнóго рак, поэ́тому емý назнáчено дополнúтельное **обслéдование**.
의사는 암이 의심되는 환자에게 추가 검사를 받도록 조치했다.

отслéживать НСВ

отследúть СВ
отслежý, -следúшь, -следя́т
отслéжен, -а, -ы

동 что 뒤쫓다, 추적하다

Я бúзнес-аналúтик: я **отслéживаю** динáмику фóндовых ры́нков и затéм пишý свои рекомендáции начáльству.
나는 기업 애널리스트로 주식시장 동향을 주시하며 상사에게 제언 사항을 전달한다.

вслéдствие

전 чего ~의 결과로, ~ 때문에
주의 впослéдствии(потóм) 이후에

Вслéдствие сильнéйших холодóв все занЯтия в школах и вýзах гóрода отменены́.
혹한으로 초중고 및 대학교의 모든 수업이 취소되었다.

СЛОЖН- 구성 > 복잡, 복합

слóжный

형 복잡한, 어려운
명 女 слóжность 복잡함, 난해함

Для мнóгих инострáнцев сáмый **слóжный** глáсный звук в рýсском языкé - э́то [ы].
외국인이 가장 발음하기 힘들어하는 러시아어 모음은 ы 발음이다.

осложнЯть НСВ
осложни́ть СВ
осложнён, -á, -ы́

동 что 복잡하게 만들다, 어렵게 하다

Падéние цен на пшени́цу **осложнЯет** ситуáцию на зерновы́х ры́нках.
밀 가격 하락으로 곡물시장 상황이 어려워지고 있다.

77일차

слов- 단어, 말

сло́во

(복) слова́

(명) 1. 단어, 말 2. 약속 3. 발언, 연설

Культу́рный челове́к никогда́ не ста́нет употребля́ть в свое́й ре́чи жарго́нные и просторе́чные **слова́**.

교양 있는 사람은 은어나 비속어를 절대 사용하지 않습니다.

실력 UP!

одни́м сло́вом 한마디로 말해서

Я у́мная, краси́вая, тала́нтливая, образо́ванная, **одни́м сло́вом**, иде́альная!

난 똑똑하고 예쁜 데다가 재능있고 교양있는 사람이야. 한 마디로 완벽하달까.

дать сло́во 약속하다; 발언권을 주다

Никто́ и никогда́ не узна́ет об э́том, **даю́ сло́во**!

어느 누구한테도 알리지 않을게. 맹세코!

А тепе́рь мне бы хоте́лось **дать сло́во** на́шему го́стю, прибы́вшему издалека́.

저는 먼 곳에서 와주신 참석자분께 발언권을 드리고 싶습니다.

по слова́м *кого* ~의 말에 따르면

По слова́м моего́ де́душки, на́ши пре́дки пересели́лись на террито́рию Росси́и ещё в нача́ле 20 ве́ка.

우리 할아버지가 말씀하시길, 우리 선조들은 20세기 초에 러시아로 이주해왔다고 해.

на слова́х 말로만

Я бы хоте́л, что́бы все э́ти пла́ны не оста́лись **на слова́х**, а воплоти́лись бы в жизнь, и как мо́жно скоре́е.

이 모든 계획이 말로만 그치는 것이 아니라 빠른 시일 내에 실현되었으면 좋겠습니다.

свои́ми слова́ми 자신의 언어로, 자신의 말로

Преподава́тель сказа́л нам не зау́чивать текст презента́ции, а расска́зывать всё **свои́ми слова́ми**.

교수님은 우리에게 발표문을 단순히 외우지 말고, 자신의 언어로 풀어서 이야기하라고 하셨다.

свобо́да сло́ва 표현의 자유

слова́рь

(단생) словаря́
(복) словари́

 사전

- Как у вас с иностра́нными языка́ми?
- У меня́ сертифика́т ТРКИ-III. И ещё неме́цкий со **словарём**.

- 외국어 실력은 어떻습니까?
- 저는 토르플 3급을 취득하였고, 사전을 참고한다면 독일어도 가능합니다.

послóвица

명 속담

Прáвильно говори́т рýсская **послóвица**: "Дóброе начáло - полови́на дéла".

러시아 속담에 '시작이 반이다'라는 말이 틀린 말이 아니에요.

услóвие

명 조건, 환경

형 **услóвный** 제약이 있는, 조건부의, 약속한

Мы готóвы предостáвить вам креди́т на сáмых льгóтных **услóвиях**.

저희는 여러분에게 가장 좋은 조건으로 대출을 해드리고자 합니다.

실력 UP!

обстанóвка 조건, 환경, 정세
 междунарóдная ~ 국제정세
обстоя́тельство 사정, 상황, 정세
 по ли́чным ~ам 개인 사정으로

безуслóвно

부 무조건, 물론, 정말

Я, **безуслóвно**, приложý все уси́лия к томý, чтóбы оправдáть окáзанное мне довéрие.

제게 주신 신뢰에 보답하기 위해 반드시 저는 모든 노력을 다할 것입니다.

дослóвно

부 글자 그대로, 축어적으로

Газéта **дослóвно** привóдит скандáльные словá поли́тика и сопровождáет их саркасти́ческим комментáрием.

신문은 논란이 된 정치인의 발언을 있는 그대로 전하며 풍자적으로 논평했다.

словéсность

명 女 문학

Рáньше, 100 и́ли 200 лет назáд, действи́тельно, бы́ли учителя́ **словéсности**. А сейчáс инстрýкторы по подготóвке к сдáче ЕГЭ.

100년 혹은 200년 전에는 정말 교사다운 문학 교사가 있었다면, 지금은 온통 수능 대비 강사만 있을 뿐이다.

слуг(ж)- 봉사

служи́ть НСВ
послужи́ть СВ
(по)служу́, слу́жишь, слу́жат

동 1. где ~에 복무하다, 근무하다 2. чему ~에 이바지하다 3. чем ~의 역할을 하다
명 служе́ние 헌신

Когда́ я **служи́л** в а́рмии, то на всю жизнь нае́лся перло́вой ка́ши и макаро́н.
평생 먹을 보리죽과 마카로니를 난 군 생활할 때 다 먹은 것 같아.

Вся жизнь и де́ятельность э́того выдаю́щегося учёного - приме́р бескоры́стного **служе́ния** родно́й стране́ и её наро́ду.
이 뛰어난 학자의 삶과 업적은 사리사욕 없이 국가와 민족을 위해 애써온 헌신의 표본이다.

слу́жба

명 1. 복무, 근무 2. (공공기관) ~국, ~청, (서비스 제공) 기관
형 служе́бный 사내의, 근무의

У нас в подва́ле появи́лись кры́сы. Ужас! Я их так бою́сь! На́до сро́чно вызыва́ть са́нэпидем**слу́жбу**.
지하실에서 쥐가 나왔어! 끔찍해! 난 쥐가 너무 무서워. 당장 방역업체를 불러야겠어.

слу́жащий

명 근로자, 회사원(화이트칼라 근로자)

Прави́тельство наде́ется, что сокраще́ние коли́чества го́с**слу́жащих** позво́лит подня́ть зарпла́ту остальны́м чино́вникам.
정부는 공무원의 수를 감축함으로써 공무원 봉급을 인상할 수 있을 것이라 기대한다.

실력 UP!
го́сслу́жащий 공무원
вое́ннослу́жащий 직업군인

заслу́живать НСВ
заслужи́ть СВ
заслужу́, -слу́жишь, -слу́жат
заслу́жен, -а, -ы

동 что/чего (상, 벌, 비난, 칭찬 등) 받다, 받을 만하다 (досто́йный)
명 заслу́га 공로

Выступле́ние на́ших спортсме́нов на чемпиона́те ми́ра **заслу́живает** наивы́сшей оце́нки.
월드컵에서 우리 선수들이 보여준 경기는 최고의 평가를 받을 만하다.

Выступле́ние росси́йских фигури́стов **заслужи́ло** наивы́сшие оце́нки суде́й.
러시아 피겨 선수들은 심사위원단으로부터 당당히 최고점을 받았다.

услу́га

명 서비스

С 1-го апре́ля вновь подорожа́ют **услу́ги** ЖКХ*: в сре́днем на 5%.

4월 1일부터 아파트 관리비가 평균 5%가량 재차 인상될 예정이다.

*жили́щно-коммуна́льное хозя́йство, то есть холо́дная и горя́чая вода́, свет, газ, вы́воз му́сора и т.д. (수도, 가스, 전기, 쓰레기 처리 등을 포함하는 주택 관리)

обслу́живать НСВ
обслужи́ть СВ
обслужу́, -слу́жишь, -слу́жат
обслу́жен, -а, -ы

동 **кого-что** 서비스를 제공하다, 처리하다
명 **обслу́живание** 서비스

Не забыва́йте: мы эли́тная гости́ница. **Обслу́живать** госте́й по вы́сшему разря́ду!

우리 호텔은 최고급 호텔이라는 것을 잊지 마세요. 투숙객들에게 최상급 서비스를 제공합니다.

прислу́га

 하인

Наш нача́льник - де́спот и самоду́р; к подчинённым отно́сится, как к **прислу́ге**.

우리 상사는 폭군이야. 아랫사람을 하인 다루듯 해.

слух(ш)-/слых(ш)- 듣다

слу́шать НСВ
послу́шать СВ

동 **кого-что** 1. 듣다, 청취하다 2. (~의 말을) 듣다, 따르다

По ра́дио изве́стный актёр чита́ет отры́вки из "Идио́та" Достое́вского. **Слу́шаю** с огро́мным удово́льствием.

라디오에서 유명 배우가 도스토옙스키의 '백치' 중 일부분을 낭독해 주는데, 듣고 있으면 너무 재밌어.

실력 UP!

слу́шать 듣다, 경청하다(listen to)
слы́шать 들리다(hear)
прислу́шаться *к кому-чему* 경청하다, 귀 기울여 듣다

Он хотя́ и рядово́й сотру́дник, но, счита́ю, нам сле́дует **прислу́шаться** к его́ мне́нию. Он предложи́л о́чень интере́сную вещь.

그 직원은 평사원에 불과하지만, 우리는 그의 의견을 귀담아들어야 합니다. 그의 제안이 아주 흥미롭거든요.

вы́слушать *кого-что* (말을 끝까지) 듣다

Я о́чень винова́т пе́ред тобо́й. Ты впра́ве меня́ не прости́ть. Но я прошу́ меня́ **вы́слушать**.

너한테 잘못한 게 너무 많아. 네가 날 용서하지 않아도 돼. 근데 내 말을 끝까지 들어줘 부탁이야.

расслы́шать 알아듣다

Прости́те, я не **расслы́шал**. Что вы сказа́ли?

죄송하지만, 잘 못 알아들었어요. 뭐라고 말씀하셨죠?

подслу́шать 엿듣다

Я случа́йно **подслу́шала** за две́рью телефо́нный разгово́р нача́льника.

나는 문 뒤에서 상사가 전화통화 하는 것을 엿들었다.

прослу́шать (일정 시간, 처음부터 끝까지) 듣다

Что́бы за́ново **прослу́шать** э́тот материа́л, Вам ну́жно пройти́ по да́нной ссы́лке и зарегистри́роваться на на́шем са́йте.

이 자료를 다시 들으시려면 링크를 클릭하시고 사이트에서 가입하세요.

слу́шатель

명 男 청중, 청취자

Мы продолжа́ем на́шу програ́мму и сейча́с предлага́ем **слу́шателям** вальс Фредери́ка Шопе́на.

계속 우리의 프로그램을 진행하겠습니다. 지금 들으실 곡은 쇼팽의 왈츠입니다.

слух

명 1. 청각 2. 소문

Слу́хи о мое́й сме́рти я́вно преувели́чены.(Марк Твен)

나의 죽음에 대한 소문은 대단히 과장됐다. (마크 트웨인)

вслух

부 (낭독 등) 소리 내서(↔ про себя́ 속으로)

Ребя́та! Чита́ем э́тот текст снача́ла про себя́, а пото́м **вслух**!

얘들아! 우선 속으로 본문을 읽고 나서 소리 내 읽어보자.

послу́шный

형 고분고분한, 순종적인, 순한

형 **зако́нопослу́шный** 법을 준수하는

Я **зако́нопослу́шный** граждани́н: у меня́ лега́льный, зако́нный би́знес, я регуля́рно плачу́ нало́ги.

난 준법정신이 투철한 국민이야. 합법적인 사업체를 운영하면서 세금도 꼬박꼬박 내거든.

78일차

случ- 경우, 사건

слу́чай

명 경우

Я ду́маю, что мы ни в ко́ем **слу́чае** не должны́ соглаша́ться на э́то предложе́ние.

이 제안에 절대 동의해선 안 될 것 같은데요.

На **слу́чай** неуда́чи нам необходи́мо загото́вить ещё и план "Б".

실패할 경우를 대비해서 플랜 B를 미리 준비해야 한다.

실력 UP!

во вся́ком слу́чае 어쨌든, 어차피
на вся́кий слу́чай 만일을 대비해, 혹시 모르니
по слу́чаю ***чего*** ~을 기념해
ни в ко́ем слу́чае 어떤 경우라도 절대

случа́йный

형 우연의, 예기치 못한(неожи́данный)
부 **случа́йно** 우연히
명 ㊛ **случа́йность** 우연

Одна́жды санте́хник Петро́в нашёл в па́рке кейс с кру́пной су́ммой де́нег. "Де́ньги - э́то зло", - реши́л Петро́в и разда́л их все **случа́йным** прохо́жим.

하루는 배관공 페트로프가 공원에서 거액의 돈이 든 가방을 발견했다. "돈은 죄악이야"라고 생각한 페트로프는 우연히 만나는 행인들에게 그 돈을 전부 나눠주고 말았다.

случа́ться НСВ
случи́ться СВ

동 생기다, 발생하다

- Чего́ тако́й гру́стный? Что **случи́лось**?
- Ничего́ осо́бенного. Меня́ уво́лили.

- 왜 이렇게 우울해? 무슨 일 있어?
- 별일 아냐. 해고당했어.

смотр- 보다

смотре́ть НСВ
посмотре́ть СВ
(по)смотрю́, смо́тришь, смо́трят
посмо́трен, -а, -ы

동 1. что 보다, 관람하다
2. на что 주시하다
3. во что ~을 통해서 보다(в зе́ркало, в окно́)

Согла́сно после́дним нау́чным да́нным, чем вы́ше у́ровень интелле́кта, тем ме́ньше челове́к **смо́трит** ТВ и прово́дит вре́мени в со́цсетя́х.
최근 연구자료에 의하면, 지능이 높은 사람일수록 TV를 보거나 SNS를 하는 시간이 더 적다고 한다.

осма́тривать НСВ
осмотре́ть СВ
осмотрю́, осмо́тришь, осмо́трят
осмо́трен, -а, -ы

동 кого-что 1. 둘러보다 2. 진찰하다
명 осмо́тр 관람; 검사; 진찰
형 неосмотри́тельный 경솔한, 무분별한

медици́нский **осмо́тр** 진찰, 검진

Неосмотри́тельные слова́ и посту́пки вредя́т и́миджу и делово́й репута́ции. Об э́том всегда́ на́до по́мнить.
경솔한 언행을 하면 본인의 이미지와 평판에 먹칠하는 겁니다. 늘 명심하세요.

несмотря́ на

전 кого-что ~에도 불구하고

Несмотря́ на все уси́лия враче́й, больно́й сконча́лся.
의료진의 온갖 노력에도 환자는 숨을 거뒀다.

пересма́тривать НСВ
пересмотре́ть СВ
пересмотрю́, -смо́тришь, -смо́трят
пересмо́трен, -а, -ы

동 кого-что 다시 보다, 재고하다, 수정하다
명 пересмо́тр 재검토, 개정

Многочи́сленные попы́тки адвока́тов доби́ться **пересмо́тра** де́ла ни к чему́ не привели́*.
변호사는 수차례 재심을 청구했으나 결국 뜻을 이루지 못했다.

*не да́ли никако́го результа́та

просмо́тр

동 1. 관람 2. 조사, 검열

Коре́йский ре́пер Сай - рекордсме́н “Ютью́ба”. Его́ клип “Gangnam Style” набра́л бо́лее миллиа́рда **просмо́тров**!
한국 래퍼 싸이는 유튜브에서 기록을 세웠다. 싸이의 강남스타일이 조회수 10억을 넘어선 것이다.

рассма́тривать НСВ

рассмотре́ть СВ

рассмотрю́, -смо́тришь, -смо́трят

рассмо́трен, -а, -ы

동 1. что 검토하다, 살펴보다

2. НСВ что + как что ~을 -로 간주하다

명 рассмотре́ние 검토

Это весьма́ зама́нчивое предложе́ние. Обеща́ем **рассмотре́ть** его́ в кратча́йшие сро́ки.

아주 매력적인 제안이네요. 빠른 시일 내에 검토해보겠습니다.

предусма́тривать НСВ

предусмотре́ть СВ

предусмотрю́, -смо́тришь, -смо́трят

предусмо́трен, -а, -ы

동 что 1. 예상하다, 미리 확인하다 2. 규정하다, 내용을 담고 있다

Коне́чно, **предусмотре́ть** всё невозмо́жно, но к основны́м нешта́тным ситуа́циям мы обя́заны быть гото́вы.

모든 것을 사전에 검토할 수는 없지만, 계획과 달리 발생할 수 있는 상황 중 주요한 것에 대해서는 대비가 되어 있어야 한다.

За подо́бные преступле́ния Уголо́вный ко́декс **предусма́тривает** наказа́ние в ви́де лише́ния свобо́ды на срок до 5-ти́ лет.

형법에는 이와 같은 범죄에 대해 5년 이하의 징역에 처할 것을 규정하고 있다.

соб-/саб- 개체, 개별

со́бственный

명 자신이 소유한, 자신의

부 со́бственно 사실, 원래

В слу́чае необходи́мости созна́тельный челове́к всегда́ ста́вит обще́ственные интере́сы вы́ше **со́бственных**.

의식 있는 사람은 필요할 경우 사익보다 공익을 우선 고려한다.

со́бственно говоря́ 사실은, 솔직히 말해서

со́бственность

명 女 소유, 재산

К сожале́нию, сего́дня це́нность челове́ка ча́сто измеря́ют в де́ньгах и **со́бственности**, кото́рой он владе́ет.

안타깝게도, 요새는 개인이 가진 돈과 재산을 기준으로 그 사람의 가치를 매기는 경우가 많다.

Пра́во интеллектуа́льной **со́бственности**(ИС) 지적재산권

осо́бенный

형 특별한, 특수한
부 осо́бенно 특히, 유난히
명 (女) осо́бенность 특징, 특성
(специ́фика, отличи́тельные черты́)

Это был **осо́бенный** год в мое́й жи́зни: я защити́л диссерта́цию, жени́лся, на́чал рабо́тать в "Самсу́нге".
논문 통과(방어), 결혼, 삼성 취직까지, 이번 연도는 내 인생에서 특별한 해였어.

осо́бый

형 다른 것과 구분되는, 특수한, 독특한

У э́того сотру́дника всегда́ **осо́бое** мне́ние по любо́му вопро́су.
이 직원은 항상 모든 문제에 대해 특별한 견해를 갖고 있다.

посо́бие

명 1. 참고서 2. 보조금

Хоро́шие нагля́дные **посо́бия** да́же изуче́ние ску́чного материа́ла превраща́ют в увлека́тельное заня́тие.
일목요연하게 잘 정리된 참고서는 지루한 내용도 즐겁게 학습할 수 있게 해준다.

Посо́бие по безрабо́тице 실업급여

спо́соб

명 방법, 방식

Отка́з от вре́дных привы́чек, регуля́рные заня́тия спо́ртом - лу́чший **спо́соб** сохрани́ть здоро́вье.
나쁜 습관을 버리고 규칙적으로 운동하는 것은 건강을 지키는 최고의 방법이다.

спосо́бный

형 1. 유능한 2. к чему ~에 소질이 있는
2. на что/инф. ~할 수 있는, ~할 용의가 있는
명 (女) спосо́бность 능력, 재능

К сожале́нию, не́которые лю́ди не вду́мываются в то, что они́ чита́ют, и в результа́те не **спосо́бны** поня́ть да́же са́мый просто́й текст.
안타깝게도 뭔가를 읽을 때 깊이 생각하지 않고 읽는 사람들은 아주 단순한 글도 제대로 파악하지 못하곤 한다.

спосо́бствовать НСВ

поспосо́бствовать СВ

(по)спосо́бствую, -вуешь, -вуют

동 кому-чему ~을 가능하게 하다, 촉진하다

Среди́ фа́кторов, **спосо́бствующих** долголе́тию, важне́йшую роль игра́ют здоро́вый о́браз жи́зни (ЗОЖ) и пра́вильное пита́ние.

장수의 비결 중에서도 가장 중요한 요소는 건강한 생활 습관과 올바른 식습관이다.

приспоса́бливаться НСВ

приспосо́биться СВ

приспосо́блюсь, -со́бишься, -со́бятся

동 к чему 적응하다(адапти́роваться *к чему*)

Что каса́ется росси́йской эконо́мики, то она́ уже́ практи́чески **приспосо́билась** к ни́зким це́нам на нефть.

러시아 경제는 이미 저유가 상황에 거의 적응했다.

79일차

смех(ш)- 웃음

смея́ться НСВ
смею́сь, смеёшься, смею́тся

동 1. 웃다 2. над кем-чем 비웃다
명 смех 웃음

Вчера́ пе́рвый раз в жи́зни я реши́ла пригото́вить му́жу обе́д, но всё оказа́лось несъедо́бным. Муж до́лго **смея́лся** и пригласи́л в рестора́н.

어제 난생처음 남편에게 요리를 해주기로 했거든. 그런데 하고 보니 도저히 사람이 먹을 수 있는 것이 아닌 거야. 남편이 한참 웃더니 식당으로 가자고 하더라고.

смешно́й

형 1. 우스운, 웃기는(смехотво́рный 웃음을 유발하는) 2. 가소로운

Мне сты́дно и **смешно́** слу́шать ва́ши нело́вкие оправда́ния. Почему́ моё поруче́ние не вы́полнено?

당신의 어색한 변명을 듣고 있자니 낯뜨겁고 웃기군요. 왜 내 지시 사항을 이행하지 않은 거죠?

насме́шка
(복생) насме́шек

명 비웃음, 조롱
동 насмеха́ться *над кем-чем* 비웃다

Этот ро́бкий, засте́нчивый молодо́й челове́к - предме́т **насме́шек** со стороны́ всех колле́г и сослужи́вцев.

이 소심하고 내성적인 청년은 모든 동료들로부터 비웃음의 대상이다.

сон-/сп- 잠

сон
(단생) сна

명 1. 꿈 2. 잠
형 со́нный 졸리는, 비몽사몽의

Я ча́сто ви́жу во **сне** мой родно́й провинциа́льный го́род, из кото́рого уе́хал мно́го лет наза́д.

난 수년 전 떠나왔던 시골 고향 꿈을 자주 꾼다

실력 UP!

(при)сни́ться *кому* 꿈을 꾸다

Вчера́ мне **присни́лся** чуде́сный сон, бу́дто я выхожу́ за́муж за миллионе́ра.
난 어제 갑부와 결혼하는 기묘한 꿈을 꿨어.

бессо́нница 불면증

бессо́нный 잠 못 이루는, 불면증의

со́ня 잠꾸러기

усну́ть СВ
усну́, уснёшь, усну́т

동 1. 잠들다 2. 조용해지다, 잠잠해지다 (засну́ть)

Вчера́ я до́лго не могла́ **усну́ть** и сего́дня вста́ла вся разби́тая, не вы́спавшаяся.
어제 잠이 안 와서 늦게 잤더니 아침에 일어났을 때 몸도 찌뿌둥하고 잘 못 잔 기분이 들어.

просыпа́ться НСВ
просну́ться СВ
просну́сь, -снёшься, -сну́тся

동 1. 잠에서 깨다 2. 생겨나다, 활기를 띠다

Сны мы ви́дим ка́ждую ночь, то́лько, **просыпа́ясь**, ма́ло что по́мним.
우리는 매일 밤 꿈을 꾸지만, 잠에서 깨면 기억 나는 게 별로 없다.

совет- 논의, 조언

сове́т

명 1. 조언 2. 위원회

В кни́ге содержи́тся ряд це́нных **сове́тов** по ухо́ду за дома́шними расте́ниями и живо́тными.
이 책에는 집안에서 기르는 동식물 관리에 대한 유익한 조언이 담겨 있다.

Прое́кт резолю́ции **Сове́та** Безопа́сности ООН, предло́женный Росси́ей, был подде́ржан 30-ю госуда́рствами.
러시아가 제안한 유엔 안보리 결의안은 30개국의 지지를 받았다.

сове́товать НСВ
посове́товать СВ
(по)сове́тую, -уешь, -уют

동 1. кому + инф. 조언하다, 충고하다 (дать сове́т *кому*)
2. -ся с кем 상의하다

В пери́од кри́зиса экспе́рты **сове́туют** вкла́дывать де́ньги в зо́лото и в недви́жимость.
불경기에는 금이나 부동산에 투자하라고 전문가들은 조언한다.

совеща́ние — 명 회의

- Серге́й Ива́нович, вам переда́ли, что в два часа́ **совеща́ние** у ше́фа?
- Да, переда́ли, бу́ду.

- 세르게이 이바노비치 씨! 두 시에 사장님 주재 회의가 있다는 것 들으셨습니까?
- 네, 전달받았습니다. 참석하겠습니다.

спе- 빠르게, 무르익은

спеши́ть НСВ
поспеши́ть СВ
(по)спешу́, спеши́шь, спеша́т

동 **куда/инф.** 서둘러 ~로 가다, 서둘러 ~하다

Я с трудо́м припаркова́л маши́ну в како́м-то переу́лке и **поспеши́л** на делову́ю встре́чу.
난 골목 한편에 겨우 주차를 하고 황급히 비즈니스 미팅 장소로 향했다.

не **спеша́** 서두르지 않고, 여유롭게

поспе́шно — 부 서둘러, 성급하게

Мно́гие свои́ реше́ния шеф принима́ет **поспе́шно**, импульси́вно, а пото́м в неуда́чах обвиня́ет сотру́дников.
우리 사장은 대체로 성급하고 충동적으로 의사 결정을 하는데, 나중에 결과가 안 좋으면 꼭 직원들 탓을 해.

успе́х — 명 성공
형 **успе́шный** 성공적인

Чем вы гото́вы поже́ртвовать ра́ди карье́рного **успе́ха**?
직업적 성공을 위해 어디까지 희생할 수 있습니까?

Мы **успе́шно** провели́ рекла́мную кампа́нию и тепе́рь не зна́ем отбо́я от зака́зов.
우리 회사의 광고는 성공적이었고, 현재 주문이 끊이지 않고 있다.

успева́емость — 명 女 성적
명 女 **неуспева́емость** 낙제, 성적 불량

Ме́сяц наза́д Серге́я исключи́ли из университе́та за **неуспева́емость**.
세르게이는 한 달 전 성적 불량으로 대학에서 제적당했다.

успева́ть НСВ
успе́ть СВ
успе́ю, успе́ешь, успе́ют

동 **инф.** ~할 시간이 있다, ~을 시간 내에 해내다

Слу́шай, я на у́жин ничего́ не пригото́вила - не **успе́ла**. Дава́й в кафе́ схо́дим и́ли пи́ццу зака́жем.
있잖아, 저녁거리를 하나도 준비 못 했어. 시간이 없었거든. 카페에 가거나 피자를 시켜 먹자.

преуспева́ть НСВ

преуспе́ть СВ

преуспе́ю, -успе́ешь, -успе́ют

동 в чём 성공하다

У него́ высо́кий интелле́кт, но сла́бая во́ля. Не ду́маю, что он как-то **преуспе́ет** в жи́зни.

그 사람 머리는 좋은데 의지가 약해. 성공은 못 할 것 같아.

спец- 특별, 특수, 개별

специа́льно

부 특별히, 일부러, 고의로,

형 специа́льный 특별한

Извини́те, я **специа́льно** не хоте́ла вас оби́деть. Это случа́йно вы́шло.

죄송합니다. 일부러 불쾌하게 하려 했던 건 아니예요. 우연히 그렇게 된 거예요.

Кури́ть в о́фисе компа́нии разреша́ется то́лько в **специа́льно** отведённых места́х.

회사에서는 특별히 정해진 장소에서만 흡연할 수 있다.

специа́льность

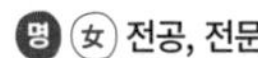

명 (女) 전공, 전문

К сожале́нию, лишь незначи́тельный проце́нт выпускнико́в ву́зов устра́ивается на рабо́ту по **специа́льности**.

대학 졸업생 중 전공을 살려 취직하는 학생은 아주 소수에 불과하다.

специализи́рованный

형 на чём ~에 전문화된

동 специализи́роваться *на чём* 전문화하다

명 специализа́ция 전문화, 특화된

명 специали́ст 전문가

Мы с мои́ми компаньо́нами реши́ли откры́ть **специализи́рованный** магази́н по прода́же кормо́в для живо́тных.

나는 동업자들과 동물 사료 전문점을 개업하기로 결정했다.

специ́фика

명 특성(осо́бенность)

형 специфи́ческий 특수한

Во мно́гом **специ́фика** Росси́и состои́т в её огро́мной террито́рии и суро́вом кли́мате.

러시아의 큰 특징은 광활한 영토와 혹독한 기후이다.

80일차

спор- 논란, 논쟁

спо́рить НСВ
поспо́рить СВ

동 с кем + о чём 논쟁하다
명 спор 논쟁, 갑론을박
형 спо́рный 논란의 여지가 있는

Никто́ не **спо́рит**, весёлые и остроу́мные па́рни всегда́ нра́вятся де́вушкам.
여자들이 유쾌하고 위트 있는 남자를 좋아한다는 사실에 반박할 사람은 아무도 없다.

неоспори́мый

형 논란의 여지가 없는

В свое́й статье́ учёный привёл **неоспори́мые** аргуме́нты в по́льзу свое́й то́чки зре́ния.
이 학자는 논문에서 자신의 의견을 뒷받침할 확실한 논거를 제시하였다.

сред-/серед- 중간

сре́дний

형 중간의, 평균의

По да́нным Ро́сста́та, **сре́дняя** ме́сячная за́работная пла́та в Росси́и составля́ет сего́дня о́коло тридцати́ пяти́ ты́сяч рубле́й.
러시아 통계청 자료에 따르면, 러시아의 평균 월급은 약 35,000루블이다.

в сре́днем 평균적으로

실력 UP!

среднегодово́й 연평균의
среднеме́сячный 월평균의
средневеко́вый 중세의
среднестатисти́ческий 평균의, 일반적인

среда́

명 1. 환경 2. 수요일

Эти болезнетво́рные бакте́рии осо́бенно бу́рно развива́ются в во́дной **среде́**.
이런 병원성 세균은 특히 물속에서 빠르게 증식한다.

середи́на

명 중심, 가운데

Но́вый спекта́кль оказа́лся неуда́чным, зри́тели уже́ с **середи́ны** на́чали покида́ть зал.

신작 연극이 잘 안 된 것 같아. 관객들이 극 중간부터 자리를 뜨기 시작하더라고.

실력 UP!

посереди́не(*чего*) 한가운데

среди́

전 **кого-чего** ~ 가운데, ~ 중에

У Артёма са́мый высо́кий IQ **среди́** студе́нтов на́шей гру́ппы.

아르툠은 우리 반에서 가장 IQ가 높은 학생이다.

сре́дство

동 1. 수단, 방법 2. 자금, 돈 3. 약

Интерне́т - э́то ещё и мощне́йшее **сре́дство** манипули́рования созна́нием и поведе́нием челове́ка.

인터넷은 사람의 인식과 행동을 조종하는 가장 강력한 매체이다.

сре́дства ма́ссовой информа́ции(СМИ) 매스미디어

сре́дство от ка́шля 기침약

посре́дством

전 **кого-чего** ~을 통해서, ~을 이용해서

Попы́тки За́пада измени́ть вне́шнюю поли́тику Росси́и **посре́дством** са́нкций бессмы́сленны и ко́нтрпродукти́вны.

제재를 통해 러시아 대외정책을 바꾸려는 서방의 시도는 무의미하고 비효과적이다.

посре́дник

명 중개자, 조정자

명 **посре́дничество** 중개, 조정

동 **посре́дничать** 중개하다

Благодаря́ уси́лиям диплома́тов и **посре́дников** вооружённого конфли́кта ме́жду двумя́ стра́нами удало́сь избежа́ть.

양국은 외교협상단의 노력으로 군사적 충돌을 피할 수 있었다.

непосре́дственно 부 1. 직접(↔ ко́свенно) 2. 자발적으로, 자유롭게

Часть нало́гов, собира́емых в о́бласти, идёт в федера́льный бюдже́т, а часть - **непосре́дственно** в ме́стный.

주에서 걷힌 세금 일부는 연방 예산으로, 다른 일부는 주 예산으로 바로 들어간다.

сосредото́чиваться НСВ
сосредото́читься СВ

동 на/в чём 집중하다, 집중되어 있다

Сыно́к, не отвлека́й па́пу от рабо́ты, ему́ на́до **сосредото́читься**. Он пото́м с тобо́й поигра́ет.

아들, 아빠 일하시는 데 방해하지 마. 아빠 지금 집중해야 해. 너랑은 조금 이따가 놀아주신대.

срок(ч)- 기한

срок 명 기한

Всем студе́нтам необходи́мо пройти́ медосмо́тр в **срок** до 10-го октября́.

모든 학생은 10월 10일까지 반드시 건강검진을 받아야 합니다.

실력 UP!

долгосро́чный 장기의
в **долгосро́чной** перспекти́ве 장기적으로
краткосро́чный 단기의
среднесро́чный 중기의
бессро́чный 무기한의

сро́чно 부 급히, 긴급하게

Ну́жно **сро́чно** что́-то приду́мать, что́бы партнёры, не дай бог, не отказа́лись от сде́лки.

상대측 업체가 거래를 거절하지 않도록 시급히 대책을 마련해야 합니다.

просро́ченный 형 기한을 넘긴, 연체된
명 просро́чка 연체
동 просро́чивать/просро́чить *что* 연체하다

Магази́н кру́пно оштрафо́ван за торго́влю **просро́ченными** това́рами.

이 상점은 유통기한이 지난 상품을 거래하여 거액의 벌금을 부과받았다.

отсрóчка

(복생) отсрóчек

명 유예, 연기

동 отсрóчивать/отсрóчить *что* 유예하다, 연기하다

Университéт предоставля́ет **отсрóчку** от áрмии на весь перúод обучéния.

대학교 재학 기간에는 입대를 유예할 수 있다.

рассрóчка

(복생) рассрóчек

명 분할, 할부

Все товáры в нáшем магазúне мóжно приобрестú и в **рассрóчку** до одногó гóда.

우리 상점에서 파는 물건은 모두 1년까지 할부로 구입할 수 있습니다.

стаж- 실습, 연수

стаж

명 재직 기간

У меня́ 40 лет непреры́вного **стáжа** рабóты! А пéнсия крóшечная! Где же справедлúвость?!

40년을 쉬지 않고 일했는데 연금은 쥐꼬리만큼밖에 안 돼! 정의는 대체 어디 간 거야?!

стажирóвка

(복생) стажирóвок

명 실습, 연수

명 стажёр 인턴, 실습생

За полторá мéсяца **стажирóвки** в компáнии я узнáл бóльше, чем за пять лет учёбы в университéте.

인턴 생활 한 달 반 동안 배운 게 대학 시절 5년 동안 배운 것보다 많은 것 같아.

стар- 나이 든, 오래 된

стари́к

㊛ стару́ха
(단생) старика́
(복) старики́

명 늙은이, 노인, 어르신

Како́е э́то печа́льное зре́лище - вымира́ющие ру́сские дере́вни! Там живу́т только **старики́** и **стару́хи**, а молодёжи нет: она́ вся уе́хала жить и рабо́тать в города́.
러시아 시골이 도태되는 걸 보면 너무 참담해. 시골엔 노인들만 살고, 젊은이들은 다 도시로 떠나서 없거든.

старе́ние

명 노화, 노령화
동 **старе́ть** 나이 들다, 늙다(ста́риться/соста́риться)
명 ㊛ **ста́рость** 노년, 노후

По прогно́зам демо́графов, проце́сс **старе́ния** се́льского населе́ния бу́дет то́лько продолжа́ться.
인구학자들은 시골의 인구 고령화 추세가 계속될 것으로 전망한다.

стари́нный

형 오래된, 옛날의

Облик столи́цы определя́ет гармони́чное сочета́ние **стари́нных** и совреме́нных зда́ний.
고전과 현대적 건물 양식이 조화롭게 어우러져 수도의 외관을 형성한다.

실력 UP!

ста́рый
- ~ оте́ц 연로한 아버지
- ~ое зда́ние 오래된 건물
- ~ друг 오랜 친구

стари́нный
- ~ая це́рковь 오래된 교회 건물

дре́вний
- ~ие ру́кописи 고대 필사본
- ~яя це́рковь 고대 예배당

да́вний
- ~ друг 오랜 친구
- ~яя мечта́ 오랜 꿈

устаре́вший

형 노후화된, 낡은, 시대에 뒤떨어진(устаре́лый, отста́лый)

На мно́гих росси́йских предприя́тиях до сих пор испо́льзуются отста́лые техноло́гии и **устаре́вшее** обору́дование.

대부분 러시아 기업들은 아직도 낙후된 기술과 낡은 설비를 사용하고 있다.

степ- 단계, 걸음

сте́пень

복 сте́пени

복생 степене́й

명 女 정도(~도, ~율, ~급)

Во вре́мя пожа́ра моя́ сестра́ получи́ла ожо́ги второ́й **сте́пени** и сейча́с лежи́т в больни́це.

제 동생은 화재로 2도 화상을 입어 현재 병원에 입원해 있습니다.

постепе́нно

부 점진적으로, 단계적으로

형 **постепе́нный** 점진적인, 단계적인

Росси́йская эконо́мика **постепе́нно** "выздора́вливает" по́сле кри́зиса.

러시아 경제는 위기 이후 점진적으로 회복되고 있다.

первостепе́нный

형 일차적인, 주요한(↔ второстепе́нный 이차적인, 부차적인)

На́ша **первостепе́нная** зада́ча - войти́ в пятёрку ли́деров да́нного сегме́нта ры́нка.

우리의 주요 과제는 이 업계 시장의 5대 맹주가 되는 것입니다.

стерег-/сторож- 보호, 경계

осторо́жный

형 조심스러운, 신중한

Води́тели, бу́дьте внима́тельны и **осторо́жны** на доро́гах. Соблюда́йте скоростно́й режи́м.

운전자들은 집중해서 안전 운전하고, 제한속도를 준수하기 바랍니다.

Э́тот поли́тик явля́ется сторо́нником **осторо́жных** рефо́рм и уме́ренного социа́льного прогре́сса.

이 정치인은 신중한 개혁과 온건한 사회변혁을 지지한다.

стра́жа

명 경비, 보호, 수호

Суд постанови́л заключи́ть подозрева́емого под **стра́жу** вплоть до оконча́ния сле́дствия.

법원은 수사 종결 시까지 피의자를 구금하라고 판결하였다.

заключе́ние под **стра́жу** 구금

стоя́ть на **стра́же** *чего* 수호하다

остерега́ться НСВ

остере́чься СВ

остерегу́сь, -жёшься, -гу́тся

동 **кого-чего** 조심하다, 경계하다

В вече́рнее вре́мя **остерега́йтесь** тёмных, безлю́дных мест, подзе́мных перехо́дов, глухи́х па́рков и пустыре́й.

저녁에는 지하도나 사람이 다니지 않는 공원, 공터같이 어두컴컴하고 인적이 드문 곳은 피하세요.

сторон-/стран- 면, 공간

сторона́

대 сто́рону

복 сто́роны

복생 сторо́н

명 측면, 곁, 쪽(side)

Когда мы впервы́е оказа́лись в це́нтре Нью-Йо́рка, то от удивле́ния всё вре́мя верте́ли голово́й по **сторона́м**.

처음 뉴욕 중심가에 갔던 날, 너무 놀라운 마음에 우리는 계속 주변을 두리번거렸다.

실력 UP!

оста́вить в стороне́ 신경 쓰지 않다

приня́ть сто́рону/стоя́ть на стороне́ 편을 들다, 지지하다

стоя́ть в стороне́ 수수방관하다, 참여하지 않다

смотре́ть по сторона́м 한눈팔다, 이리저리 보다, 집중하지 않다

сторо́нник

명 지지자, 찬성자(↔ проти́вник 반대자)

Ли́дер оппози́ции отказа́лся призна́ть ито́ги вы́боров в парла́мент и призва́л свои́х **сторо́нников** вы́йти на демонстра́ции проте́ста.

야당 대표는 국회의원 선거 결과를 인정할 수 없다면서, 지지자들에게 반대 시위 행렬에 합류할 것을 촉구했다.

распространя́ть НСВ
распространи́ть СВ
распространён, -á, -ы́

동 что 퍼뜨리다, 확산시키다
형 распространённый 보편적인, 흔한

Парадо́кс: вме́сте с ро́стом благосостоя́ния в о́бществе всё бо́лее **распространя́ются** эгои́зм, индивидуали́зм, отчужде́ние.

살기가 더 좋아졌는데도 이기주의와 개인주의, 인간소외가 더욱 확산되는 것은 매우 역설적이다.

Распростране́ние слу́хов по сарафа́нному ра́дио

입소문 확산

простра́нство

명 공간

Но́вые росси́йские зени́тные систе́мы С-400 и С-500 - э́то надёжный щит, прикрыва́ющий возду́шное **простра́нство** Росси́и.

러시아의 신형 방공미사일 S400과 S500은 러시아 영공을 수호하는 든든한 방패 역할을 한다.

просто́рный

형 넓은, 광활한

Нау́чная конфере́нция проходи́ла в **просто́рном** а́ктовом за́ле университе́та.

학술대회는 대학교 대강당에서 개최되었다.

устраня́ть НСВ
устрани́ть СВ
устранён, -á, -ы́

동 что 없애다, 제거하다
명 устране́ние 제거

За неде́лю, рабо́тая с утра́ до но́чи, мы **устрани́ли** все недоста́тки но́вой моде́ли при́нтера.

아침부터 밤까지 일주일을 매달린 끝에 우리는 신형 프린터의 결함을 모두 제거했다.

отстране́ние

명 면직, 해고

Что тако́е импи́чмент? Это **отстране́ние** от вла́сти президе́нта в соотве́тствии с конститу́цией страны́.

탄핵이란 무엇입니까? 탄핵은 헌법에 의거하여 대통령을 면직하는 것입니다.

82일차

сто-/ста-1 서다

стоя́ть НСВ
стою́, стои́шь, стоя́т

동 1. 서 있다, 자리 잡고 있다 2. 있다 3. 주장하다, 고수하다

Дом **стои́т** у подно́жия горы́.
집이 산기슭에 있다.

По прогно́зам сино́птиков, жара́ бу́дет **стоя́ть** до конца́ ме́сяца.
일기예보에 의하면 무더위는 월말까지 지속된다고 합니다.

실력 UP!

стоя́нка 주차장
сто́йка 판매대, 스탠드
сто́я 선 채로, 서 있는 자세로

настоя́щий

형 1. 현재의 2. 진정한
부 по-настоя́щему 진정

Врачи́ соверши́ли **настоя́щее** чу́до: они́ спасли́ жизнь де́вочке, вы́павшей из окна́ 9-го этажа́.
의사들은 9층에서 추락한 소녀의 목숨을 구해내는 진짜 기적을 이뤄냈다.

За всю свою́ жизнь я никогда́ не́ был **по-настоя́щему** сча́стлив. Я всего́ лишь не́сколько раз “прикаса́лся” к по́длинному сча́стью.
나는 한평생 진정으로 행복했던 적이 없다. 단지 몇 번 그 행복에 닿을 뻔했던 기억뿐이다.

постоя́нный

형 지속적인, 상시의, 변하지 않는

Жи́телям мегапо́лисов, несмотря́ на их за́нятость, **постоя́нные** стре́ссы и пробле́мы, необходи́мо уделя́ть до́лжное внима́ние своему́ здоро́вью.
바쁜 일상, 지속적인 스트레스와 골칫거리에도 대도시 사람들은 자신의 건강 상태에 적절한 관심을 기울일 필요가 있다.

усто́йчивый 형 1. 안정적인, 견고한, 불변하는
2. к чему ~에 내성이 있는, 민감하지 않은

С 60-ых годо́в про́шлого ве́ка коре́йская эконо́мика демонстри́рует **усто́йчивый** рост.
1960년대부터 한국 경제는 지속적으로 성장하고 있다.

расстоя́ние 명 거리, 간격

В англоязы́чных стра́нах длину́ и **расстоя́ние** измеря́ют в фу́тах и ми́лях, в остальны́х - в ме́трах и киломе́трах.
영미권에서는 길이와 거리를 피트와 마일로 측정하는 반면 그 외의 국가에서는 미터와 킬로미터로 측정한다.

состоя́ть НСВ
состои́т, состоя́т

동 1. из кого-чего 구성되다 2. в чём ~이다

Предложе́ния **состоя́т** из слов.
문장은 단어로 구성되어 있다.

В чём **состои́т** ра́зница ме́жду слова́ми “труд” и “рабо́та”?
труд와 работа라는 단어의 차이는 무엇인가요?

состоя́ться СВ 동 열리다, 개최되다

На перегово́рах партнёры вы́двинули неприе́млемые усло́вия, сде́лка не **состоя́лась**.
상대측은 협상에서 수용하기 힘든 조건을 제시했고, 거래는 결렬되었다.

состоя́ние 명 1. 상태, 상황 2. 재산

Инфраструкту́ра во мно́гих небольши́х города́х и в се́льской ме́стности нахо́дится в плачёвном **состоя́нии**.
많은 소도시와 농촌의 인프라는 열악한 상황에 처해있다.

К сожале́нию, мы не в **состоя́нии** помо́чь вам.
안타깝지만, 저희는 당신을 도울 수 있는 상황이 못 됩니다.

наста́ивать НСВ
настоя́ть СВ
настою́, -стои́шь, -стоя́т

동 на чём ~을 주장하다, 고수하다
형 насто́йчивый 끈기 있는, 완고한

Мы **наста́иваем** на подписа́нии контра́кта без вся́ких предвари́тельных усло́вий.
우리는 아무런 선결조건 없이 계약을 체결하고 싶습니다.

застóй

명 정체, 정지상태, 침체

В экономике - **застóй**, деловáя активность близкá к нулю́.

현재 경제는 침체되고, 기업 활동성은 제로에 가깝다.

отстáивать НСВ

отстоя́ть СВ

отстою́, -стои́шь, -стоя́т

동 что 1. 지키다, 수호하다 2. (정당함, 진실 등을) 주장하다, 변호하다

Россия никомý не угрожáет, онá лишь **отстáивает** свои национáльные интерéсы.

러시아는 다른 국가를 위협하는 것이 아니라 단지 국익을 지키려는 것이다.

предстоя́ть СВ

предстою́, -стои́шь, -стоя́т

동 кому 예정되어 있다, 앞으로 ~해야 한다

형 предстоя́щий 예정된

Мне **предстои́т** разлýка с рóдиной на цéлых два гóда.

나는 고향을 무려 2년이나 떠나 있어야 한다.

обстоя́тельство

명 사정, 형편, 상황

Прéжде чем обвиня́ть когó-либо, необходи́мо тщáтельно разобрáться во всех фáктах и **обстоя́тельствах**.

누군가를 비난하기에 앞서 사실관계와 정황을 철저히 파악할 필요가 있다.

по семéйным **обстоя́тельствам** 집안 사정으로 인해

стáвить НСВ

постáвить СВ

(по)стáвлю, стáвишь, стáвят

постáвлен, -а, -ы

동 что + куда

1. 세워놓다 2. ~한 상황에 빠뜨리다 3. 상연하다 4. 주다, 설정하다

Я не **стáвлю** пéред собóй никаки́х "вели́ких цéлей". Я прóсто хочý жить и рáдоваться жи́зни.

난 이제 더 이상 거창한 목표 같은 것 안 세울래. 그냥 살래, 삶을 즐기면서.

실력 UP!

постáвить + рóзы в вáзу 꽃병에 장미꽃을 꽂다

***кого* в нелóвкое положéние**

~을 곤란하게 만들다

спектáкль 연극을 무대에 올리다

ста́вка

(복생) ста́вок

명 1. 베팅 금액 2. на кого-что 방향, 타겟 3. ~율

Центроба́нк был вы́нужден призна́ть, что его́ реше́ние о повыше́нии проце́нтной **ста́вки*** бы́ло при́нято поспе́шно и оказа́лось неуда́чным.

중앙은행은 금리 인상 결정이 성급하게 내려졌고 그 결과 실패한 정책이었다는 사실을 인정해야 한다.

*проце́нтная ста́вка 금리, 이율

сде́лать ста́вку ***на кого-что*** 강조하다, 역점을 두다

приста́вка

명 1. 부착물, 부속품 2. 접두사

На день рожде́ния роди́тели подари́ли сы́ну игрову́ю **приста́вку** “Play Station”.

부모님은 아들에게 플레이스테이션 비디오게임기를 선물로 주었다.

вы́ставка

명 박람회(я́рмарка)

동 выставля́ть/вы́ставить *что* 내놓다, 진열하다

На сле́дующей неде́ле в Сеу́ле открыва́ется больша́я **вы́ставка** карти́н ру́сских худо́жников.

다음주 서울에서는 대규모 러시아 회화전이 열린다.

вы́ставить *что* на торги́ ~을 거래에 내놓다

доста́вка

명 배달, 배송

동 доставля́ть/доста́вить *что* 운반하다, 배달하다

Ваш зака́з успе́шно офо́рмлен! **Доста́вка** за́втра в пе́рвой полови́не дня.

주문이 정상적으로 완료되었습니다. 상품은 내일 오전 중으로 배송될 예정입니다.

поставля́ть НСВ

поста́вить СВ

поста́влю, -ста́вишь, -ста́вят

поста́влен, -а, -ы

동 что 공급하다, 납품하다

명 поста́вка 공급, 납품

명 поставщи́к 공급자, 납품자

Росси́я - традицио́нный **поставщи́к** всевозмо́жного сырья́ во мно́гие стра́ны ми́ра.

러시아는 세계 각국으로 각종 원자재를 공급하는 전통적인 원자재 공급국이다.

представля́ть НСВ
предста́вить СВ
предста́влю, -ста́вишь, -ста́вят
предста́влен, -а, -ы

동 1. 소개하다 2. 대표하다 3. 제출, 제시하다 4. 상상하다 5. 제공하다 6. 상징하다, 표현하다 7. 공연하다, 상연하다 8. НСВ собо́й + что ~이다 9. -ся кем-чем ~라고 생각되다

Разреши́те **предста́виться**.
제 소개를 하도록 하겠습니다.

Я не **представля́ю** свою́ жизнь без класси́ческой му́зыки.
클래식 음악이 없는 내 인생을 상상할 수가 없어.

Этот но́вый би́знес-прое́кт **представля́ется** мне доста́точно интере́сным и перспекти́вным.
이번에 새로 시작한 사업 프로젝트는 아주 흥미롭고 전망이 좋은 것 같아.

По жа́нру но́вое произведе́ние писа́теля **представля́ет** собо́й худо́жественную автобиогра́фию.
작가의 신작은 장르가 오토픽션이다.

представле́ние

명 1. 소개 2. 대표 3. 제출, 제시 4. 인식, 표상 5. 상연

Традицио́нные **представле́ния** иностра́нцев о Росси́и как об отста́лой и нецивилизо́ванной стране́ не име́ют ничего́ о́бщего с реа́льностью.
러시아를 후진적이고 비문명국가로 인식하는 외국인들의 전통적 관념은 현실과 아주 큰 괴리가 있다.

представи́тель

명 男 대표자, (집단의) 일원

Челове́чество люби́ть легко́. Гора́здо сложне́е люби́ть отде́льных его́ **представи́телей**.
인류를 사랑하는 건 쉽다. 한 인간을 사랑하는 게 어렵지.

83일차

сто-/ста-2 서다

заставля́ть НСВ

заста́вить СВ
заста́влю, -ста́вишь, -ста́вят
заста́влен, -а, -ы

동 **кого + инф.** 강요하다, 강제하다

Никака́я си́ла в ми́ре не **заста́вит** меня́ встать в воскресе́нье в 7 часо́в утра́.
세상 그 어느 것도 일요일 아침 7시에 나를 잠에서 깨울 수 없다.

составля́ть НСВ

соста́вить СВ
соста́влю, -ста́вишь, -ста́вят
соста́влен, -а, -ы

동 **что** 1.만들다, 작성하다, (계획을) 세우다 2. (수치가) ~이다

- Еле́на Петро́вна, вы **соста́вили** расписа́ние зачётов и экза́менов?
- Да, всё гото́во.
- 엘레나 페트로브나 선생님, 시험 시간표 다 짰나요?
- 네, 다 준비되어 있어요.

Инфля́ция в проше́дшем году́ **соста́вила** 3,5 проце́нта.
지난해 인플레이션 수치는 3.5%였다.

составля́ющая 구성요소

соста́в

명 구성, 인원

Неда́внее выступле́ние президе́нта ука́зывает на то, что в ско́ром вре́мени в **соста́ве** прави́тельства мо́гут произойти́ переме́ны.
대통령의 최근 발언을 보면 조만간 내각 개편이 있을 것임을 알 수 있다.

оставля́ть НСВ

оста́вить СВ
оста́влю, оста́вишь, оста́вят
оста́влен, -а, -ы

동 **кого-что** 남겨두다, 방치하다

Ка́чество моби́льной свя́зи в на́шем го́роде **оставля́ет** жела́ть лу́чшего*.
우리 도시의 모바일 통신은 품질이 그리 좋지 못하다.

*явля́ется плохи́м, нахо́дится на ни́зком у́ровне 열악하다, 상태가 좋지 못하다

устана́вливать НСВ

установи́ть СВ
установлю́, -но́вишь, -но́вят
устано́влен, -а, -ы

동 что 1. 설치하다 2. 형성, 조직하다 3. 제정하다, 규정하다 4. 밝혀내다

Поли́ции так и не удало́сь **установи́ть**, кто и почему́ соверши́л э́то преступле́ние.
경찰은 대체 누가 무슨 이유로 이 범죄를 저지른 것인지 전혀 밝혀내지 못했다.

Вчера́ на пе́рвенстве ми́ра по лёгкой атле́тике в Пари́же был **устано́влен** но́вый мирово́й реко́рд в прыжка́х в длину́ у же́нщин.
어제 열린 파리 육상세계선수권대회에서 여자 멀리뛰기 세계 신기록이 수립되었다.

восстана́вливать НСВ

восстанови́ть СВ
восстановлю́, -но́вишь, -но́вят
восстано́влен, -а, -ы

동 что 회복하다, 복원하다
명 восстановле́ние 회복

Накану́не вы́боров в парла́мент ли́деру па́ртии удало́сь смягчи́ть разногла́сия внутри́ руково́дства и **восстанови́ть** парти́йное еди́нство.
국회의원 선거 직전, 당 대표는 지도부의 불화를 잠재우고 당내 재화합을 이뤄냈다.

отста́вка
복생 отста́вок

명 퇴직, 퇴임

Опаса́ясь немину́емого сканда́ла, мини́стр поспеши́л уйти́ в **отста́вку**.
스캔들을 피할 수 없을 것을 우려한 장관은 황급히 사임했다.

станови́ться НСВ
становлю́сь, -но́вишься, -но́вятся

стать СВ
ста́ну, ста́нешь, ста́нут

명 кем-чем ~이 되다, 하게 되다

Совреме́нный мир **стано́вится** всё бо́лее взаимозави́симым, но всё ме́нее управля́емым.
현재 세계는 상호의존성이 더욱 심화되고 있고, 통제가 점점 어려워지고 있다.

Ра́ньше мы с му́жем дово́льно ча́сто ходи́ли в музе́и и теа́тры, но пото́м родила́сь до́чка, и нам **ста́ло** уже́ не до иску́сства.
예전에는 남편하고 박물관이랑 극장에도 자주 다녔는데 딸이 생기고 나서는 문화생활을 할 여력이 없어요.

остана́вливать НСВ

останови́ть СВ
остановлю́, -стано́вишь, -стано́вят
остано́влен, -а, -ы

동 1. кого-что 멈추다 2. -ся 정지되다; ~에 머무르다, 묵다

Э́то оди́н из са́мых отста́лых регио́нов страны́: **остано́вленные** заво́ды, разби́тые доро́ги, вымира́ющие дере́вни.
여긴 우리나라에서 제일 낙후된 지역에 속해. 공장은 가동이 중단됐고, 도로는 망가졌으며, 마을들은 쇠퇴하고 있어.

приостана́вливать НСВ

приостанови́ть СВ
приостановлю́, -но́вишь, -но́вят
приостано́влен, -а, -ы

동 что 잠시 멈추다, 일시 중단하다

Из-за пожа́ра, произоше́дшего в зда́нии ко́нсульства, вы́дача виз **приостано́влена** на неопределённый срок.

영사관에서 일어난 화재로 인해 비자 발급은 무기한 중단되었다.

обстано́вка

명 상황, 분위기

주의 остано́вка 정류장; 중단

Перегово́ры прошли́ в тёплой, дру́жественной **обстано́вке**.

회담은 따뜻하고 우호적인 분위기 속에서 진행됐다.

устава́ть НСВ
устаю́, устаёшь, устаю́т

уста́ть СВ
уста́ну, уста́нешь, уста́нут

동 1. 피곤하다 2. инф. 지치다, 지겹다
형 уста́лый 피곤한

Ты вы́глядишь таки́м **уста́лым**. Нельзя́ так мно́го рабо́тать!

너 너무 피곤해 보여. 그렇게 일을 많이 하면 안 돼!

отстава́ть НСВ
отстаю́, -стаёшь, -стаю́т

отста́ть СВ
отста́ну, -нешь, -нут

동 от чего 뒤처지다
명 отстава́ние 낙후, 뒤처짐

В ближа́йшие не́сколько лет мы обя́заны соверши́ть мо́щный технологи́ческий рыво́к. Ина́че мы **отста́нем** навсегда́!

우리는 앞으로 몇 년간 기술적으로 힘차게 도약해야 합니다. 그렇지 않으면 영영 뒤처질 수밖에 없습니다.

остава́ться НСВ
остаю́сь, остаёшься, остаю́тся

оста́ться СВ
оста́нусь, -нешься, -нутся

동 1. где ~에 머무르다 2. чем ~한 상태로 남아있다

- Та́ня, я люблю́ тебя́, выходи́ за меня́ за́муж!
- Нет, дава́й лу́чше **оста́немся** друзья́ми.

- 타냐, 사랑해. 나와 결혼해 줘!
- 아냐. 우린 친구로 남는 게 더 나은 것 같아.

실력 UP!

оставля́ть/оста́вить *что* 두고 가다, 남기다
остана́вливать/останови́ть *что* 멈추다

расставáться НСВ
расстаю́сь, -стаёшься, -стаю́тся

расстáться СВ
расстáнусь , -нешься, -нутся

동 с кем-чем 이별하다, 헤어지다

Мы нéсколько лет встречáлись, дáже прóбовали жить вмéсте, но потóм окончáтельно **расстáлись**.

우린 수년을 만났고 함께 살아보기도 했지만, 결국엔 헤어졌다.

остальнóй

형 남은, 나머지의

Часть товáров удалóсь реализовáть с нацéнкой, а **остальны́е** пришлóсь продавáть со ски́дкой.

일부 상품은 가격을 올려 팔았지만, 나머지는 할인가로 판매할 수밖에 없었다.

실력 UP!

остáток 나머지, 잔여분
остáнки 유해, 유골

переставáть НСВ
перестаю́, -стаёшь, -стаю́т

перестáть СВ
перестáну, -нешь, -нут

동 инф. 그만두다, 중단하다

С мýжем происхóдит чтó-то стрáнное: он стал молчали́в, зáмкнут, **перестáл** забóтиться обо мне и дéтях.

남편이 이상해지고 있어. 말수도 적어지고 내성적으로 변한 데다, 나랑 아이들한테 신경도 안 써.

заставáть НСВ
застаю́, -стаёшь, -стаю́т

застáть СВ
застáну, -нешь, -нут

동 кого-что 만나다, 맞닥뜨리다

Рассвéт **застáл** нас в пути́, до цéли оставáлось ещё óколо 100 киломéтров.

우리는 길을 가던 도중 새벽을 맞이했고, 목적지까지는 아직도 100km 가량 남아 있는 상황이었다.

84일차

стои- 가치

сто́ить
сто́ю, сто́ишь, сто́ят

동 1. 값이 ~이다, 가치가 ~이다
2. кому + инф. 해야 한다, ~할 가치가 있다

Ско́лько в сре́днем **сто́ит** биле́т на самолёт от Москвы́ до Сеу́ла?
모스크바에서 서울까지 비행기표 가격이 평균적으로 얼마에요?

сто́имость

명 女 비용, 가격

Испо́льзование совреме́нных компози́тных материа́лов значи́тельно удешевля́ет коне́чную **сто́имость** изде́лий.
현대적인 합성 원료를 활용함으로써 제품 생산의 총비용을 크게 줄일 수 있다.

실력 UP!

себесто́имость *чего* 원가
~ проду́кта 제품 원가

цена́ *на что* 가격
~ на молоко́ 우유 가격

изде́ржки *на что* 비용, 지출(**затра́ты, расхо́ды**)
~ на ремо́нт 수리비

тари́ф *на что* 요금, 관세
~ на коммуна́льные услу́ги (건물)관리비
~ на горя́чую во́ду 수도(온수)세
~ на моби́льную связь 휴대폰 요금
тамо́женный ~ 관세

пла́та *за что* 요금, 보상
~ за прое́зд 교통비
~ за труд 급여

дорогосто́ящий

형 값이 비싼

Ма́ленькой Окса́не тре́буется **дорогосто́ящее** лече́ние за грани́цей. Соберём необходи́мую су́мму!
어린 옥사나는 국외에서 고액의 치료를 받아야 하는 상황입니다. 우리 함께 필요한 치료비를 모금합시다.

страх(ш)- 두려움

стра́шный

형 무서운
명 страх 두려움

Иногда́ душе́вные му́ки быва́ют **страшне́е** физи́ческих.
정신적 괴로움이 육체적 고통보다 더 무서울 때가 있다.

ничего́ **стра́шного** 괜찮습니다, 별일 아닙니다.

страхова́ть нсв
застрахова́ть св
(за)страху́ю, -у́ешь, -у́ют
застрахо́ван, -а, -ы

동 что 보험을 들다, 예방하다
명 страхо́вка, страхова́ние 보험
형 страхово́й 보험의
명 страхо́вщик 보험사
명 男 страхова́тель 피보험자

Ну́жно обяза́тельно **застрахова́ть** дом и всё иму́щество. Тогда́, наприме́р, в слу́чае пожа́ра мы смо́жем получи́ть за них компенса́цию.
집과 보유 재산에 대해 보험을 반드시 들어놓으세요. 그래야만 가령 화재가 발생하더라도 그에 대한 보상을 받을 수 있어요.

стрем- 지향

стреми́ться нсв
стремлю́сь, -ми́шься, -мя́тся

동 к чему/инф. 추구하다, 지향하다, ~하려고 애쓰다
명 стремле́ние *к чему* 추구, 열망

Наш журна́л **стреми́тся** продвига́ть це́нности ЗОЖ (здоро́вого о́браза жи́зни) в пе́рвую о́чередь среди́ молодёжи.
우리 잡지는 특히 젊은 층을 대상으로 건강한 생활 습관의 가치를 홍보하고자 애쓰고 있습니다.

стреми́тельно

부 매우 빠르게, 급격하게

Мир сего́дня меня́ется насто́лько **стреми́тельно**, что мно́гие из нас не справля́ются с э́тим сумасше́дшим те́мпом, мечта́ют о да́ун-ши́фтинге.
요즘은 세상이 너무도 빠르게 변하고 있어, 많은 사람이 변화 속도에 버거움을 느끼며 다운쉬프트를 꿈꾸고 있다.

целеустремлённый 형 목적지향적인, 목표를 향해 정진하는

Дени́с - челове́к энерги́чный, амбицио́зный, **целеустремлённый.** Уве́рен, он мно́гого добьётся в жи́зни.

데니스는 활동적이고 야망 있어. 게다가 목표 의식도 확고하니 아주 크게 될 사람이지.

суд- 용기(vessel)

су́дно

복 суда́
복생 судо́в

명 선박

возду́шное **су́дно** 항공기
морско́е **су́дно** 선박

посу́да

명 그릇

Знамени́тая Ага́та Кри́сти признава́лась, что сюже́ты её детекти́вов обы́чно приходи́ли ей в го́лову за мытьём **посу́ды.**

유명 작가 아가타 크리스티는 주로 설거지를 할 때 추리소설의 줄거리가 떠오른다고 밝혔다.

сосу́дистый

형 혈관의
명 сосу́д 그릇, 용기; 혈관

Проду́кты, содержа́щие витами́ны Е и С, укрепля́ют серде́чно-**сосу́дистую** систе́му.

비타민 E와 C가 풍부한 식품은 심혈관을 튼튼하게 한다.

суд-/сужд- 판단

суд

단생 суда́
복 суды́

명 1. 법원 2. 재판
형 суде́бный 재판의, 소송의

За переда́чу секре́тных све́дений иностра́нным разве́дкам **су́д** приговори́л его́ к 15-ти года́м тюре́много заключе́ния.

외국 스파이에 비밀 정보를 전달한 죄로 법원은 그에게 15년 구금형을 선고했다.

실력 UP!

судья́ 판사
правосу́дие 재판, 사법

суди́мость

명 女 전과

Нали́чие **суди́мости** практи́чески лиша́ет вас каки́х-ли́бо жи́зненных перспекти́в.
전과가 있으면 장래에 지장이 있는 게 사실이다.

суди́ть нсв
посуди́ть св
посужу́, -су́дишь, -су́дят

동 1. о ком-чём 판단하다, 평가하다
2. кого-что 재판하다, (스포츠) 심판을 보다
명 сужде́ние 견해, 생각, 판단

Не **суди́те** о лю́дях по пе́рвому впечатле́нию.
첫인상으로 사람을 판단하지 마세요.

судьба́
복 су́дьбы
복생 су́деб

명 운명, 신세, 팔자

Я никогда́ не жа́луюсь на **судьбу́**, потому́ что зна́ю: всегда́ мо́жет быть ху́же.
난 절대 신세 한탄은 하지 않는다. 이보다 더 안 좋은 일도 일어날 수 있다는 것을 알기 때문이다.

обсужда́ть нсв
обсуди́ть св
обсужу́, -су́дишь, -су́дят
обсуждён, -а́, -ы́

동 что 논의하다
명 обсужде́ние 논의

Сего́дня на заня́тии по ру́сскому языку́ мы **обсужда́ли** досто́инства и недоста́тки разли́чных ви́дов тра́нспорта.
우리는 오늘 러시아어 수업시간에 교통수단별 장단점에 대해 논의했다.

осужда́ть нсв
осуди́ть св
осужу́, -су́дишь, -су́дят
осуждён, -а́, -ы́

동 кого-что 비난하다, 규탄하다
명 осужде́ние 비난
명 осуждённый 수형자

Во времена́ СССР я был коммуни́стом и интернационали́стом, а сейча́с, в но́вой Росси́и, я национали́ст и патрио́т. И никто́ не впра́ве **осужда́ть** меня́ за э́то.
난 소련 시절에는 공산주의자이자 국제주의자였고, 러시아 연방이 들어선 지금은 민족주의자이자 애국주의자이다. 이에 대해 누구도 나를 비난할 권리는 없다.

присужда́ть нсв
присуди́ть св
присужу́, -су́дишь, -су́дят
присуждён, -а́, -ы́

동 кому + что 수여하다

Кому́ **присуждена́** Но́белевская пре́мия по эконо́мике э́того го́да?
올해 노벨 경제학상은 누가 수상했나요?

85일차

строи-/страи- 대열, 구조

строй

명 1. 대열 2. 구조, 제도 3. 질서

Мно́гие россия́не до сих пор счита́ют сове́тский **строй** са́мым гума́нным и справедли́вым.

많은 러시아인이 아직도 소련의 제도가 가장 인간적이고 공정하다고 생각한다.

У компью́тера вы́шел из **стро́я*** проце́ссор; э́то серьёзная поло́мка.

컴퓨터 프로세서가 완전히 망가졌어. 이건 심각한 고장이야.

*вы́йти из стро́я 고장 나다, 망가지다

Жизнь за грани́цей измени́ла весь **строй** мои́х мы́слей и чувств.

외국 생활은 나의 모든 사고방식과 감정을 180도 바꿔놓았다.

실력 UP!

вы́вести ***что*** **из стро́я** 망가뜨리다
вы́йти из стро́я 망가지다
вступи́ть в строй 가동, 작업을 시작하다
встать в строй 정렬하다
идти́ стро́ем 열을 맞춰 가다

стро́ить НСВ

постро́ить СВ
постро́ен, -а, -ы

동 что 짓다, 건설하다, 구축하다

Во дворе́ многокварти́рного до́ма, там, где сейча́с де́тская площа́дка, собира́ются **стро́ить** ещё оди́н жило́й дом.

지금은 아파트 앞마당에 놀이터가 있는데, 거기 곧 아파트 한 채를 더 짓는다고 한다.

실력 UP!

вы́строить ***что*** 짓다, 정렬하다
настро́ить ***что*** 조율하다
перестро́ить ***что*** 재건하다, 다시 짓다
пристро́ить ***что*** 증축하다
застро́ить ***что + чем*** 어떤 지역에 건물을 가득 짓다

стройнéть НСВ
постройнéть СВ
(по)стройнéю, -нéешь, -нéют

동 늘씬해지다
형 **стрóйный** 늘씬한; 정연한

Ой, вас пóсле óтпуска не узнáть: **постройнéли**, загорéли, похорошéли!

휴가 다녀오시더니 피부도 까무잡잡해지고 더 날씬하고 예뻐지셔서 제가 못 알아볼 뻔했어요!

строи́тельство

명 건설, 건축
형 **строи́тельный** 건설의

Затрáты на **строи́тельство** нóвого мостá чéрез Вóлгу оцéниваются приблизи́тельно в 300 миллиóнов дóлларов.

볼가강의 신규 교량 건설비가 약 3억 달러로 추산된다.

실력 UP!

пострóйка 건축물; 건설
стрóйка 건축 현장; 건설
новострóйка 신축건물

перестрóйка
복생 перестрóек

명 재건, 재편

Как тóлько в СССР началáсь **перестрóйка**, нáша семья́ реши́ла уéхать жить в Амéрику.

우리 가족은 페레스트로이카(소련의 사회주의 개혁)가 시작되자마자 미국 이민을 결심했다.

расстрáивать НСВ
расстрóить НСВ
расстрóен, -а, -ы

동 **кого-что** 1. 망치다, 어지럽히다 2. 실망하게 하다, 기분을 망치다
명 **расстрóйство** 실망, 절망; 이상, 질환

Утром я замéтила, что у меня́ на щекé вскочи́л пры́щик, и ужáсно **расстрóилась**.

아침에 나는 볼에 난 여드름을 발견하고 기분이 확 가라앉았다.

устрáивать НСВ
устрóить СВ
устрóен, -а, -ы

동 1. **что** 조직하다, 마련하다
2. **кого** 만족시키다
3. **-ся где** 자리 잡다
4. **-ся на рабóту** 취직하다

Я предложи́л **устрóить** в суббóту вечери́нку, и все с востóргом меня́ поддержáли.

나는 토요일에 파티를 열자고 제안했고, 모두 기쁜 마음으로 내 의견을 따라주었다.

Почему́ вы недово́льны свое́й вне́шностью? Что вас в ней не **устра́ивает**?

왜 당신은 본인 외모에 만족하지 않나요? 뭐가 마음에 안 드는데요?

Снача́ла я хоте́л поступа́ть в университе́т, но пото́м переду́мал и **устро́ился** на рабо́ту в компа́нию моби́льной свя́зи.

원래는 대학에 가고 싶었는데, 나중에 마음이 바뀌는 바람에 이동통신사에 취직하게 됐어.

устро́йство

명 1. 조직, 마련, 개최 2. 장치, 설비 3. 취직 4. 제도, 기구

Заче́м мне знать **устро́йство** смартфо́на и́ли компью́тера? Мне доста́точно того́, что я и́ми по́льзуюсь.

내가 왜 스마트폰이나 컴퓨터의 구조까지 알아야 하는 거지? 이미 잘 쓰고 있는데.

судострое́ние

명 조선업

В о́бласти **судострое́ния** Южная Коре́я опережа́ет все стра́ны ми́ра, в том числе́ и Япо́нию!

조선업 분야에서 한국은 일본을 포함한 전 세계 모든 국가를 앞지른다.

실력 UP!

машинострое́ние 기계제조
автомоби́лестрое́ние 자동차제조

настрое́ние

명 기분, 심기

형 настро́енный *на что* ~할 마음이다, 의향이다

– Ну что, куда́ ве́чером пойдём – в кино́, в кафе́, в клуб?

– Никуда́. Нет **настрое́ния***.

- 저녁에 영화관이나 카페, 아니면 클럽 갈래?
- 싫어. 별로 안 내켜.

*Нет жела́ния

실력 UP!

настро́й 기분, 지향

Я стара́юсь не расстра́иваться из-за пустяко́в, по возмо́жности сохраня́ю позити́вный **настро́й**.

난 사소한 일에 실망하지 않고, 가능한 한 늘 긍정적인 기분을 유지하려고 노력한다.

ступ- 발, 발걸음

ступéнь
(복생) ступенéй

명 (女) 1. 계단, 단 2. 단계
형 ступéнчатый 계단식의, 단계의
형 многоступéнчатый 다단계의

Магистратýра - слéдующая пóсле бакалавриáта **ступéнь** в систéме вы́сшего образовáния.
석사과정은 고등교육 체계상 학사과정의 다음 단계를 말한다.

поступáть НСВ
поступи́ть СВ
поступлю́, -стýпишь, -стýпят

동 1. 행동하다 2. куда 입학하다 3. (편지, 민원 등) 들어오다, 도착하다
명 постýпок 행동

Иногдá мóжно и дáже нýжно **поступáть** вопреки́ здрáвому смы́слу. Это откры́вает нóвые горизóнты.
가끔은 상식에 얽매이지 않은 행동을 할 필요도 있어. 그게 새로운 지평을 열기도 하거든.

Татья́на учи́лась в обы́чной сéльской шкóле, но смоглá пóсле неё **поступи́ть** срáзу в МГУ!
타티야나는 시골에서 일반 고등학교를 나왔는데도 졸업하고 바로 모스크바 국립대학에 들어갔대!

выступáть НСВ
вы́ступить СВ
вы́ступлю, -ступишь, -ступят

동 1. 나가다, 출연하다, 발표하다
2. за что/проти́в чего 찬성/반대하다
3. чем ~이다(явля́ться)

На наýчной конферéнции с доклáдом о твóрчестве Льва Толстóго **вы́ступил** профéссор Ильи́н.
학술대회에서 일리인 교수님은 톨스토이의 작품에 대해 발표했다.

Міровóе сообщество **выступáет** за скорéйшее урегули́рование кри́зиса на Бли́жнем Востóке.
국제사회는 중동 위기의 조속한 해결에 찬성했다.

В свои́х послéдних произведéниях молодóй писáтель **выступáет** ужé вполнé зрéлым мáстером.
젊은 작가는 최근 작품을 통해 이미 성숙한 거장의 모습을 보여줬다.

실력 UP!

вы́ступить + с предложéнием 제안하다
с рéчью 연설하다
с доклáдом 강연하다

выступле́ние

명 연설, 공연, 발표, 경기

Восхищённые зри́тели горячо́ благодари́ли актёров за **выступле́ние**.

감동한 관객들은 공연을 한 배우들에게 열렬한 마음으로 감사를 표했다.

вступа́ть НСВ

вступи́ть СВ

вступлю́, -сту́пишь, -сту́пят

동 во что 1. 가입하다 2. 시작하다, 진입하다

Согла́сно конститу́ции страны́, президе́нт не име́ет пра́ва **вступа́ть** ни в каки́е полити́ческие па́ртии.

헌법상 대통령은 정당에 가입할 수 없다.

> **실력 UP!**
>
> **вступи́ть + в си́лу** 발효되다
> **в де́йствие** 발효되다, 시행되다
> **в но́вую фа́зу** 새로운 국면에 접어들다
> **в заключи́тельную фа́зу** 마무리 단계에 들어서다

наступа́ть НСВ

наступи́ть СВ

наступлю́, -сту́пишь, -сту́пят

동 1. (시기 등) 도래하다 2. на кого-что 공격하다, 밟다

명 наступле́ние (시기의) 도래; 공격

Го́споди, скоре́е бы уже́ **наступи́ло** ле́то!

아이고, 빨리 여름이 와야 할 텐데!

- Молодо́й челове́к, вы мне на́ ногу **наступи́ли**!
- Прости́те, я неча́янно.

- 저기요, 제 발 밟으셨는데요!
- 죄송합니다. 일부러 그런 건 아니었어요.

до́ступ

명 접근, 접속

형 досту́пный (장소, 가격 등) 접근하기 쉬운(↔ недосту́пный)

Ника́к не могу́ дозвони́ться до своего́ па́рня, он всё вре́мя "вне зо́ны **до́ступа**".

남자친구한테 전화가 안 돼. 계속 '서비스 불가 지역' 이라네.

преступле́ние

명 죄, 범죄

명 престу́пник 범죄자

Что побуди́ло вас соверши́ть **преступле́ние**?

범죄를 저지르게 된 동기가 뭡니까?

преступле́ние и наказа́ние 죄와 벌

уступáть НСВ

уступи́ть СВ
уступлю́, -сту́пишь, -сту́пят

동 кому-чему 양보하다; 자리를 내어주다, 굴복하다

В XVIII-XIX векáх по своемý богáтству и великолéпию рýсский императóрский двор ни в чём не **уступáл** лýчшим европéйским дворáм.

18~19세기 러시아 황실은 부귀영화를 놓고 보자면 유럽 최고의 황실에도 절대 뒤지지 않았다.

приступáть НСВ

приступи́ть СВ
приступлю́, -сту́пишь, -сту́пят

동 к чему 시작하다, 착수하다

На рабóту я éзжу на велосипéде. Приезжáю, переодевáюсь в óфисный костю́м и **приступáю** к рабóте.

전 자전거로 출근합니다. 회사에 도착하면 정장으로 갈아입은 다음 업무를 시작하죠.

отступáть НСВ

отступи́ть СВ
отступлю́, -сту́пишь, -сту́пят

동 1. 뒷걸음치다, 물러서다 2. от чего (규칙, 주제 등) 벗어나다

Сейчáс, в концé жи́зни, я упрекáю себя́ в том, что так чáсто **отступáл** пéред жи́зненными трýдностями.

인생의 끝에 가니 왜 지난 날 인생의 난관에서 매번 뒷걸음쳤는지 스스로를 타박하게 된다.

86일차

сух-/сох- 건조

сухо́й

형 건조한, 마른

Ты весь мо́крый! Неме́дленно переодева́йся в **сухо́е**, ина́че просту́дишься!

아주 홀딱 다 젖었구나! 당장 마른 옷으로 갈아입어, 안 그러면 감기 걸려!

실력 UP!

сухофру́кты 건과일

суха́рь 크래커, 러스크, 건빵; 말라깽이

су́ша

명 육지

СССР занима́л одну́ шесту́ю часть **су́ши**. Росси́я занима́ет одну́ восьму́ю часть.

소련 영토는 지구 육지 면적의 6분의 1, 러시아는 8분의 1에 이른다.

실력 UP!

матери́к 대륙, 육지

контине́нт 대륙

суши́ть НСВ
сушу́, су́шишь, су́шат

вы́сушить СВ
вы́сушу, -сушишь, -сушат
вы́сушен, -а, -ы

동 что 말리다, 건조하다

Ту́фли сыры́е, на́до их **вы́сушить**.

구두가 축축해. 말려야겠어.

за́суха

명 가뭄

Сильне́йшая **за́суха** порази́ла ю́жные регио́ны страны́.

극심한 가뭄이 남부 지역을 강타했다.

сухопу́тный

형 뭍의, 육지의

Сухопу́тные войска́ Вооружённых Сил Росси́и

러시아 육군

со́хнуть НСВ
со́хну, -нешь, -нут
со́х, со́хла, со́хли

동 1. 마르다, 시들다 2. 여위다

Мы вы́стирали посте́льное бельё и оста́вили его́ **со́хнуть** на балко́не.
우리는 침대보를 세탁해서 베란다에 말려놨다.

У дя́ди рак, он ча́хнет и **со́хнет** на глаза́х.
암에 걸린 삼촌은 쇠약해지고 눈에 띄게 여위어 가고 있다.

сут(щ)- 본질, 존재

суть

명 女 본질, 핵심(су́щность)

Объясни́те, пожа́луйста, в чём заключа́ется **суть** прете́нзий к на́шей фи́рме?
우리 회사에 대한 클레임의 요지가 뭔지 설명해 주시겠어요?

существова́ть НСВ
существу́ю, -ву́ешь, -ву́ют

동 존재하다, 있다
명 существова́ние 존재함, 생존

Для ка́ждой гру́ппы мышц **существу́ют** разли́чные ви́ды упражне́ний. Каки́е и́менно - вам подска́жет ваш тре́нер по фи́тнесу.
근육 부위마다 다양한 운동법이 있습니다. 자세한 건 트레이너가 설명해 줄 겁니다.

сре́дства к **существова́нию** 생계비

существо́
복생 суще́ств

명 존재, 생명체, 창조물

Подбира́я котёнка на у́лице, вы должны́ понима́ть, что тепе́рь отвеча́ете за жизнь э́того ма́ленького **существа́**.
길고양이를 주워올 때는 이 작은 생명에 대해 책임을 진다는 생각으로 데려와야 한다.

суще́ственно

부 상당히, 본질적으로
형 суще́ственный 상당한, 본질적인

В э́том году́ на́шей фи́рме удало́сь **суще́ственно** улу́чшить свои́ показа́тели. Это каса́ется и при́были, и перспекти́в ро́ста.
올해 우리 회사의 이윤과 성장 전망 지표가 큰 폭으로 향상되었다.

сосуществова́ние 명 공존

У меня́ с тарака́нами ми́рное **сосуществова́ние**: днём их не ви́дно на ку́хне, а но́чью - меня́.

우리 집 부엌은 낮에는 바퀴벌레들이 활동을 안 하고, 밤에는 내가 활동을 안 하니 참 평화로운 공존이 따로 없다.

прису́тствовать НСВ
прису́тствую, -вуешь, -вуют

동 출석하다, (위치에) 있다

Если не мо́жете **прису́тствовать** на совеща́нии, предупрежда́йте меня́ зара́нее, а не в после́днюю мину́ту!

회의에 불참할 것 같으면 미리 알려주세요. 직전에 알려주시지 말고요.

отсу́тствие

명 결석, 부재(↔ прису́тствие, нали́чие)
동 отсу́тствовать 불참하다, 부재하다

Гла́вная пробле́ма мно́гих молоды́х семе́й - **отсу́тствие** своего́ жилья́.

대다수의 신혼부부가 겪는 주요한 문제는 자기 집이 없다는 것이다.

осуществля́ть НСВ
осуществи́ть СВ
осуществлю́, -ви́шь, -вя́т
осуществлён, -а́, -ы́

동 что 실현하다, 실행하다
명 осуществле́ние 실현, 실행
형 осуществи́мый 실현 가능성이 있는

То́лько си́льный и целеустремлённый челове́к спосо́бен **осуществи́ть** свою́ мечту́.

강하고 목표 의식이 뚜렷한 사람만이 꿈을 실현할 수 있다.

прису́щий

형 кому + что 고유한, 속성을 지닌

Этому сотру́днику **прису́ща** исполни́тельность и высо́кое чу́вство отве́тственности.

이 직원은 일도 잘하고 책임감도 커.

насу́щный

형 긴요한, 없어서는 안 될

По слова́м президе́нта, вне́шняя поли́тика страны́ в по́лной ме́ре отвеча́ет её **насу́щным** геополити́ческим интере́сам.

국가 대외정책은 긴요한 지정학적 이해관계와 완전히 일치한다고 대통령은 말했다.

счаст- 행운

счастли́вый

형 행복한
명 **сча́стье** 행복, 행운
명 **счастли́вец, счастли́вчик** 행운아
부 **счастли́во** 행복하게; 안녕

Мы **счастли́вое** поколе́ние: мы не зна́ем, что тако́е хо́лод, лише́ния, го́лод. А ведь ещё на́ши ба́бушки и де́душки так жи́ли.
우리는 추위와 결핍, 배고픔을 모르는 행복한 세대야. 우리 할머니, 할아버지들은 그런 것을 겪으며 사셨는데 말이야.

Дава́й, **счастли́во**, пока́! Уда́чи! Звони́!
그래. 잘 지내고! 화이팅! 또 전화해!

несча́стный

형 불행한
명 **несча́стье** 불행

Еди́нственная неизлечи́мая боле́знь, кото́рая мне изве́стна, - э́то **несча́стная**, безотве́тная любо́вь.
유일하게 치료가 불가능한 병이 있다면 그건 불행한 짝사랑일 것이다.

несча́стный слу́чай 사고

посчастли́виться СВ

동 **кому + инф.** (무인칭) 운이 좋다, 운 좋게 ~하다

В наде́жде, что **посчастли́вится** и́менно им, в Лас-Ве́гас приезжа́ют миллио́ны люби́телей аза́рта и больши́х де́нег.
큰돈과 도박을 좇는 사람들 수백만 명이 행운이 따르길 기원하며 라스베이거스로 몰려든다.

87일차

сын- 아들

сын

복 сыновья́
복생 сынове́й

명 아들(сыно́к)

Своего́ му́жа и **сы́на** я стара́юсь корми́ть то́лько са́мым све́жим и вку́сным.

난 우리 남편과 아들에게 늘 신선하고 맛있는 요리를 해주려고 노력해요.

ма́менькин **сыно́к** 마마보이

усыновля́ть нсв
усынови́ть св
усыновлю́, -нови́шь, -новя́т
усыновлён, -а́, -ы́

동 кого 아들을 입양하다(удочеря́ть/удочери́ть 딸을 입양하다)
명 усыновле́ние 입양

По́сле ги́бели роди́телей я попа́л(попа́ла) в де́тский дом, но зате́м меня **усынови́ла**(удочери́ла) одна́ семья́ из Герма́нии.

우리 부모님이 두 분 다 사고로 돌아가시고 보육원에 보내진 나는 훗날 어느 독일인 가정에 입양되었다.

실력 UP!

приёмный сын 양아들
приёмные роди́тели 양부모
сирота́ 고아

сыр- 축축한, 습한

сыро́й

형 1. 축축한 2. 익히지 않은, 날 것의
명 女 сы́рость 습기

Пого́да **сыра́я** и холо́дная, выходи́ть из до́ма никуда́ не хо́чется.

날씨가 습하고 쌀쌀해서 그런지 집 밖에 아무 데도 나가기 싫다.

Цена́ **сыро́й** не́фти составля́ет сего́дня 71 до́ллар.

원유가는 금일 기준 71달러입니다.

Конце́пция пока́ **сыра́я**, ещё о́чень мно́гое необходи́мо тща́тельно проду́мать и взве́сить.

구상한 내용은 아직 완성되지 않았어요. 면밀히 따져보고, 고려할 것이 아직 많이 남아 있습니다.

сырьё

명 단 원료, 재료
형 сырьевóй 원자재의

Сáхар - основнóй вид **сырья́** при произвóдстве кондúтерских издéлий.
설탕은 과자의 주원료이다.

Вот ужé мнóго лет Россúя пытáется уйтú от модéли **сырьевóй** экономики.
러시아는 자원 의존 경제에서 벗어나려 안간힘을 쓰고 있다.

твер- 단단한

твёрдый

형 1. 단단한 2. 확고한

В бúзнесе и жúзни преуспевáют лю́ди с **твёрдым** харáктером, лю́ди, котóрые умéют и не боя́тся рисковáть.
인생도 비즈니스도 성격이 굳건하고 위험을 두려워하지 않는 사람들이 성공한다.

подтверждáть НСВ
подтвердúть СВ
подтвержу́, -дúшь, -дя́т
подтверждён, -á, -ы́

동 что 확인하다, 증명하다
명 подтверждéние 확인

Оба президéнта **подтвердúли** своё стремлéние и впредь закрепля́ть и развивáть позитúвные тендéнции в отношéниях мéжду двумя́ стрáнами.
두 정상은 앞으로도 양국 관계의 긍정적인 추세를 공고히 하고 더욱 발전시켜 나가자는 의지를 서로 확인했다.

утверждáть НСВ
утвердúть СВ
утвержу́, -вердúшь, -вердя́т
утверждён, -á, -ы́

동 1. 주장하다, 확언하다 2. что 승인하다
명 утверждéние 주장; 승인

Междунарóдные правозащúтные организáции **утверждáют**, что мнóгие заключённые в россúйских тю́рьмах подвергáются бесчеловéчному обращéнию.
국제인권단체는 러시아의 수감자들이 비인간적 처우를 당하고 있다고 주장한다.

твор- 창조

творе́ние

명 창조(물)
동 (со)твори́ть *что* 창조하다, 만들어 내다
명 творе́ц 창조자, 조물주

Челове́ческий ум не в си́лах поня́ть и охвати́ть всё вели́чие Го́спода и Его́ **творе́ний**.
사람의 머리로는 신과 신이 만든 창조물의 위대함을 이해할 수 없다.

тво́рчество

명 창작(활동), 작품
형 тво́рческий 창작의; 창의적인

Основна́я те́ма в **тво́рчестве** э́того худо́жника - ве́чная красота́ земли́ и приро́ды.
이 화가 작품의 주요 주제는 자연과 세상의 영원한 아름다움이다.

실력 UP!

плодотво́рный 효율적인, 성과가 있는(329p 참고)
смехотво́рный 웃음을 유발하는
миротво́рческий 평화유지의
благотвори́тельный 자선의(68p 참고)
олицетворе́ние 체현, 인격화
твори́тельный паде́ж 조격

претворя́ть НСВ
претвори́ть СВ
претворю́, -твори́шь, -творя́т
претворён, -а́, -ы́

동 что + в жизнь 이행하다, 실현하다
명 претворе́ние *чего* в жизнь 실현, 이행

Ма́ло вы́двигать креати́вные иде́и, ну́жно ещё уме́ть **претворя́ть** их в жизнь.
창의적인 아이디어를 내놓는 것만으로는 부족해. 그걸 실천할 줄도 알아야지.

притворя́ться НСВ
притвори́ться СВ

동 кем-чем ~인 척하다

- Вы ча́сто **притворя́етесь** не тем, кто вы есть на са́мом де́ле?
- Ка́ждый день. На рабо́те.

- 본 모습을 숨긴 채로 살아갈 때가 많습니까?
- 직장에서는 매일 그렇죠.

тем-/тьм-/тм- 어둠

темнота́

명 어둠
형 **тёмный** 어두운

Я ужа́сно не люблю́ **темноту́**, поэ́тому ве́чером зажига́ю свет во всех ко́мнатах.
난 깜깜한 게 너무 싫어서 저녁에는 온 방마다 불을 다 켜놔.

темне́ть НСВ
потемне́ть СВ
(по)темне́ю, -не́ешь, -не́ют

동 어두워지다, 컴컴해지다

Зимо́й у нас на се́вере **темне́ет** ра́но, уже́ по́сле трёх часо́в.
북부 지방은 겨울이 되면 3시만 돼도 어두워진다.

тьма

명 1. 어둠 2. 무지, 몽매

Жена́, де́ти, маши́на, ипоте́ка - на всё э́то нужны́ де́ньги, **тьма-тьму́щая*** де́нег!
아내와 아이들을 건사하고, 자동차에 집 대출금까지 대려면 엄청 돈이 많이 들어가지.

*тьма-тьму́щая 까마득하게 많다

тер-1 잃다

теря́ть НСВ
потеря́ть СВ
поте́рян, -а, -ы

동 **кого-что** 잃다
명 **поте́ря** 손실

Вчера́ мы бы́ли в кино́. Фильм ужа́сный, то́лько **потеря́ли** вре́мя и де́ньги.
어제 영화 보고 왔는데, 정말 최악이더라. 시간 낭비, 돈 낭비였지 뭐.

расте́рянный

형 당황한, 어쩔 줄 모르는

Нача́льник на меня́ крича́л, а я стоя́л жа́лкий, **расте́рянный** и моли́л бо́га, что́бы э́то скоре́е ко́нчилось.
상사는 나에게 소리를 질러댔고, 나는 불쌍하게 멀뚱히 서서 빨리 이 상황이 끝나게 해달라고 빌었다.

тер-2 참다

терпе́ть НСВ
потерпе́ть СВ
(по)терплю́, те́рпишь, те́рпят

동 что 1. 참다, 견디다 2. (실패, 손실을) 겪다
형 **терпели́вый** 인내심이 강한
명 **терпе́ние** 인내

Горчи́чники нестерпи́мо жгут, но на́до **терпе́ть**: при просту́де э́то хорошо́ помога́ет.

겨자찜질을 하니 참을 수 없을 정도로 화끈거려. 그래도 참아야지. 감기 걸렸을 땐 이게 도움이 돼.

нетерпи́мость

명 女 불용, 불관용(↔ терпи́мость)

Нетерпи́мость к чужо́му мне́нию, к ино́й то́чке зре́ния - при́знак недалёкого ума́*.

타인의 의견과 관점에 대해 편협하게 구는 건 멍청한 사람이나 하는 짓이야.

*ма́ленького ума́, то есть глу́пого челове́ка 멍청한 사람

88일차

тек(ч)-/ток- 흐름

течь НСВ
течёт, теку́т
тёк, текла́, текли́

동 흐르다

Наконе́ц-то весна́! Пригрева́ет со́лнце, та́ет снег, **теку́т**-бегу́т-журча́т ручьи́!

드디어 봄이 왔어! 햇볕도 따스하고 눈도 녹고, 시냇물도 졸졸 흐르고 있어.

теку́щий

형 현재의, 지금의

В соотве́тствии с контра́ктом вся проду́кция бу́дет отгру́жена в Ваш а́дрес в упомя́нутые ра́нее сро́ки, то есть до 1-го ма́рта **теку́щего** го́да.

계약서에 따라 전 상품은 일전에 언급한 기간인 올해 3월 1일까지 귀하의 주소지로 발송될 겁니다.

тече́ние

명 흐름, 추세

- Когда́ мы мо́жем рассчи́тывать на получе́ние ва́шего гру́за?
- В **тече́ние*** неде́ли.

- 언제 물건을 받아볼 수 있습니까?
- 일주일 내로 가능합니다.

*в тече́ние *чего* ~동안

пото́к

명 흐름, 유입, 쇄도

Бо́льшая часть туристи́ческого **пото́ка** в За́падную Евро́пу прихо́дится на Фра́нцию, Ита́лию и Испа́нию.

서유럽으로 유입되는 관광객은 대부분 프랑스, 이탈리아, 스페인에 집중돼있다.

исто́чник

명 1. 샘 2. 원천, 근원 3. 출처

- Отку́да у вас э́ти да́нные? Это же бо́мба!
- У меня́ свои́ **исто́чники** в прави́тельстве.

- 어디서 이런 자료를 얻었어? 아주 대박인데!
- 정부에 취재원들이 있어요.

утéчка
(복생) утéчек

명 누수, 유출

Утéчка мозгóв 인재 유출

притóк

명 유입(↔ оттóк)

Далекó не все европéйцы рáды мáссовому **притóку** бéженцев из Áфрики и с Бли́жнего Востóка.
아프리카와 중동 난민의 대규모 유입에 대해 모든 유럽인이 달가워하는 것은 아닙니다.

стóчный

형 하수의, 오수의

В гóроде до сих пор нет очистны́х сооружéний, все **стóчные** вóды идýт пря́мо в рéку.
이 도시에는 아직 정화시설이 없기 때문에 모든 폐수가 강으로 흘러 들어간다.

протекáть НСВ
протéчь СВ
протечёт, -текýт
протёк, -теклá, -текли́

동 흐르다, 흘러 지나가다

Рекá Хангáн **протекáет** чéрез Сеул и впадáет в Жёлтое мóре.
한강은 서울을 가로질러 황해로 흐른다.

истекáть НСВ
истéчь СВ
истечёт, истекýт
истёк, -теклá, -текли́

동 (기간 등) 만료되다
명 истечéние 만료

У конфéт срок гóдности ужé **истёк**.
이 초콜릿 유통기간이 벌써 지났네.

тес- 비좁은

тéсно

부 1. 비좁게 2. 긴밀하게
명 теснотá 협소

Жизнь и твóрчество композúторов Гáйдна, Мóцарта и Бетхóвена бы́ли **тéсно** свя́заны со столи́цей Австрии Вéной, поэ́тому их так и назывáют - “Вéнские клáссики”.
하이든, 모차르트, 베토벤의 삶과 작품은 모두 오스트리아의 수도 빈과 밀접한 연관이 있었다. 그래서 이들을 ‘빈의 삼대 거장’이라고 부른다.

вытесня́ть НСВ
вы́теснить СВ
вы́теснен, -а, -ы

동 кого-что 쫓아내다, 축출하다

Ча́сто лю́ди стремя́тся **вы́теснить** из па́мяти неприя́тные воспомина́ния и моме́нты.
사람들은 나쁜 기억을 머릿속에서 지우려고 애를 쓴다.

стесня́ться НСВ
постесня́ться СВ

동 1. 사양하다 2. чего/инф. 꺼리다, 불편해하다, 부끄러워하다

Я ужа́сно **стесня́юсь** своего́ дли́нного но́са.
난 코가 큰 게 너무 창피해.

тех- 기술

те́хника

명 1.기계 2.기술, 테크닉
형 техни́ческий 기계의, 기술적인
명 те́хник 기능공, 기술자

У моего́ дя́ди небольша́я фи́рма по прода́же бытово́й **те́хники**.
우리 삼촌은 가전제품을 판매하는 중소업체를 운영하고 있다.

техноло́гия

명 기술, 테크놀로지
형 технологи́ческий 기술의

информацио́нные **техноло́гии** 정보통신기술(IT)

Двадца́тый век стал ве́ком двух мировы́х войн. Сла́ва Бо́гу, два́дцать пе́рвый пока́ называ́ют ве́ком га́джетов и высо́ких **техноло́гий**.
20세기가 두 차례 발생한 세계대전으로 대표되는 시대라면, 다행히 21세기는 전자기기와 첨단 기술로 대표되는 시대입니다.

технокра́т

명 기술직 관료, 테크노크라트

Но́вое прави́тельство в основно́м состои́т из профессиона́лов-**технокра́тов**. Полити́ческих фигу́р в нём ма́ло.
새 정부는 주로 전문적 기술 관료들로 구성되어 정치적 인물 비중이 작은 편이다.

тип- 유형

тип

명 유형

Простéйшая классификáция харáктеров и темперáментов выделя́ет четы́ре человéческих **ти́па**: сангви́ники, холéрики, меланхóлики и флегмáтики.

사람의 성격과 기질을 가장 간단히 분류하는 방법은 낙천형, 분개형, 우울형, 냉정형이라는 네 가지 유형으로 나누는 것이다.

типи́чный

형 전형적인

Ольга - **типи́чная** "пáпина дóчка": капри́зная, избалóванная.

올가는 변덕스럽게 응석 부리는 걸 보니 전형적인 파파걸이야.

Сергéй - **типи́чный** мáменькин сынóк: вя́лый, нереши́тельный, безвóльный.

세르게이는 의욕이 없고 우유부단하면서 의지가 약한 걸 보니 전형적인 마마보이야.

типовóй

형 표준의, 규격의

Мы заключи́ли с нóвыми квартиросъёмщиками **типовóй** договóр арéнды-нáйма жилья́.

우리는 임차인과 표준 주택임대계약을 체결하였다.

ти́па

소 разг. 마치 ~ 같은(врóде, как бýдто, похóже на)

- А где Коля́н?
- Да он **ти́па** заболéл, температýра.

- 근데 콜랸(니콜라이) 어디 갔어?
- 좀 아픈 거 같아. 열이 난대.

Лари́са сейчáс **ти́па** звездá: её кли́пы по "МузТВ" крýтят*.

라리사는 이제 거의 스타야. 음악 채널만 틀면 라리사 영상이 나와.

*(разг.) чáсто покáзывают 자주 보여주다

89일차

ТОЛК-1 뜻, 의미

толк

명 이해, 의미; 총명; 이익
형 толко́вый 똑똑한, 영리한; 뜻풀이의

Превосхо́дное вино́, я зна́ю в э́том **толк***!
최상급 와인이라면 그건 내가 보는 눈이 있지.

*знать толк *в чём* 정통하다

Я не могу́ взять в **то́лк***, как конкуре́нты узна́ли о на́ших пла́нах?
이해가 안 되네. 경쟁사에서 어떻게 우리 계획을 알게 된 거지?

*взять в толк 이해하다

Назнача́ю вас нача́льником отде́ла. Уве́рен: из вас бу́дет **толк***.
당신을 과장으로 임명합니다. 자질이 있어요. 아주 잘할 것 같아요.

**из кого* вы́йдет(бу́дет) толк 잘한다, 가치가 있다

Мы, коне́чно, подава́ли апелля́цию на реше́ние суда́, но всё бе́з **толку***.
우리는 법원의 판결에 대해 항소했지만, 공연한 짓이었다.

*бе́з толку 소용없다, 공연히

Утром я так торопи́лся на рабо́ту, что **то́лком*** не поза́втракал.
서둘러 출근하느라 아침을 제대로 못 먹었어.

*то́лком 제대로

толкова́ть НСВ
истолкова́ть СВ
(ис)толку́ю, -ку́ет, -ку́ют
истолко́ван, -а, -ы

동 **что** 해석하다, 설명하다(интерпрети́ровать)
명 толкова́ние 해석

Ка́ждый наро́д всегда́ стара́ется **истолкова́ть** исто́рию по-сво́ему и в свою́ по́льзу.
모든 국가는 자국의 이익에 맞게, 자기 식대로 역사를 해석하려고 한다.

толк(ч)-2 밀치다

толка́ть НСВ
толкну́ть СВ
толкну́, -нёшь, -ну́т

동 кого-что 1. 밀다, 밀치다 2. ~하도록 만들다, 떠밀다

Проходя́ по коридо́ру, я неча́янно **толкну́л** ше́фа. Бо́же, како́й был крик!
복도를 지나다 본의 아니게 과장님을 밀쳤는데, 세상에 어찌나 소리를 질러대는지!

ста́лкиваться НСВ
столкну́ться СВ

동 с кем-чем 1. 부딪치다, 충돌하다 2. 맞닥뜨리다, 직면하다
명 столкнове́ние 충돌, 다툼

На перекрёстке у́лиц Гага́рина и Сове́тской **столкну́лись** два легковы́х автомоби́ля. К сча́стью, пострада́вших нет.
가가린로와 소베츠카야로가 만나는 교차로에서 승용차 두 대가 충돌했습니다. 다행히도 사상자는 없습니다.

При реализа́ции но́вого би́знес-прое́кта мы **столкну́лись** с непредви́денными тру́дностями.
우리는 신사업을 추진하면서 예상치 못한 난관에 부딪혔다.

толчо́к
단생 толчка́

명 1. 진동, 반동 2. 자극, 동기부여

Всю ночь в го́роде и его́ окре́стностях ощуща́лись мо́щные подзе́мные **толчки́**.
밤새 시내와 도시 주변부에서 심한 지진이 감지되었다.

торг(ж)- 거래

торго́вля

형 교역, 거래, 매매
형 торго́вый 교역의, 상업 거래의

Рекла́ма - дви́гатель **торго́вли**.
광고는 판매의 원동력이다.

торгова́ться НСВ
торгу́юсь, -гу́ешься, -гу́ются

동 1. 흥정하다 2. чем 교역하다, 거래하다

Чем занима́ются поли́тики и диплома́ты во вре́мя перегово́ров? Факти́чески они́ **торгу́ются**, как торго́вцы и покупа́тели на ры́нке.
정치인들과 외교관들이 협상에서 하는 일은 무엇인가요? 이들은 사실상 상인과 구매자처럼 흥정을 하죠.

торги́

명 복 매매, 거래

По результа́там **торго́в** на валю́тной би́рже курс до́ллара на сего́дня составля́ет ро́вно 70 рубле́й.
오늘 외환거래소에서는 달러-루블 환율은 70루블로 거래를 마쳤다.

точ- 점

то́чка
복생 то́чек

명 1. 점, 지점 2. 마침표

Диза́йн рекла́много са́йта весьма́ ва́жен с **то́чки** зре́ния* марке́тинга.
마케팅 관점에서 광고 사이트의 디자인은 매우 중요한 요소이다.

*с то́чки зре́ния *кого-чего* ~의 관점에서, 측면에서(то́чка зре́ния 관점)

Но́вое моби́льное приложе́ние позволя́ет бы́стро и легко́ заказа́ть такси́ в любо́й **то́чке** го́рода.
새로운 모바일 앱을 통해 어느 도시에서나 쉽고 빠르게 택시를 예약할 수 있습니다.

то́чный

형 정확한, 정밀한

У Матве́я с ра́нних лет обнару́жилась скло́нность к **то́чным** нау́кам; в кла́ссе он всегда́ был лу́чшим по фи́зике и матема́тике.
마트베이는 어릴 적부터 정밀과학에 소질을 보였어. 반에서 물리와 수학을 제일 잘하는 학생이었지.

уточня́ть НСВ
уточни́ть СВ
уточнён, -á, -ы́

동 что 정확히 확인하다

Счита́ю, нам необходи́мо ещё раз встре́титься, что́бы **уточни́ть** все дета́ли контра́кта.
제 생각에는 저희가 한 번 더 만나 계약의 세부사항을 확인해야 할 것 같아요.

тощ- 비어있다

натоща́к

부 공복으로, 빈속에

Это лека́рство необходи́мо принима́ть у́тром **натоща́к**.
이 약은 아침 공복에 먹어야 한다.

истощéние

명 고갈, 소모
동 истощáть/истощи́ть *что* 소모하다, 고갈시키다

Браконьéрство, **истощéние** природных ресýрсов - э́ти фáкторы ведýт к сокращéнию популя́ций мнóгих ви́дов живóтных, обитáющих в Африке.

밀렵과 천연자원의 고갈은 아프리카에 서식하는 많은 동물 종의 개체 수가 줄어드는 요인이다.

транс- 횡단

трáнспорт

명 교통

Сáмый бы́стрый вид **трáнспорта** - конéчно, воздýшный, самолёты и вертолёты.

가장 빠른 교통수단은 당연히 비행기나 헬기 같은 항공기죠.

транзи́т

명 통과 운송, 경유
형 транзи́тный 통과의, 경유의

Ежеднéвно сóтни корéйских тури́стов летя́т в Еврóпу **транзи́том** чéрез Москвý.

매일 수백 명의 한국 관광객이 모스크바를 경유하여 유럽으로 간다.

транспортирóвка
복생 транспортирóвок

명 운송(перевóзка)

Транспортирóвка нéфти и нефтепродýктов всегдá сопряженá с опáсностью экологи́ческой катастрóфы.

석유 및 석유제품 수송 시 환경 재난이 발생할 위험성이 상존한다.

трансля́ция

명 중계, 방송
동 трансли́ровать *что* 방영하다

“Пéрвый канáл” бýдет вести́ **трансля́цию** финáльного мáтча в прямóм эфи́ре начинáя с 19-ти часóв.

1TV는 결승전 경기를 19시부터 생중계할 예정입니다.

90일차

трат- 소비

тра́тить НСВ
потра́тить СВ
(по)тра́чу, тра́тишь, тра́тят
потра́чен, -а, -ы

동 что + на что ~을 -에 소비하다

Я **потра́тила** на тебя́ лу́чшие го́ды свое́й жи́зни! А что я получи́ла взаме́н?!

난 내 인생 최고의 날들을 당신에게 바쳤어. 그 대가로 내가 얻은 게 대체 뭐야?!

утра́чивать НСВ
утра́тить СВ
утра́чу, -тра́тишь, -тра́тят
утра́чен, -а, -ы

동 что 잃다, 사라지다, 퇴색하다

С во́зрастом челове́к **утра́чивает** интере́с ко мно́гим из тех веще́й, кото́рые столь привлека́ли его́ в мо́лодости.

사람은 나이를 먹으면서 젊은 시절 그를 현혹했던 많은 것들에 대해 흥미를 잃어간다.

затра́та

명 복 на что 지출, 비용

Затра́ты на строи́тельство но́вого аэропо́рта оце́ниваются приблизи́тельно в 400 миллио́нов до́лларов.

신규 공항 건설비는 약 4억 달러가 될 것으로 추정된다.

> **실력 UP!**
>
> **расхо́д**
>
> Все **расхо́ды** на строи́тельство но́вого о́нкоце́нтра бу́дут покры́ты из федера́льного бюдже́та.
>
> 암센터 신설 비용은 연방 예산으로 충당한다.
>
> **изде́ржка**
>
> Любо́й бизнесме́н всегда́ стреми́тся свести́ к ми́нимуму **изде́ржки** произво́дства.
>
> 모든 사업가는 생산비용을 최소화하기 위해 노력한다.

растра́чивать НСВ
растра́тить СВ
растра́чу, -тра́тишь, -тра́тят
растра́чен, -а, -ы

동 что 낭비하다

Тако́й тала́нтливый челове́к, а **растра́тил** свою́ жизнь по пустяка́м! Очень жаль.

그 재능있는 사람이 사소한 것 때문에 인생을 낭비하더라고. 정말 안타까워.

тре- 숫자 3, 셋

трёхме́рный

형 삼차원의

Гологра́мма - э́то объёмное **трёхме́рное** изображе́ние объе́кта, создава́емое с по́мощью ла́зера.
홀로그램은 레이저를 쏘아 3차원 입체 이미지를 재현한 것을 말한다.

треуго́льник

명 삼각형

Берму́дский **треуго́льник** - одно́ из са́мых зага́дочных мест на на́шей плане́те.
버뮤다 삼각지대는 지구상에서 가장 미스터리한 곳 중 하나입니다.

любо́вный **треуго́льник** 사랑의 삼각관계

треб- 요구, 필요

тре́бовать НСВ
потре́бовать СВ
(по)тре́бую, -уешь, -уют
потре́бован, -а, -ы

동 от кого-чего + чего/инф. 요구하다
명 тре́бование *к чему* ~에 대한 요건

Президе́нт **потре́бовал** от прави́тельства предприня́ть все необходи́мые ме́ры для сокраще́ния бюдже́тного дефици́та.
대통령은 정부에 재정 적자를 줄이기 위한 모든 조치를 취할 것을 요구했다.

> **실력 UP!**
> **нужда́ться *в чём*** ~이 필요하다(291p 참고)
> **пона́добиться** ~이 필요하다

потре́бность

명 女 в ком-чём 수요, 필요(спрос *на что*)

Де́ятели шо́у-би́знеса прекра́сно удовлетворя́ют на́шу **потре́бность** в о́тдыхе и развлече́ниях.
예능인들은 휴식과 재미를 원하는 우리의 수요를 너무나 잘 충족해주고 있다.

потребле́ние

명 소비, 섭취
명 男 потреби́тель 소비자

Сбаланси́рованное **потребле́ние** белко́в, жиро́в и углево́дов должно́ стать ежедне́вным.
단백질, 지방, 탄수화물은 매일 균형 있게 섭취해야 한다.

употребля́ть НСВ
употреби́ть СВ
употреблю́, -би́шь, -бя́т
употреблён, -а́, -ы́

동 что 사용하다, 이용하다; 섭취하다
명 употребле́ние 이용, 복용

Стара́йтесь **употребля́ть** в пи́щу как мо́жно бо́льше овоще́й и фру́ктов.
음식을 섭취할 때 채소와 과일을 가능한 한 많이 드세요!

злоупотребле́ние

명 кем-чем 악용
동 злоупотребля́ть/злоупотреби́ть *кем-чем* 악용하다

Откажи́тесь от куре́ния, не **злоупотребля́йте** алкого́лем - так вы сохрани́те здоро́вье на мно́гие го́ды.
금연하시고, 과음하지 마세요. 그러면 오래도록 건강하실 겁니다.

востре́бованный

형 필요한, 필수적인, 수요가 있는

Антикри́зисный ме́неджер - **востре́бованная** сего́дня профе́ссия.
위기관리자는 오늘날 꼭 필요한 직업이다.

трог-/траг- 접촉

тро́гать НСВ
тро́нуть СВ
тро́ну, тро́нешь, тро́нут
тро́нут, -а, -ы

동 кого-что 1. 건드리다, 만지다 2. 감동을 주다

Она **тро́нула** меня́ за плечо́ и прошепта́ла на́ ухо: “Дава́й уйдём отсюда́”.
그녀는 내 어깨에 손을 올리며 “여기서 나가자”고 귓속말을 했다.

Тёплые слова́ поздравле́ний **тро́нули** юбиля́ра до глубины́ души́*.
따뜻한 축하의 말에 생일자는 가슴 깊이 감동을 받았다.

*тро́нуть до глубины́ души́ 깊은 감동을 주다

тро́гательный

형 감동적인

Я не могу́ сдержа́ть слёз, когда́ смотрю́ како́й-нибудь **тро́гательный** фильм.
난 감동적인 영화를 볼 때마다 눈물을 못 참겠어.

затра́гивать НСВ

затро́нуть СВ
затро́ну, -тро́нешь, -тро́нут
затро́нут, -а, -ы

동 что 1. 건드리다 2. 다루다, 언급하다, 영향을 끼치다

Во вре́мя бесе́ды ли́деры двух стран та́кже **затро́нули** и вопро́сы сотру́дничества в о́бласти нау́ки и культу́ры.

양국 정상은 회담 중 과학·문화 협력에 대해서도 언급했다.

тряс- 흔들다

трясти́ НСВ

потрясти́ СВ
(по)трясу́, трясёшь, трясу́т
(по)тря́с, -ла́, -ли́
(по)трясён, -а́, -ы́

동 что 1. 흔들다 2. 떨게 하다 3. 놀라게 하다, 충격을 주다

Он до́лго **тряс** мне ру́ку и вся́чески выража́л свою́ благода́рность.

그는 나에게 온갖 감사의 말을 전하며 맞잡은 손을 연신 흔들었다.

От волне́ния меня́ **трясло́**, как в лихора́дке*.

난 불안감 때문에 열병에 걸린 사람처럼 몸을 떨었다.

*трясти́, как в лихора́дке 오한이 든 것처럼 몸을 떨다

Поздравля́ю! Великоле́пная презента́ция. Вы всех буква́льно **потрясли́.** (все **потрясены́**)

축하합니다! 프레젠테이션이 기가 막혔습니다. 모두에게 강렬한 인상을 줬어요.

потряса́ющий

형 강렬한, 놀랄만한, 눈부신

Леона́рдо Ди Ка́прио - **потряса́ющий**, на мой взгляд, актёр. Почему́ ему́ сто́лько лет не дава́ли “Оскара”?

내가 보기에 디카프리오는 아주 뛰어난 배우 같은데. 대체 왜 그렇게 오랜 기간 오스카상을 안 준거래?

землетрясе́ние

명 지진

Цуна́ми - э́то гига́нтские во́лны, образу́ющиеся в результа́те **землетрясе́ния**, произоше́дшего в глуби́нах океа́на.

쓰나미는 심해에서 발생한 지진으로 인해 형성된 거대 해일을 말한다.

91일차

труд- 노동

труд
단생 труда́
복생 труды́

명 노동, 일
형 трудово́й 노동의

В о́пере я всегда́ с **трудо́м*** разбира́ю, что они́ пою́т.
난 오페라에서 가수들이 부르는 노래 가사를 알아듣는 게 늘 어렵더라고.

*с трудо́м 힘겹게 ↔ без труда́ 쉽게

실력 UP!

трудолюби́вый 성실한, 근면한
трудоспосо́бный 노동가능의
~ое населе́ние 노동가능인구
трудоустро́йство 취업

тру́дность

명 女 어려움, 난관
형 тру́дный 어려운

Сейча́с у нас в би́знесе не́которые **тру́дности**. Но я уве́рен, что ско́ро мы их преодоле́ем.
지금 우리 사업이 힘든 시기를 겪고 있지만, 난 우리가 잘 극복해 낼 것이라고 믿어.

труди́ться НСВ
тружу́сь, тру́дишься, тру́дятся

동 일하다, 근로하다
명 трудя́щийся 근로자, 노동자

Мой дед всю жизнь **труди́лся** на заво́де, а в награ́ду получи́л от госуда́рства ни́щенскую пе́нсию.
우리 할아버지는 공장에서 한평생 일하셨지만, 국가로부터 보상으로 받은 건 쥐꼬리만 한 연금뿐이었다.

сотру́дничество

명 협력

За проше́дшие 3 го́да двум стра́нам удало́сь углуби́ть **сотру́дничество** в таки́х отрасля́х, как металлурги́я и нефтехи́мия.
양국은 지난 3년간 제철·석유화학 분야 협력을 발전시켰다.

затрудня́ть НСВ
затрудни́ть СВ
затруднён, -á, -ы́

동 что 어렵게 하다, 곤란하게 하다

Извини́те, вас не **затрудни́т*** пересе́сть за друго́й сто́лик?
혹시 괜찮으시다면 다른 테이블로 자리 옮기셔도 될까요?

*вас не затрудни́т 요청 시 사용하는 공손한 표현

Ско́льзкая доро́га кра́йне **затрудня́ет** управле́ние автомоби́лем.
길이 미끄러워 자동차 운전이 극도로 힘들다.

сотру́дник
女 сотру́дница

명 직원

Шеф лю́бит держа́ть всех **сотру́дников** в напряже́нии, всё вре́мя ока́зывать на них жёсткое давле́ние.
사장은 전 직원이 긴장한 상태에 있는 걸 좋아해. 늘 직원들을 심하게 압박하는 편이야.

тя-/тяг(з, ж)- 당김

тяжёлый

형 1. 무거운 2. 힘든, 어려운 3. 심한, 괴로운

Состоя́ние больно́го кра́йне **тяжёлое**. Ро́дственникам остаётся одно́: наде́яться, ве́рить и моли́ться.
환자의 상태가 중합니다. 가족분들이 할 수 있는 건 기대하면서 믿고 기도하는 것, 그 한 가지뿐입니다.

Молодо́й челове́к, уступи́те ме́сто ба́бушке, ей **тяжело́** стоя́ть.
저기요. 어르신께 자리 좀 양보해 주세요. 서 있기 힘드셔요.

тяжёлая промы́шленность 중공업

тяну́ть НСВ
потяну́ть СВ
(по)тяну́, тя́нешь, тя́нут

동 1. что 잡아당기다, (손 등) 뻗치다
2. -ся на что/к кому-чему ~에 끌리다, ~에 대한 욕구가 있다
명 тя́га *к чему* ~에 대한 열정, 욕구

Меня́ в после́днее вре́мя **тя́нет** на о́строе.
난 요즘 들어 매운 게 당겨.

실력 UP!

протя́гивать/протяну́ть *что* 잡아당기다, 늘이다, 내밀다
Он доста́л из карма́на свою́ визи́тную ка́рточку и **протяну́л** мне.
그는 주머니에서 명함을 꺼내 나에게 건넸다.

растя́гивание 스트레칭, 기지개

тя́жкий

형 1. 고생스러운, 혹독한 2. 심한, 중한

Где та то́нкая грань ме́жду по́длинной любо́вью и **тя́жкой** психологи́ческой зави́симостью?

진정한 사랑과 깊은 의존감 사이의 얇은 경계는 대체 어디일까?

실력 UP!

тя́жесть 중량, 무거운 것; 어려움, 고난
тя́гость 부담
тя́га 끌어당기는 힘, 열망

протяже́ние

명 거리, 기간

На **протяже́нии*** почти́ 200 киломе́тров желе́зная доро́га идёт вдоль бе́рега Байка́ла.

200km에 달하는 구간 동안 철도는 바이칼호숫가 옆을 지난다.

*на протяже́нии *чего* ~한 기간 동안, ~한 길이에 걸쳐

실력 UP!

протяжённость 길이, 연장

Протяжённость Коре́йского полуо́строва с се́вера на юг - о́коло 1000 киломе́тров.

한반도 북쪽 끝에서 남쪽 끝까지 거리는 총 1,000km에 이른다.

затя́гивать НСВ
затяну́ть СВ
затяну́, затя́нешь, -нут
затя́нут, -а, -ы

동 что 1. 졸라매다, 당겨서 매다 2. 지체하다,장기화하다

На́ша бесе́да **затяну́лась** далеко́ за́ полночь.

우리의 대화는 자정이 훌쩍 넘어서까지 지속되었다.

поту́же затяну́ть пояса́ 허리띠를 더욱 졸라매다, 더 아끼다

удар- 타격

ударе́ние

명 강세, 역점

Ударе́ния во мно́гих ру́сских слова́х ска́чут, как сумасше́дшие!

러시아 단어의 강세는 종잡을 수 없이 널뛰는 경우가 많다.

ударя́ть НСВ
уда́рить СВ
уда́рен, -а, -ы

동 **что(+обо что)/во что/по чему** ~을 치다, 부딪치다, 타격을 가하다
명 **уда́р** 치는 것, 타격; 뇌졸중

Вчера́ на у́лице был гололёд, я упа́ла и бо́льно **уда́рила** коле́но.
어제 길에 살얼음이 있더니만, 나 결국 넘어져서 무릎 찧었잖아.

> **실력 UP!**
> **нанести́ уда́р *по чему*** ~에 타격을 가하다
> **приня́ть уда́р на себя́** 타격을 입다

ум- 이성

ум
단생 ума́
복 умы́

명 지혜, 두뇌

Умо́м Росси́ю не поня́ть,
Арши́ном о́бщим не изме́рить:
У ней осо́бенная стать -
В Росси́ю мо́жно то́лько ве́рить. - Ф. И. Тю́тчев

러시아는 이성으로 이해할 수 없다
보편의 잣대로도 잴 수 없다
러시아는 특이한 무엇이 있으니
다만 가슴으로 믿을 뿐이다 - 튜체프

> **실력 UP!**
> **у́мный** 영리한, 똑똑한
> **у́мственный** 지능의

разу́мный

형 이성적인, 합리적인
명 **ра́зум** 이성, 분별

Я полага́ю, что мы суме́ем преодоле́ть все на́ши разногла́сия и приня́ть **разу́мное** реше́ние.
우리는 모든 갈등을 극복하고 합리적인 결정에 도달할 수 있을 것입니다.

уме́ть НСВ
суме́ть СВ
уме́ю, уме́ешь, уме́ют

동 **инф.** ~할 능력이 있다(배움을 통해서)
명 **уме́ние** *инф.* ~할 수 있는 능력

Вы врать совсе́м не **уме́ете**. Вы сра́зу же красне́ете.
거짓말을 전혀 못하시는군요. 바로 얼굴이 빨개지는 걸 보니 말이에요.

Уме́ние владе́ть собо́й не раз выруча́ло меня́ в са́мых сло́жных ситуа́циях.
나는 자제력 덕분에 여러 차례 난관을 벗어날 수 있었다.

уме́лый

형 익숙한, 능숙한, 능수능란한

Благодаря́ бы́стрым и **уме́лым** де́йствиям сотру́дников МЧС никто́ из жильцо́в до́ма при пожа́ре не пострада́л.
구조 대원들이 화재 발생 시 신속하고 능숙하게 대처한 덕분에 주민들은 모두 무사했다.

разуме́ется

물론, 당연히

- Вы за́втра бу́дете на корпорати́ве*?
- **Разуме́ется**. Все бу́дут, и я то́же.

- 내일 회식 갈 거야?
- 당연하지. 나를 포함해서 전원이 다 가.

*корпорати́вная вечери́нка 회식, 송년회 등 사내 기념행사

подразумева́ть НСВ

동 **что** 의미하다, 시사하다

Мы говори́м Коре́я, **подразумева́ем** “кимчи́” и “Самсу́нг”.
한국 하면 역시 김치하고 삼성이 제일 먼저 떠오르지.

92일차

уни- 하나, 1

универса́льный ⓗ 보편적인, 일반적인, 다방면의

Для э́того гениа́льного учёного был характе́рен всеобъе́млющий, **универса́льный** взгляд на приро́ду и челове́ка.

자연과 사람에 대한 포괄적이고 보편적인 관점이 이 천재 과학자의 특징이다.

уника́льный ⓗ 독특한, 유일한

Свои́ми произведе́ниями А.П. Че́хов внёс **уника́льный**, неповтори́мый вклад в мирову́ю литерату́ру.

체호프는 자신의 작품을 통해 세계 문학사에 아주 특별한 공헌을 했다.

унифика́ция ⓜ 통일화, 획일화

В гига́нтских мегапо́лисах происхо́дит **унифика́ция** не то́лько о́браза жи́зни, но и челове́ческой ли́чности.

대도시에서는 생활양식뿐 아니라 인간의 개성도 획일화된다.

ук(ч)- 학습

учи́ться НСВ
учу́сь, у́чишься, у́чатся

ⓓ **где** 공부하다, 재학 중이다

Моя́ мечта́ сбыла́сь: я бу́ду **учи́ться** в Аме́рике, в Йе́льском университе́те!

난 꿈을 이뤘어. 미국에서, 그것도 예일대에서 공부하게 됐거든.

실력 UP!

учи́тель 교사
учени́к 학생
учёный 학자
уче́бник 교과서
уче́бный 학습의
~ **год** 학년
~ **план** 수업 계획서
учи́лище 전문학교

учи́ть нсв

научи́ть св
(на)учу́, у́чишь, у́чат

동 1. кого + чему/инф. 가르치다 2. -ся чему/инф. 배우다

Бы́стро и вку́сно гото́вить меня́ **научи́ла** ма́ма.

음식을 빠르고 맛있게 만드는 법을 내게 가르쳐 준 사람은 우리 엄마였다.

учи́ть нсв

вы́учить св
вы́учу, -учишь, -учат
вы́учен, -а, -ы

동 что 암기하다, 공부하다

Как вы, иностра́нец, смогли́ так хорошо́ **вы́учить** ру́сский язы́к?!

아니, 어떻게 외국인이 러시아어를 그렇게 잘 배워서 해요?

нау́чный

형 과학의, 학술의

명 нау́ка 과학, 학문

Мою́ дипло́мную рабо́ту удосто́или зва́ния лу́чшей студе́нческой **нау́чной** рабо́ты э́того го́да в ра́мках всего́ университе́та.

내 졸업논문은 교내에서 '올해의 학생 논문'이라는 타이틀을 거머쥐었다.

нау́чная фанта́стика(НФ) 공상과학(SF)

изуче́ние

명 연구, 조사

동 изуча́ть/изучи́ть *что* 조사하다, 연구하다

Сотру́дники э́того НИИ уже́ мно́го лет занима́ются **изуче́нием** челове́ческого мо́зга.

이 연구소의 연구원들은 이미 오래전부터 인간의 뇌를 연구하고 있다.

обуче́ние

명 교육, 학습

동 обуча́ться/обучи́ться *чему* 배우다; 수학하다(учи́ться)

В на́шем университе́те **обуча́ется** бо́лее ты́сячи студе́нтов-иностра́нцев.

우리 대학교에는 천 명 이상의 외국인 학생들이 재학 중입니다.

실력 UP!

образова́ние
- получи́ть ~ 교육을 받다
- нача́льное ~ 초등교육
- сре́днее ~ 중등교육
- вы́сшее ~ 고등교육

учёба
- во вре́мя ~ы 학업 중에

уче́ние
- провести́ вое́нные ~я 군사훈련을 하다

факт-/фект- 만들다(fact, fect)

факт

명 사실, 실제
부 факти́чески 사실상, 현실적으로

В своéй статьé áвтор привóдит нóвые, неизвéстные ширóкой пýблике* **фáкты** из биогрáфии А.П. Чéхова.
저자는 본인의 논문을 통해 체호프 이력에서 대중들이 모르는 새로운 사실을 밝혀냈다.

*обы́чные, просты́е читáтели, не специали́сты 일반 대중

фáктор

명 요인, 요소

При формировáнии госудáрственного бюджéта Росси́и ключевы́м **фáктором** явля́ются цéны на нефть и газ.
러시아 예산 편성 시 가장 결정적인 요소로 작용하는 것은 석유와 가스의 가격이다.

эффекти́вный

형 1.효율적인 2. 효과가 있는
명 эффéкт 효과, 영향

Слáва бóгу, рак у отцá обнарýжили на рáнней стáдии, лечéние оказáлось **эффекти́вным**.
다행히도 아버지의 암은 조기에 발견되었고, 치료도 매우 효과적이었다.

эффéктный

형 인상 깊은
명 эффéкт 효과, 인상

Сáмая **эффéктная** сцéна в фи́льме - дрáка гéрóя со злодéем на кры́ше небоскрёба.
영화에서 가장 인상적인 장면은 주인공이 악당들과 고층빌딩의 옥상에서 결투를 벌이는 장면이다.

форм- 형태

фóрма

명 형태, 모양, 외형

Приведи́те примéры существи́тельных, имéющих **фóрмы** тóлько мнóжественного числá.
복수형만 있는 명사의 예시를 들어보세요.

рефо́рма

명 개혁, 개정

Мини́стр оборо́ны, доложи́те, как идёт **рефо́рма** в а́рмии.

국방부 장관은 군 개혁 상황에 대해 보고하십시오.

неформа́льный

형 비공식적인

Иногда́ сложне́йшие вопро́сы лу́чше обсужда́ть в **нефорама́льной** обстано́вке, не́жели в официа́льной.

정말 복잡한 문제들은 공식적인 자리보다 편안한 분위기에서 논의하는 게 더 나을 때가 있다.

формирова́ть НСВ
сформирова́ть СВ
(с)формиру́ю, -ру́ешь, -ру́ют
сформиро́ван, -а, -ы

동 что 형성하다, 조성하다
명 формирова́ние 형성, 조성

Гуманита́рные зна́ния чрезвыча́йно важны́ для **формирова́ния** гармони́чной ли́чности.

인문학 지식은 조화로운 인격 형성에 아주 중요한 요소입니다.

форма́т

명 형식

К резюме́ необходи́мо ещё прикрепи́ть и ко́пию дипло́ма о вы́сшем образова́нии в **форма́те** PDF.

pdf 파일 형식으로 대학 졸업증명서 사본을 이력서와 함께 첨부해야 합니다.

оформля́ть НСВ
офо́рмить СВ
офо́рмлю, -фо́рмишь, -фо́рмят
офо́рмлен, -а, -ы

동 что (서류를) 만들다, 공인하다, 작성하다

У нас в ба́нке вы смо́жете **офо́рмить** вклад под са́мый вы́годный проце́нт.

저희 은행에서 최고 우대 금리로 예금 계좌 개설이 가능합니다.

формули́ровать НСВ
сформули́ровать СВ
(с)формули́рую, -руешь, -руют
сформули́рован, -а, -ы

동 что 말로 표현하다, 간단명료하게 말하다
명 фо́рмула 공식

Что́бы чётко и я́сно **формули́ровать** свои́ мы́сли, необходи́мо развива́ть логи́ческое мышле́ние и в соверше́нстве знать родно́й язы́к.

본인의 생각을 정확하고 분명하게 전달하려면, 논리적 사고력을 기르고 모국어를 완벽히 구사할 수 있어야 한다.

информа́ция

명 정보

동 информи́ровать *кого + о чём* 알리다, 정보를 제공하다

Совреме́нные IT-техноло́гии значи́тельно облегча́ют по́иск и систематиза́цию необходи́мой **информа́ции**.

현대 정보통신기술은 필요한 정보를 수월하게 검색하고 체계화할 수 있도록 해준다.

93일차

характер- 성질, 특징

хара́ктер

명 성격, 성질

Все э́ти да́нные но́сят секре́тный **хара́ктер**, их разглаше́ние уголо́вно пресле́дуется.
이 모든 것은 보안성 자료로 이를 유출할 경우 형사처벌을 받을 수 있습니다.

характе́рный

형 для кого-чего ~한 특성이 있는

Для э́того сотру́дника **характе́рна** скло́нность к неожи́данным и нетривиа́льным реше́ниям.
이 사원은 평범치 않은 의외의 해결책을 내는 경향이 있다.

характеризова́ть НСВ

охарактеризова́ть СВ

(о)характеризу́ю, -зу́ешь, -зу́ют
охарактеризо́ван, -а, -ы

동 1. что 특징짓다, 묘사하다 2. -ся чем ~이 특징이다

- Как бы вы **охарактеризова́ли** на́шего но́вого сотру́дника?
- Стара́тельный, исполни́тельный, но безынициати́вный.
- Согла́сен. Звёзд с не́ба не хвата́ет*, но о́чень стара́ется.

- 이번에 새로 들어온 신입사원 어떤 거 같아요?
- 열심히 하고 꼼꼼한데, 시키는 것만 하는 편이에요.
- 맞아요. 평범한 대신 노력형이에요.

*У него́ нет большо́го тала́нта, он са́мый обы́чный, сре́дний челове́к 평범한 사람

характери́стика

명 1. 특징, 특성 2. (복) 특정값, 사양

3D-при́нтер - э́то устро́йство, кото́рое создаёт трёхме́рные объе́кты с зара́нее за́данными **характери́стиками**.
3D프린터는 입력된 값에 따라 3차원 물체를 형상화하는 기기입니다.

хват-/хит- 잡다, 거머쥐다

хвата́ть НСВ

хвати́ть СВ

동 кому + чего 충분하다

Если тебе́ не **хвата́ет** де́нег на но́вую маши́ну, то я тебе́ доба́влю, то́лько скажи́.

차 사는 데 돈이 부족하면 내가 보탤게. 말만 해.

Хва́тит жа́ловаться на судьбу́! На́до де́йствовать!

팔자 탓 좀 그만해. 실천을 하라고!

захва́тывать НСВ

захвати́ть СВ

захвачу́, -хва́тишь, -хва́тят

захва́чен, -а, -ы

동 кого-что 1. 꽉 잡다 2. 장악하다, 점령하다 3. 마음을 끌다, 사로잡다

형 захва́тывающий 마음을 사로잡는, 흥미진진한

명 захва́т 잡는 것, 장악

С пе́рвых же страни́ц кни́га **захва́тывает** чита́теля и де́ржит в напряже́нии до са́мого фина́ла.

책은 첫 장부터 독자들을 사로잡더니 끝날 때까지 긴장을 늦출 수 없게 만들었다.

охва́тывать НСВ

охвати́ть СВ

охвачу́, -хва́тишь, -хва́тят

охва́чен, -а, -ы

동 кого-что 1. 에워싸다, 둘러싸다 2. (범위에) 걸쳐 있다, 포함하다

명 охва́т 범위, 영향권; 포위

Суперма́ркеты э́той торго́вой сети́ **охва́тывают** весь юг Росси́и.

이 대형 유통 체인점은 러시아 남부 전 지역에 퍼져 있다.

похища́ть НСВ

похи́тить СВ

похи́щу, похи́тишь, похи́тят

похи́щен, -а, -ы

동 кого-что 강탈하다, 유괴하다, 납치하다

명 похище́ние 탈취, 납치

명 男 похити́тель 납치범

Среди́ бе́ла дня* из се́йфа президе́нта компа́нии **похи́тили** 300 ты́сяч е́вро! Мы все в шо́ке!

백주대낮에 사장 금고에서 30만 유로가 도난당했습니다. 정말 놀랄 노자가 따로 없군요!

*среди́ бе́ла дня 대낮

хи́щник

명 육식동물, 맹수

형 хи́щный 맹수의, 약탈의

Ти́гры, львы, панте́ры - э́то кровожа́дные **хи́щники**, но каки́е же они́ таки́е краси́вые и грацио́зные!

호랑이, 사자, 표범은 아주 잔인한 맹수지만, 아름답고 멋진 동물이기도 하죠.

ход- 가다, 오다

ход

명 과정, 경과

В тéксте договóра я не вúжу мнóгих вáжных момéнтов. Почемý вы не учлú все замечáния, вы́сказанные в **хóде*** егó обсуждéния?

계약서 내용에 중요한 부분들이 많이 빠졌군요. 왜 논의 중에 언급된 지적사항을 모두 고려하지 않은 거죠?

*в ходе *чего* ~의 과정에, ~ 중에, ~할 때

дохóд

명 от чего 수입, 소득

명 女 дохóдность 수익성

Правúтельство надéется, что реализáция егó нóвых экономúческих проéктов внесёт значúтельный вклад в повышéние **дохóдов** населéния.

정부는 새로운 경제 분야 프로젝트 추진이 국민 소득 증가에 크게 기여하길 기대하고 있다.

расхóд

명 на что 지출

동 (из)расхóдовать *на что* ~에 지출하다, 소비하다

Увеличéние **расхóдов** на социáльные нýжды в пéрвую óчередь означáет повышéние зарплáт врачéй и учителéй.

사회복지 비용 확대는 무엇보다도 의사와 교사의 임금 인상을 의미한다.

необходúмый

형 필수적인

명 女 необходúмость 필요성

Нóвый брáузер помóжет вам ориентúроваться в необъя́тном мóре Интернéта и бы́стро находúть **необходúмую** информáцию.

새로운 브라우저를 통해 광활한 인터넷의 바다에서 헤매지 않고 빠르게 필요한 정보를 찾을 수 있습니다.

кому* + необходúмо + *инф. (무인칭) ~해야 한다

схо́дство

명 с кем-чем 유사성
형 схо́жий *с кем-чем* ~와 닮은

Люде́й привлека́ет друг к дру́гу пре́жде всего́ **схо́дство** мне́ний и взгля́дов на жизнь.
사람들은 주로 삶에 대한 생각과 시각이 같을 때 서로 끌린다.

превосходи́ть НСВ
превзойти́ СВ
превзойду́, -дёшь, -ду́т
превзошёл, -шла́, -шли́

동 кого-что 능가하다
명 превосхо́дство 우월, 우위

Действи́тельность **превзошла́** все на́ши са́мые сме́лые ожида́ния.*
실제 현실은 우리의 모든 기대를 뛰어넘었다.

*Действи́тельные собы́тия оказа́лись "значи́тельно лу́чше", чем мы ожида́ли и наде́ялись.

происходи́ть НСВ
произойти́ СВ
произойдёт, -ду́т
произошёл, -шла́, -шли́

동 발생하다, 일어나다

Жизнь непредсказу́ема. В любо́й моме́нт мо́жет **произойти́** всё что уго́дно.
삶은 예측불가능하다. 언제 무슨 일이 일어날지 모른다.

исхо́д

명 결과

Исхо́д президе́нтских вы́боров непосре́дственно каса́ется ка́ждого из жи́телей страны́.
대통령 선거의 결과는 국민 한 사람 한 사람에게 직접적인 영향을 끼친다.

похо́д

명 1. 출정, 원정 2. 도보여행, 하이킹

Нам оста́лось пересе́чь ещё оди́н го́рный хребе́т - и всё, **похо́д** бу́дет завершён.
이제 우리는 산등성이를 하나만 넘으면 돼. 그러면 우리의 하이킹이 마무리되는 거지.

ХОЗЯ- 주인, 살림

хозя́ин
女 хозя́йка
복 хозя́ева

명 주인

Го́сти поблагодари́ли **хозя́йку** за угоще́ние, попроща́лись и ушли́.
손님들은 대접해준 집주인에게 감사 인사를 전하며 작별 인사를 나눈 뒤 돌아갔다.

хозя́йство

명 1. 경제 2. 일, 산업분야 3. 집안살림
형 **хозя́йственный** 경제의, 살림의

В семье́ Петро́вых жена́ рабо́тает, а муж ведёт дома́шнее **хозя́йство**.

페트로프씨 집은 아내가 일하고, 남편이 살림을 한다.

실력 UP!

домохозя́йство 살림, 가계
се́льское хозя́йство 농업
ры́бное хозя́йство 어업
морско́е хозя́йство 수산업
лесно́е хозя́йство 임업

94일차

холод-/хлад- 추위

хо́лод
(복) холода́

(명) 추위
(형) **холо́дный** 추운

Ле́то в зде́шних края́х коро́ткое и прохла́дное, а зима́ до́лгая и **холо́дная**.

이 지역은 여름이 짧고 선선한 대신, 겨울이 길고 춥다.

실력 UP!

прохла́дный 시원한, 선선한
холоди́льный 냉장의, 냉동의

охладева́ть НСВ
охладе́ть СВ
охладе́ю, -де́ешь, -де́ют

(동) 차가워지다, 식다, 냉담해지다

Снача́ла муж загоре́лся иде́ей* откры́ть своё кафе́, но пото́м забро́сил её, **охладе́л**.

남편이 처음에는 카페를 차리겠다는 열망으로 가득하더니 이내 그 생각을 버리고 열정이 식어버렸지 뭐야.

*с энтузиа́змом, с большо́й эне́ргией хоте́л нача́ть что́-то де́лать
열의에 불타다

실력 UP!

охлажда́ть/охлади́ть ***что*** 차갑게 만들다
холода́ть/похолода́ть (날씨가) 추워지다
холоде́ть/похолоде́ть 차가워지다; 소름이 끼치다

хладнокро́вный

(형) 1. 냉혈의 2. 냉정한, 침착한
(명) **хладнокро́вие** 냉정함, 침착함

Под ма́ской скро́много учи́теля мно́гие го́ды таи́лся **хладнокро́вный** уби́йца и наси́льник.

그는 얌전한 선생님의 탈을 쓰고 오랜 시간 냉혹한 살인범, 강간범의 모습을 숨겨왔어.

хот(ч)- 선호

хоте́ться нсв
захоте́ться св
(за)хо́чется
(за)хоте́лось

동 ~하고 싶은 마음이 들다(↔ расхоте́ться ~하기 싫어지다)

Хотя́ мне всегда́ **хоте́лось** занима́ться му́зыкой, но по́сле шко́лы я поступи́л на экономи́ческий факульте́т. Это был мой созна́тельный вы́бор.

나는 음악을 하고 싶었지만, 고등학교 졸업 후 경제학부에 입학했다. 이것은 나의 의식적 선택이었다.

охо́тно

부 기꺼이

В после́днее вре́мя выпускники́ городски́х школ всё **охо́тнее** поступа́ют в техни́ческие ко́лледжи и учи́лища.

최근 도시지역 고등학생들은 더 적극적으로 기술 · 직업전문 대학에 진학하고 있다.

неохо́та

명 내키지 않는 것
술 кому + инф. ~하기 싫다

Как же **неохо́та** встава́ть ра́но у́тром зимо́й, когда́ за окно́м так хо́лодно и темно́!

겨울철에는 아침 일찍 일어나기가 정말 싫어. 창밖은 아직 춥고 어두우니까!

охо́та

명 사냥
명 охо́тник 사냥꾼
동 охо́титься 사냥하다

Незако́нная **охо́та** явля́ется браконье́рством и кара́ется кру́пным де́нежным штра́фом ли́бо тюре́мным заключе́нием.

불법 포획을 밀렵이라고 하며, 적발 시 거액의 벌금 혹은 징역형에 처할 수 있다.

хран-/хорон- 묻다

сохраня́ть нсв
сохрани́ть св
сохранён, -а́, -ы́

동 кого-что 보존하다, 지키다, 유지하다
명 сохране́ние 유지, 보존

В США в ка́честве зако́нного наказа́ния сме́ртная казнь **сохраня́ется** в 31 шта́те.

미국의 경우 31개 주에서 사형을 제도적으로 유지하고 있다.

охра́на

명 보호, 경비, 보초
동 охраня́ть/охрани́ть *кого-что* 보호하다
명 охра́нник 경비원

При перево́зке кру́пных де́нежных сумм **охра́ну** обеспе́чивает наря́д поли́ции.
거액을 수송하는 경우 경찰이 보안조치를 제공한다.

Долг ка́ждого из нас - берéчь и **охраня́ть** приро́ду.
우리는 모두 자연을 아끼고 보호해야 할 의무가 있습니다.

храни́ть нсв

동 что 보관하다, 간직하다, 보존하다
명 хране́ние 보관

С моме́нта распа́да СССР прошло́ уже́ мно́го лет, но я до сих пор бе́режно **храню́** свой биле́т чле́на Коммунисти́ческой па́ртии Сове́тского Сою́за.
소련이 붕괴되고 많은 세월이 지났지만, 난 지금도 소련 공산당 당원증을 소중히 간직하고 있다.

ка́мера **хране́ния** 물품 보관소

храни́лище

명 저장소, 보관소

Музе́и - э́то уника́льные **храни́лища** истори́ческой па́мяти и духо́вной культу́ры.
박물관은 역사적 기억과 정신적 문화를 보관하는 특별한 곳입니다.

по́хороны

복생 похоро́н

명 복 장례식

У нача́льника умерла́ жена́, все сотру́дники сдаю́т де́ньги на **по́хороны**.
사장의 부인상 소식에 전 직원이 부의금(장례비)을 전달했다.

хрони́ческий

형 만성적인
명 хро́ника 연대기
주의 хронологи́ческий 연대의, 순차적인

У меня́ **хрони́ческий** бронхи́т: страда́ю с семи́ лет.
나는 만성 기관지염을 7살부터 앓고 있다.

В сове́тские времена́ мы страда́ли от **хрони́ческого** дефици́та това́ров. А сего́дня - от нехва́тки де́нег.
소련 시절에 우리는 상품의 만성적 부족에 시달렸고, 현재에는 금전 부족에 시달리고 있다.

худ(ж)- 나쁜

хýже

비 더 나쁜(плохóй/плóхо의 비교급)

Я побывáл во мнóгих стрáнах мíра и тепéрь понимáю, что нáша Россíя - ничéм не **хýже**, а в чём-то и лýчше другíх стран.

세계 여러 나라를 다녀보니 우리 러시아가 더 못한 것도 없고 어떤 면은 오히려 더 낫다는 것을 깨달았다.

ухудшáть НСВ
ухýдшить СВ
ухýдшен, -а, -ы

동 1. что 악화시키다 2. -ся 악화되다
명 ухудшéние 악화

К сожалéнию, состоя́ние больнóго продолжáет **ухудшáться**.

안타깝게도 환자의 상태가 점점 악화되고 있습니다.

худóй

형 마른(хýденький, худощáвый)

В шкóле я былá **худóй**, а в университéте попрáвилась.

전 고등학교 때는 말랐었는데 대학에 가서 살이 붙었어요.

худéть НСВ
похудéть СВ
(по)худéю, -дéешь, -дéют

동 살이 빠지다, 다이어트를 하다

Что бы такóе съесть, чтóбы **похудéть**?

살을 빼려면 뭘 먹으면 될까?

95일차

цар- 왕

царь
(女) цари́ца
(단생) царя́
(복) цари́

(명) (男) 차르(러시아의 전제군주)
(형) **ца́рский** 황제의
(형) **ца́рственный** 황제다운

После́дним ру́сским **царём** стал Никола́й Второ́й.
러시아의 마지막 황제는 니콜라이 2세입니다.

Президе́нт компа́нии для подчинённых - э́то **царь** и бог*.
이 회사의 사장은 사원들에게 있어 왕이자 신이나 다름없다.

*Он "абсолю́тный" нача́льник, в рука́х кото́рого "абсолю́тная" власть над подчинёнными. 절대권력을 가지고 있다

실력 UP!

импера́тор 황제
князь 대공, 공후, 공작
дворяни́н, аристокра́т 귀족
коро́ль 왕
прави́тель 통치자, 군주

воцаря́ться НСВ
воцари́ться СВ

(동) 지배적이다, (시기 등) 시작되다, 만연하다(цари́ть, госпо́дствовать)

Жена́ с детьми́ отпра́вилась в го́сти к тёще, и в до́ме наконе́ц-то **воцари́лась** тишина́.
아내는 아이들을 데리고 친정집에 갔고, 드디어 온 집안에 고요함이 찾아왔다.

цвет- 1. 색 2. 꽃

цвет
(복) цвета́

(명) 색

Я реши́ла стать рокаво́й брюне́ткой и покра́сила во́лосы в жгу́чий чёрный **цвет**.
난 아주 치명적인 여자가 될 거야. 머리도 완전 블랙으로 염색했어.

실력 UP!

цветно́й 유색의, 컬러의
~ каранда́ш 색연필
цветово́й 색의

цвето́к

단생 цветка́
복 цветы́

명 꽃
동 цвести́ 꽃이 피다

Дождя́ нет уже́ две неде́ли, **цветы́** в саду́ желте́ют и со́хнут.

비가 2주째 안 오고 있어. 정원에 꽃들이 누렇게 말라가는데 말이야.

실력 UP!

цветни́к 꽃밭
цвето́чный 꽃의
~ горшо́к 화분
цвета́стый 꽃무늬의
~ое пла́тье 꽃무늬 원피스
цвету́щий 꽃이 핀
~ая сире́нь 개화한 라일락

процвета́ние

명 번영
형 процвета́ющий 번영하는

Забо́титься о бла́ге и **процвета́нии** родно́й страны́ - перве́йший долг и́стинного граждани́на.

조국의 이익과 번영을 위하는 것이 참된 국민의 도리입니다.

расцве́т

명 1. 개화, 만발 2. 번영
동 расцвета́ть/расцвести́ 꽃이 피다, 융성하다

Ру́сская реалисти́ческая шко́ла жи́вописи достига́ет своего́ **расцве́та** во второ́й полови́не XIX-го ве́ка.

러시아 사실주의 회화는 19세기 후반에 크게 번성했다.

цел-1 목표

цель

명 (女) 목표, 목적
형 **целево́й** 목표의

поста́вить (себе́) **це́лью** *что* ~을 목표로 삼다

Гла́вная **цель** вся́кого би́знеса - извлече́ние максима́льной при́были. Ра́ди э́того он гото́в пойти́ на всё.

모든 비즈니스 주요 목적은 최대한 이익을 끌어내는 것이다. 이를 위해서는 무엇이든 못할 것이 없다.

наце́ленный

형 **на что** ~을 목표로 하는, 겨냥하는, 지향하는

В компа́ниях на пе́рвых роля́х всегда́ сотру́дники, **наце́ленные** на достиже́ние максима́льных практи́ческих результа́тов.

회사의 주역은 항상 실질적인 성과를 최대화하고자 하는 직원이다.

Уви́дев **наце́ленный** на меня́ пистоле́т, я мы́сленно ста́ла проща́ться с жи́знью.

나를 겨냥하고 있는 권총을 보고 나서, 나는 머릿속으로 삶과 작별 인사를 했다.

целесообра́зность

명 (女) 타당성
형 **целесообра́зный** 타당한

Мегапрое́кт потре́бует огро́мных средств, **целесообра́зность** его́ реализа́ции поста́влена под сомне́ние.

메가 프로젝트에는 대규모의 재원이 필요하지만, 프로젝트의 타당성에는 의문이 제기되고 있다.

целенапра́вленный

형 목표를 지향하는, 추진력 있는

Университе́ты должны́ осуществля́ть **целенапра́вленный** по́иск и отбо́р тала́нтливой молодёжи и расти́ть из неё бу́дущую эли́ту страны́. В э́том их важне́йшая фу́нкция.

대학은 재능있는 젊은이들을 꾸준히 찾고 선발하며, 미래의 국가 지도자들을 길러내야 한다. 바로 이것이 대학의 주요 기능이다.

цел-2 전체

це́лый

형 전체의, 온(весь)

Я просну́лась о́коло 8-ми́ утра́ и ещё **це́лый** час не́жилась под тёплым одея́лом.

난 아침 8시쯤 일어났지만, 따듯한 이불 속에서 거의 한 시간을 미적미적 댔다.

실력 UP!

це́лый(all, whole) 전체의, 전부의, 온전한
це́лый арбу́з 수박 한 통
це́лый день 온종일
це́льный(whole) (조립식이 아닌) 하나로 이루어진, 순수한
це́льное молоко́ 전유(全乳)
це́лостный(integral) 완전한, 완전무결한
це́лостное разви́тие ли́чности 전인적 인격 발달

целико́м

부 1. 완전히, 전적으로 2. 통째로

Что каса́ется зарпла́ты, то она́ **целико́м** зави́сит от ва́шей эффекти́вности как сотру́дника компа́нии.

급여는 귀하의 업무 능력에 전적으로 달려 있습니다.

цен- 가치

цена́
복 це́ны

명 1. 가격 2. 대가, 비용
형 ценово́й 가격의
명 це́нник 가격표

Цено́й неимове́рных уси́лий Андре́ю удало́сь изба́виться от наркоти́ческой зави́симости.

안드레이는 눈물겨운 노력의 대가로 마약 중독에서 벗어났다.

це́нность

명 女 1. 가치 2. 가치가 있는 것, 보물

Цель своéй жи́зни мно́гие росси́йские либера́лы ви́дят в том, что́бы укорени́ть в стране́ за́падные **це́нности** и о́браз жи́зни.

러시아 자유주의자들의 삶의 목표는 서구의 가치관과 생활 양식을 국내에 도입하는 것이다.

це́нный

형 1. 값어치가 있는 2. 가치 있는, 귀중한

Но́чью неизве́стные прони́кли в зда́ние музе́я и похи́тили не́сколько **ценне́йших** поло́тен.

늦은 밤 신원을 알 수 없는 사람들이 박물관 건물에 침입해서 최고가의 작품 여러 점을 훔쳐 달아났다.

це́нные бума́ги 주식

бесце́нный

형 가치를 환산할 수 없는, 매우 값진

Пять лет бра́ка с после́дующим разво́дом принесли́ мне го́рький, но **бесце́нный** жи́зненный о́пыт.

5년간의 결혼 생활과 뒤이은 이혼은 나에게 쓰라리지만 값진 경험이 되었다.

цени́ть НСВ
цени́ю, це́нишь, це́нят

동 кого-что
1. 평가하다 2. 가치 있게 여기다, 존중하다(дорожи́ть *кем-чем*)

Вы замеча́тельный специали́ст, профессиона́л своего́ де́ла. Мы высоко́ **це́ним** ваш труд на бла́го компа́нии.

당신은 대단한 전문가이자 진정한 프로시군요. 회사를 위해 힘쓴 당신의 노고를 높이 평가합니다.

оце́нивать НСВ
оцени́ть СВ
оценю́, це́нишь, це́нят
оценён, -а́, -ы́

동 кого-что 평가하다
명 оце́нка 평가, 감정

Де́йствия росси́йских вое́нных во вре́мя уче́ний "Се́веро-За́пад" получи́ли высо́кую **оце́нку** со стороны́ президе́нта и мини́стра оборо́ны.

서북 훈련 기간 러시아군은 대통령과 국방부 장관으로부터 아주 좋은 평가를 받았다.

실력 UP!
дать *(каку́ю)* **оце́нку** *кому́* ~을 (어떻게) 평가하다
получи́ть *(каку́ю)* **оце́нку** (어떠한) 평가를 받다

переоце́нивать НСВ
переоцени́ть СВ
переоценю́, -це́нишь, -це́нят
переоценён, -а́, -ы́

동 кого-что
1. 재평가하다
2. 과대평가하다(↔ недооце́нивать/недооцени́ть 과소평가하다)
명 переоце́нка 재평가; 과대평가

Чемпио́ны я́вно **переоцени́ли** свои́ си́лы и проигра́ли заве́домому аутса́йдеру.

챔피언은 분명 자신의 능력을 과대평가한 거야. 누가 봐도 약체인 선수한테 졌으니 말이야.

96일차

центр- 중심, 중앙

центр

명 1. 중심, 중앙 2. 시내 3. 센터, 기관
형 центра́льный 중앙의

Неда́вно ря́дом с э́той ста́нцией метро́ откры́лся большо́й торго́вый **центр**.
최근 이 지하철 역 근처에 대형 쇼핑센터가 문을 열었다.

центра́льный аппара́т 중앙본부

концентри́ровать НСВ
сконцентри́ровать СВ
(с)концентри́рую, -уешь, -уют

동 что + в/на ком-чём 집중시키다

В столи́це **сконцентри́ровано** всё: фина́нсы, передовы́е техноло́гии, лу́чшие умы́.
금융, 첨단 기술, 우수 인재 등 모든 것이 수도에 집중돼 있다.

концентра́ция

명 1. 집중, 밀집 2. 농도

Концентра́ция в во́здухе вре́дных веще́ств вдво́е превыша́ет но́рму.
공기 중 유해 물질의 농도가 평균치의 두 배를 웃돈다.

цифр-/шифр- 숫자

ци́фра

명 1. 숫자 2. 수치

За́ год на доро́гах Росси́и происхо́дит бо́лее 150-ти ты́сяч ДТП. Это огро́мная **ци́фра**.
1년 동안 러시아에서 15만 건 이상의 교통사고가 발생합니다. 정말 엄청난 수치죠.

цифрово́й

형 디지털의

Уже́ сейча́с мы наполови́ну живём в виртуа́льном, **цифрово́м** ми́ре. А что же бу́дет да́льше?
벌써 우리는 절반 이상의 생활을 가상 세계에서 보내고 있습니다. 그렇다면 앞으로는 과연 어떻게 될까요?

расшифро́вка

명 해독, 해석(↔ шифрова́ние)
동 расшифро́вывать/расшифрова́ть *что* 해독하다, 해석하다

Расшифро́вка за́писей "чёрного я́щика" потерпе́вшего ава́рию самолёта мо́жет заня́ть не́сколько неде́ль.
사고 비행기의 블랙박스 영상을 판독하는 데 몇 주의 시간이 걸릴 수 있습니다.

чар- 마법

очарова́тельный

형 매혹적인
동 очаро́вывать/очарова́ть *кого* 매혹하다
주의 очаро́ванный *чем* ~에 매혹된

Эта же́нщина **очарова́ла** меня́ свои́м умо́м, тала́нтом, хари́змой.
난 이 여자의 지적인 모습, 재능, 카리스마에 큰 매력을 느꼈다.

разочаро́вывать НСВ
разочарова́ть СВ
разочару́ю-ру́ешь, -ру́ют
разочаро́ван, -а, -ы

동 1. кого 실망하게 하다 2. -ся в ком-чём ~에 실망하다
명 разочарова́ние 실망

Увы́, но́вая кни́га писа́теля вы́звала у его́ покло́нников глубо́кое **разочарова́ние**.
안타깝게도 작가의 신간은 팬들에게 깊은 실망감을 안겨주었다.

част- 부분

часть
복생 часте́й

명 女 부분

Я музыка́нт, но бо́льшая **часть** мои́х друзе́й - э́то лю́ди, далёкие от му́зыки.
난 음악가지만, 내 친구들의 반 이상은 음악과는 거리가 먼 사람들이다.

уча́стие

명 в чём 참가, 참여
동 уча́ствовать *в чём* 참여, 참가하다
명 уча́стник 참석자

Одна́жды я принима́ла **уча́стие** в ко́нкурсе красоты́ и дошла́ до полуфина́ла.
전에 한 번 미인대회에 나갔다가 준결승까지 갔던 적이 있었어.

실력 UP!

с уча́стием *кого-чего* ~가 참여한
приня́ть уча́стие *в чём* 참가하다

части́чно

부 부분적으로(отча́сти)
형 **части́чный** 부분적인

Я согла́сен с ва́ми, но лишь **части́чно**.
당신의 의견에 일정 부분만 동의합니다.

ча́стный

형 1. 개별의 2. 개인의, 사립의

Жена́ подозрева́ет му́жа в изме́не и поэ́тому наняла́ **ча́стного** детекти́ва.
아내는 남편의 외도를 의심했고, 사설탐정을 고용했다.

ча́стность

명 (女) 개별적인 것, 세부적인 것

У меня́ соли́дный о́пыт рабо́ты за грани́цей, в **ча́стности***, во Фра́нции и в Герма́нии.
저는 해외 근무 경력이 많습니다. 특히 프랑스와 독일에서 일을 많이 했습니다.

*в ча́стности (그중에서도) 특히

прича́стный

형 к чему 참여하는, 연루된(заме́шанный *в чём*)
명 (女) **прича́стность** *к чему* 참여, 연루

Многочи́сленные фа́кты говоря́т о том, что мини́стр юсти́ции та́кже был **прича́стен** к коррупцио́нным сде́лкам.
수많은 사실이 법무부 장관도 뇌물 거래에 연루되었다는 점을 말해준다.

уча́сток

단생 уча́стка

명 구역

Мы уже́ приобрели́ **уча́сток** земли́* недалеко́ от Москвы́ и начина́ем стро́ить на нём за́городный дом.
우리는 모스크바 근교에 부지를 매입해서 전원주택을 짓고 있다.

*уча́сток земли́ 부지, 토지

избира́тельный **уча́сток** 선거구

част(щ)- 빈번

ча́стый
비 ча́ще

형 빈번한
부 ча́сто 자주
명 частота́ 빈도

По́сле рабо́ты мы с колле́гами **ча́сто** захо́дим в э́то кафе́.
나는 일을 마친 후 동료들과 이 카페에 자주 들른다.

учаща́ться НСВ
участи́ться СВ

동 빈번해지다

В после́днее вре́мя **участи́лись** слу́чаи моше́нничества с ба́нковскими ка́ртами. Бу́дьте бди́тельны!
최근 신용카드 사기가 빈번해지고 있으니 조심하십시오!

чая- 기대

нечая́нно

부 고의가 아니라, 우연히, 실수로

Прости́те, я не хоте́ла вас оби́деть. Это **нечая́нно** получи́лось.
마음 상하게 하려고 했던 건 아닌데 미안해요. 일부러 그런 게 아니에요.

отча́яние

명 실망, 낙담, 자포자기
형 **отча́янный** 필사적인, 가망이 없는(безнадёжный)

Я до сих пор не понима́ю, как пережила́ изме́ну му́жа и не сошла́ с ума́ от бо́ли и **отча́яния**.
남편의 외도를 겪고, 그 고통과 실망감 속에서 내가 안 미치고 어떻게 버텼는지 아직까지 의문이야.

97일차

черед- 순서

óчередь

복생 очередéй

명 女 줄, 순서

С моúм бýдущим мýжем мы познакóмились в **óчереди** в поликлúнике.

예비신랑과 저는 병원에서 대기 줄을 서 있다가 처음 만났어요.

Мой прúнцип: никогдá никомý не одáлживать; рóдственникам и друзьям - в пéрвую **óчередь**.

내 원칙은 어느 누구에게도 돈을 빌려주지 않는 거야. 특히나 친척이나 친구한테는.

실력 UP!

по óчереди 순서대로
в пéрвую óчередь 무엇보다도, 우선

очереднóй

형 1. 정례, 정기의 2. 이번의, 잇따른

На своём **очереднóм** заседáнии Гóсдума рассмáтривала проéкт Закóна об образовáнии.

러 하원은 금번 회의에서 교육법안을 심의했다.

учреждéние

명 1. 기관, 시설 2. 창립, 제정
명 男 учредúтель 창립자
동 учреждáть/учредúть *что* 창립하다, 제정하다

За послéднее врéмя в нáшем гóроде бы́ло закры́то срáзу нéсколько медицúнских **учреждéний**. Официáльная причúна - отсýтствие средств.

최근 우리 도시에 있는 의료기관 몇 군데가 자금 부족이라는 명목으로 한꺼번에 문을 닫았다.

чет-/чес-/чит-/чт- 1. 셈, 계산 2. 읽다 3. 명예

считáть НСВ

счесть СВ

сочтý, -чтёшь, -чтýт
счёл, сочлá, сочлú
сочтён, -á, -ы́

동 1. 생각하다 2. кого-что + кем-чем ~을 -라고 생각하다, 간주하다

Мы **считáли** вас чéстным и порядочным человéком, а вы так обманýли нáше довéрие!

우리는 당신을 정직하고 성실한 사람이라고 생각했는데, 당신은 그런 우리의 믿음을 저버렸어요.

счёт

(복) счета́

(동) 1. 계산서 2. 계좌 3. 스코어

주의 **счётчик** 미터기, 계기

Ита́к, игра́ око́нчена. **Счёт** 3:1 (три - оди́н) в по́льзу хозя́ев по́ля.

자, 경기가 종료되었습니다. 3:1로 홈팀이 이겼습니다.

Прокурату́ра арестова́ла всё иму́щество бизнесме́на, все его́ **счета́** и вкла́ды в ба́нках.

검찰은 기업인의 재산과 계좌, 예금을 전부 가압류했다.

실력 UP!

за счёт *чего* ~의 돈으로

Все командиро́вочные расхо́ды бу́дут опла́чены **за счёт** фи́рмы.

출장 비용 전액은 회사가 부담할 예정이다.

насчёт *чего* ~에 대해서

Мне́ния специали́стов **на счёт** вегетариа́нства по-пре́жнему далеки́ от консе́нсуса.

채식주의는 여전히 전문가들 사이에서도 의견이 분분하다.

число́

(복) чи́сла

(복생) чи́сел

(명) 1.숫자 2. 수량 3. 날짜 4. 구성원

(명) **числи́тельное** 수사

Христиа́нство - крупне́йшая мирова́я рели́гия, **число́** её приве́рженцев составля́ет бо́лее двух миллиа́рдов челове́к.

기독교는 세계 최대 종교로 신자의 수가 무려 20억 명 이상이다.

실력 UP!

чи́сленность 수량

Какова́ **чи́сленность** населе́ния Росси́и?

러시아의 인구는 몇 명입니까?

многочи́сленный 다수의, 다량의

ци́фра 숫자, 수치(491p 참고)

перечисля́ть НСВ

перечи́слить СВ

перечи́слю, -чи́слишь, -чи́слят

перечи́слен, -а, -ы

(동) что 1. 열거하다 2. 양도하다

(명) **перечисле́ние** 열거; 양도

Выступа́вший до́лго **перечисля́л** заслу́ги юбиля́ра и, наконе́ц, провозгласи́л тост за его́ здоро́вье.

연사는 생일자의 공적을 한참 동안 열거한 뒤에야, 그의 건강을 위해 축배를 제안했다.

чётко

부 정확히, 분명히
형 **чёткий** 분명한

Ка́ждый сотру́дник до́лжен **чётко** знать своё де́ло.
직원들은 모두 자기가 해야 할 일을 분명하게 알고 있어야 한다.

отчётливо

부 선명하게, 분명하게
형 **отчётливый** 선명한, 분명한

Рестора́нчик где́-то в Мала́йзии. За сосе́дним сто́ликом **отчётливо** слышна́ ру́сская речь. На́ши лю́ди повсю́ду!
말레이시아에 있는 식당에서 갔었는데 말이야. 옆 테이블에서 러시아어로 말하는 걸 똑똑히 들었어. 우리나라 사람들은 어디를 가나 있는 것 같아!

рассчи́тывать НСВ
рассчита́ть СВ
рассчи́тан, -а, -ы

동 1. что 셈하다, 계산하다
2. НСВ на кого-что 믿다, 기대하다
명 **расчёт** 계산

Мы, спортсме́ны, всегда **рассчи́тываем** на горя́чую подде́ржку боле́льщиков.
우리 운동선수들은 항상 팬들의 열렬한 응원을 기대합니다.

брак по **расчёту** 정략결혼

отчёт

명 보고서
동 **отчи́тываться/отчита́ться** *перед кем-чем* 보고하다

За́втра у́тром я до́лжен сдать ше́фу **отчёт**, а я ещё да́же не начина́л!
당장 내일 아침까지 상사에게 보고서를 넘겨야 하는데, 아직 시작도 못 했어!

실력 UP!

докуме́нт 서류, 문건
спра́вка 확인증
свиде́тельство 증명서
сертифика́т 인증서, 자격증
уведомле́ние 통지서
материа́л 자료

пересчи́тывать НСВ

пересчита́ть СВ

пересчи́тан, -а, -ы

(명) что 다시 세다, 하나하나 세다

Специали́стов тако́го у́ровня, тако́й квалифика́ции по па́льцам мо́жно **пересчита́ть***.

그 정도 능력과 수준을 갖춘 전문가들은 열 손가락에 꼽는다.

*по па́льцам мо́жно пересчита́ть 손가락으로 셀 수 있다, 적다

насчи́тывать НСВ

насчита́ть СВ

(동) что (수량이) ~에 이르다

По́лное собра́ние сочине́ний Льва Толсто́го **насчи́тывает** 90 томо́в!

톨스토이의 작품은 단행본으로 90권에 이른다.

учи́тывать НСВ

уче́сть СВ

учту́, -чтёшь, -чту́т

учёл, учла́, учли́

учтён, -а́, -ы́

(동) что 고려하다(приня́ть во внима́ние)

(명) учёт 고려; 등록

- Пожа́луйста, впредь не пренебрега́йте сове́тами о́пытных колле́г.
- Спаси́бо, непреме́нно **учту́**.

- 앞으로는 경험 많은 동료들의 조언을 절대 허투루 듣지 마세요.
- 감사합니다. 명심하겠습니다.

с учётом *чего* ~을 고려하여

нечётный

(형) 홀수의(↔ чётный 짝수의)

В Росси́и дари́те то́лько **нечётное** коли́чество цвето́в! С чётным ру́сские хо́дят то́лько на по́хороны.

러시아에서 꽃은 홀수로만 선물하세요. 꽃을 짝수로 주는 경우는 장례식밖에 없답니다.

чте́ние

(명) 1. 독서 2. 낭독(회)

(동) чита́ть/прочита́ть *что* 읽다

(명) (男) чита́тель 독자

(형) чита́тельский 독자의

(형) чита́льный 독서의

Роди́тели с де́тства приви́ли мне вкус* к **чте́нию** серьёзной литерату́ры, за что я им о́чень благода́рен.

부모님은 저에게 어릴 적부터 문학에 재미를 붙일 수 있도록 해주셨습니다. 정말 감사한 일이죠.

*приви́ть вкус 재미를 붙여주다

실력 UP!

вчи́тываться/вчита́ться ***во что*** 정독하다
~ в объявле́ние 공고문을 정독하다

вычи́тывать/вы́читать 읽어서 알다
дочи́тывать/дочита́ть(**до конца́**) 끝까지 읽다
зачи́тывать/зачита́ть 낭독하다, 발표하다
~ докла́д 보고서를 발표하다

зачи́тываться/зачита́ться ***чем*** 독서에 열중하다
~ детекти́вами 추리소설을 탐독하다

сочине́ние

명 작문, 작곡, 저서
동 сочиня́ть/сочини́ть *что* 저술하다, 작곡하다

Моё дома́шнее зада́ние на за́втра - написа́ть **сочине́ние** на те́му “Мой друзья́”.

내일 숙제는 ‘나의 친구’를 주제로 작문을 해가는 것이다.

сочета́ть НСВ

동 что + с чем ~와 결합하다, ~와 어울리다

Все мы должны́ стреми́ться к тому́, что́бы гармони́чно **сочета́ть** в себе́ стремле́ние к материа́льным бла́гам с духо́вной жи́знью.

우리는 모두 물질적인 삶과 정신적 삶이 조화를 이룰 수 있도록 노력해야 합니다.

честь

 명예

Тепе́рь у нас в Росси́и капитали́зм, и мно́гие и́скренне счита́ют, что **честь**, со́весть, мора́ль - э́то всё смешны́е, старомо́дные поня́тия.

이제 러시아는 자본주의가 팽배해. 명예, 양심, 도덕심은 우습고 시대에 뒤떨어진 개념이라고 여기는 사람이 많아.

в честь ***кого-чего*** **~**을 기념하여, **~**을 기리어

че́стный

형 1. 정직한, 솔직한 2. 공평한

Я говорю́ пра́вду, **че́стное** сло́во*! Ты мо́жешь мне ве́рить.

나 진짜 거짓말 아냐. 맹세해! 나 믿어도 돼.

*че́стное сло́во 맹세코

Я ду́мала, что вы **че́стный** челове́к, а вы на са́мом де́ле подле́ц и негодя́й!

난 당신이 정직한 사람인 줄 알았어. 하지만 실상은 정말 더럽고 비열한 놈이더군!

почётный

형 1. 영예로운 2. 명예의

명 почёт 명예, 체면

Мой дед 30 лет был дире́ктором заво́да, име́ет зва́ние "**Почётный** гражда́ни́н го́рода".

우리 할아버지는 30년간 공장장으로 재직하셨고, '명예시민' 칭호를 받으셨다.

почётный профе́ссор 명예교수

98일차

человек-/люд-/гуман- 사람

челове́ческий

형 1. 인간의 2. 인간다운, 인도적인
부 по-челове́чески 인간적으로

Что каса́ется меня́, то гла́вным в жи́зни я счита́ю любо́вь и дру́жбу, до́брые **челове́ческие** отноше́ния.
난 인생에서 가장 중요한 건 사랑과 우정, 원만한 인간관계라고 생각해.

челове́ческий капита́л 인적 자원

челове́чество

명 인류

21-ый век поста́вил **челове́чество** пе́ред но́выми вы́зовами и пробле́мами.
21세기에 들어 인류는 새로운 도전과 문제에 직면했다.

бесчелове́чный

형 비인간적인, 무자비한(↔ челове́чный)
명 女 бесчелове́чность 잔혹, 무자비(↔ челове́чность)

Мно́гие рабо́тники на предприя́тиях, располо́женных в стра́нах "тре́тьего ми́ра", подверга́ются **бесчелове́чной** эксплуата́ции.
제3세계 국가의 기업 근로자들은 비인간적인 착취에 시달리고 있다.

многолю́дный

형 사람이 많은, 북적이는(↔ малолю́дный)

Центра́льный ры́нок - пожа́луй*, са́мое **многолю́дное** ме́сто в го́роде.
중앙시장은 아마 우리 도시에서 가장 북적거리는 장소일 거야.

*вероя́тно 아마

гумани́зм

명 휴머니즘, 인도주의

В США, счита́ющих себя́ образцо́м демокра́тии и **гумани́зма** для всего́ ми́ра, по-пре́жнему сохраня́ется сме́ртная казнь.
미국은 스스로를 민주주의와 인도주의의 표상이라고 자부하지만, 여전히 사형제도를 유지하고 있다.

гумани́тарный ㉠ 1. 인문학의 2. 인도주의적인

Техни́ческое образова́ние у меня́ уже́ есть. Тепе́рь я хоте́ла бы получи́ть **гуманита́рное** образова́ние.
나는 공대 학위를 이미 가지고 있어. 이제 인문학 학위를 하나 따고 싶어.

гуманита́рная по́мощь 인도적 지원

실력 UP!

гума́нный 인도적인, 박애의

гума́нное отноше́ние к лю́дям и живо́тным
사람과 동물에 대한 박애주의적 태도

гуманисти́ческий 인본주의의

гуманисти́ческие иде́и Эпо́хи Возрожде́ния
르네상스 시대의 인본주의

чин- 계급, 서열, 순서

причи́на 명 이유, 원인
동 причиня́ть/причини́ть *что* 야기하다, 유발하다

В чём **причи́на** ва́ших постоя́нных опозда́ний на рабо́ту?
매일같이 회사에 지각하는 이유가 뭡니까?

Он пропусти́л неде́лю заня́тий по **причи́не*** болезни.
그는 아파서 일주일간 수업에 나오지 못했다.

*по причи́не *чего* ~한 이유로

Куре́ние **причиня́ет** вред не то́лько кури́льщикам, но и тем, кто нахо́дится ря́дом.
흡연은 흡연자 자신뿐 아니라 주변 사람들한테까지 피해를 줍니다.

чино́вник 명 관직에 있는 사람, 공무원

Чино́вники на места́х создаю́т иску́сственные ограниче́ния на пути́ разви́тия ме́лкого и сре́днего би́знеса.
러시아의 지방 공무원들은 중소기업이 발전하는 데 인위적 제약 요소를 조성하곤 한다.

подчиня́ться НСВ
подчини́ться СВ

동 **кому-чему** 종속되다, 따르다
명 **подчинённый** 부하 직원
명 **подчине́ние** 종속

Все сотру́дники - от президе́нта до убо́рщицы - обя́заны стро́го **подчиня́ться** тре́бованиям Уста́ва компа́нии.
회사의 사장부터 청소부에 이르기까지 모든 임직원은 회사 내규를 엄격히 지켜야 한다.

чуд(ж)- 기적, 이상한

чу́до
복 чудеса́
복생 чуде́с

명 기적
형 **чуде́сный** 기적적인, 신비로운

Трёхлетний ребёнок вы́пал из окна́ 10-го этажа́, но **чу́дом** оста́лся жив.
10층 창문에서 추락한 세 살배기 아이가 기적적으로 살아남았다.

чудо́вище

명 괴물

- Я убеждён: Лох-несское **чудо́вище** реа́льно существу́ет!
- Нет, э́то всё бред! Нет никако́го **чудо́вища**!

- 난 네스호의 괴물이 실제로 존재한다고 믿어!
- 아니, 무슨 헛소리야. 그런 괴물은 없어!

чуда́к
단생 чудака́
복 чудаки́

명 괴짜

- Что вы мо́жете сказа́ть об э́том но́вом сотру́днике?
- Очень стра́нный: то ли **чуда́к**, то ли сумасше́дший. И как его́ то́лько при́няли?

- 신입사원 어떤 것 같아요?
- 정말 이상해요. 괴짜거나 미쳤거나 둘 중 하나인 듯해요. 취직은 어떻게 한 걸까요?

причу́дливый

형 기묘한, 기상천외한

Расска́зы и по́вести э́того писа́теля отлича́ются весьма́ стра́нными, **причу́дливыми** сюже́тами.
이 작가의 중·단편 소설은 줄거리가 정말 이상하고 기묘해.

чужо́й

형 1. 남의(↔ свой) 2. 낯선, 다른(чу́ждый)

Тро́гать **чужи́е** ве́щи нельзя́! 다른 사람의 물건은 만지면 안돼!

Консерва́торы постоя́нно обвиня́ют либера́лов в стремле́нии укорени́ть в стране́ за́падный, **чу́ждый** ей укла́д жи́зни.
보수주의자들은 자유주의자들이 낯선 서구의 생활양식을 급진적으로 도입하려 한다며 끊임없이 비난한다.

отчужде́ние

명 소원, 소외
동 отчужда́ть *кого-что*(+ *от кого*) 몰수하다, 박탈하다, 멀어지게 하다

Что тако́е эксплуата́ция? Это **отчужде́ние** рабо́тников от проду́ктов их труда́.
착취란 무엇인가? 이는 노동자가 노동의 결과물을 박탈당하는 것을 말한다.

шум- 소리

шум

명 소리, 소음 형 шу́мный 시끄러운
동 шуме́ть 떠들썩하다, 웅성거리다

В но́вых ваго́нах метро́ значи́тельно сни́жен у́ровень **шу́ма**; они ста́ли комфо́ртнее и безопа́снее.
지하철에 새로 도입된 차량은 소음이 현저히 줄어서 더욱 편안하고 안전해졌다.

нашуме́вший

형 떠들썩하게 만드는, 논란의 대상이 되는

Изда́тельство "Ли́дер" наме́рено переизда́ть **нашуме́вшую** кни́гу молодо́го а́втора.
'리더' 출판사는 세간을 떠들썩하게 한 젊은 작가의 책을 재판할 계획을 갖고 있다.

щит- 방어

щит
단생 щита́
복 щиты́

명 방패

Щит и меч - э́то официа́льная эмбле́ма о́рганов Федера́льной слу́жбы безопа́сности (ФСБ) Росси́и.
방패와 검은 연방보안국(FSB)의 공식 엠블럼이다.

защища́ть НСВ
защити́ть СВ
защищу́, защити́т, защитя́т
защищён, -а́, -ы́

동 кого-что + от кого-чего 지키다, 방어하다
명 защи́та 방어

Лу́чше всего́ **защища́ет** от хо́лода оде́жда из натура́льных тка́ней, в пе́рвую о́чередь, из ше́рсти.
모와 같은 천연 직물로 만든 옷이 추위를 가장 잘 막아준다.

99일차

эконом- 경제

эконóмика

명 경제

Дорогóй коллéга, я отню́дь не разделя́ю вáше мнéние относи́тельно мрáчных перспекти́в росси́йской **эконóмики**.

저는 러시아 경제 전망이 어둡다는 선생님의 의견에 전혀 공감할 수 없어요.

экономи́ческий

명 경제의

Прави́тельство, похóже, не до концá осознаёт всю слóжность **экономи́ческой** ситуáции в странé.

정부는 국내 경제상황의 모든 문제를 완전히 자각하지는 못하는 것 같다.

실력 UP!

экономи́чный 경제적인, 효율적인

Троллéйбус - наибóлее **экономи́чный** и экологи́чный вид городскóго трáнспорта.

트롤리버스는 가장 경제적이고, 환경친화적인 교통수단입니다.

эконóмный 검소한

Мари́на - **эконóмная** хозя́йка.

마리나는 알뜰한 주부입니다.

эконóмить НСВ

сэконóмить СВ

(с)эконóмлю, -нóмишь, -нóмят

сэконóмлен, -а, -ы

동 1. что ~을 절약하다 2. на чём ~비용을 아끼다

Стипéндия у меня́ небольшáя, поэ́тому прихóдится **эконóмить** буквáльно на всём.

난 장학금이 많지 않아서, 말 그대로 모든 것을 아껴야 한다.

электр- 전기, 전자

электрóнный

형 전자의

Оплати́ть покýпку вы мóжете ли́бо нали́чными, ли́бо чéрез любýю из систéм **электрóнных** платежéй: QIWI, PayPal и т.д.

구매 결제는 현금으로 하셔도 되고, QIWI, 페이팔 등 전자결제로 하셔도 됩니다.

электри́ческий

형 전기의

Я привы́кла гото́вить на га́зовой плите́, а на **электри́ческой** у меня́ пло́хо получа́ется.

난 가스 불로 요리하는 게 익숙해. 전기레인지로는 왠지 잘 안 돼.

실력 UP!

эле́ктромоби́ль 전기차
эле́ктроли́ния 송전선

электри́чество

명 전기

Наконе́ц-то и в на́шу дере́вню пришла́ цивилиза́ция: к нам провели́ **электри́чество**!

우리 마을에도 드디어 문명이 들어왔습니다. 전기가 들어왔어요!

электроста́нция

명 발전소

Ита́лия ста́ла пе́рвой страно́й в ми́ре, кото́рая по́лностью отказа́лась от эксплуата́ции а́томных **электроста́нций**.

이탈리아는 세계 최초로 원자력발전소 가동을 전면 중단했다.

실력 UP!

а́томная электроста́нция(АЭС) 원자력발전소
теплова́я электроста́нция(ТЭС) 화력발전소
гидроэлектроста́нция(ГЭС) 수력발전소
ветряна́я электроста́нция 풍력발전소
прили́вная электроста́нция(ПЭС) 조력발전소

ЯВ- 나타나다, 보이다

явля́ться НСВ
яви́ться СВ
явлю́сь, я́вишься, я́вятся

동 кем-чем ~이다

Компа́ния де́йствует на росси́йском ры́нке уже́ бо́лее 10-ти́ лет и **явля́ется** одни́м из ли́деров в о́бласти строи́тельного диза́йна.

이 기업은 10년 넘게 러시아 시장에서 활동하면서 건축설계 분야의 선두주자로 자리매김했다.

явле́ние 명 1. 현상 2. 등장

За́втра мо́жно бу́дет наблюда́ть дово́льно ре́дкое приро́дное **явле́ние** - по́лное со́лнечное затме́ние.
내일은 개기일식이라는 보기 드문 자연 현상을 관찰할 수 있는 날입니다.

я́вный 형 분명한, 뚜렷한

Если ваш сын с утра́ до но́чи игра́ет в компью́терные и́гры - э́то **я́вный** при́знак психологи́ческого неблагополу́чия.
만약 당신의 아들이 아침부터 밤까지 컴퓨터 게임만 한다면, 심리적 불안감의 명백한 징후라고 볼 수 있습니다.

объявля́ть НСВ
объяви́ть СВ
объявлю́, объя́вишь, объя́вят
объя́влен, -а, -ы

동 1. кого-что/о ком-чём 알리다, 발표하다
명 объявле́ние 공고, 알림, 발표

Именем Росси́йской Федера́ции **объявля́ю** вас му́жем и жено́й!
러시아의 이름으로 두 사람이 부부가 되었음을 선언합니다.

появля́ться НСВ
появи́ться СВ
появлю́сь, поя́вишься, поя́вятся

동 등장하다, 발생하다
명 появле́ние 등장, 발생

Пе́рвая седина́ **появи́лась** у меня́ в 35 лет, и с тех пор я обяза́тельно кра́шу во́лосы.
나는 35살에 처음 흰머리가 났는데, 그때부터는 꼭 새치 염색을 하고 있어.

заявля́ть НСВ
заяви́ть СВ
заявлю́, зая́вишь, зая́вят
зая́влен, -а, -ы

동 о чём 선언하다, 밝히다

Ли́дер оппози́ции **заяви́л**, что не признаёт ито́ги вы́боров в парла́мент, счита́ет их сфальсифици́рованными и призва́л свои́х сторо́нников вы́йти на демонстра́ции проте́ста.
야당 대표는 의원 선거는 조작됐고 결과를 인정할 수 없다며, 지지자들에게 선거 불복 시위에 참여할 것을 촉구했다.

실력 UP!

заявле́ние 성명, 발표, 신청서
совме́стное ~ 공동성명
~ об увольне́нии 사직서
~ на о́тпуск 휴가신청서

зая́вка 신청서
~ на уча́стие в конфере́нции 콘퍼런스 참가신청서

проявля́ть нсв
прояви́ть св
проявлю́, проя́вишь, проя́вят
проя́влен, -а, -ы

동 что (관심, 재능, 현상 등) 나타내다, 발휘하다
명 проявле́ние 발현, 발휘

Иностра́нные инве́сторы **проявля́ют** большо́й интере́с к реализа́ции совме́стных прое́ктов в Росси́и.
해외 투자자들은 러시아와 공동사업 추진에 큰 관심을 보이고 있다.

실력 UP!
проявля́ть + интере́с 관심을 표명하다
му́жество 용기를 내다
себя́ 능력을 발휘하다

предъявля́ть нсв
предъяви́ть св
предъявлю́, -я́вишь, -я́вят
предъя́влен, -а, -ы

동 что 제출하다, 제시하다
명 предъявле́ние 제기, 제출

Мини́стр реши́тельно отве́рг все **предъя́вленные** ему́ обвине́ния в корру́пции.
장관은 현재 제기된 모든 뇌물수수 혐의를 전면 부인했다.

выявля́ть нсв
вы́явить св
вы́явлю, вы́явишь, вы́явят
вы́явлен, -а, -ы

동 кого-что 밝혀내다

Никаки́х отрица́тельных побо́чных де́йствий у да́нного лека́рственного препара́та не **вы́явлено**.
해당 약품은 어떤 부작용도 발견되지 않았습니다.

ЯСН- 명확한, 분명한

я́сно

부 1. 맑게 2. 명확하게, 분명하게

Основны́е пра́вила челове́ческой коммуника́ции: чётко и **я́сно** излага́й свои́ мы́сли, будь ве́жливым, внима́тельно слу́шай собесе́дника и т.д.
의사소통의 주요 원칙은 '확실하게 의사 표현하기, 공손한 태도 취하기, 상대방의 말 경청하기'입니다.

объясня́ть нсв
объясни́ть св
объяснён, -а́, -ы́

동 кому + что 설명하다
명 объясне́ние 설명

Хоро́ший преподава́тель да́же са́мые сло́жные ве́щи мо́жет **объясни́ть** на са́мых просты́х нагля́дных приме́рах.
좋은 선생님은 가장 어려운 문제도 제일 쉽고 확실한 예시를 들어 설명한다.

выясня́ть НСВ

вы́яснить СВ

вы́яснен, -а, -ы

동 что 파악하다, 밝히다, 규명하다

명 выясне́ние 규명, 해명

Неме́дленно **вы́ясните**, почему́ произошла́ заде́ржка с отпра́вкой гру́за получа́телю, и мне доложи́те.

대체 왜 화물 발송이 늦어졌는지 당장 파악해서 보고하세요.

поясня́ть НСВ

поясни́ть СВ

пояснён, -á, -ы́

동 что 추가로 설명하다

명 поясне́ние 설명

Прости́те, не могли́ бы вы **поясни́ть**, что конкре́тно име́ется в виду́.

죄송하지만, 무슨 말씀이신지 좀 더 설명해 주실 수 있습니까?

разъясня́ть НСВ

разъясни́ть СВ

разъяснён, -á, -ы́

동 что 설명하다, 해명하다

명 разъясне́ние 설명

Пре́сс-секрета́рь **разъясни́л** официа́льную пози́цию презidéнта Росси́и в связи́ с ситуа́цией на Бли́жнем Восто́ке.

대변인은 중동 상황에 대한 러시아 대통령의 공식 입장을 설명했다.

PART 3

접미사

100일차

100일차

형용사 접미사

-оват- 약간, 조금, ~한 편인

полнова́тый 통통한 편인
глупова́тый 좀 멍청한
широкова́тый 널찍한 편인
желтова́тый 누르스름한, 엷은 황색의
голубова́тый 푸르스름한
тяжелова́тый 좀 무거운

-оньк-/-еньк- 형용사의 지소형(작은 것, 애정, 친근함을 나타냄)

хоро́шенький 귀여운, 예쁜
ма́ленький 작은
ху́денький 마른
у́зенький 아주 좁은

-ян-/-ан- ~을 재료로 한

серебря́ный 은으로 된
стекля́нный 유리로 된
деревя́нный 나무로 된
земляно́й 흙으로 된
ко́жаный 가죽으로 된

실력 UP!

ка́менный 돌로 된
бума́жный 종이로 된
пла́стиковый 플라스틱으로 된
силико́новый 실리콘으로 된
желе́зный 철로 된

-ист- ~한 특성을 많이 지닌, ~을 닮은

серебри́стый 은빛의
камени́стый 돌이 많은
ко́жистый 가죽이 두꺼운, 가죽을 닮은
гори́стый 산이 많은
цвети́стый 꽃이 많이 핀

-чив- ~하는 경향이 있는

задýмчивый 생각이 깊은
вспы́льчивый 다혈질의
довéрчивый 쉽게 믿는, 잘 속는
оби́дчивый 화를 잘 내는, 잘 삐치는
нахóдчивый 재치있는, 기지있는

-лив- ~한 성질을 지닌, ~한 경향이 있는

расчётливый 계산적인
забóтливый 배려심 있는, 잘 보살피는
пáмятливый 기억력이 좋은
болтли́вый 말이 많은, 수다스러운
молчали́вый 말이 없는, 과묵한
привéтливый 상냥한, 붙임성 있는
терпели́вый 참을성 있는

'사람'을 뜻하는 접미사

-ник, -чик, -щик

учáстник 참가자
рóдственник 친척
престýпник 범죄자
мошéнник 사기꾼
перевóдчик 통번역사
перевóзчик 운송인, 운송업자
лётчик 파일럿, 항공기 조종사
вклáдчик 예금자
оби́дчик 무례한 사람, 모욕을 주는 사람
доклáдчик 강연자, 발표자
закáзчик 주문자, 발주처
ответчик 피고
кури́льщик 흡연자
болéльщик 팬, 응원자
обмáнщик 기만자, 거짓말쟁이
поставщи́к 공급자, 납품자

-тель (*тель로 끝나는 명사는 남성명사임)

замести́тель 대리자, 부책임자
зри́тель 관람객, 관중
читáтель 독자
писáтель 작가
слýшатель 청중
изобретáтель 발명가
покупáтель 구매자
производи́тель 생산자
работодáтель 고용주
предáтель 배신자

-ист

эгои́ст	이기주의자	**социали́ст**	사회주의자
карьери́ст	출세주의자	**раси́ст**	인종차별주의자
арти́ст	배우, 아티스트	**гитари́ст**	기타연주자

-лог

социо́лог	사회학자	**гео́лог**	지질학자
психо́лог	심리학자	**био́лог**	생물학자

-ор, -ер, -ир

пенсионе́р	연금수령자, 은퇴자	**спо́нсор**	스폰서, 후원자
банки́р	은행원	**агре́ссор**	공격자, 침략자
миллионе́р	백만장자, 부자	**ле́ктор**	강연자
касси́р	캐셔, 계산원	**архите́ктор**	건축가

-ик

исто́рик	역사학자	**хи́мик**	화학자
стари́к	노인	**фана́тик**	~에 열광하는 사람
поли́тик	정치가		

-ец

уме́лец	숙련공, 솜씨있는 사람	**купе́ц**	상인
владе́лец	소유자	**корми́лец**	가장, 부양자
продаве́ц	판매원		

-ант

конкурса́нт 경쟁자
музыка́нт 음악가
квартира́нт 세입자
официа́нт 웨이터

-арь

апте́карь 약사
библиоте́карь 사서
врата́рь 골키퍼
секрета́рь 비서, 서기, 간사

-ман, -голик 중독자

наркома́н 마약중독자
библиома́н 독서광
телема́н TV중독자
алкого́лик 알코올중독자
трудого́лик 워커홀릭

형용사형

пострада́вший 피해자
потерпе́вший 피해자
поги́бший 사망자
ра́неный 부상자
учёный 학자
безрабо́тный 실업자
рабо́чий 근로자, 노동자
за́нятый 취업자